U0899068

中国法律史学文丛

中国近代法制史教程

(1901—1949)

曹全来 著

2012年·北京

图书在版编目(CIP)数据

中国近代法制史教程:1901—1949/曹全来著.—北京:商务印书馆,2012
(中国法律史学文丛)
ISBN 978-7-100-09150-3

Ⅰ.①中… Ⅱ.①曹… Ⅲ.①法制史—研究—中国—1901—1949 Ⅳ.①D929.5

中国版本图书馆CIP数据核字(2012)第090772号

中国法律史学文丛
中国近代法制史教程
(1901—1949)
曹全来 著

商务印书馆出版
(北京王府井大街36号 邮政编码 100710)
商务印书馆发行
北京瑞古冠中印刷厂印刷
ISBN 978-7-100-09150-3

2012年8月第1版 开本880×1240 1/32
2012年8月北京第1次印刷 印张16⅞
定价: 42.00元

总　序

随着中国的崛起，中华民族的伟大复兴也正由梦想变为现实。然而，源远者流长，根深者叶茂。奠定和确立民族复兴的牢固学术根基，乃当代中国学人之责无旁贷。中国法律史学，追根溯源于数千年华夏法制文明，凝聚百余年来中外学人的智慧结晶，寻觅法治中国固有之经验，发掘传统中华法系之精髓，以弘扬近代中国优秀的法治文化，亦是当代中国探寻政治文明的必由之路。中国法律史学的深入拓展可为国家长治久安提供镜鉴，并为部门法学研究在方法论上拾遗补阙。

自改革开放以来，中国法律史学在老一辈法学家的引领下，在诸多中青年学者的不懈努力下，这片荒芜的土地上拓荒、垦殖，已历 30 年，不论在学科建设还是在新史料的挖掘整理上，通史、专题史等诸多方面均取得了引人注目的成果。但是，目前中国法律史研究距社会转型大潮应承载的学术使命并不相契，甚至落后于政治社会实践的发展，有待法律界共同努力开创中国法律研究的新天地。

创立已逾百年的商务印书馆，以传承中西优秀文化为己任，影响达致几代中国知识分子及普通百姓。社会虽几度变迁，世事人非，然而，百年磨砺、大浪淘沙，前辈擎立的商务旗帜，遵循独立的出版品格，不媚俗、不盲从，严谨于文化的传承与普及，保持与学界顶尖团队的真诚合作始终是他们追求的目标。遥想当年，清末民国有张元济（1867—1959）、王云五（1888—1979）等大师，他们周围云集一批仁人志士与知识分子，通过精诚合作、务实创新，把商务做成享誉世界的中国品牌。

抗战风烟使之几遭灭顶，商务人上下斡旋，辗转跋涉到重庆、沪上，艰难困苦中还不断推出各个学科的著述，中国近代出版的一面旗帜就此屹立不败。

近年来，商务印书馆在法律类图书的出版上，致力于《法学文库》丛书和法律文献史料的校勘整理。《法学文库》已纳入出版优秀原创著作十余部，涵盖法史、法理、民法、宪法等部门法学。2008 年推出了十一卷本《新译日本法规大全》点校本，重现百年前近代中国在移植外国法方面的宏大气势与务实作为。2010 年陆续推出《大清新法令》(1901—1911)点校本，全面梳理清末法律改革的立法成果，为当代中国法制发展断裂的学术脉络接续前弦，为现代中国的法制文明溯源探路，为 21 世纪中国法治国家理想追寻近代蓝本，并试图发扬光大。

现在呈现于读者面前的《中国法律史学文丛》，拟收入法律通史、各部门法专史、断代法史方面的精品图书，通过结集成套出版，推崇用历史、社会的方法研究中国法律，以期拓展法学规范研究的多元路径，提升中国法律学术的整体理论水准。在法学方法上致力于实证研究，避免宏大叙事与纯粹演绎的范式，以及简单拿来主义而不顾中国固有文化的媚外作品，使中国法律学术回归本土法的精神。

何勤华

2010 年 6 月 22 日于上海

序

中华民族在人类文化史上创立了世界法律文化的独特一支——中华法系。中华法系远溯夏商，历经秦汉三国两晋南北朝，至唐代达到鼎盛，与华夏文明同步发展。中华法系汲取了我国本土的儒、法、墨、道等诸家思想，适应了中国古代农业文明的形态，与自然经济、宗法社会和君主政治相为表里。与世界其他法系相比较，中华法系不仅历史悠久，绵延不断，而且独具特色，在维持中国社会的稳定和推动中华民族的进步方面起到了重要作用。

近代中国，中华法系遭遇了前所未有的危机和困境。伴随着中国社会近代化的步伐，中国法律也经历了艰难的近代化历程。中国法律近代化的实质，就是在中国社会近代化的整体框架之内，中国固有法律传统与西方法律文化从对立走向融合，在当时中国社会现实的基础上，在兼顾合理性、适应性、符合统治需要三项基准点上寻求法律平衡，形成一种新的法律传统。从晚清朝廷，到北京政府，再到南京国民政府，历届中国政府和社会精英均为此付出了相当努力，并确立一个全新的“六法体系”。

中国近代法制史和法律近代化问题的研究意义深远。首先，通过系统研究中国传统法律的近代变革，可深入了解在东方文明传统国家实施法律移植和法律近代化的一般规律，探讨在制度变革、社会转型期如何适应新的社会需要而在法律上做出合理、适度的变革节奏。其次，通过研究中国传统法律的近代变革，分析不同的文化要素、价值观念对于法律变革的影响,探讨如何在保持社会稳定、延续文化传承的前提下,最大限度地实现制度变革和社会进步,为建立既具有科学性、合理性,又符合中国优秀文化传统、符合中国特定国情的法律体系提供历史的借鉴。

近年来,曹全来博士关注中国近代法律问题,并在这一领域颇有心得。本书是作者潜心研究中国近代法律变迁和法律近代化问题的结晶。

朱　勇

2012 年 2 月

目　　录

附 表 目 录

导论　中国近代的法制变革

一、中国近代法律变革与法律近代化

中华民族是一个历史悠久的伟大民族，在人民的生息繁衍与民族的生存发展中，中华民族曾缔造了光辉灿烂的中华法制文明，孕育了独树一帜的中华法系，为人类法律文化的发展做出了卓越的贡献。

人类历史跨入18、19世纪，西方民族国家基本形成，资本主义业已取得长足进展。但是，清政府统治下的中华帝国，却日渐衰微，中华民族从“闳放昂扬之世”，步入“敛抑沉滞之世”。近代之中国，变乱纷呈，险象环生，内忧外患，危机四伏。

中国与西方，本来是两种不同的文明形态，在各自相对固定的地域内生存和发展。近代以来，随着近代科技特别是航海技术的发展，资本主义的扩张，世界各国的距离越来越小，中国与西方的接触就不可避免。从理论上讲，西方的资本主义发展比中国起步早得多，其法律文化也比我国进步。如果双方在文化的接触和交流中采用理性的方式，可能产生理想的效果。然而，令人遗憾的是，中国与西方的接触是以不愉快的方式开始的——鸦片战争。这是武力的方式，暴力的、非理性的方式。由于中西力量与认识的不均衡，必然产生消极的片面的历史影响。需要强调的是，这种影响是双方的，而非单方的。在随后的几十年中，尽管理性的认识在增长，但是由接触之初产生的阴影仍在持续。这种因素极大地妨碍着中西文化在深层上的交流与互动。

1840 年,中英鸦片战争的爆发及其后《中英南京条约》的签订,使得清政府面临"三千年未有之变局"。西方法律观念伴随着其武力向中国渗透。一开始,西方国家强迫中国接受一系列不平等条约,开放了条约口岸,这是武力接触的结果。接着西方的其他法律观念逐渐传播到中国来。这种传播包括中国人自己自觉自愿地向西方学习。这个过程被学者称为"西学东渐"。由于中西传统法律观念存在巨大的差异,更重要的是,西方法律传统经历了近代的文艺复兴,经历了启蒙运动的洗礼,在资产阶级革命的支持下,进行了重新改造——西方法律观念对古老的中国产生了极为强烈的冲击。其最为根本的一点,是中国传统法律文化作为一个整体,逐渐成为西方法律文化关照之下被怀疑、被审视、被检讨、被批判的对象。在这样的历史背景下,中国社会各阶级都作出了相应的反应。在法律领域里,概括起来说,一百年中所提出的法律方案中较具典型意义、且付诸实施的主要有六大方案,分别由不同历史时期的太平天国、洋务派、维新派、沈家本及清末法制改革派、孙中山及国民党、根据地时期的共产党等社会群体提出。"中国法律近代化的进程,就是以此六大方案为主要内容"。①

在中国近代历史的背景下,作为中华法系之基干的中国法律,也面临一次历史性的机遇与挑战。从鸦片战争到民国,中国法律经历了一次前所未有的历史性变革——中国法律近代化。"中国法律在近代的发展、演变,经历了一个艰难、曲折的过程。这一过程的基本内涵,表现为法律的近代化,即废弃传统法律体系,在吸收西方法律理论和法律原则的基础上,确立了具有近代意义的新的法律体系。中国法律近代化,既有法律自身发展的逻辑动因,也有列强各国的外部推动,而最终体现

---

① 朱勇:《中国法律近代化导论》,载《中国法律的艰辛历程》,黑龙江人民出版社 2002 年版,第 292 页。

为立法者通过对中国传统法律与西方近代法律的比较而对法律体制所作出的新的选择。就时间而言，中国法律近代化，始自清末法制改革，而完成于南京国民政府六法体系的确立。”①

中国法律近代化事业，起于清末最后十年。清朝末年，由于内忧外患，危机重重，清政府不得不改革自救，由此也揭开了构造中国近代法律体系的波澜壮阔的历史过程。其中，收回治外法权的希望，成为中国政府改造旧法、缔造新的法律体系的历史性契机；清末新政的展开，推动了一个中国历史上前所未有的新的法律部门——宪法的产生与发展；以此为突破，由于清政府的努力，打破“诸法合体”的法典编纂体例，起草了刑法、民法、商法、行政法以及刑事诉讼法和民事诉讼法等，中国近代部门法律体系初具规模。此外，为了配合新式法律组织的发展，清末开始建立法政学堂，培养法律人才。但是由于新政和法律近代化的启动时间不长，清政府即被推翻，故大多数法律尚处于草案阶段，而没有真正成为法律推行下去。尽管如此，清末的法律近代化成果，大多为中华民国北京政府所继承，从而奠定了以后中国建立近代法律体系的基础。清末的法律近代化，体现了“中体西用”的指导思想。所谓“中体西用”，即在处理中西文化关系问题上，采取以中国固有的学术为本体，以西方学术为补充的方式，形成中西文化的比较格局。这一思想是由洋务派的领袖人物张之洞②提出来的，后来成为清末法律变革的指导思想。即一方面以国际化为法律变革的目标，另一方面，又遵循本土化的路子。清末法律近代化过程中，发生了一次激烈的冲突，即所谓“礼

---

① 朱勇主编：《中国法制通史》(第9卷)，法律出版社1999年版，“绪言”，第1页。

② 张之洞(1837—1909)，字孝达，又字香涛，号壶公，晚年自号抱冰老人。直隶南皮(今属河北)人。清末重臣，洋务派首领。1881年任山西巡抚，历任两广总督、湖广总督、代理两江总督，1907年入军机处，并任大学士，兼管学部。著有《劝学篇》等，遗著辑为《张文襄公全集》。

法之争”。[①] 礼法之争实际上是中西法律文化在法律变革过程中的冲突,反映了不同的法律价值观念在中国社会内部发生的碰撞。

清末的新政和法律近代化,是以君主立宪为总体方案和宏观目标的。客观地说,这一目标是符合中国悠久的中央集权的政治运行模式和忠君爱国的君主制传统的。然而,由于当时主宰政治变革的是满族——这是一个刚刚从游牧民族过渡到封建社会不足三百年历史的民族。对于这样一个人口不是很多、整体文化水平也不是很高的民族而言,在短短的时间内,实现从原始社会到封建社会的转化,已属难能可贵;若进而再要求其发育出适应资本主义国家的国家治理能力,领导一个人口数百倍于自己的庞大国家,发展资本主义,甚至于超越西方已经比较成熟的资本主义国家,则根本不切实际。因此,清末的政治变革与要求满族放弃政权的狭义民族变革糅合在一起,最终导致满族统治的终结。清末新政的终结,则使中国失去建立君主立宪制度的机会。余下的道路,似乎是民主共和。

中华民国时期,是我国法律近代化发展的关键时期。但是由于种种原因,特别是日本帝国主义的入侵和国共两党的斗争,这一时期取得的“显性”成果最终付诸东流,而“隐形”的法律文化却或多或少得以继承。

中华民国时期的法律近代化,可以分为三个阶段,即南京临时政府时期、北京政府时期和南京国民政府时期。在第一个时期,即辛亥革命胜利,在南京成立临时政府,直到孙中山辞去临时大总统职位。法律近

---

① 在清末修律的过程中,围绕新刑律的内容和指导思想方面,清廷内部爆发了一场大辩论。一方以修律大臣沈家本为代表人物,这一派主张用西方近、现代的法律理论来改革中国旧有的法律,并运用西方的法学理论来反驳“礼教派”的观点,因而被称之为“法理派”。另一派以张之洞、劳乃宣为代表,主张中国修律应注重中国传统,新律的内容和指导思想不能偏离中国数千年相传之“礼教民情”,因此被称为“礼教派”。双方主要围绕“无夫奸”和“子孙违反教令”是否为罪等问题展开争论,称为“礼法之争”。

代化是为建立民主共和国服务的，其宗旨以仿照美国的政治制度，实行总统制，建立民主共和国，实行三权分立政权体制和法治原则，宣告国家主权属于中华民国全体公民，保障人民的自由和权利。南京临时政府时期公布的法律制度并非出于一时冲动，而是当时资产阶级民主理想付诸政治实践的初次尝试。但是，历史的机缘巧合，竟然使中国的资产阶级失去了这次历史机遇。中华民国北京政府时期，亦即通常所谓北洋政府时期，法律近代化事业继续发展。一方面，国家基本上沿着民主共和的道路曲折前进，各项制度尽量落实在法律上，短短的 16 年间公布的宪法和宪法性文件就有五部[①]之多，甚至一度公布实施了宪法——1923 年的《中华民国宪法》。另一方面，民主共和的理想也遭遇了重重困难和挫折。这一时期，日本入侵的压力加剧，民族危机日增。国内也出现了南方革命政权，形成南北政权对峙的局面。而北京政府内部由于派系斗争，军人干政成为这一时期的政治弊端。南北方军事力量对政治的影响同时增长，说明中国民主政治发展遭遇挫折。这一时期，“六法全书”体系初步完成，立法成果十分显著。南京国民政府时期，中国近代化的法律体系——“六法全书”体系最终建立起来，取得了我国清末变法修律以来法律近代化的标志性成就。1943 年，中国政府还收回丧失了整整一个世纪的治外法权，中国的国际地位显著提高。1946 年(中华民国三十五年)12 月 25 日国民大会通过、次年 1 月 1 日国民政府公布了《中华民国宪法》，并宣布该法于中华民国三十六年十二月二十五日正式生效。由于中国共产党和其他民主党派的抵制，该法不具有完全的合法性。1949 年 2 月，共产党通过《关于废除国民党的〈六法全书〉和树立解放区的司法原则的指示》，宣布废除国民党的

---

① 包括：《中华民国临时政府组织大纲》(1911 年)、《中华民国临时约法》(1912 年)、《天坛宪草》(1913 年)、《中华民国约法》(1914 年)、《中华民国宪法》(1923 年)。

“六法全书”。国共两党的党争，成为中国法律近代化进程的决定性因素。以“六法全书”的废除为起点，中国法律近代化掀开了新的一页。

二、中国近代部门法律体系的形成

中国法律近代化[①]是中国传统法制的一个整体变迁的过程，包括法律思想、法律制度、法律观念、法律组织、法律技术等在内的全方位的系统变革。其中，以法律制度为核心的近代化的部门法律体系的逐步形成，是中国法律近代化的基本方面和重要成果。

法律体系(legal system)是一个古老的法律概念。在古代的中国，第一个封建成文法典——《法经》[②]，就是由相对独立的六篇内容组成。[③] 古罗马的法学家乌尔比安[④]把法律分为公法与私法。这实际上就是对法律的一种体系性的描述。一般地说，在实行成文法为主的国家，法律都是由一个一个的门类组成的。在现代的法学语言中，法律体系是一个国家现行法律所形成的有机整体，也可以称为“部门法”体系。一般地说，所谓“法律部门”，指的是把一个国家现行法律规范，按照其调整对象和方法的不同进行划分，由此所形成的法律门类。一个国家的法律体系，就是由一个个法律部门组成的有机联系的整体，因此也可以称为“部门法律体系”。对法律体系的研究，有助于从整体上对一个国家的法律进行把握。从法律史的角度来看，一个国家的法律体系形

---

① “近代化”及中文“现代化”来自于英文 modernization。其本意是描述欧洲从中世纪到近代社会的转化过程。按照中国法律史学研究通说，“法律近代化”指晚清到新中国成立之前的法律转化过程，“法律现代化”则指新中国成立后法律的变化。参见曹全来著：《国际化与本土化——中国近代法律体系的形成》，绪论“中国法律近代化的起源”，北京大学出版社 2005 年 4 月版，第 7—8 页。

② 编纂者为战国时代魏国政治家、法家李悝(公元前 455—前 395)。

③ 即盗、贼、囚、捕、杂、具。

④ Ulpianus(公元 170—228)，生于叙利亚，古罗马五大法学家之一。

成，要经历一个漫长的过程，不是一蹴而就的。而在形成以后，法律体系也不是一成不变的。随着社会生活条件的变化，法律体系也将随之而变。因此，对于法律体系的研究，尤其是对于变动社会中的法律秩序的研究，或者说，对于研究一个法律体系如何受到社会变化的影响，无疑具有重要的学术价值。

中国近代部门法律体系的形成是中国法律近代化的核心内容和标志性成就。在近代中国，一个古老的法律体系——中华帝国赖以维持的旧的部门法律体系解体了，同时一个新的法律体系逐步形成。与此同时，以法律体系的转型为中心，法律的组织体系、法律价值体系、法律技术体系等构成法律文化的种种方面，都发生了极大的变化。

由于中国古代自然经济对法律需求的单一性，家族式社会生活方式的稳定性、官方极力维持的儒家思想观念和意识形态的保守性，以及我国古代社会法律系统自身的连续性特点等原因，造成我国古代法律体系相对简单且保守。"诸法合体"，是中国法律传统的一个基本特征。清代是我国封建社会的最后一个朝代，在法律领域，清代虽有自己的特殊贡献，但更多的是体现出对我国传统法律成果的继承，可谓我国封建社会法律传统的集大成。

清代"详译《明律》，参以国制，增损剂量"，在明代法律的基础上，形成《大清律集解附例》。以后虽对其几次增修，并无明显发展。这是清朝主要的法律典籍。在法典体例来看，它由《名例律》及与国家机关即六部对应的行为规范组成，包括《吏律》、《户律》、《礼律》、《兵律》、《刑律》、《工律》等。从内容上看，这部法典基本上是一部刑法典，以规范违法犯罪及其处理为重要内容。此外，清代还有《刑部现行则例》及几部《会典》，这些法律典籍除了刑法内容以外，主要涉及行政法与少量民法。由此可见，法律体系的安排，主要考虑的是国家管理等公共活动。而民众日常生活中大量的私人事务，则不是法律调整的重点。

在立法方面,“清代刑法典,自乾隆以后,便只有‘条例五年一小修,十年一大修’的成例。”[①]最高统治者对于要求修律的上奏,往往严加斥责。但是在实际上,自1740年(乾隆五年)《大清律例》形成定制以后,到1870年(同治九年)间,共修律23次。[②] 尽管法律原则与条文没有多大变化,而“附例”从1049条(雍正三年定例共有条例825条),已发展到1782条。[③] “1870年清廷最后一次下令修律,此后,因‘时势多故,章程丛积,刑部既惮其繁猥,不敢议修,群臣亦未有言及者,因循久之’。‘惮其繁猥’说明徒增例文已无以解决现实问题,律文有待以一种新的方式来突破。”[④]从理论上讲,在中国封建社会,立法权集中掌握在皇帝个人手中,立法专家只有在皇帝的命令下,才能参与法律的修改工作。而且,立法只能遵循皇帝的意图,个人有限的能动作用很难在立法中体现。这就使得立法工作往往流于形式,很难有较大的突破。进一步说,封建君主专制之下的立法活动,可谓是皇帝个人的事情,随意性极大,既缺乏民主的程序,又无法进行科学的论证。所以,部门法律体系的发展是极为困难的。

与上述制度性因素相补充的是,中国传统的法学——律学,基本上是附属于传统法律制度的。清代律学是在传统律学尤其是明代律学的基础上发展起来的。其主要内容,是对现存法律进行注释研究,但一般难有批判性成果。由于清王朝倡导实用,所以清代律学走上一条讲求

---

① 杨鸿烈著:《中国法律发达史》(下),商务印书馆1990年10月第1版,第884页。

② 苏亦工著:《明清律典与条例》,中国政法大学出版社2000年1月版,第201页。

③ 郑秦、田涛点校:《大清律例》“点校说明”,法律出版社1999年9月第1版,第6页。关于《大清律例》条例的数目,说法不一。罗志渊编著:《近代中国法制演变研究》认为有1892条,正中书局1966年6月版,第192页。苏亦工著:《明清律典与条例》也持此说,中国政法大学出版社2000年1月版,第235页。

④ 高尚:《论清末修律变法的历史必然性》,载汪汉卿、王源扩、王继忠主编,《继承与创新——中国法律史学的世纪回顾与展望》,法律出版社2001年9月版,第849页。

实用而不大重视理论的道路。清代律学者一般都是在肯定现行律例合理性的前提下，研究条文如何理解、如何适用，而很少用批判的眼光来掂量律例的条文本身。律学的这种保守性和实用性，对法律的发展，很难有实质性贡献。这种简单的立法技术，由此产生的法律体系，对于相对稳定、简单的传统农业社会，尚能适应。但是，对于社会分工详细、生产关系较为复杂、社会结构变动性较大的近代工商社会，则难以适应。

随着西方近代法律文化在中国的传播，特别是西方国家在华领事裁判权的存在，极大地刺激着中国人建立本国近代法律体系的热情。同时，我国近代资本主义的缓步发展，也推动着近代化的部门法律体系的形成。打破诸法合体的法律编纂体例，建立包括宪法、民法、刑法、民事诉讼法、刑事诉讼法、行政法等法律部门组成的近代化的法律体系，既是西方国家对中国的要求，也是中国自身法律变革的内在需要。清末修律就是在这些因素促进下掀起的法律变革活动。从清末到中华民国北京政府和南京政府时期，中国政府和人民从未中断建立和完善近代法律体系的努力。到新中国成立之前，一个概念科学、思想进步、门类齐全、体系完整的，符合世界法律文化发展的基本趋势并具有本民族特色的近代法律体系——六法全书体系，基本形成。这是中国法律近代化的伟大历史成就，也是世界近代法律文化发展史上的重要成果。尽管由于历史的原因，这个法律体系在中国大陆已经被废除，但是，这一人类法律文化成就所包含的优秀中西法律文化要素及其形成过程中所凝聚的宝贵法律智慧等，都值得我们深入研究、继承和借鉴。需要特别指出的是，这个法律体系历经修改，在我国台湾地区依然适用，并具有强大的生命力。

由此看来，对于我国近代部门法律体系的研究，对于全面认识和深入研究中国法律近代化这一重要课题，具有特别重要的意义。

三、中国近代法制史学研究与教学

从整个中国法律史的发展来看,近代法制史的时间跨度不是很长。但是,中国近代法制史却有其独特的地位,应当引起学界足够的重视,加强中国近代法制史的研究和教学。

首先,中国近代法制史跨越了晚清、中华民国南京临时政府、北京政府和南京国民政府等几个历史阶段,内容丰富,阶段性明显,连续性和跳跃性俱存,是我国法制史学不可多得的研究样本。近代法制史既是我国传统法制史的一个自然延续和发展,与我国古代法制史具有内在的联系,同时,近代法制史一个多世纪的发展,也呈现出自身独具魅力的特殊规律和丰富内涵。例如,清末修律就是一个极具研究价值的课题。清末修律是西方国家治外法权压力和中国政府和人民自觉努力的结果。修律既是对传统法律成果的保留和继承,也是对西方先进法律文化的借鉴和吸收。期间引起的"礼法之争"集中反映了进步力量与保守势力的抗争,也反映了法律文化激烈变革过程中必然带来的历史阵痛和冲突。再如中华民国的宪法和宪政史,也是一个耐人寻味的复杂课题。宪法和宪政的出现和发展,是中国近代法制史的一个标志性事物。从清末制宪颁布近代化的宪法大纲,到中华民国初年一连串的宪法文本的出台,再到南京国民政府时期的宪法发展,反映了我国近代社会复杂变革过程中各种因素和力量的对比和斗争,国际的和国内的,群体的和个体的,保守的和进步的,缓慢的和激进的,经济的、政治的、文化的,等等,无不纠缠着近代宪法和宪政的发展,影响着历史的进步。仅就中华民国初年的"十年制宪"来说,就是一个颇值得深入研究的课题。近年来,学界对这些问题已经展开比较富有成效的研究,但是,放眼我国法律文化的历史视界和世界视界,着眼我国当前宪法和法治的进步发展,如何还历史的真实面目,如何从历史中吸取教训,如何客观公正地评价近代法制史上取得的历史成就，这些课题仍是摆在学者面前的艰巨任务。

其次，中国近代法制史与现代和当代中国法制发展联系紧密，研究这一历史时期的法律制度及其变革，有助于正确认识和评价现代和当代中国法制，并对其发展提供借鉴。中国近代法制史的一个基本线索，就是中西法律文化的交流和融合。这既是启动中国法律近代化的背景因素，也是推动中国近代法律文化发展的基本动力。由此决定了我国近代法制发展的两个基本目标：一方面，我国法律的发展必须与国际接轨，从而消除近代中国在世界法律文化发展格局中的弱势地位；另一方面，法律文化的保守性使得我国近代法律的发展必须尊重本国国情，最大限度地保留传统法律文化。追求法律文化的国际化和本土化，是理解近代法律法制史的关键。但是，对于现代和当代中国法制发展而言，上述问题依然存在。究其根本，是因为中国与世界的关系并未从根本上改变。换句话说，中国法律近代化的历史任务并未彻底完成。今天，学界研究所谓法律现代化的问题。其实，这一问题乃是近代法制史的一个遗留问题，今天在做昨天的事情。因此，笔者以为，中国现代和当代法制，与近代法制史有内在的不可分割的逻辑联系。这也意味着，如果我们不了解近代法制史，我们也就无法真正了解和正确评价现代和当代中国法制发展史。

中国近代法制史在我国法制发展史的特殊地位，应当引起我们的高度重视，特别是在法学专业本科和研究生教育的教学和研究当中。然而，这一方面情况竟并不如人意。

在我国近代法制史的研究方面，新中国成立以来，除了当时一些参与过法制建设的人留下回忆性的文章以外，相关的研究几乎处于停滞状态。这种情况持续到“文革”结束。随着我国实行改革开放和法治现代化的发展，对于我国近代法制史的研究逐渐升温。特别是近几年来，随着中国大陆与中国台湾地区及海外文化交流的加强,学界对中国近代法制史的研究取得了突破性的进展。其中,由我国大陆法律史学界的知名人士共同参与撰写的《中国法制通史》(十卷本,法律出版社1999年版)把近代法制史作为单独一卷(第九卷),可谓大陆对中国近代法制史研究的标志性成果。此外,一些学者出版了颇具分量的专著,如张晋藩的《中国近代社会与法制文明》(中国政法大学出版社2003年版)和《中国法律的传统与近代转型》(法律出版社1997年版),朱勇的《中国法律的艰辛历程》(黑龙江人民出版社2002年版),李贵连的《近代中国法制与法学》等,表明近代法制史已经成为大陆学界特别是法律史学界共同关注的热点课题。在专题研究方面,也取得了显著的成绩。例如,对于近代西方法律在我国的移植,何勤华的《中国法学史·近代卷》(法律出版社2007年版)、《外国法与中国法——20世纪中国移植外国法反思》(中国政法大学出版社2003年版)就是一个突出成就;在中西法律文化的交流方面,田涛、李祝环合著的《接触与碰撞:十六世纪以来西方人眼中的中国法律》(法律出版社2007年版)堪称佳作;在法律教育方面,王健的《中国近代的法律教育》(中国政法大学出版社2001年版)填补了空白;此外,《立宪思潮与清末法制改革》(卞修全著,中国社会科学出版社2003年版)、《近代中国著作权法的成长》(王兰萍著,北京大学出版社2006年版)等,则分别是近代宪法与宪政、著作权法领域的力作。此类著述不胜枚举。拙著《国际化与本土化——中国近代法律体系的形成》(北京大学出版社2005年版),着眼于中国法律近代化的目标体系,进行了一定的探讨。

然而,在中国近代法制史的教学方面,则显得比较薄弱。目前,大陆尚未出现以近代法制史命名的系统教材,这不能不说是一个极大的缺憾。对于近代法制史的相关内容,大都放在中国法制通史的教材之中。另外,对于我国近代法制史的介绍,大多数教材偏重于与政治和政权方面的内容，对于内容丰富的近代部门法的发展，则几乎一笔带过。这种情况，既没有反映当代学者对相关问题的研究成果，也不符合我国近代法制史的实际情况，有待于改变。因此，回顾和总结近年来中外学者对我国近代法制史的研究成果，全面介绍中国近代部门法律体系的形成和发展的基本情况，进一步研究和把握中国近代法制发展过程亦即中国法律近代化的特殊规律，是一个不容回避的重要课题。

法制史学的深入研究，离不开翔实而丰富的史料和资料。近代以来，随着中国法制的发展，大量的法制史料和研究成果被保留下来。这些是今天的人们认识我国近代法制史的基本依据。这些史料大致包括以下三类：一是当时实际产生或曾经具有法律效力的法律文本。从清末到新中国成立，曾产生了包括宪法、行政法、民法、刑法、民事诉讼法和刑事诉讼法及国际法律、条约、公约等在内数量庞大的法律文本，是研究近代法制史的最基本材料。如上海商务印书馆 1907 年出版的《新译日本法规大全》（商务印书馆 2007、2008 年点校出版）、上海商务印书馆编译所 1910 年编纂《大清光绪新法令》、《大清宣统新法令》（合刊于《大清新法令》点校本，商务印书馆 2010 年版）。当时的学者或法律的制定者对其中的部分法律法规曾进行整理汇编，为我们今天的研究提供了极大的便利。例如，关于清末预备立宪、中华民国时期的立法、民事和商事法律调查，等等，都有相当丰富的资料。二是近代以来一些曾经影响了我国法制发展的人物留下大量关于当时法律制度的产生、内涵、适用等方面的个人资料，其中不乏学术价值者，也是我们研究某些问题的重要依据。例如，近代启蒙法律思想家冯桂芬[①]，改良主义思想

① 冯桂芬（1809—1874），近代法律思想家，散文家。字林一，号景亭。江苏吴县人。林则徐的得意门生。道光二十年（1840）进士。授翰林院编修，曾充广西乡试正考官。著有《校邠庐抗议》40 篇，对晚清法律变革产生重要影响。

家康有为[①]、梁启超[②],清末修律核心人物张之洞、沈家本[③]、董康[④],以

① 康有为(1858—1927),又名祖诒,字广厦,号长素,号更生,晚年别署天游化人,广东南海人,人称康南海,清光绪年间进士,官授工部主事。近代著名政治家、思想家、社会改革家、书法家和学者,他信奉孔子的儒家学说,致力于将儒家学说改造为可以适应现代社会的国教,曾担任孔教会会长。主要著作有《康子篇》、《新学伪经考》(陈千秋、梁启超协助编纂)、《春秋董氏学》、《孔子改制考》、《日本变政考》、《大同书》等。1898年戊戌变法运动的领导者,首倡政治体制上的中西结合,最早在中国提出了立宪政体,并提出了具体的宪政方案:兴民权、设议会、进行选举和地方自治,在坚持儒家传统和帝制的前提下,逐步学习西方的立宪经验,主张君主立宪制。

② 梁启超(1873—1929),字卓如,号任公,又号饮冰室主人等。广东新会人。中国近代维新派代表人物,中国近代史上著名的政治活动家、启蒙思想家、资产阶级宣传家、教育家、史学家和文学家。戊戌维新运动领袖之一。他一生著述宏富,有多种作品集行世,以《饮冰室合集》较称完备,计148卷,1000余万字。

③ 沈家本(1840—1913),字子敦,别号寄簃,吴兴(今湖州)人。历任刑部右侍郎、修订法律大臣,并兼大理院正卿、法部右侍郎等职。宣统二年(1910),兼任资政院副总裁。次年,任法部右侍郎。专治法学,曾收集我国古代法律资料整理和考订。又奉命主持修订法律,建议废止凌迟、枭首、戮尸等酷刑,用修订的《大清现行刑律》取代《大清刑律》,并研究和参照国外刑律,制订《大清新刑律》,对刑法作了改革,主持制定了《大清民律》、《大清商律草案》、《刑事诉讼律草案》、《民事诉讼律草案》等一系列法典。著有《历代刑官考》、《历代刑法考》、《汉律摭遗》、《明律目笺》、《文字狱》、《刑案汇览》、《读律校勘记》、《寄簃文存》等,后人编有《沈寄簃先生遗书》、《枕碧楼丛书》传世。

④ 董康(1867—1947),字授经,号涌芬室主人,江苏武进人(今常州人)。进士出身,曾入清朝刑部工作,历任刑部主事、郎中、刑部提牢厅主事,总办秋审兼陕西司主稿。1902年修订法律馆成立后,先后任法律馆校理、编修、总纂、提调等职,为修律大臣沈家本的得力助手,直接参与清末变法修律各项立法和法律修订工作。自1905年起,曾数次东渡,调查日本司法改革及监狱制度、裁判所制度等,聘请日本法律家来华讲学、帮助清政府修律等。1906年9月大理院成立后,曾充大理院推丞。参与起草《钦定宪法大纲》。民国成立后,董康先后任北京政府中央高等文官惩戒委员会委员长、全国选举资格审查会会长、法律编查会副会长兼署大理院院长、法制编纂馆馆长、司法总长、财政总长、地方捕获审查厅厅长、法官训练所所长、广东高等法院院长等司法要职。1924年春,董康作为上海收回会审公廨代表,赴京请求政府无条件收回会审公廨。1926年,任东吴大学法学院教授。翌年,在上海当律师,并主持上海法科大学法学院,后又受聘北京大学法科教授。1937年,受日本占领军之邀,担任华北伪政权的官职,历任华北伪中华民国临时政府委员、议政委员会常务委员、司法委员会委员长、最高法院院长等职。1940年改任汪伪国民政府华北政务委员会委员、汪伪国民政府委员。抗战胜利后,董康因华北伪政权任职经历而被捕,1947年病逝。董康法律著述甚丰,后人辑有《董康法学文集》。

及资产阶级革命家孙中山[①]、章炳麟[②]，还有中华民国时期一大批杰出的法律家王宠惠[③]、吴经熊[④]、张知本[⑤]、胡汉民[⑥]、江庸[⑦]等，都有自己的

---

① 孙中山(1866—1925)，原名孙文，祖籍广东省中山市南朗镇翠亨村。中国近代民主革命的先行者，革命家、政治家、理论家。中国同盟会和中国国民党创始人，三民主义的倡导者，领导了辛亥革命，创立中华民国，被尊称为"国父"。曾任中华民国第一任临时大总统、中国国民党总理、广州革命政府大元帅等。早年主张改良，曾上书李鸿章，失败后转向革命推翻满族统治，1894年创立革命团体兴中会，1905年组建同盟会，任总理，多次发动起义，均失败。辛亥革命后被南京临时政府推选为中华民国临时大总统。1912年创立中国国民党，任理事长。宋教仁被刺后，发动二次革命。1917年张勋复辟，孙中山发动护法运动。1923年改组国民党，实行新三民主义。1925年病逝于北京。著作有《建国方略》、《建国大纲》、《三民主义》等。

② 章太炎(1869—1936)，初名学乘，字枚叔，后更名绛，号太炎，后又改名炳麟，浙江余杭人。一生经历了戊戌维新改良运动和资产阶级民主革命两个历史时期，走过曲折的道路，我国近代杰出的资产阶级革命家和著名的学者。

③ 王宠惠(1881—1958)，字亮畴，广东东莞虎门人。著名法学家，曾任国民政府外交部长、代总理、国务总理等职。王宠惠精通日语、德语、英语，是第一个将《德国民法典》翻译成英文的人，其译本一直到20世纪70年代都被公认为最好的英译本，在很多美国大学被当作教科书。著有《宪法评议》、《宪法危言》、《比较宪法》等，被誉为"民国法律第一人"。

④ 吴经熊(1899—1986)，英文名:John C. H. Wu 或 John Wu Ching－hsiung，著名法学家，字德生，浙江省宁波鄞县(今鄞州区)人。曾任东吴大学法科教授、上海特区法院法官、东吴大学法学院院长、南京国民政府立法院的立法委员、上海特区法院院长、立法院宪法草案起草委员会副委员长等职。1929年，受邀请出国前往美国哈佛大学和西北大学讲学。他曾公布有《中华民国宪法第一草案》，被称作是《吴氏宪草》。法律著述丰富。

⑤ 张知本(1881—1976)，号怀九，湖北省江陵县人。近代著名法学家。辛亥首义后，初任武昌军政府政事部副部长，司法部成立后任部长，并参与《鄂州约法》的草拟。1912年任江汉大学校长，次年当选国会参议院议员。1924年1月，张知本以湖北代表的身份参加中国国民党第一次代表大会，当选为第一届中央候补委员。1927年12月，张知本出任湖北省政府主席，筹建武汉大学，1936年出任北平朝阳学院院长。1948年当选为行宪国民大会代表。1949年出任司法行政部部长。著有《宪法论》、《宪政要论》、《法学通论》、《社会法律学》等专著，译著有《民事证据论》、《土地公有论》等。

⑥ 胡汉民(1879—1936)，原名衍鸿，字展堂，广东番禺人。中国国民党元老和早期主要领导人之一，也是国民党前期右派代表人物之一。近代资产阶级民主政治家。辛亥革命前，与黄兴领导广州新军起义和黄花岗起义。武昌起义后，广东宣布独立，任都督。后追随孙中山从事护法、反袁运动。1933年在香港创办《三民主义》半月刊。孙中山出师北伐后，他留守广州代行大元帅职务。1936年病逝广州。

⑦ 江庸(1878—1960)，字翔云，福建省长汀县人。1907年毕业于日本早稻田大学政治

笔记或关于法律的著述。此类文献还包括当时发布和发表于各类报纸、杂志等媒体上,对法律文本、法律问题或者司法活动等的评论性文章等。三是近代至今中外学者对于我国近代法律发展进行研究所形成的大量学术成果,同样是我们可资借鉴的参考文献。其数量之巨,难以记述。

四、本书的研究思路

中国近代法制史的最突出特点,就在于其中"古今中西"问题紧密交织。一方面,近代中国,西方法律文化在我国逐渐传播,同时传统文化在走向衰落。在中西法律文化严重对立和激烈碰撞的背景下,如何处理本土法律文化和西方法律文化的关系,是个尖锐问题;另一方面,为了挽回利权,对付内忧外患的艰难局面,必须进行法律变革,中华法系发生前所未有的本质变化和历史转型。如何在法律体系创新的前提下,继承和保留我国固有法律文化,也是一个极为复杂的问题。总之,近代法制史曲折跌宕、波澜起伏,内容丰富,问题极多,且对同处社会转型的当代法治建设关系密切,十分值得当代中国人深入研究和了解。

《六法全书》是中国法律近代化过程中取得的一个极为重要的法律成果。近代中国由于政局动荡不安,社会关系复杂多变;加之固有法律体系已不适应近代社会的需要,在法律近代化过程中优先考虑文本建

经济科,回国后被授予法政科举人,历任北洋政法学堂教习、学部参事、修订法律馆协修、大理院帮审员等。辛亥革命后,历任北京政府北京政法专科学校校长、京师高等审判厅厅长、司法部次长、司法总长代理、司法总长、修订法律馆总裁、法权研究会总长等。1923 年辞去修订法律馆总裁,退出政界。1925 年任东方文化事业总委员会委员。民国十五年(1926 年)迁居上海,从事律师业务,设事务所于四川路 33 号,曾义务为"救国会七君子"辩护。他还担任过北京政法大学、朝阳大学校长、故宫博物院古物馆馆长等职务。1949 年出席第一届中国人民政治协商会议第一次全体会议,并被推选为政协全国委员会委员。中华人民共和国成立后,历任全国政协委员,全国人大代表、上海文史馆副馆长、馆长等。

设，首先形成一个近代化的法律体系，这是近代中国人民不得已的选择，同时也是一个明智的选择。为了建成一个既能满足西方列强放弃在华治外法权的要求，又适应本国国情的先进法律体系，从晚清开始，历任政府都付出了极大努力。从清末，历经南京临时政府、北京政府、南京国民政府，到新中国成立前夕，在借鉴西方大陆法系和英美法系先进法律文化成果的基础上，结合本国固有优秀法律文化，最终形成了《六法全书》法律体系。《六法全书》是中西法律文化结合的产物，是传统文化与时代文化共存的结晶，反映了近代中国政府和人民对进步法律文化的追求和智慧，是一个值得褒扬和充分肯定的法律文化成果。新中国成立前夕，《六法全书》被草率废除，致使新中国在建立新的法律体系的过程，走了许多弯路，并付出了沉重代价。这个历史的教训应当记取。同时，这个法律体系经过历次修改完善，在我国台湾地区仍具有巨大的生命力。这也说明，即使在今天，回过头去研究我国法律近代化的过程和取得的成就，还是一个具有重大现实意义和学术价值的严肃问题。

近年来，法律史学界对我国法律近代化问题关注与日俱增，也取得了很多研究成果。但是，本人认为，很多基本问题仍未能突破过去的固定看法，需要深入研究。例如，对于清末新政和法律变革，过去一直被认为是清政府导演的一场“骗局”，是为了自救而不得已做出的努力。现在，尽管学界做了研究，有一些突破，但这个看法仍没有改变。历史的问题要历史地看待，这样形成的研究结论才能经得起时间的检验。我们应当对当时的清政府抱着同情的理解态度，去研究这个问题。从当时整个中国的国情来看，内忧外患，民智未开，政府内部保守势力十分强大，发动新政和法律改革本身阻力重重，能够动起来就已经很不容易。法律改革者选择大规模移植西方大陆法系和部分英美法系的先进法律文化成果，同时，注意保留固有法律传统，进行民商事法律习惯调查,应当说这个变革路子是没有问题的。当时制定了许多有价值的法律草稿,虽然大都没有来得及生效,清政府就倒台了,但不能由此推断说没有贡献或没有意义。联系民国成立以后的历史,不难看出,清末产生的许多法律草案都成为后来制定新法的基础。刑法如此,民法也是如此。再看民国初年的宪政局面,尽管帝制已随着清政府的垮台,宪法基本没有市场,但是,民主和共和制度也都同样没着没落。三权分立、总统制、责任内阁制、多党制、地方自治、司法独立等等当时世界上最进步的政治和法律制度,都在我国进行了实验,但没有一样落地生根,开花结果。由此不难看出,在中国这样一个人口众多和历史悠久的大国,进行变革不是一件简单的事情。反观清政府制定的预备立宪的新政方案与一揽子法律变革计划,和自上而下、有条不紊、稳步推进的变革步骤,不能不说是极其明智和富有远见;其一丝不苟、认真对待的态度,也值得深入反思和重新认识。总之,近代以来的法律变革,是需要当今学者认真加以研究的。其中,历史还原的研究方法、同情理解的研究态度,以及中国本土问题的学术意识,是必须具备的基本素养。

本书力图打破传统法制史教材以时代为线索、以意识形态为统帅的路子,而以比较法文化史观对近代六法全书所涉及的六个部门法全面考查,附带介绍其历史沿革、传统特点及其发展成就等,比较深入地探讨了我国法律近代化的基本问题,系统地介绍中国近代法律制度的发展和演变的历程。内容包括:近代法律变革的法文化背景、中体西用的指导思想;近代宪法、民法、刑法、民事诉讼法、刑事诉讼法、行政法的发展(即近代六法全书体系)。本书还对近代的立法和司法机构,及影响近代法律制度发展的主要法律思潮和法律多元、法律教育和法律职业情况予以适当介绍。

目前,国内全面介绍和研究我国近代法律变革的著作尚不多见,本书具有一定的开拓与探索。与学术界对于中国近代法制史研究成果相比，本书具有以下几个特点：

首先，注重以法律的眼光对待中国近代法律问题。过去学界对于我国近代法制史多从政权更替角度予以研究，可以说是把法律史“政治化”了。这种失之片面的研究最大的弊端，就是无法将法律史的研究引向深入。在这方面，本书力求“以法律的眼光对待法律问题”。本书不仅以近代六法全书体系为章节线索，而且对各个部门法律体系的研究也回归到法律特有文化上来。在研究过程中，大量新材料和新成果的介绍，也给人耳目一新的感觉。

其次，本书以比较法律文化史观作为研究近代法制史的方法。作者以中西法律文化比较研究的视角看待中国法律近代化问题，全书贯穿了作者对于中国法律近代化“国际化”与“本土化”相结合的观点。这种研究，不仅有助于理解掩藏于制度层面之下的属于文化领域的深层次问题，也使得原本枯燥的法制史显得具有立体感和生命力。中国近代法制史是法律文化领域“古今中西”对立与融合最显著的时期，对其研究必须借助于一个十分宽广的视角，比较法律文化无疑是一个顾全大局的方法。

此外，本书在处理近代法律变迁与古代法律传统、主流与非主流法律文化问题上，也颇费心思。在介绍近代各部门法的同时，对于古代相关的法律传统也做了相应的回顾。这一知识铺垫把近代法律变迁与古代法律传统形成对照，对于认识中国近代法律的发展十分有益；在着重介绍民国时期法律制度的同时，也介绍了中国共产党领导的各政权在不同时期创立和适用的法律制度。这对于全面了解新中国成立以前存在于中国各地的多元法律文化，特别是新民主主义的法律制度，具有重要意义。

第一章　西学东渐与中国近代法律变革

中国法律近代化，虽然是发生在中国本土的历史事件，但是，启动这一历史事件的，并不是中国，而是外国。中国法律近代化，是世界法律近代化历史进程的一个组成部分，而且是西方国家法律近代化发生、发展甚至比较成熟的情况下，才在中国土地上展开的，中国是一个后发的近代化国家，法律近代化事业莫不如是。

第一节　近代中西文化交流与"西法东渐"

19 世纪之世界，与中国过去所处之世界，已大不相同，人类开始进入"四海一家"的时代，"华夷隔绝之天下，成为中外会通之天下"。而这种世界，与当时中国一般士人所认识之世界，尤为迥异。欲对近代中国之处境获致清醒之认识，必须对近代中国史发生与展开之远因有一大致的认识。笔者以为，中西文化之交流，可谓中国近代史与法律近代化之远因。

中外关系从中英鸦片战争发生逆转。此前，中外关系中国是比较主动的，中外关系相对而言也是平等的。但是自鸦片战争以后，中国便一步步陷入西方殖民主义的深渊，中外关系也失去平等的性质。中国法律近代化就是在这种不对等的中外关系中产生和进行的。

从比较法律史学的角度来看，中国法律传统属于中华法系，是中华法系的发源地。而西方的法律传统则主要表现为英美法系和大陆法系。除去中西法律传统的外在形式方面的差异，它们在法律的主体内容、基本精神、法律价值与功能等方面，存在着重大的不同。总体说来，中国的法律传统是为传统中国社会的中央集权君主专制政治制度服务的，法律是一种统治民众的工具，这种法律制度与儒家所倡导的仁政、德治与人治思想相结合，形成别具一格的“儒外法内”的法律文化格局。从本质上说，这种泛道德主义的法律传统与专制制度联系更为密切，而与民主、自由、人权的观念联系甚少。反观西方，其法律传统自古希腊罗马奠定基础，又经过文艺复兴和启蒙运动的洗礼，基本上适应了近代资本主义的发展，与近代西方以自由、平等、博爱为主要内容的民主政治与人权保护直接联系。总体上，西方法律传统表现出十分明显的法治主义的品格。这种法治主义确认的是法律至上、权利神圣、宪政民主与超越政治特权等的基本内涵。正是这种法治的绝对主义特征，确保了近代资产阶级革命的成果，最大限度地释放了个人的潜力，解放了人的个性，大大促进了社会的发展与进步。以中国学者的立场看来，中国近代社会的总体发展趋势就是发展资本主义，中国的近代化，就是促使中国社会从传统农业社会向近代工商业社会转变。相应地，社会的组织管理方式也理应从过去的泛道德主义“法治”，向近代自由民主主义的法治模式转变。

一、鸦片战争之前的中西文化交流

中国与西方，皆为人类文明“轴心时代”之产物。在中外文明发生接触之前，中国文明与西方文明是各自独立发展的。时至公元 166 年（后汉桓帝延熹九年），中国与西方有第一次接触。据史书记载，当时大秦王安敦（Marcus Aurelius Antoninas，即古罗马国王马可·奥勒略),遣使到中国来,大秦与中国“始乃一通焉”。[①] 以后中国历史记载西方人来到中国的时间有:226年大秦商人秦论到交趾,280—290年大秦王遣使贡献,635年大秦景教(即基督教之一支)传入西安,唐代643、667、701、719、742年及宋代1081、1091年,拂菻王遣使至中国的唐王与宋王。[②] 但是,对近代历史影响比较大的,当数13世纪末,欧洲旅行家威尼斯人马可·波罗[③]东来。马可·波罗曾在中国旅居十多年,并著有《马可·波罗行记》一书,第一次向欧洲人描述有关中国文明、强大和富庶的情况,“构成中世纪东方知识的主要和最饶兴趣的资料之一”,“其影响的深远,是无法估计的”。[④] 对于当时的欧洲人来说,“相信三千里路以外能有这样一个强大的帝国,它胜过欧洲最文明的国家,似乎

---

① 钟叔河著:《走向世界——近代中国知识分子考察西方的历史》,中华书局2000年7月第1版,第6—7页。又见[美]马士、宓行利著:《远东国际关系史》,上海书店出版社1998年12月第1版,第14页。

② 钟叔河著:《走向世界——近代中国知识分子考察西方的历史》,中华书局2000年7月第1版,第7页。

③ 马可·波罗,意大利旅行家,中外文化交流的先驱者。他出生在意大利商业城市威尼斯的一个商人家庭。公元1271年,马可·波罗的父亲和叔叔及他本人从威尼斯出发,渡过地中海,沿丝绸之路东进,到达东方,又取道新疆、甘肃东行。他在公元1275—1292年间曾住在中国。他们在甘州(即甘肃张掖)居住了一年。在此期间,曾游历过今额济纳旗、西宁等地。然后东北行经宁夏、陕北等地,历时三年半,于公元1275年到达元朝上都,以后又到达大都(今北京市)。因其父、叔的关系,马可·波罗得以接近忽必烈,深受元世祖的宠信,长期在朝廷担任要职。他在元朝任职达17年之久,忽必烈曾派其为钦差大臣先后巡视过山西、陕西、四川、云南、山东、江苏、浙江、福建等地,并任扬州总管三年;他还参与外交活动,代表元朝政府出使过缅甸、越南、菲律宾、印尼、爪哇、苏门答腊等国。因此,他很熟悉当时中国各地和亚洲各国的情况,也熟知元朝的许多重大事件。公元1292年,马可·波罗父子离开中国,从海上经苏门答腊、印度等地,历时两年零两月到达波斯。后来马可·波罗作为威尼斯的巨商,参加了威尼斯舰队,在一次战斗中受伤被俘。在热那亚监狱中,他请同狱的作家鲁恩蒂谦用法语笔录了他20多年在东方各国的经历和见闻,这就是著名的《马可·波罗行纪》,又称《东方见闻录》。

④ [美]马士、宓行利著:《远东国际关系史》,上海书店出版社1998年12月第1版,第17页。

很荒谬”。[1] 16世纪以后，西方传教士进入中国，他们对于中国的报告进一步证实了马可·波罗的报道，肯定了它的真实可靠。可以肯定，这本书必然引起西方人了解中国的极大兴趣。

在近代之前，中西方文明的交流可以说是对等的，中国文化向西方传播，西方文化也对中国发生一定程度的影响。一种文明发生以后，必然向外传播，这可以说是文明的特性之一。

1514年（明正德九年），葡萄牙（旧译为佛朗机）人第一次自海路达粤江口，为欧洲人首次自海道至中国。[2] 他们中有不少是向东方觅取黄金的冒险家，但也有抱着宗教热情到东方传播福音的。他们以学术为传教手段，借以与社会上层人物接近，争取他们的同情与合作。“哥伦布、哥白尼发现新世界、新宇宙以来的新知识，文艺复兴以后的新艺术，均经此辈耶稣会士先后输入中土，包括天文、历法、算学、物理、舆地、美术以及火器制造等实用科学。凡此均为明清之际，亦即自利玛窦来华至康熙末年140年间（1582—1721）的成就。”[3]

但是，中西文化的交流并不顺利。除了西方传教士的所传播的西学自身的局限性以外，中国方面也存在一定障碍，“中国的一部分学人又自视颇高，华夷之见既深，名教观念尤浓，亦不易接受新的思想。”而最大的阻力与不幸，是清雍正皇帝1723年（元年）的禁教令。清乾隆时代（1736—1795），取缔尤严。

在雍正皇帝禁教令颁布以后，到中英鸦片战争之前，也就是在中国“康乾盛世”的时代，西方世界发生了极大的变化。从此，中西关系急转

---

① ［法］弗朗斯瓦·魁奈著：《中华帝国的专制制度》，谈敏译，商务印书馆1992年版，第25页。

② 郭廷以著：《近代中国史纲》（上），中国社会科学出版社1999年5月第1版，第14页。

③ 郭廷以著：《中国近代化的延误》，载张玉法主编：《中国现代历史论集》第1辑，联经出版事业公司1980年7月版，第65页。

直下,进入非常时期。

欧洲自西罗马灭亡(公元476年),便进入中世纪时期。这一时期,古典文化被宗教气氛笼罩,人类屈从于上帝,神学知识是一切知识的来源。但是到中世纪晚期,一系列事件使欧洲人改变了他们对于自然现象及其生活世界的态度。14世纪中期,在意大利开始了文艺复兴。15世纪末到16世纪,文艺复兴又波及德国、法国、英国和西班牙等其他地区。19世纪历史学家雅各布·布克哈特著《意大利文艺复兴时期的文化》(1860年)认为:人们在文艺复兴中,个人表现出对世俗生活日益浓厚的兴趣,并且他们自觉地渴望创造自己的命运,他们重视个人才能的全面发展,这种观念代表了欧洲文明的新趋势。首先发生于意大利的文艺复兴运动,可能与开始于11世纪末到12世纪的罗马法的复兴有关。另一个重大事件是宗教改革。"就像文艺复兴不但为欧洲知识界注入了新的活力,而且在它的发展过程中抛弃了中世纪神学的统治地位一样,宗教改革也标志着一种新宗教观的开端。"①宗教改革对近代西方世界的形成关系极为密切。"16世纪的新教思想创立了一种新型的、高度个人主义的精神。人们在现世的生存和在来世的被拯救中逐渐依赖于内心信仰和自律……在这样的世界上,个人决定着自己的一生和他人的劳动,而且,个人在政府里要代表自己和其他人。"②科学革命是这一时期又一重要方面。自然科学界的重要发现,使人们逐渐学会用自然科学的方法观察人类社会一切问题。由于科学受到重视,一切均在进步之中。"科学革命在思想和物质两个方面为近代西方的两步重大发展——启蒙运动和工业革命——奠定了基础。"③在这一时

① [美]马文·佩里主编:《西方文明史》(上卷),胡万里等译,商务印书馆1993年版,第404页。

② 同上,第436页。

③ 同上,第537页。

期，影响比较深远的事件有：

1748 年，法国启蒙思想家孟德斯鸠（1689—1755）完成《论法的精神》；

1752 年，法国思想家狄德罗（1713—1784）出版《百科全书》；

1762 年，法国思想家卢梭（1712—1778）完成《社会契约论》；

1767 年，英国人哈格里夫斯和阿克莱特发明纺织机；

1769 年，英国工人瓦特发明蒸汽机，工业革命开始；

1776 年，英国经济学家亚当・斯密（1723—1790）完成《国富论》；

1776 年，美国宣布独立，《独立宣言》发表；

1789 年，美国联邦宪法——《美利坚合众国宪法》生效；

1789 年，法国发生大革命，发表《人权宣言》；

1791 年，法国国民议会通过《法兰西第一共和国宪法》；

1832 年，按照英国思想家边沁（1748—1832）功利主义的法律改革思想，英国进行议会和法律方面改革。

此外，西方航海技术的改善，尤其是来自中国的指南针与火药的应用，极大地刺激了他们在远洋探测中追求商业利益的欲望，并逐步以中国为航海的目标。

继葡萄牙人以后，西班牙、荷兰和英国相继叩海。17、18 世纪，葡、西、荷、英之外，与中国贸易往来的西方国家，以法、美两国为重要。18 世纪，与中国通商的欧洲国家还有奥地利、比利时、普鲁士、丹麦、瑞典、意大利等。16、17 世纪中西间除了为通商引起的海上纷扰，北方与俄国陆上之争，更为严重。1689 年中国与俄国签订尼布楚条约，这是“远东国家和欧洲国家缔结的第一个近代国际法上的条约”①，遏制了俄国

---

① Shigeki Miyazaki, *History of the law of Nations Regional Developments*: Far East, in: R. Bernhardt ed., EPIL, vol. II, Amsterdam 1995，第 804 页。转引自杨泽伟著：《宏观国际法史》，武汉大学出版社 2001 年 6 月版，第 106 页。

对于黑龙江流域的侵略。但其侵略中国领土的野心并未因此终止。一个海权国家与陆权国家共同争夺中国的时期,就要到来了。

与西方科技和社会大发展、人们积极开展海外贸易、进行海上探险形成鲜明对照的是,中国的读书人由于害怕“文字狱”而只能搞考证之学(汉学),思想逐渐僵化。中国政府实行的更是比较保守的政治、经济和社会政策。顺治十二年(1655 年),清政府为对付东南沿海的抗清势力,首次颁布禁海令。① 后又于 1661 年、1662 年、1678 年三次下达“迁海令”。康熙二十三年(1684 年)开放海禁。然而时隔不久,清政府又相继颁布了许多出海禁条,限制海外贸易。② 清统治者颁布上述诸多禁令,其本意是为了戒备沿海地带日益炽烈的海盗活动和西方殖民主义者的叩关,防范内地人民与洋人串通一气,危及封建统治。在客观上,它却给刚刚开始复苏的海外贸易和沿海人民的生活以极大打击,致出现“土货滞积,而滨海之民半失作业”的现象。③ 自乾隆二十四年(1759 年)起,广州成了唯一的通商口岸,清政府对于外商的管制更严,当时广州除“稽查管束夷人条约”外,两广总督又订立“防范外夷规条”(1757 年制定),使得外商之不满更甚。④ 此外尚有嘉庆十四年(1809 年)的《民夷交易章程》、道光十一年(1831 年)制定的《防范夷人章程》等。这些规定,使当时在中国对外贸易中占有最大份额的英国,感觉问题最为严重。

---

① 张晋藩著:《清朝法制史》,法律出版社 1994 年 4 月第 1 版,第 132 页。

② 同上,第 133 页。

③ 张晋藩主编:《中国法制通史》(第 8 卷),法律出版社 1999 年版,“绪言”,第 152 页。

④ 郭廷以著:《近代中国史纲》(上),中国社会科学出版社 1999 年 5 月第 1 版,第 37 页。其主要内容为:禁止夷商在广州过冬,夷人须投夷馆,不得携带武器,禁止行商领借外夷资本,禁止内地人民为外夷传递书信,夷船收泊之处,加派要员稽查等。

二、鸦片战争之后的中西关系与文化交流

18 世纪末年，英国对华鸦片和茶叶贸易逐年增加，利润十分可观。仅仅鸦片税就占印度财政收入的 1/10，同时英国又希望为工业革命后的纺织品推广市场。因此，其对于打开对华贸易的大门，十分积极。1787 年先派卡茨卡特（Charles Cathcart）①为使，与北京直接交涉未果。复于 1792 年又派遣马戛尔尼②（George Lord Macartney）为特命全权大使出使中国。结果由于礼节问题这次接触同样没有取得实效。③ 1816 年英国再派阿美士德（William Pitt，Lord Amherst）④使

① 1787 年，英王乔治三世任命卡茨卡特为特使访华。乔治三世在训令中指示："我们在中国的广大商业，需要一个安全的地方作为商站，……因此，我们希望赐予一块比广州的位置更方便的小地方或孤岛，这个地方应该便于航远而又安全，便于推销英国货物，同时靠近优良茶的产地。具体来说是北纬 27°—30°之间。"参见马士：《东印度公司对华贸易编年史》第 1 卷，中山大学出版社 1991 年版，第 482—483 页。

② 马戛尔尼（Lord Macartney，1737—1806），英国贵族，曾任驻俄公使、孟加拉总督。1792 年他率领英国使团访问中国，次年觐见乾隆帝，是清乾隆年间中英两国一次重大的外交活动，是为中英两国首次正式通使，也是近代中外正式外交关系的开端。康熙二十四年（1685 年），清政府统一台湾，翌年，开放海禁，同时指定广州、漳州、宁波、云台山四地为对外通商口岸（一说四榷关是广州次固镇、泉州厦门港、松江和宁波）。乾隆二十二年（1757 年），清政府下令外国商船只准在广州一口贸易，此后，又陆续制定各种严格措施，管束稽查在广州贸易的外国商人，并规定外国商人只准通过行商进行贸易。当时中国和欧美各国的贸易中英国占有最大的份额。乾隆五十七年（1792 年），英政府派出以马戛尔尼勋爵为首，由数百余人组成的庞大使团前往中国。向清政府提出了以下要求：(1)英国在北京开设使馆；(2)允许英商在舟山、宁波、天津等处贸易；(3)允许英商在北京设一货栈；(4)请于舟山附近指定一个未经设防的小岛供英商居住使用；(5)请于广州附近，准许英商获得上述同样权利；(6)由澳门运往广州的英国货物请予免税或减税；(7)请公开中国海关税则。由于所谓礼节问题，乾隆帝坚决地拒绝了马戛尔尼使团的全部要求。

③ 关于马戛尔尼使团访华的情况，有马戛尔尼著《1793 乾隆英使觐见记》（作者的日记）和《英使谒见乾隆纪实》（作者是使团的副使斯当东）、《停滞的帝国——两个世界的碰撞》（法国作家阿兰·佩雷菲特著）等书。其中，《停滞的帝国——两个世界的碰撞》一书有极详细的描述。阿兰·佩雷菲特著，王国卿等译，生活·读书·新知三联书店 1995 年 8 月版。

④ 威廉·皮特·阿美士德，通称阿美士德勋爵，英国外交官，于 1816 年代表英国率团访华，要求改定通商协定，然而清廷与英国双方因为在礼节上出现分歧，结果未获嘉庆帝接见即被赶出北京。

华,其效果不如马戛尔尼。在此期间,中英之间的不快事件很多。鸦片战争之前,中英双方因英国人殴打杀害中国人屡屡发生刑事纠纷。1800年有"天佑号"事件,1807年又发生"海王星号"事件。与此同时,中英之间的商欠纠纷也时有发生。1809年有沐士芳案,1810年有七行案。道光之前,商欠纠纷没有引起较大的冲突。但是到了道光年间,这种纠纷越来越多,英国方面施加的压力也越来越大。1829年(道光九年)英方向两广总督提出八条要求,清政府官员没有满足其要求。后来由于英方与中国政府都不主张强硬,才使濒临恶化的事态平息下来。但是,问题并没有得到实质性的解决,直到发生鸦片战争,签订《南京条约》,战前积累的300万元商欠包含在《南京条约》的2100万赔款当中,这一问题才算了结。19世纪初期,英国的工业革命渐次完成,市场亟待开拓。及至中国政府对鸦片实行禁运政策,便引起英国对华态度之改变。1840年4月,英国国会通过对华用兵的法案,鸦片战争爆发。

鸦片战争,在英人方面,认为中国不以平等国家的地位接待友邦代表,在中国方面则认为英人有意破坏中国旧章,侵犯中国体制。这就是中英发生严重争执的原因。责任虽双方均有份,但对于中国损害尤大。"中西的关系是特别的。在鸦片战争以前,我们不肯给外国平等待遇;在以后,他们不肯给我们平等待遇。"①

鸦片战争中,清政府战败,被迫与英国签订《中英南京条约》。根据这一条约,中国政府不仅向英国赔偿战争损失和割地(香港),还要进一步开放口岸,并与英国协定关税。在以后的粘附条约中,英国又取得了领事裁判权②。这些不平等条款破坏了中国的独立,损害了中国主权,

① 蒋廷黻著:《中国近代史大纲》,东方出版社1996年3月第1版,第9页。

② 领事裁判制度是国家间商业往来发展的产物,其起源可以追溯到古希腊的"外国代表人"制度和罗马共和国时期的"外国人执政官"制度。欧洲中世纪后期,由于航海和商业的发展,在意大利、西班牙和法国等地的城镇中,外国商人经常从他们的同行中自行推选解决彼

使中国处于十分不利的国际地位。“英政府要求签订条约只具有一般性的目的，即废除纳贡制结构。1842 年南京条约取消了只准在广州进行中外贸易和由广州特许的外交关系。印度鸦片和外国侵略已经开始捣毁中国排他性的藩篱。中国的战败使烟毒进一步泛滥，而取得战争胜利的英国人则试图建立中外交往的新制度。这一点，他们在后来的 20 年内办到了，其间他们与清廷及其地方官吏有时一致行动，有时则发生冲突，而与法国人、美国人、俄国人的关系也是如此。”①

三、西学东渐与“西法东渐”

中国与西方，本来是两种不同的文明形态。但是近代以来，随着资

此之间商业纠纷的仲裁人，称为“商人领事”或“仲裁领事”，后来这种领事由商人推选的仲裁者演变为国家派遣的外交代表，拥有对本国侨民的司法管辖权，因此便逐渐形成了近代的领事制度。十字军东征，打开了通往东方的道路，意大利、西班牙和法国等国的商人在土耳其等国家定居下来，东西方贸易日益频繁，许多欧洲商人来到阿拉伯国家进行贸易。对阿拉伯民族来说，神圣的《古兰经》不能适用于异教徒，而这些西方商人恰恰拥有各自推选的本国领事，因此土耳其政府便以“特惠条例”形式授予这些外国领事一定的特权，可以依据本国法律处理本国商人之间的纠纷。后来这些外商的本国政府就同土耳其政府签订了领事裁判权条约，使这些领事获得了对本国侨民的特权、财产和生命的保护权及对侨民行使刑事诉讼和民事诉讼的管辖权。这样，领事制度就在土耳其等近东国家得到确立，领事的职权也在逐步扩大。16 世纪后，领事不再从所在地的本国商人中选举，而是由国家正式委任，称为“派任领事”，这就是后来职业领事的起源。从 17 世纪初叶开始，近代国家主权观念日益高涨，西方各国都将外国商人置于本国司法管辖之下，领事的职权逐渐缩小到照管本国的商业和航运，保护本国侨民的利益。18 世纪中叶以后，随着资本主义的发展，领事制度的价值和重要性逐渐为各国所重视，国家间的领事制度开始系统地发展起来，领事的地位、职务和特权成为各国通商航海条约或领事条约的主题，法国、荷兰、美国、英国等主要商业和航海国家还为此制定了本国的领事条例和领事法。与此同时，西方列强向东方积极进行殖民扩张，并通过各种不平等条约推行片面的领事裁判权制度，严重侵害了驻在国的主权。到鸦片战争之前，波斯、暹罗等中国周边的弱小国家均已确立了这种领事裁判权制度。鸦片战争结束后，英国、美国、法国等列强通过不平等条约，先后在中国建立了领事裁判权制度。并且变本加厉，逐渐扩大领事裁判权，从此一直到二战结束，中国人民经过一百年的努力才最终从中国大地上废除这种强加的、不平等的制度。

① [美]费正清、刘广京著：《剑桥中国晚清史》(上卷)，中国社会科学出版社 1993 年版，第 234 页。

本主义的扩张,世界各国的距离越来越小,中国与西方的接触就不可避免。令人遗憾的是,中国与西方的接触是以不愉快的方式开始的——鸦片战争。这是武力的方式,暴力的、不理性的方式。由于中西力量与认识的不均衡,必然产生消极的片面的历史影响。需要强调的是,这种影响是双方的,而非单方的。在随后的几十年中,尽管理性的认识在增长,但是由接触之初产生的阴影仍在持续。这种因素极大地妨碍着中西文化在深层上的交流与互动。

西方的法律观念伴随着其武力向中国渗透。一开始,西方国家强迫中国接受一系列不平等条约,开放了条约口岸。这是武力接触的结果。接着西方的其他法律观念逐渐传播到中国来。这种传播包括中国人自己自觉自愿地向西方学习。这个过程被学者称为"西学东渐"。其中,单纯西方法学知识在中国的传播,被称为"西法东渐"。单纯从学术上讲,西学的传入,要比中西政治的接触早得多。但是无疑,只在政治的接触加深以后,学术的接触才得到严肃的、正面的对待。

所谓"西学东渐",就是近代以来西方资本主义的宗教学说、科学技术及学术思想在中国的传播。近代西学的传播有一个背景,就是"中学"——中国传统学术的衰落。嘉庆、道光年间,由于太平天国对图书文物的毁坏,江、浙、皖公私藏书荡然无存,"汉学"自然无从发展。另一方面,老一辈思想家相继去世,如:章学诚,1801 年去世;钱大昕,1804 年去世;段玉裁,1805 年去世;洪亮吉,1809 年去世;刘逢禄,1829 年去世;龚自珍,1841 年去世;魏源,1857 年去世。学术上后继无人,思想界占主导的"汉学"出现衰落的征象。几乎与此同时,西方的学术却迅速涌入中国。西学的传入有以下几个主要的渠道:一是外国传教士的传播。1843 年麦都思①在上海创办墨海书馆,这是第一个印刷所。1887

① 麦都思,英国传教士,自号墨海老人,汉学家,1796 年生于英国伦敦。1843 年麦都思

年上海成立同文书会，后改为广学会，译书70种，包括西方议会制度等。1875—1883年出版《万国公报》750期。二是西方图书，尤其是法律类图书的翻译和传播。1864年，北京同文馆出版了美国传教士丁韪良(1827—1916)[①]翻译《万国公法》，[②]为中国近代第一本法学译著。以后中国引进西方国家图书逐渐增多。以洋务派创办江南制造局附设翻译馆为例，1871—1879年译书达90种，其中有自然科学与工艺军事等各40多种。戊戌变法前后，中国掀起翻译外国法律图书的高潮。据有关统计，自1896年至1911年，中国翻译日文书籍至少1014种，"以1902年至1904年为例，三年共译西书533种，其中英文书89种，占全国译书总数的16%，德文24种，占4%，法文17种，占3%，日文321种，占总数的60%。从译书的学科来看，社会科学比重加大"，以1902年至1904年为例，三年共译文学、历史、哲学、经济、法学等社会科学书籍327种，占总数的61%。[③]西方名著的中文译书，如美国《独立宣言》、孟德斯鸠的《法意》(今译为《论法的精神》)、卢梭的《民约论》(今译为《社会契约论》)、斯宾塞的《群学肄言》(今译为《社会学原理》)、赫胥黎的《天演论》及穆勒(密尔)的《代议政体》(今译为《代议制政府》)等等，也出现在中国的土地上。第三个途径是中国的外交使节，他们通过亲自在西方的游历见识大为改观，他们的日记广为传播，其中介绍了西方政治、经济、文化、社会风俗与法律制度等等，使中国的读者大开眼界。西学传入的第四个途径是晚清留学生对外国的接触与了解。这是另一个重要的西学传播的渠道。中国的留学生有到美国的，也有到日

代表伦敦会到上海，是第一个到上海的外国传教士。1843年和美魏茶、慕维廉、艾约瑟等传教士在上海创建墨海书馆，印刷出版中文书籍。

① Martin, William Alexander Parsons(1827—1916)，美国印第安纳州长老会传教士。

② 该书为美国著名国际法学家惠顿(H. Wheaton, 1785—1848)的著作，原名为 *Elements of International Law*，1835年在美国出版。

③ 熊月之著：《晚清西学东渐史概论》，上海社会科学院学术季刊1995年第1期。

本等国。这个群体对近代西方政治法律思想的传播,具有不可忽视的作用。

西学东渐对于近代中国社会的变迁,影响极为深刻。

首先,西学东渐对中国人的用兵、交涉与商务等都有较大的帮助。其中最为重要的是在商务方面。西方人对中国用兵的目的也在商务。而交涉无非维护本国的商业发展以获取利益。这一点对于近代的中国人具有十分重要的意义。其一,商务打通了中国与外界隔绝的关系,改变了闭关锁国的局面,将中国与世界连为一体。正如马建忠所说,“夫处进之世,轮舟铁道梭织寰中,而欲自囿一隅,禁绝外往来,势必不能。”[①]陈炽(?—1899)说,“无古今,无中外,无华夷,无物我,人而已矣……无町畦,无畛域,无边际,无端倪,一而已矣。”[②]其二,重商主义抬头。商人本是中国古代四民之一。但是在传统的重农抑商的政策下,商人的地位一直不高。近代西学的传入,使商业受到重视,大大提高了人们对商人和商务的认识。由此而产生了最重要的一个变化,就是人们对“利”的观念改变了。中国传统上受儒家“重义轻利”思想的影响,人们耻于言利。近代由于商业的发展,社会对于利益的观念得到更新。“西人以利为先”。[③]“惟有利而后能知义,惟有义而后可以获利。”[④]最后,重民也成为与尊君相对的问题。改良派思想家们看到英国的议会能够使上下相通,君民一体,从而使民富而国强。因此,他们主张提高民众的政治地位。其中冯桂芬(1809—1874)、王韬(1828—

① 马建忠著:《巴黎复友人书》,《适可斋记言》卷2,中华书局1960年版,第43页。

② 陈炽著:《续富国策自叙》,《续富国策》卷首,载《西政丛书》第30册,光绪二十三年(1897年)。

③ 马建忠著:《上李伯相出洋工课书》,《适可斋记言》卷2,中华书局1960年版,第31页。

④ 陈炽著:《分建学堂说》,《续富国策》卷首,载《西政丛书》第30册,光绪二十三年(1897年)。

1897)和郑观应(1842—1922)是最为重视议院制度的早期改良主义思想家。冯桂芬指出,中国在四个方面不如西人,“人无弃才不如夷,地无遗利不如夷,君民不隔不如夷,名实不符不如夷”。① 所谓的“君民不隔”,暗指议会制度。王韬曾经游历西方,他分析了西方国家的政治制度,曾多次参观、旁听英国议院,十分赞扬其“君民共主”的立宪政体。他写了《普法战记》,认为普鲁士的“议会君主制”是其打败法国的原因。他还写了《法辟议院》、《日本设立议院》等文章,介绍其议会政治制度。郑观应著有《救时揭要》一书。在其中《议论政》一文中,他盛赞了西方的议会政治,说这一制度“通上下之情,期措施之善”。他把西方的议会制度比作中国上古三代之制,指出中国也应实行这种制度。

其次,西学东渐促进了近代民权意识的觉醒,这是晚清法律变革意识中的一个重要因素。在中国传统的社会中,民众是没有多少权利意识的。封建主义牢笼之下,只有君主有权,人民无权;官吏有权,百姓无权;家长有权,家子无权。整个社会是以义务为纽带,是权利义务失衡的社会。但是,在传统儒家思想统治之下,中国人民并没有意识到自己所受的封建主义的毒害,也不会从争取民权的角度,反抗封建制度,呼唤法治。然而,在近代“西学东渐”的历史背景下,这种情况正在发生悄悄的变化。前述冯桂芬、王韬和郑观应等对议院制度的重视,就反映了民权意识的觉醒。当然,对民权学说倡导最力的当数戊戌变法时期的康有为、梁启超、严复等人,特别是梁启超。他提出,“故民权兴则国权立,民权灭则国权亡。为君相者而务压民之权,是之谓自弃其国,为民者而不务各伸其权,是之谓自弃其身。故言爱国必自兴民权始。”②

民权思想是近代国民意识的重要组成部分。没有这种思想的基础,所谓宪法、民主政治,是不可能得到真正实现的。在清末修律中,杨

---

① 冯桂芬著:《校邠庐抗议・采西学议》,上海书店出版社 2002 年版,第 49 页。

② 梁启超著:《饮冰室合集・文集》(三),第 76 页。

度(1874—1931)提出以国家主义代替家族主义,[①]以后在《钦定宪大纲》中有“臣民权利义务”的内容。清末出现三次请开国会的大请愿活动,这些无不说明民权意识已经成为近代法律变革一个全新的力量。

应当指出的是,民权思想受到一些人物的抵制。比如张之洞(1837—1909)在其《劝学篇》中就认为康有为的民权说是“邪说害民”,与中国传统的“三纲”不符。他说,“五伦之要,百行之源,相传数千年更无异义,圣人之所以为圣人,中国之所以为中国,实在于此。故知君臣之纲,则民权之说不可行也。知父子之纲,则父子同罪、免丧废祀之说不可行也。知夫妇之纲,则男女平权之说不可行也。”[②]这种思想表达了主流社会对新思想的担忧,有一定的代表性,但并不能阻止新思想的传播。

最后,西学东渐的一个极为严重的后果,是造成近代中国持续不断的“合法性危机”。中国传统上是以文化立国的。中国人的民族观念,包含着极为深厚的文化意义。“夷狄进于中国,则中国之”,“既来之,则安之”;反过来,“诸夏而夷狄,则夷狄之”。故有“闻以夏变夷,未闻变于夷”。这是中华帝国赖以建立和维持的根基。随着西学东渐,中国传统的士大夫知识分子们感到在中国以外,别有一个“他者”,这个所谓“他者”不同于以往中华帝国的敌人或者朋友,其存在既不容忽视,则必须认真面对,可是传统的中国显然缺乏与这个“他者”打交道的经验。这一由文化的碰撞而形成的冲击波,带给中国人的,是一种发自内心深处的不安与恐惧。从感觉器物的落后,到制度的不如人,再到文化的问题——中国人一步一步陷入一个不能自拔的“合法性危机”之中。这种“合法性危机”既表现在技术层面,又表现在政治层面,最后表现为价值观念层面。为应对这种“合法性危机”,中国人先后提出“师夷长技”、

---

① 杨度著:《杨度集》,湖南人民出版社1986年版,第532页。

② 张之洞著:《劝学篇·明纲第三》,上海书店出版社2002年版,第12页。

"中体西用"、"全盘西化"、"德先生、赛先生"等方案。这些方案虽或有可取之处,但无一能使中国摆脱"合法性危机",挽救近代中国的悲惨命运。中国法律近代化,作为近代中国应对危机的一部分,深深烙上"合法性危机"的印痕,具有明显的"危机—应对"功利性。

第二节　领事裁判权与近代法律变革思潮的兴起

在中国近代法制史上,领事裁判权通常亦被称为"治外法权",是近代中国与西方国家签订的大多数不平等条约的重要条款。由领事裁判权引发的对不平等条约的反思,导致对传统法律文化的批判逐步升级,并引起了近代中国的法律变革思潮。

一、领事裁判权及其在近代中国

"治外法权"是对领事裁判权的早期称谓①。所以称为"治外法权"

① 领事裁判权与治外法权的关系是国际法上的一个复杂问题。治外法权,一般是指特定范围内的外国人,根据国际法的基本原则,或者基于当事国之间条约或协定的约定,得以免除驻在国的司法管辖,使其个人及其家人不受当地的民事及刑事诉讼追究,不得遭受逮捕,使其住所及财产不受侵犯,同时免征各种税款。这里所指的外国人,包括来访的外国国家元首、正式外交官员以及联合国官员。虽然这些人可以免受当地法律的管辖,但并不意味着他们可以不遵守所在国的法律,如果他们有违法行为,将会导致驻在国政府向其政府抗议,或者宣布其为"不受欢迎的人",将其驱逐出境。治外法权除对人员产生效力外,也延伸到国家所拥有的船只和军舰,它们也可以在别国的领水或港口之中免于受当地的司法管辖,但是归私人所有的船只则没有此项权利。航空事业发展以后,一国领空也涉及治外法权的问题,但因为情况比较复杂,通常用双边协定的方式解决。在中国近代历史上使用的治外法权概念,已经脱离了它最初的本义,成为领事裁判权的代名词甚至包括更多的帝国主义国家在华的特权和利益。一般说来,领事裁判权是单方面胁迫的结果,它是国家之间关系不平等的表现,它的出现是一种非正常的现象。而治外法权主要是指国际法上的外交豁免权,它的产生是基于国家之间的地位平等和正常交往,是一种互惠互利的做法。可以说,领事裁判权是包含在广义治外法权的范围之内的,但它是治外法权的一个扩大的、极端的、负面的内容。

者,意即权利国之法律,延长至本国领土以外,而达于义务国领土。所以称为领事裁判权者,因上述权利之行使,通常属于领事官。我国给予外国人领事裁判权,始于鸦片战争以后,中国与英国签订之《五口通商章程》。该条约第七款规定:“英国商民既在各口通商,难保无与内地居民交涉诉讼之事,应即明定章程,英商归英国自理,华民归中国讯究,俾免衅端,他国夷商,仍不得援以为例。查此款业据此该夷照覆,甚属妥协,可免争端,应即遵照办理。”①自此以后,各国与我国订立条约,无不援例办理,且有甚于此约。到1918年与瑞士订约为止,共计有英、美、法、挪、俄、德、葡、丹、荷、西、比、意、奥、匈、日、秘、巴、墨、瑞典、瑞士等20国。

中国近代史上的领事裁判权适用的案件类别,通常可以分为如下三种:

(1)中外混合民刑诉讼案,如中国人为原告,外国人为被告,由领事法庭按其本国法律审判;反之,则由中国法庭按本国法律审理,即所谓“被告主义”;

(2)单纯外国人诉讼案,享有领事裁判权的一国侨民之间涉讼,完全由该国领事法庭审理,中国方面不得过问;

(3)外国人混合案件,一般也适用“被告主义”,如讼事双方国家都享有领事裁判权,归被告所属国家的领事审判;如被告所属国不享有领事裁判权,则由中国法庭审理。总之,从理论上说享有领事裁判权国家的侨民在华犯罪,或与他国人涉讼,中国官员和法律都不能对其管辖和制裁。

“治外法权”的存在,严重破坏了中国的司法主权,危害极大。

---

① 展恒举著:《中国近代法制史》,台湾商务印书馆1973年7月版,第94页。

近代中国著名法学家杨兆龙先生[①]指出，“它的影响所及，不仅是那些唯实或实利主义者所请示的‘国家体面’等等，而实在关系中华民族的幸福及国家的安全。因为领事裁判权往往会发生三个最大的弊害，那就是：(1)权利国之人民实际上几可不受中国政府机关之管辖及一切法律之制裁；(2)权利国滥用领事裁判权使其他外国人或某种中国人不受中国法院及其他政府机关之管辖与中国法律之制裁；(3)中国国家或人民之利益为权利国人民或其他外国人或某种中国人所侵害时，无适当有效之救济办法。”[②]具体地说，治外法权对中国的危害，有以下几点：

其一，破坏我国司法主权。近代主权国家兴起以来，任何国家之司法权，以完全行使于其领土内任何地域为原则。若有一些地区受到其他国家权力的限制，则不能自由行使国家主权，司法权之丧失，是这种国家主权丧失的标志。

其二，华人冤屈难以申诉。近代中国的领事裁判权，不仅危害中国的独立司法权，而且使华人的冤屈不能辩白。内地华人受到外国人的欺凌，须往设有领事法庭之地方申诉[③]，在事实上有时因种种困难不能

---

① 杨兆龙(1904—1979)，字一飞，江苏金坛人，哈佛大学法学博士，德国柏林大学博士后，曾任东吴大学等大学教授、国民政府最高检察长，从事过律师、立法工作、法官检察官等。并曾当选为国际刑法学会副会长、国际行政法学会理事、国际比较法学会理事等职。其著作被汇编为《杨兆龙法学文选》。

② 杨兆龙著：《杨兆龙法学文选》，郝铁川、陆锦碧编，中国政法大学出版社 2000 年版，第 450 页。

③ 近代列国在华领事裁判权的行使机构有三种：即特设正式法院、临时法庭和由公使或公使官员所组成的法院。领域法院或法庭是列国在华行使领事裁判权的通行组织，除比利时和巴西等国仅有临时性的领事法庭、秘鲁国并未真正建立领事法庭外，各国依缔约实践先后在华派驻领事的上海、重庆、厦门(鼓浪屿)、烟台、天津、南京、汉口等地，分别设立数量不等的领事法庭，一般由各国领事或副领事充任法官，亦有在领事法庭特设法官者。英、美两国除在华设立领事法庭外，尚在上海设立专门的司法机构法院。参见张世明：《法律、社会经济资源与国际学术话语空间的建构》，载张世明、步德茂、娜鹤雅主编：《世界学者论中国传统法律文化(1644—1911)》，法律出版社 2009 年 12 月版，第 18—19 页。领事法庭设于租界内，一般称为“会审公廨”。

前往申诉,如距离遥远,往返不易,交通不便,案件之证据不易搜集,证人也不愿到场,审判即困难重重,则其冤屈无法得到辩白。

第三,诉讼当事人难得一定之法律保障。领事裁判法庭之管辖为被告主义,使用法律无一定之准据,若被告为多数人时,往往由于被告属于不同国家,法律不同,判决自然难以一致。由此形成法律上的歧视。此外,由于审判往往受到民族感情的影响,实难以实现审理与判决的公平。

第四,阻碍中国内地杂居的实行,妨碍外国商业的发展。中国若开放内地与外国人任意杂居,则允许外人居住之地即领事裁判权管辖之地。外国人居留内地越多,则我国法权破坏越严重。开放口岸的治安状况,也受到影响。外国人的营业自由,感觉极度不便,则对商业的发展,实为妨碍。

由此可见,晚清中国独立司法权的丧失,其影响是极为严重的。

二、领事裁判权对中国近代法律变革的影响

领事裁判权是近代西方资本主义国家对我国殖民侵略的司法表现。但从另一方面来看,外国人此项主张,的确与中国法律的落后有一定关系。“西方人对中国刑法,事实上允许随意逮捕和折磨被告也感到不满。盎格鲁—撒克逊的法律传统和中国法律传统的背后实际上隐含着对个人权利和义务的两种截然相反的看法,因此1784年以后在广州的英国人便拒绝将杀人案提交中国司法机构审理,1821年以后美国也这样做了。实际上这已经发展成某种程度的治外法权(由外国司法机构审理外国国民),但并未得到中国方面的明确认可。”[①]但是,通过鸦

① [美]费正清、赖肖尔著:《中国:传统与变革》,陈仲丹、潘兴明、庞朝阳译,江苏人民出版社1992年5月第1版,第279页。

片战争，西方人终于如愿以偿地实现了。这种情况，不能不引起中国人的反思。

早在鸦片战争前夕，经世派思想家龚自珍(1792—1841)就提出了“更法”的主张。从改良主义思想家冯桂芬(1809—1874)开始，对“夷害不已”就进行反思。冯桂芬著《校邠庐抗议》(1861 年)一书，以“抗议”方式显示对清代法律的不满。他说，“观于今日，则例猥琐，案牍繁多”，[①]“堂堂礼仪文物之邦”，连“夷法”都不如。冯桂芬首次以世界主义的文化标准，来衡量中国的文化——包括法律文化，并由此提出中国文化四个“不如人”的观点。“夫所谓不如，实不如也，忌嫉之无益，文饰之不能，勉强之无庸……以今论之，约有数端：人无弃材不如夷，地无遗利不如夷，君民不隔不如夷，名实不符不如夷。”[②]他认为，要想避免“我中华且将为天下万国所鱼肉”的悲剧，惟有“鉴诸国”，学习西方的“富强之术”：“以中国之伦常名教为原本，辅以诸国富强之术”。[③] 这个思想以后被表述为“中学为体，西学为用”。郑观应(1842—1923)就国际公法立场，提出平等互惠之国家，必彼此互相尊重各本国之法律。陈炽(？—1899)则进而分析到外人在华领事裁判权之扩张，实由于中国刑罚重于西洋，西人不肯遵守，而逐渐形成一种外交上争取而得的特权。对传统法律进行批判的一个有代表性的人物，是光绪年间刑部尚书薛允升(1820—1901)[④]。薛允升入清代仕途达 45 年之久，大部分时间供职于刑部。他在长期的司法实践中，对《大清律例》有深入的研究。他著有

---

① 冯桂芬著：《校邠庐抗议·自序》，上海书店出版社 2002 年 1 月第 1 版，第 2 页。

② 冯桂芬著：《校邠庐抗议》，上海书店出版社 2002 年 1 月第 1 版，第 49 页。

③ 冯桂芬著：《校邠庐抗议·采西学议》，上海书店出版社 2002 年 1 月第 1 版，第 57 页。

④ 薛允升(1820—1901)，晚清著名法律学家。字克猷，号云阶，陕西长安县(今属西安市)人。进士出身，历任山西按察使、山东布政使、署漕运总督、刑部右侍郎、刑部尚书等职。主要著作有《读例存疑》、《汉律辑存》、《唐明律合编》、《薛大司寇遗集》。

《读例存疑》54卷,对清律提出了系统的批评。他认为《清律》存在以下四个缺点:第一,条例混乱;第二,轻重不伦;第三,主从不分;第四,不适应时势。[①] 薛允升的意见得到清政府的重视。到维新运动时期,康有为更是专上《请改定法律折》,提出了"非变通旧法无以为治"的主张。

第三节 "中体西用"与近代法律变革

中国法律近代化的特殊启动模式,决定了中国近代法律体系的建立,应当选择与近代民族国家的形成相适应的目标模式。这一模式,依笔者之见,就是"国际化生存"与"本土化发展"。法律近代化的这两个目标,都与中国近代民族国家[②]的形成密不可分。其中,"国际化生存"

---

① 薛允升著:《读例存疑》卷31,《刑律盗贼下·共谋为盗》。

② 民族国家(nation-state)是一个民族(nation)和国家(state)的结合体,它在中世纪后期逐渐兴起。中世纪后期人们逐渐关注民族,人们就在民族的基础上建构了民族国家。宗教改革对基督教共同体的冲击唤醒了民族主义意识,并培植了社会新的代言人——世俗的民族国家。在经过了漫长的纷争之后,15世纪后半叶,王权和教会的力量对比开始发生了逆转,教会从精神、物质到政治的影响明显下降,君主取代教会成为臣民效忠的对象,基督教的精神体系解体为一个个分立的王权。传统的建立在对神的崇拜之上的社会团体,变成了一种基于自主意愿之上的自愿合作,这就是以民族为感情纽带和政治基础的新型的民族国家。近代以主权为标志的民族国家的产生,是人类历史的一个重要现象。中世纪欧洲有些地方就建立了民族国家,但是中世纪的政治形式与近代初期发展起来的民族国家有很大不同。17世纪初期,欧洲人已经有了国家这样一个概念:"一个独特的,要求国民承担责任和义务的政治实体。正是这一概念奠定了现代政治科学的基础。"构成近代初期的民族国家的一个最基本的要素是主权意识,"即在疆界范围内,国家至高无上,一切机构和组织,甚至包括教会,只是在承认国家权力的条件下才能得以存在。"到17世纪后期,建立民族国家产生的影响已见诸于欧洲。民族国家是一个世俗的国家,而非神权国家。民族以世俗的政治权力为中心构成,而不是中世纪欧洲教会性质的组织。它是一个基本政治实体和政治单位。当今世界上的国家都号称是民族国家。虽然随着全球化和所谓"全球治理"(global governance)的出现,人们预言将会出现"世界国家"以及一些非政府组织会占据主导地位,但是现在还没有什么组织可以取代民族国家的地位和作用,民族国家依然在分配着各种权利和资源,依然是公民认同的主要共同体,承担着维护社会秩序的职责。

反映了中国近代民族国家形成的特殊国际背景。而“本土化发展”，则是中华民族自身从传统中华帝国到近代民族国家转变的内在要求。而在思想和文化的层面上，将这两者结合在一起的，就是“中体西用”思想；而揭开中国法律近代化的序幕的，正是以这一思想为指导的《江楚会奏变法三折》。

一、“中体西用”的思想渊源

中体西用论，原是一种文化的认知，是对中西文化的定位。这种思想在甲午战争以前及以后，均有很多人共识，但张之洞将中国道统与国家民族的思想结合在一起，对中体西用学说提出系统的解释。为此，他著《劝学篇》，提出“中体西用”的学说。

“中学为体，西学为用”一词，较早见于光绪二十一年(1895 年)三月《万国公报》中《救时策》一文，作者沈毓桂[①]以“南溪赘叟”署名发表。文中写到：“夫中西学问，本自互有得失，为华口计，宜以中学为体，西学为用。”[②]然而，这一思想发端要远早于此。

鸦片战争以后，魏源[③]著《海国图治》一书，提出“师夷长技以制夷”的观点。“师夷长技”就是要学习西方先进的科学技术，因此就调和中西和西学的内容来看，可以说，这是首倡西学的源头。“长技”以后被张之洞等人的西学包括进去。魏源的思想虽然有其急功近利的一面，但

---

① 沈毓桂(1807—1907)，清末翻译家。曾用名沈寿康，号赘翁。江苏吴县人。曾于清光绪二年(1876 年)与人合编中国最早的通俗报纸《民报》。光绪八年(1882 年)协助林乐知编《万国公报》。

② 夏东元著：《洋务运动发展论》，载《洋务运动研究》，四川人民出版社 1985 年 3 月版，第 3 页。

③ 魏源(1794—1857)，晚清著名思想家。原名远达，字默深，一字墨生，又字汉士。湖南邵阳县隆回人。晚年信佛教，法名承贯。曾任江苏布政使、高邮州知州等。主持《皇朝经世文编》纂辑事宜，撰《圣武记》14 卷，《海国图志》50 卷，后续增至 100 卷。咸丰七年(1857 年)三月病故。

是其对于西学的开明态度，与后来引进西学的主张是一脉相承的。

19世纪60年代，冯桂芬提出了“以中国之伦常名教为原本，辅以诸国富强之术”。[①] 可谓第一个比较明确提出“中体西用”之说的人。以后世人谈论中西关系者，颇为多见。李圭[②]道：“道德纲常者，体也，兼及西人者，用也。必体用皆备，而后可备国家器使。”[③]郑观应也提出“融会中西之学，贯通中西之理”的主张。[④] 1860年前后，中国社会出现一股变革思潮，如1859年洪仁玕(1822—1864)[⑤]著《资政新篇》，1860年容闳(1828—1912)[⑥]向太平天国建议七条纲领，1861年冯桂芬著《校邠庐抗议》，王韬(1828—1897)[⑦]提出学习西学等，都有向西方学习的姿态与趋向。随着洋务运动的深入展开，中体西用也成为实践的指导。

---

① 《校邠庐抗议·采西学议》。

② 李圭(1842—1903)，字小池，江苏江宁(今南京)人，23岁受聘任宁波海关副税务司霍搏逊的文牍(秘书)，系中国近代邮政倡导者之一。1876年，海关总税务司赫德委派他前往美国费城参加美国建国一百周年博览会，李圭回国后将其在美期间的考察、见闻写出《环游地球新录》一书。

③ 《环游地球新录》第300页，转引自汤志钧著:《近代经学与政治》，中华书局2000年8月版，第216页。

④ 《郑观应集》(上册)，上海人民出版社1982年版，第285页。

⑤ 洪仁玕(1822—1864)，广东花县人，是太平天国天王洪秀全的族弟，曾在香港居住多年，1859年到天京(即南京)，获封为军师、干王，一度总理朝政，1864年被清朝捕杀。

⑥ 容闳(1828—1912)，字达萌，号纯甫，汉族，广东香山县南屏村(今珠海市南屏镇)人，中国近代史上首位留学美国的学生。中国近代早期改良主义者。中国留学生事业的先驱，被誉为“中国留学生之父”。1850年毕业后考入耶鲁学院，为首名于耶鲁学院就读之中国人。1852年，容闳入籍美国。1854年获文学士毕业，回国在广州美国公使馆、香港高等审判厅、上海海关等处任职，光绪元年(1875年)，并任出使美国、西班牙、秘鲁三国副大臣。著有回忆录《西学东渐记》(原版系英文，名为 *My Life in China and America*)。

⑦ 王韬(1828—1897)，近代著名思想家，江苏苏州府甫里村(今角直镇)人。1845年考取秀才。1849年应英国传教士麦都士之邀，到上海墨海书馆工作。1862年因化名黄畹上书太平天国被发现，清廷下令逮捕，在英国驻沪领事帮助下逃亡香港。1874年在香港创办《循环日报》，提倡维新变法。1879年，王韬前往日本进行为期四个月的考察，写成《扶桑记游》。1885年任上海格致书院院长，直至去世。1894年为孙中山修改《上李鸿章书》。王韬在哲学、教育、新闻、史学、文学等许多领域都作出杰出成就，著作有《韬元文录外编》、《韬元尺牍》、《西学原始考》等40余种。

到19世纪90年代，中体西用作为开明进步观念，也得到了维新派的大力倡导。1891年康有为认为，“必有宋学义理之体，而讲西学政艺之用，然后收其用也”。[①] 他认为，“中国人才衰弱之由，皆缘中西两学不能会通之故……泯中西之界，化新旧之门户，庶体用并举，人多通才。”[②]梁启超提出：“通古今，达中外，能为世益者。”[③]他指出，“务使中学与西学不分为二，学者一身可以相兼，而国家随时可受其用”。[④] “中西并重，观其会通，无得偏废”。[⑤] 他还提出，“今日欲储人才，必以通习六经经世之义，历代掌故之迹，知其所以然之故，而参合之于西政，以求致用者为第一等”，“古人制度，何者视今日为善，何者视今日为不善？何者可行于今日，何者不可行于今日？西人之制度，何者可行于中国，何者不可行于中国？何者宜缓，何者宜急？条理万端，烛照数计，成竹在胸，遇事不挠。此学若成，则真今日救时之良才也。”[⑥]1896年他在《西学书目表后序》中说，“舍西学而言中学者，其中学必为无用；舍中学而言西学者，其西学必为无本。无用无本，皆不足以治天下”。[⑦] 到1896年8月，中体西用已成为京师大学堂的办学宗旨，得到清廷的正式认可。张之洞1898年著《劝学篇》，只将这一点已经成熟的思想更加系统化、理论化。

二、张之洞《劝学篇》对“中体西用”思想的发展

体、用之争，是在近代中国“西学东渐”的过程中，中国传统文化与

---

① 康有为撰：《康有为全集》第1集，姜义华、吴根毛编校，上海古籍出版社1987年版，第1040页。

② 汤志钧编：《康有为政论集》（上册），中华书局1981年版，第294—295页。

③ 《梁启超选集》，上海人民出版社1984年版，第50页。

④ 《饮冰室合集文集》之3，中华书局1989年版，第14页。

⑤ 中国近代史资料丛刊《戊戌变法》（4），上海人民出版社1961年版，第488—489页。

⑥ 《饮冰室合集文集》之1，中华书局1989年版，第63页。

⑦ 《饮冰室合集文集》之3，中华书局1989年版，第129页。

西方文化的冲突在中国知识分子中引起的激烈思想反应。同时,它也是中国人为了调和上述矛盾,并在近代中国落后挨打的窘迫环境中,力图自强和自保而提出的一个对策。其中,中西之争,就是中国传统文化与西方资本主义文化的对立。而体、用之争,就是在当下的中国社会中谁主谁次的问题。由于当时中西文化的冲突愈演愈烈,不可回避,因此,不管人们持何种观点,争论多么激烈,总离不开中、西,离不开体、用。而中西和体用这两对范畴如何搭配,则是人们争论的焦点。"中体西用"之说,就是在这样的历史背景中提出的。而对这一思想做出卓有成效的创建的关键人物,便是晚清洋务派代表人物张之洞。

1898年四、五月间,张之洞先后接总理衙门及礼部咨文,以增设学堂整顿书院变通章程均经奏奉谕旨允准,咨行钦遵办理,因改照学堂办法为龙湖、经心书院拟定学规,写到:"两书院分习之大旨,皆以中国(学)为体,西学为用,既免迂陋无用之议,亦杜离经叛道之弊。"①同时(4月),他撰写《劝学篇》,系统阐述"中体西用"的思想。

1894年中日战争爆发,张之洞代刘坤一(1830—1902)②任两江总督。甲午后,国人危机意识增强,各地变法呼声高涨。北京成立强学会,张之洞"特拨五千金以济公用",被强学会推为会长。③《时务报》是上海强学会办的,经理汪康年(1860—1911)④,是张之洞的幕府人物。

---

① 《张文襄公全集》卷47,第22页。

② 刘坤一(1830—1902),字岘庄,湖南新宁人,湘军将领,清末洋务领袖之一。廪生出身,1855年参加湘军楚勇与太平军作战。1862年,升广西布政使。1864年升江西巡抚。1874年,调署两江总督。1875年9月,授两广总督,次年兼南洋通商大臣。1891年受命帮办海军事务,并任两江总督。1896年,刘坤一回任两江总督。1900年八国联军入侵北京,刘坤一和张之洞、盛宣怀与各国驻上海领事签订了《东南互保章程》。1902年卒,追封一等男爵,赠太傅,谥忠诚。

③ 中国近代史资料丛刊《戊戌变法》(4),上海人民出版社1961年版,第257页。

④ 汪康年(1860—1911),中国近代资产阶级改良派报刊出版家、政论家。浙江钱塘(今杭州)人,光绪二十年进士。官内阁中书。甲午战后,在沪入强学会,办《时务报》,后改办《昌言报》,自任主编。又先后办《中外日报》、《京报》、《刍言报》。有《汪穰卿遗著》、《汪穰卿笔记》。

张之洞还札饬湖北全省“官销《时务报》”。[①] 1897 年《湘学报》发行，张之洞也通饬湖北各道府州县购阅。[②] 他还多次向清政府举荐维新人士，保荐于荫霖（1838—1904）[③]、黄体芳（1832—1899）[④]、陈宝琛（1848—1935）[⑤]、袁世凯（1859—1916）[⑥]、黄遵宪（1848—1905）[⑦]等。杨锐（1857—1898）[⑧]、刘光第（1859—1898）[⑨]入军机，也是张之洞托陈宝箴（1831—1900）[⑩]推荐，其中杨锐是张之洞的门生。但是，正在这一维

---

① 张之洞：《咨行全省官销时务报札》，载《时务报》第 6 册，光绪二十二年（1896）八月二十一日出版，转引自汤志钧著：《近代经学与政治》，中华书局 2000 年 1 月版，第 219 页。

② 张之洞：《咨行全省官销时务报札》，载《时务报》第 6 册，光绪二十二年（1896）八月二十一日出版，转引自汤志钧著：《近代经学与政治》，中华书局 2000 年 1 月版，第 220 页。

③ 于荫霖（？—1904），吉林伯都纳厅（今扶余）人。咸丰进士，授编修。历官湖北荆宜施道，广东按察使，安徽布政使，湖北、河南巡抚。

④ 黄体芳（1832—1899），字漱兰，号莼隐，浙江瑞安县城（今罗阳镇）人，同治二年（1863年）进士，初授翰林院编修，后累官至内阁学士、江苏学政、兵部左侍郎、左都御史。

⑤ 陈宝琛（1848—1935），字伯潜，号弢庵、陶庵。汉族，福建闽县（今福州市）人。同治科进士，授翰林院庶吉士。三年后授编修，辛亥革命期间出任山西巡抚，1909 年复调京充礼学馆总裁，辛亥革命后仍为溥仪之师。

⑥ 袁世凯（1859—1916），字慰亭（又作慰庭），号容庵，汉族，河南项城人。曾任清政府政务处参预政务大臣和练兵大臣，在保定编练北洋常备军。武昌起义发生后清廷宣布解散皇族内阁，袁世凯被任命为内阁总理大臣。后清帝退位，袁世凯被推举为临时大总统，后又当选为中华民国第一任大总统。在位期间积极发展实业，统一币制，捍卫国土，维护了中国对蒙古和西藏的主权。建立中国第一支近代化新式陆军，创立近代司法和教育制度。民国初期颁布《袁氏记法》并修改《大总统选举法》等，后称帝。

⑦ 黄遵宪（1848—1905），晚清诗人，外交家、政治家、教育家。字公度，别号人境庐主人，汉族，广东省梅州人，光绪二年举人，历充师日参赞、旧金山总领事、驻英参赞、新加坡总领事，戊戌变法期间署湖南按察使，助巡抚陈宝箴推行新政。著有《人镜庐诗草》、《日本国志》、《日本杂事诗》。被誉为“近代中国走向世界第一人”。

⑧ 杨锐（1857—1898），字叔峤，四川绵竹人，“戊戌六君子”之一。

⑨ 刘光第（1859—1898），字裴邨，汉族，四川省自贡市富顺县人，“戊戌六君子”之一，清末维新派著名爱国诗人。

⑩ 陈宝箴（1831—1900），字相真，号右铭，晚年自号四觉老人，江西省义宁（今修水）县人。清末著名维新派人士。1852 年乡试中举人出仕，为两湖总督曾国藩所赏识，先后任浙江、湖北按察使、直隶布政使、兵部侍郎。1895 年在湖南巡抚任内主新政，举办时务学堂，设矿务、轮船、电报及制造公司，刊《湘学报》。

新变法如火如荼展开的背景下,张之洞却抛出了《劝学篇》。

《劝学篇》分内篇九,外篇十五,共24篇约4万字。张之洞在《序言》中说,“学堂建,特科设,海内志士发愤扼腕,于是图救者言新学,虑害道者守旧学,莫衷于一。旧者因噎而食废,新者歧多而羊亡。旧者不知通,新者不知本。不知通则无应敌制变之术,不知本则有非薄名教之心。”①纵览全书,要点如下:

中学为体。“保种必先保教,保教必先保国”,“今日时局,惟以激发忠爱,讲求实强,尊朝廷,卫社稷为第一义。”(同心第一)“五伦之要,百行之源,相传数千年更无异义,圣人所以为圣人,中国所以为中国,实在于此。故知君臣之纲,则民权之说不可行也。知父子之纲,则父子同罪,免丧废祀之说不可行也。知夫妇之纲,则男女平权之说不可行也。”(明纲第三)“今欲强中国,存中学,则不得不讲西学。然不先以中学固其根柢……其祸更烈于不通西学者矣。”“西学必先由中学。”(循序第七)总之,三纲是不能废除的,是学习西学的根本目的之所在。故学习中学优先于学习西学,是学习西学的基础,即所谓“循序渐进”。

西学为用。在强调学习以中学为主的同时,张之洞批评了“愚民论”,指出学习西学的重要性。他说,“出洋一年胜于读西书五年”,“入外国学堂胜于中国学堂三年”。(游学第二)“新旧兼学。四书五经,中国史事、政书、地图为旧学,西政、西艺、西史为新学。旧学为体,新学为用,不使偏废。”(设学第三)他还提出要广泛译书,提倡阅报,实行变法,变革科举制,劝农工党学,学习兵学、矿学、铁路等。“夫不可变者伦纪也,非法制也,圣道也非器械也,心术也,非工艺也”。(变法第七)由此可见,张之洞并不反对变法,相反,他为变法大声疾呼,学习西学即为其中之一重要内容。

---

① 张之洞著:《劝学篇》,上海书店出版社2002年版,第1页。

会通。张之洞既提倡学习中学，又提出学习西学，那么，二者发生冲突怎么办？答案是：会通。他说，“西政、西学果其有益于中国，无损于圣教者，虽于古无征，为之固亦不嫌，况揆之经典灼然可据者哉？……进恶西法者见六经古史之无明文，不察其施肥损益而概屏之。……自塞者，……自欺者，……自扰者，……皆由不观其通。”“中学为内学，西学为外学。中学治身心，西学应世事，不必尽索之于经文，而必无悖于经义。”（会通第十三）会通之说，划清中学与西学的界限，为大规模学习西方先进科学技术知识、引进西方法制大开方便之门，是为学习西学提供有力的思想基础和辩护。同时也为西学的学习保留较大的余地。

张之洞“中体西用”的学说，既肯定矛盾——中学与西学之冲突，又调和矛盾：中西学可以和平共处，各守地盘。既有现实的精神，又富于理想色彩。就其内在结构来说，其有如下特征：其一，这是一个半封闭一半开放结构。开放的是西学，即要努力引进西方先进知识，封闭的是中学，中国固有传统文化根基不能动摇。保守本土文化以治“人心”，图稳定。引进西方外来文化以“应世事”，谋补救，图发展。中西学术的结合，构成未来中国学术的整体。其二，这是一个中心—边缘结构。处于中心的是中国传统文化，处于边缘的则是西方外来文化。以中国文化包容西方文化，应对西方文化，以中国本土文化为主流，西方文化是为我所用的辅助性文化资源，洋为中用，从而形成中西文化的比较格局。

中体西用思想的提出，在当时的历史条件下，实现了两个转变。首先，以中学对西学，中西并称，是由过去天朝大国、唯我独尊，到承认中国之外别有“他者”，承认西方外来干涉文化先进性、合理性，以及引进的必要性。这是由种族与文化的自我中心主义到世界主义的伟大转变。过去国人把西方的事务叫“夷务”，后来叫“洋务”，西方的学问，先叫西学,后来叫"新学"。这种变化十分微妙,但富于深意。其次,在中外关系上,逐渐从西方以兵戈相向,转向冷静思考,认真对比。过去由对立情绪所产生的盲目排外、仇外,也逐渐转化为对西方技艺、政制、学术的积极肯定与认同。从回避到交流,从单方面的拒斥,到吸纳,从封闭走向开放,走向开明、进步。因此,就近代中外文化交流,中国逐步走向世界而言,张之洞功不可没。他的"中体西用"的学说,不仅容纳了西学——西艺、西政、西史,而且特别强调"西艺非要,西政为要",将前期洋务派之西用——西方技艺,推进到与中国伦理关系相容的一切方面,大大扩充了西用的范围,"他把洋务派的理论门户张大到了最大限度"。[①]"在清朝统治集团中,一部分以洋务自诩的大官僚集团,提出'中学为体,西学为用'的改革思路,在法制上力求引进某些西法,以适应对外交涉的需要。"[②]从总体上,"中体西用"说是整个晚清70年社会发展变革的大趋势,也是法律变革的根本指导思想。

张之洞此文一出,引起了强烈的社会反应,招徕不同方面的物议。1898年7月19日,张之洞的门生黄绍萁(1854—1908)[③]进宫,光绪帝表示"近来议论,于中西各有偏见",[④]表示担忧。黄绍萁便推荐了张之洞的《劝学篇》。一周后,光绪帝即发上谕,"朕(对《劝学篇》)详加披览,持论平正通达,于学术人心大有裨益",命令"广为刊布,实力劝导,以重明教而杜卮言"。[⑤] 随后,清政府乃命令各省广泛刊行《劝学篇》。这样

---

① 周育民著:《重评〈劝学篇〉》,载《张之洞与中国近代化》,中华书局1999年版,第54页。

② 张晋藩主编:《二十世纪中国法治回眸》,法律出版社1998年版,第3页。

③ 黄绍箕(1854—1908),浙江瑞安人。清光绪五年(1879)中顺天府举人,六年登进士第。任翰林庶吉士,散馆列一等第一,授编修;历任四川乡试副考官、武英殿纂修官、会典馆提调、翰林侍讲学士、京师大学堂总办、两湖书院监督、湖北提学使等职。

④ 《张文襄公年谱》卷7,光绪二十四年六月。

⑤ 中国近代史资料丛刊《戊戌变法》(2),上海人民出版社1961年版,第43页。

一来,《劝学篇》所阐发的“中体西用”的思想,便成为钦定的调和中西的官方思想。[①] 由于张之洞的文章得到了光绪皇帝的褒奖,从而得以在各省广泛刊行,其影响可想而知。当时比较保守的人物苏舆(1874—1914)[②]《翼教丛编》(1898 年 4 月)一书,对张的《劝学篇》大加赞赏。他在该书的目录中说,“疆臣佼佼,厥惟南皮,《劝学》数篇,挽澜作柱”。他将《劝学篇》的《教忠》、《明纲》、《知类》、《正权》、《非弭兵》五篇收入其中。1900 年,《劝学篇》在纽约出版,作者吴板桥(*Samuel Wood Bridge*)将其译为《中国唯一之希望》(*China's only hope*:*An appeal by the greatest viceroy Chang Chintung*),该书由伦敦传教士格尼菲(Gniffith John)作序,格尼菲称张之洞为“今日中国一个最伟大的人,中国没有比这位两湖总督更为杰出的真正爱国者与有才能的政治家了”。林乐知(Young John Allen,1836—1907)[③]也说,“天下皆曰中国风气从此开矣。”梁启超在《清代学术概论》中说,“甲午丧师,举国震动,年少气盛之士,疾首扼腕言‘维新变法’,而疆吏若李鸿章、张之洞辈,亦稍稍和之。而其流行语,则有所谓‘中学为体,西学为用’者,张之洞最乐道之,而举国以为至言。”[④]

另一方面,《劝学篇》也遭到非议。近代著名思想家何启(1859—1914)、胡礼垣(1847—1916)撰《劝学篇书后》一文,指出:“《劝学篇》之作,张公自言,规时势,宗本末,以告中国人士。其志足嘉,诚今日大吏

---

① 冯友兰在《中国哲学史新编》中也指出,张之洞发表《劝学篇》,对当时中学与西学的争论是一个“官方的结论”。见《关于中学、西学斗争的官方结论》,载冯友兰著:《中国哲学史新编》第 6 册,人民出版社 1989 年版,第 203 页。

② 苏舆(1874—1914),字厚康,一字厚庵,湖南平江人,光绪间进士,改庶吉士,后任清政府邮传部郎中。

③ 林乐知(Young John Allen,1836—1907),19 世纪基督教美国南方监理会来华传教士,《万国公报》的创始人。

④ 梁启超著:《清代学术概论》,东方出版社 1996 年版,第 88 页。

中者佼佼者矣。独惜其志则是，其论则非，不特无益于时，然且大累于世。"[①]文中还驳斥了张之洞所谓清政府的"仁政"。梁启超说，"不三十年将化为灰烬，为尘埃。其灰其尘，偶因风扬起，闻者犹将掩鼻而过之"。[②]

那么，张之洞写《劝学篇》的动机究竟为何，从而招致截然不同的两种评判呢？对此，张之洞的幕僚辜鸿铭(1857—1928)[③]曾在其《中国牛津运动故事》一书中，有一段记述和分析。他说，"马太·阿诺德所言的那种追求优雅和美好的牛津情感，使张之洞憎恨康有为雅各宾主义的凶暴、激烈和粗陋。于是，在康有为及其雅各宾主义处于最后关头时，张之洞便舍弃他们，折了回去。"[④]他还指出："对于那种指责他像真正的投机分子和叛贼袁世凯那样，转而攻击其雅各宾朋友的不公正的责难，我代表老幕主所做出的反驳是无庸置疑的。或许比我的反驳更为有力的证据，是他自己那本著名的'小册子'，就是外国人所知的题为学习(Learn)，或更确切地应译为'教育之必要'的书。外国人认为此书证明了张之洞赞成康有为的改革方案，其实大谬不然。这本著名的书……它是张之洞反对康有为雅各宾主义的宣言书，也是他的自辩书。该书告诫他的追随者和中国所有文人学士，要反对康的改良方法，凡是此类之改革必须首先从教育入手。"[⑤]这段话有以下三层意思：其一，张之洞曾经与康有为及其雅各宾主义追随者为朋友，即张之洞曾经赞成

---

① 《新政真诠》五编《劝学篇书后》。

② 《自由书·地球第一守旧党》，载梁启超著：《饮冰室合集》，《专集》之2，中华书局1989年版，第7页。

③ 辜鸿铭(1857—1928)，祖籍福建省同安县，生于南洋英属马来西亚槟榔屿。学博中西，曾任北京大学教授。著有《中国的牛津运动》(原名《清流传》)和《中国人的精神》(原名《春秋大义》)等英文书。

④ 黄兴涛等译：《辜鸿铭文集》上册，海南出版社1996年8月版，第318页。

⑤ 黄兴涛等译：《辜鸿铭文集》上册，海南出版社1996年8月版，第320页。

维新变法。其二，张之洞反对康的过激行为。其三，张之洞的这本书，在关键时刻成为他免罪的“自辩书”、护身符。正如《清史稿》载，“二十四年政变作，之洞先著《劝学篇》以见意，得免议。”[①]由此可见，就维新变法之夭折而言，张之洞可谓有先见之明。

三、《江楚会奏变法三折》对“中体西用”思想的发展

《劝学篇》作于 1898 年 4 月，当时是戊戌变法展开之时，百日维新之前。由于其中对三纲的维护，对民权说、设立议院说的反对，使张之洞在百日维新失败之时，幸免于难。另一方面，毫无疑问的是，由于张之洞的身份与影响，《劝学篇》的发表，对于维新变法，必然起到推波助澜的作用。1900 年，八国联军侵入中国，辛丑条约签定之后，清中央政府被迫“西狩”。由于这次变故，清政府不得不宣布“预约变法”，实行新政。而新政的展开，及其后法律近代化运动的开启，与张之洞的“中体西用”说，都存在着内在的联系。

1901 年 4 月，清政府设立督办政务处，张之洞为参与大臣。同年 4 月，两广总督刘坤一（1830—1902）与时任湖广总督的张之洞联名上奏《江楚会奏变法三折》。[②] 这是应诏而议的变法奏折中最有影响的。变法的奏折涉及内容很多，但政治体制改革与法制改革是其核心内容。其中，对于法律变革影响比较直接的，是《江楚会奏变法三折》第二折，其有如下陈述：

“州县有司，政事过繁，文法过密、经费过绌，而实新爱民者不多。

① 《清史稿》卷 437《张之洞传》，中华书局 1977 年版，第 41 册，第 12379 页。

② 第一折的内容为：设文武学堂、酌改文科、停罢武科、奖励游学，共计 4 项。第二折的内容为：崇节俭、破常格、停捐纳、课官重禄、去胥吏、去差役、恤刑狱、改选法、筹八旗生计、裁屯卫、裁绿营、简文法，共计 12 项。第三折的内容为：广派游历、练外国操、广军实、修农政、劝工艺、定矿律、路律、商律、交涉刑律、用银元、行印花税、推行邮政、官收洋药、多译东西各国书，共计 11 项。以上三折共计 27 条建议。

于是滥刑株累之酷，囹圄凌虐之弊，往往而有，虽有良吏，不过随时消息，终不能尽挽颓风。外国人来华者，往往亲入州县之监狱，旁观州县之问案，疾首蹙额，讥为贱视人类，驱民入毂。

“盗案之例限，开参太严，且必获犯过半，兼获盗首，方予免议。而讳盗之事多，讳有为无，讳多为少，各省从无有一实报人数者，命案罕报罕结，则多私和人命及拖毙证人之事，民冤所以不伸也。

“例载众证明白，即同狱成，不须对问，然照此断拟者，往往翻控，非诬问官受贿，即诋证人得赃，以故非有确供，不敢详辩，于是反复刑求，则有拷掠之惨，多人拖累，则有庾毙之冤。

“州县监狱之外，又有羁所，又有交叉押带等名目，狭隘污秽、凌虐多端、暑疫传染，多致庾毙，仁人不忍睹闻，等之于地狱，外人尤为痛诋，比之以番蛮。”①

《江楚会奏变法三折》基本上是张之洞变法思想的体现。“尽管张之洞在起草《江楚会奏变法三折》时征求和参考了多方面的意见，但他毕竟是奏折的主稿者，《三折》主要体现了张之洞的思想，这一点是毋庸置疑的。”②“《江楚会奏变法三折》27 条变法措施中，有 21 条可以从张之洞的《劝学篇》和其他关于变法的两折两电中找到相同或相近的表述，而且大都不只出现一次。”③《江楚会奏变法三折》对清末新政有极大的推动作用。“《三折》中如科举改章与近代新学制的建立、用人行政政策、司法制度的改革和经济法规的制定等措施，已经鲜明地指体制本身的变革，这与洋务运动是不可同日而语的。”④“如果以 1905 年为界

---

① 刘坤一、张之洞:《江楚会奏变法》,第二折,两湖书院刊本,台北文海出版社,光绪辛丑(1901 年)九月。转引自黄源盛:《晚清法制近代化的动因及其开展》,载《中兴法学》第 32 期,1991 年 11 月。

② 李细珠:《张之洞与〈江楚会奏变法三折〉》,载《历史研究》2002 年第 2 期,第 50 页。

③ 李细珠:《张之洞与〈江楚会奏变法三折〉》,载《历史研究》2002 年第 2 期,第 50 页。

④ 李细珠:《张之洞与〈江楚会奏变法三折〉》,载《历史研究》2002 年第 2 期,第 52 页。

把清末新政分为两个阶段，那么，第一阶段的各项新政改革确实大都以《江楚会奏变法三折》为纲领而展开的。但是，第二阶段的预备立宪则远远超出了《三折》的内容。事实上，新政从第一阶段向第二阶段发展，既是时势所迫，也是改革自身的内在需要，但对于清廷来说则多少有点无奈的意味，因为其最初的打算里并没有立宪这个项目……可见，清廷对于新政一开始并没有一定的主见，使改革的进程显出极大的盲目性，以至于立宪迟迟不能切实施行，终于难逃失败的命运。尽管如此，《三折》对于清末新政的意义仍不可否认。在朝廷想要变法但又不知从何下手的时候，《三折》提出了一套较为系统的变革方案，得到批准实行，使清末新政进入具体的实施阶段。可以说，《三折》推动了清末新政的开展。就此而言，这对确立主稿人张之洞在新政中的角色与地位也有着重要的意义。"①

《江楚会奏变法三折》提出了整顿旧律与制定新律的具体主张：一方面，中国旧律弊端重重，已不适应新的形势发展的需要，必须改良；另一方面，修律必须与国际接轨，尽管有被迫无奈的意味，但已不可避免。此后，改良旧律弊端和制定与国际接轨的新律，便成为清末法制改革的基本内容。② 由此可见，《江楚会奏变法三折》与清末法制改革有内在的助推作用。

四、"中体西用"思想的历史影响

在中国法律近代化的进程中，在思想领域中唯一一个纲领性的文件，就是《劝学篇》。时间过去一个多世纪，尽管这一文件已经被淡忘不少，但是，就中国法律近代化而言，《劝学篇》及其阐述的"中体西用"思

---

① 李细珠著：《张之洞与〈江楚会奏变法三折〉》，载《历史研究》2002年第2期，第52页。

② 李细珠著：《张之洞与清末新政研究》，世纪出版集团上海书店出版社2003年10月版，第13页。

想,是具有历史性贡献的。

首先,清末的法制改革,是在清末新政的大背景下展开的。而在事实上,清末新政并没有超出"中体西用"的范畴。中体——君为臣纲、父为子纲、夫为妻纲因为君主制及钦定宪法仍得以维持。西用是为救国救民——更重要的是挽救岌岌可危的满族政权,已经被推行的足够多,到了统治者所能容纳和容许的最大限度。"就其内容来说,清末新政不仅继承了洋务运动的事业,而且继承了百日维新的事业。不仅如此,在某些部分它比后者走得更远。"[①]就法律变革而言,清末修律中的"礼法之争",保守派以张之洞为首,说明张之洞本人已经多少落后于时代。

"中体西用"推动了时代的列车,却也被时代推动着。1911 年辛亥革命发生,清政府被推翻,张之洞所谓"中体"暂时没有了着落,"中体西用"存在被突破的危险。在思想领域内实现这一突破的是梁启超与严复(1854—1921)[②]对"中体西用"的反思与批判。在戊戌变法之前,康有为与梁启超一方面主张"中体西用"之说,另一方面,他们也"冥思苦索,欲以构成一种'不中不西,即中即西'之新学派"。[③] 早在 1895 年,严复在《原强》一文中提出"以自由为体,以民主为用"的观点。戊戌变法失败以后,他认为"体用者,即'一物而言之也'",即"道器唯一,体用不二"。他说,"中西学之异也,如其种人之面目然,不可强谓似也。故中学有中学之体用,西学有西学之体用,分之则并立,合之则两亡。"[④]在当时的历史背景下,这无疑是主张"西用而兼西体"。这个"一体而一

① 陈旭麓著:《近代中国社会之新陈代谢》,上海人民出版社 1992 年 7 月版,第 251 页。

② 严复(1854—1921),福建侯官(今福州市)人,是我国近代启蒙思想家、翻译家、教育家,为清末输入西方资产阶级先进学术思想的第一人。

③ 《梁启超论清学史二种》,复旦大学出版社 1985 年版,第 79 页。

④ 《严复集》第 3 册,中华书局 1986 年版,第 558—559、560 页。

用"之说，后来被发展为"全盘西化"论。主张这一观点的著名人物，一个是胡适（1891—1962）[①]，一个是陈序经（1903—1967）[②]。他们的思想，从本质上说，只是严复思想的继续与发展。而从根本上说，其与张之洞的"中体西用"说一脉相承。

"中体西用"之说是否在清政权灭亡以后，真的就不管用了呢？笔者以为，虽然在思想领域内出现了与之相对立的"全盘西化"的主张，然而在实践中，不仅没有全盘西化，而且事实上也根本不可能发生全盘西化。传统的东西，时时纠缠着中国，"死人在坟墓里统治着活人"。宣统皇帝退位以后，中国一度出现两次"复辟"事件。尽管都以失败告终，但西方的东西，同样不大可能在中国的土地上迅速地生根、完全地发育。晚清到民国时期曾出现类似西方的地方自治和联邦制的主张，一次是"东南互保"[③]，一次是"联省自治"[④]。然而，终究中国无地方自治之传统，也无"邦"可"联"，最后都不了了之。中国历史遗传于人民"大一统"

① 胡适（1891—1962），安徽绩溪人，现代著名学者，历史学家、文学家、哲学家。以倡导文学革命著闻于世。历任北京大学教授、北京大学校长、台湾"中央研究院院长"等。

② 陈序经（1903—1967），获美国伊利诺伊大学博士学位，1949 年以前曾任教于岭南大学、南开大学、西南联合大学等。著作有《现代主权论》（英文）、《中国文化的出路》，《文化学概观》等。关于"全盘西化"的文章，收录在杨深编：《走出东方——陈序经文化论著辑要》一书，中国广播电视出版社 1995 年 7 月版。

③ 1900 年 6 月，英国深恐义和团运动波及属其势力范围的长江流域，便策动两江总督刘坤一、湖广总督张之洞等与列强合作，经买办官僚盛宣怀从中牵线策划，由上海道余联元出面，与各国驻沪领事商定《东南保护约款》和《保护上海城厢内外章程》，规定上海租界归各国共同保护，长江及苏杭内地均归各省督抚保护。清室向十一国宣战后，刘坤一、张之洞、李鸿章和闽浙总督许应、四川总督奎俊、山东巡抚袁世凯，即和各参战国达成协议，称"东南互保"。

④ 梁启超第一个提出"联省自治"的概念。1920 年 7 月，湖南督军谭延闿发表"还政于民"、"湘人自治"的通电，表示要"顺应民情"，实行民治，而后又发表通电，提出联省自治。1922 年 1 月《湖南省宪法》公布，先后得到四川、云南、贵州、两广、浙江和奉天等省地方军阀响应。一些知识分子如胡适、章太炎、张东荪等人也支持在联省自治的基础上建立联邦制国家，但遭到孙中山个人反对。1926 年北伐战争爆发，南方革命军进入湖南，进而统一中国，联省自治的主张遂不了了之。

的基因,决定中国绝不可能在集权中央的政权倒台短期内,就出现西方的地方自治制度和联邦制。政党政治也实验了一阵子,最后还是失败了。议会制度也是这样的命运。这些统统说明,“全盘西化”作为一种思想方法,如胡适说的那样,中国要尽可能“西方化”,其结果,无论如何也不用担心真的就全盘西方化了。“全盘西化”既不可能,逻辑上的“西体中用”与“中体中用”,在实践中又没有任何意义,这样一来,中国法律近代化可走的路,剩下的就只有一条——“中体西用”。事实上,从清末法律改革,到中华人民共和国的成立,中国法律的近代变革,无不体现出这一思想的轨迹。

第二章　中国近代宪法与宪政

中国近代法律体系的形成，是从宪法的形成与发展开始的，而宪法的出现与发展，又是与清末新政密不可分。自清末新政制定宪法性文件，推动宪政运动，到中华人民共和国成立，颁布了宪法和一些宪法性文件，宪政运动如火如荼地展开。宪法的产生和发展推动了其他法律部门的发展，打破了传统的诸法合体的法律体例。宪政的展开则启动了我国近代的民主共和运动，为近代民族国家的建立、个人自由的发展和市民社会的培育都产生了重要影响。但是由于种种原因，我国宪法和宪政运动的成果都没有得到最大限度的巩固，成为中国近代法发展的困境。

第一节　清末政局与立宪运动

中国的制宪运动，可以上溯到1898年戊戌变法运动。然而戊戌变法的夭折，中国第一次宪政运动也被迫中断。1901年开始了清末新政。新政的举措很多，其核心就是推动宪政在中国的真正实行。但是中国真正开始宪政运动，则是在1904—1905年日俄战争其间。“吾国立宪之主因，发生于外界者，为日俄战争，其发生于内部者，则革命之流行，亦有力者也。二主因以外，则疆吏之陈请，人民之请愿，皆立宪发动之助因。”①

① 《辛亥革命》(4)，上海人民出版社1957年版，第4页。

一、日俄战争及南方革命活动对立宪运动的影响

日俄战争开始于1904年2月,1905年9月,以日本的胜利而结束。与俄国相比,日本本为蕞尔小国,但是日本自1867年发动明治维新运动,实行君主立宪制,国力渐强,并在甲午战争中战胜,已然成为东亚强国。只是俄国仍实行君主专制制度。日本战胜俄国的结果,对当时中国的社会产生强烈震动,被视为立宪战胜专制。是年一、二月份,梁启超就撰文指出,“自此次战役,为专制国与自由国优劣之试验场,其刺激于顽固之眼帘者,未始不有力也。”[①]战争结束,果然如梁启超所料,日本战胜,中国人民对此十分震惊。当时江苏名士张謇[②]在与袁世凯的信中说,“公今揽天下重兵,肩天下重任,宜与国家有生死休戚之谊,愿亦知国家之危,非夫甲午庚子所得比方乎?不变政体,枝枝节节插不救无益也。不及此日俄全局未定之先,求变政体,而为揖让救焚之迂图无益也……日俄之胜负,立宪专制之胜负也。今全球完全专制之国谁乎?一专制当众立宪尚可倖乎?……日本伊藤、板垣诸人,共成宪法,魏然成尊主庇民之大绩,特命好耳。”[③]张謇为中国近代君主立宪的著名人士,其思想有相当代表性。“到了光绪三十年(1904年)俄败于日后,中国一般知识阶级乃群信专制政体国之不能自强。日本之以小

---

① 《新民丛报》第62期。载张枬、王忍之编:《辛亥革命前十年间时论选集》第2卷(下),生活·读书·新知三联书店1977年12月版,第21页。

② 张謇(1853—1926),江苏海门人,字季直,号啬庵,中国近代著名的实业家、教育家,主张“实业救国”,清末曾任中央教育会会长。在清末立宪运动中,张謇发动各省咨议局代表进京联合请愿,要求召开国会。辛亥革命后,南京临时政府成立,被任为实业总长,但未就职。1913年出任北洋政府农林、工商总长兼全国水利局总裁。1915年,因不满袁世凯公然恢复帝制,辞职南归。返乡后继续从事实业、教育和地方自治事业。他一生创办了20多个企业、370多所学校,为我国近代民族工业的兴起,为教育事业的发展做出了宝贵贡献,被称为“状元实业家”。

③ 罗志渊编著:《近代中国法制演变研究》,正中书局印行1966年6月版,第130页。

国战胜大国，一般人俱认为立宪的结果由是颁布宪法，召集国会，成为社会热烈的呼声。”①

除了上述日俄战争的影响，清末“革命之流行”，也是影响立宪运动的又一主要因素。

1894年，清政府在甲午战争中战败。次年被迫签订《马关条约》，使国人蒙受巨大的耻辱，认为中国到了亡国灭种的关头，引发了戊戌变法改良运动。但是，由于保守势力的强大，戊戌变法以失败告终。戊戌变法失败后，八国联军侵略中国，清政府利用义和团攻打各国使馆，最后，流亡西安的清政府被迫签订《辛丑条约》，大批参加义和团的民众却惨遭杀戮。清朝统治者的腐败无能，官僚乃至民众对于外国侵略者的顺从态度，激发了国内的反清革命思想。1900年，章太炎(1869—1936)②出版《訄书》，表达了青年知识分子的不满和愤懑，产生了巨大的反响，以推翻满族统治、废除帝制相号召的民主、革命思潮，逐渐成为中国社会一种新的社会思潮。如何打破人们对清朝皇帝的崇拜，成为那时革命民主派的迫切任务，团聚在上海爱国学社里的一群革命者，他们设法控制苏浙沪地区流行的新式报纸——《苏报》③的编辑权，使之成为宣传民主革命思想，抨击保皇宣传、否定君主制度的舆论阵地。其中影响最大的是章太炎的《驳康有为

① 王世杰、钱端升著:《比较宪法》，中国政法大学出版社1997年12月版，第345页。

② 章太炎，即章炳麟(1869—1936)，浙江余杭人。字枚叔，号太炎，早年入诂经精舍，从俞樾学经史，后入强学会，投身戊戌变法，后在上海成立光复会，任孙中山总统府枢密顾问，1917年护法军政府秘书长，为中国民主革命先行者之一和近代国学大师。

③ 《苏报》，1896年6月26日创刊于上海的近代著名日报。以刊发社会新闻为主。1903年5月，爱国人士章士钊主笔，连续刊登《哀哉无国之民》、《客民篇》、《驳革命驳议》、《杀人主义》等十几篇具有强烈民主革命色彩的评论和《读革命军》、《革命军序》等文，推荐邹容写的《革命军》。同年6月又以显著位置刊出革命青年章太炎的著名政论《康有为与觉罗君之关系》，赞扬革命，引起清政府的震恐，遭到两江总督魏光焘和租界当局的迫害，章太炎、邹容等6人被捕。章太炎被判监禁3年，邹容被判监禁2年，发生了举世震惊的“苏报案”。

论革命书》、邹容的《革命军》[①]。与此同时,上海、天津还有南方的一些知识分子,模仿西方选举国会议员的做法,在上海张园组织了一次“中国国会”[②],每个参加者都有选举权,按照票数选出正负会长,并通过“宣言”,不承认通匪(义和团)、出卖国家利益的慈禧太后在西安成立的流亡政府是“伪政府”,公开否定清政府的合法性,中国社会底层第一次涌现民主立宪运动。

1905年(光绪三十一年六月),清政府决定派员出洋考察宪政。9月24日,在北京车站,革命党人吴樾试图用炸弹暗杀考政大臣,一时间,朝野震惊。吴樾曾著《意见书》一文,说明其对于清政府立宪的态度。

“立宪之声,嚣然遍于天下以误国民者,实保皇会人之倡。宗旨暧昧,手段卑劣。进则不能为祖国洗涤仇耻,退亦不克得满洲信任,祷张为幻,迷乱后生。彼族黠者,遂因以增重汉人之义务,以巩固其万世不替之皇基,于是考求政治,钦定宪法之谬说,伛偻于朝野闻。……综诸种之原因,可逆断将来立宪之效果。地方自治,彼必不甘,三权分立决不成就,满汉权利必不平等。如是立宪,于汉何利?且不徒无利而又害之。假宪政名义加重吾族纳税之义务,以供其奴隶陆军,爪牙警察,为

---

① 邹容(1885—1905),重庆巴南人,中国近代著名资产阶级民主革命思想家、宣传家。1902年赴日留学,参加民主革命。1903年著《革命军》一书,后发生“苏报案”被囚,1905年死于狱中。

② 张园位于旧上海静安寺附近,是近代一个著名的公共社会活动场所。1900年7月26日,严复、容闳、唐才常以挽救时局为名,约集上海维新人士80余人,召开“中国国会”,到会人除唐才常外,还有容闳、严复、章太炎、文廷式、吴彦复、叶瀚、狄楚青、张通典、沈荩、龙泽厚、马相伯、毕永年、林圭、唐才质等。会议通过了不承认以慈禧太后为首的清朝政府等主题,以无记名方式选举容闳为会长,严复为副会长。后又开会选举书记、干事等。会议以后,唐才常等便分赴汉口等地发动震动全国的自立军起义,所用名称便是“中国国会自立军”。1900年8月22日,张之洞在汉口英租界抓捕并杀害了唐才常等人,起义宣告失败,参与国会的人都被通缉,“中国国会”也寿终正寝了。“中国国会”的举行,是中国近代政治史和思想史的一件大事,是发生在上海的第一次具有反对清朝政府性质的民间集会。

镇压家贼之用耳。而彼族固自拥其君主神圣不可侵犯之权利，吾族仰望其立宪利害如此。”①

文中还提出，唯一道理以“民族”为基础建立国家，满族没有立宪的资格，立宪不利于汉族，等等。可以说，这种思想代表了革命党人“革命排满”的激进思想。其实质，将满族与汉族在立宪问题上对立起来。认为，清政府的立宪是假的，是“伪立宪”，其唯一目的就是继续维持其统治，残害汉族人民。显然，革命党人对于清政府的立宪活动存在严重误解，满汉矛盾加剧了新旧两种力量在立宪问题上的对立。加上清政府在立宪过程中的严重失误，错过了挽救自己的良机，中国政府的第一次立宪活动(1905—1911)最终以清朝灭亡而告终。

二、清末的立宪运动

清政府的立宪举措甚多，1905 年派员到东西洋考察一切政治。1905 年，日俄战争以日本战胜结束。当时的舆论普遍认为，“日本以立宪而胜，俄国以专制而败”，“非以小国能战胜大国，实立宪战胜于专制”。② 在这种情况下，清政府内部形成了“救危亡之方只在立宪”的共识。1905 年清政府下令“考察政治”，为立宪作准备。同年六月，清政府派出载泽③、戴鸿慈④、端方⑤、徐世昌⑥等四人，后又派绍英⑦，分赴

---

① 吴樾著:《意见书》，载《民报》第 3 期，见张枬、王忍之编:《辛亥革命前十年间时论选集》第 2 卷(上)，生活·读书·新知三联书店 1977 年 12 月版，第 391—395 页。

② 故宫博物院明清档案部编:《清末筹备立宪档案史料》(上册)，中华书局 1979 年版，第 29 页。

③ 载泽(1876—1929)，满洲镶白旗人。初名载蕉，字荫坪，爱新觉罗氏，宗室、清末重臣。1905 年被派为出使各国考察政治大臣，离开北京时被吴樾炸伤，延期赴日本、欧美。次年回国，上《奏请宣布立宪密折》，将日本宪政摆在列国之首，奏请仿日德例，改行君主立宪政体。著有《考察政治日记》。

④ 戴鸿慈(1853—1910)，字光孺，号少怀，晚号毅庵，广东南海人。光绪二年进士，身历咸丰、同治、光绪、宣统四朝，历官刑部侍郎、户部侍郎、法部尚书、军机大臣。清末出国考察五

日本、英国、法国、比利时、美国、德国、意大利、奥国、俄国等各国考察政治。五大臣经过六个多月的考察,历经 15 个国家,行程 12 万里,撰写了大量考察日记和文章。

这是中国历史上第一次专门考察政治制度而由官方派遣大规模使团,对清末乃至民国初年的政治和社会风气影响极大。其结论大抵有,"天下大计","全出宪法一途","救危亡之方只在立宪","立宪政体,利于君利于民,而独不便于庶官者也";中国的立宪应远法德国,近采日本,同时兼取列强各国之长——取日本以教育立国,取英国地方自治之制,取德国"以威定霸",取俄国预备立宪的经验,取美国以工商业立国的方针。①

1906 年(光绪三十二年正月)清政府下诏宣布立宪,"伏愿特降纶音,期以五年改行立宪政体。"② 1906 年设立考察政治馆,次年将该馆改为宪政编查馆。1906 年 9 月 1 日清政府颁布《仿行立宪上谕》,宣布预备立宪,"时处今日,惟有及时详晰甄核,仿行宪政,大权统于朝廷,庶政公诸舆论,以立万年有道之基。"次日,宣布改革官制,除了原有六部,

---

大臣之一。

⑤ 端方(1861—1911),清末大臣,金石学家。满洲正白旗人,托忒克氏,字午桥,号陶斋,谥忠敏。光绪八年举人,历督湖广、两江、闽浙,宣统元年调直隶总督,宣统元年为川汉、粤汉铁路督办,入川镇压保路运动,为起义新军所杀。著有《陶斋吉金录》、《端忠敏公奏稿》等。

⑥ 徐世昌(1855—1939),中华民国总统。祖籍浙江省鄞县,出生于河南省卫辉府。清举人、进士,授翰林院编修。1897 年袁世凯在小站练兵时,成为袁的重要谋士,此后累获擢升。1907 年东北改设行省,徐被任命为东三省总督。1911 年 5 月,清廷设皇族内阁,任协理大臣。辛亥革命爆发,徐力主起用袁世凯镇压革命。同年 11 月袁组织责任内阁,徐改任军谘大臣,加太保衔。1914 年 5 月袁世凯任命徐世昌为国务卿。1918 年 10 月徐世昌经皖系操纵的安福国会选举为总统。

⑦ 邵英(1861—1925),满洲镶黄旗人,马佳氏。晚清出洋考政大臣之一,宣统间任度支部侍郎,辛亥革命后,为溥仪宫中的内务府大臣。

① 朱勇主编:《中国法制通史》(第 9 卷),法律出版社 1999 年版,第 71—76 页。

② 罗志渊编著:《近代中国法制演变研究》,正中书局 1966 年 6 月版,第 132 页。

创设商部、学部、巡警部，改总理各国事务衙门为外务部，共十部。另将原督办政务处（清政府流亡西安期间设立）改为会议政务处。这就是清末的官制改革。清朝宣布预备立宪后，以三权分立为指导原则，对中央和地方官制进行了改革。中央官制废除了隋朝以来沿袭了一千多年的三省六部制，立法属资政院，行政属内阁各部，司法属法部（以大理院任审判，法部监督之）。地方则仿照中央，以省咨议局为立法机关，以总督、巡抚为地方行政机关，以高等审判厅为地方最高审判机关。各府、州、县的机关也按三权分立的原则设立。官制改革，为预备立宪奠定了基础。官制改革对原来中央政府权限不明、任职不清、名实不符的情况有一定改变。这一年清政府还颁行咨议局章程，并筹设资政院。是年中国人民首次享有选举权与被选举权。①

1907 年 9 月 20 日，清政府谕令设立资政院，认为“立宪政体取决公论，上下议院实为形状之本，中国上下议院一时未能成立，亟宜设资政院以立议院之基础”。②

1908 年 8 月，清政府公布《钦定宪法大纲》，同时决定预备立宪期为 9 年。③

1909 年 10 月 14 日，全国除新疆以外，其余 21 省咨议局均如期召开，是为咨议局第一届年会。“此为中国有地方议会之始”。④

1910 年 10 月 3 日，资政院按计划第一次开院，各省咨议局第二届年会也同时召开。

在此期间，出现几个立宪团体，比较有影响的是梁启超等设立的政

---

① 王世杰、钱端升著：《比较宪法》，中国政法大学出版社 1997 年 12 月版，第 349 页。

② 张晋藩主编：《中国百年法制大事纵览》，法律出版社 2001 年 1 月版，第 15 页。

③ 宪政编查馆等原奏及附件均见上海商务印书馆编译所编纂：《大清光绪新法令》，第 2 册，上海商务印书馆 1911 年版，第 25—32 页；点校本商务印书馆 2010 年出版。

④ 张晋藩主编：《中国百年法制大事纵览》，法律出版社 2001 年 1 月版，第 20 页。

闻社、上海的预备立宪公会、湖北的宪政筹备会、湖南的宪政公会、广东的自治会、北京有宪政期成会等。(见表1)[①]这些团体的主要作用是促使速开国会,缩短预备立宪的时间。从1910年1月、1910年6月,立宪团体两次联名上书。1910年10月各省督抚及资政院也要求缩短立宪时间。于是清政府将预备立宪期缩短为5年,即于1913(宣统五年)召开国会。[②]

1911年10月10日武昌起义发生,各省纷纷响应,"革命有一日千里之势"。11月26日,清政府仓促公布《重大信条十九条》,由于革命形势的发展,清政府已经处于风雨飘摇之中,倒台只是个时间问题。

表1 清末立宪团体

立宪团体名称	成立省份或地点	主要领导人	成立时间	备注
预备立宪公会	上海	郑孝胥、张謇、汤寿潜	1906年12月	其前身为宪政研究公会
广东自治会	广东	丘逢甲	1906年12月	
吉林省自治会	吉林	松毓、庆山、文禄等	1907年1月	
中华帝国宪政会	纽约	康有为	1907年3、4月	武昌起义后改为国民党,后并入共和党
宪政公会	日本东京	杨度	1907年夏	又名宪政讲习会,在湖北、湖南、北京、天津、山东、河南、安徽、上海等地设分部

① 罗志渊编著:《近代中国法制演变研究》,正中书局1966年6月版,第140页、第164页。

② 王世杰、钱端升著:《比较宪法》,中国政法大学出版社1997年12月版,第349页。

续表

政闻社	日本东京	梁启超、马良等	1907 年 10 月	1908 年本部迁至上海，在北京、湖北、湖南、福建、广西等省设有分部
粤商自治会	广东	陈惠普、李戒欺、陈基建、黄景棠、李蘅皋、郭仙洲等	1907 年冬	该会反帝倾向明显
宪政筹备会	湖北	姚晋圻、汤化龙、张国溶等	1909 年 5 月	
宪政预备会	贵州	任可澄、陈廷棻	1909 年 11 月	
福建政与会	福建	林长民、刘崇佑、陈之麟	1909 年 12 月	
各省咨议局联合会	北京	汤化龙、蒲殿俊	1910 年 8 月	为宪友会之基础
宪友会	北京	雷奋、徐佛苏、孙洪伊等	1911 年 6 月筹设，同年 8 月批准登记	为国会请愿同志会基础上组建，曾名“帝国统一党”，另有 18 个省和八旗支部

第二节　清末预备立宪（1901—1911）

“宪法”一语，于中国古代文献，虽有渊源，但是较之近代西方之宪法，实相距不啻天壤。清朝末年，随着形势的发展，清政府相继颁布两个宪法性文件：1908 年的《钦定宪法大纲》和 1911 年的《重大信条十九条》。中国历史上首次出现了完全意义上的近代“宪法”,中国法律发展史进入一个新的历史阶段。根据清末预备立宪的设计,晚清政治舞台上出现中央和地方两个具有近代宪法意义的代议机构——资政院和咨议局。宪政运动在中国正式拉开序幕。

一、《钦定宪法大纲》和《重大信条十九条》

1.《钦定宪法大纲》[①]

《钦定宪法大纲》(以下简称《大纲》)分为“君上大权”(14 条)和“臣民权利义务”(9 条)两部分共计 23 条,以日本宪法为蓝本[②],预备实行君主立宪制。“就起草机关而言,宪法大纲纯然是官僚的产物,毫无人民代表的参预。”“就其法律的效力而言,宪法大纲虽经上谕公布,仍然不过是一种草案,并且是一种仅有原则,而无细目的草案。大纲的目的,只在为将来制定宪法时的准则,在正式宪法未颁布以前,该大纲固无任何效力。”[③]但是,不能否认的是,这是一个在特定历史条件下产生的,具有宪法学意义的法律文件。其基本意义,就是它试图结束一个时代——一个权力至上的专制时代,而欲开创另一个时代——一个法律至上的法治时代。

中国近代之前没有产生近代意义上的宪法。中国古代社会有一个极为重要的特点,即“行政权力支配社会”。(马克思语)“权在法上”,是中国政治和法律的总特征。中国古代第一部诗歌总集《诗经·北山》中说,“普天之下,莫非王土;率土之滨,莫非王臣。”自秦朝开始,中国建立

---

① 该文件于光绪三十四年(1908 年)八月初一日颁发,刊在《政治官报》光绪三十四年八月初二日第三零一号,第 9—11 页。原文名为“宪法大纲”,后有小字“其细目当于宪法起草时酌定”。《政治官报》创设于 1907 年 10 月 26 日。

② 参见南洋公学译书院初译,商务印书馆编译所补译校订,何佳馨点校:《新译日本法规大全》(点校本)第 1 卷,商务印书馆 2007 年 9 月版,第 53—59 页。

③ 王世杰、钱端升著:《比较宪法》,中国政法大学出版社 1997 年 12 月版,第 348 页。

了中央集权君主专制制度，“六合之内，皇帝之土……人迹所至，无不臣者。”[①]中国古代的皇帝，不管其能力如何，总是把持着国家所有的统治权力。立法、行政与司法三项大权，完全操纵在皇帝一个人手中。以中国封建文化的鼎盛时代唐朝为例，皇帝拥有全国最高立法权、行政权和司法权。[②]

首先，皇帝享有全国最高立法权。表现为皇帝操纵制定国家法律的决定权、颁行单行法规的决定权和修改法律的决定权。唐高祖即位之初，敕命裴寂、肖瑀等 12 人“撰定律令，大略以开皇律为准”，是为“武德律”；唐太宗时，“命长孙无忌、房玄龄与学士法官更加厘改”，是为“贞观律”。《唐律疏议·职制》规定，对法律“若不申议，辄奏改行者，徒二年”。

其次，皇帝拥有最高行政权。行政组织权、行政指挥权、行政决策权完全操纵于皇帝一人之手。国家行政机构的编制及官员职权全由皇帝决定，官员必须无条件服从皇帝发布的判敕。《唐律疏议·职制》规定，“诸诈伪制书及增减者，绞；未施行者，减一等。”该篇还规定，“事应奏而不奏，不应奏而奏者，杖八十。”《唐律疏议·诈伪》规定，“诸对制及奏事上书，诈住以实者，徒二年；非密而妄言有密者，加一等。”皇帝是名副其实的行政长官。

最后，皇帝还享有最高司法权。皇帝拥有直诉案件的受理和审判权、议的裁决权、上请的决定权、死刑的复核权、恩赦权等。此外，还享有军队的调拨权，为全国军队的总司令。应当强调的一点是，中国古代的“法家的君主专制主义理论对君主专制制度的完善与强化起了推波

① 《史记·秦始皇本纪》。

② 参见侯欣一主编：《中国法律思想史》，中国政法大学出版社 1999 年 5 月版，第 224—226 页。

助澜的作用”。[①]

在帝制时代,中国皇帝独揽一切权力,“专制制度唯一的原则就是轻视人类,使人不成其为人”,[②]造成了极为严重的人性扭曲与变形。“为权力而斗争”,成为中国古代社会政治制度与思想观念中一个不可救药的毒瘤,成为一切罪恶、暴力、混乱与堕落的总根源。

《钦定宪法大纲》试图结束封建制度,开创一个新的“法在权上”的法治时代。这个文件以明确的文字形式将皇权的范围规定下来,并以“附录”(原文为“草时酌定”)的形式规定了臣民的权利和义务。不仅如此,该文件还隐约可见到立法、行政和司法权三权分立的影子。其中立法权属于议院,第 12 条规定:“在议院闭会时遇有紧急之事得发代法律之诏令,并得以诏令筹措必需之财用。惟至次年会期须交议院协议。”行政权属于皇帝本人,包括第 5 条规定的“设官制禄及黜陟百司之权”,第 6 条规定的“统率陆海军及编定军制之权”,第 7 条“宣战、讲和、订立条约及派遣使臣与认受使臣之权”,第 8 条“宣告戒严之权,当紧急时得以诏令限制臣民之自由”,第 9 条“爵赏及恩赦之权”等。司法权属于司法机关,“遵钦定法律行之,不以诏令随时更改”。

另一方面,该文件还规定了九项臣民的权利和义务。其中权利有六项包括(选举权与)被选举权,言论、著作、出版、集会、结社自由(即表达权),非经法定程序不受逮捕、监禁,请求法官审判的权利,受法定审判衙门审判的权利,财产及居住不受侵扰的权利等。义务有三项,即纳税、服兵役,遵守国家法律。这一点说明,该文件已经具备比较完整的近代宪法的结构。实际上,美国《美利坚合众国宪法》也只是在修正案中(第一次的十条修正案)规定公民的权利和义务的。该文件虽然使用

① 刘泽华著:《中国传统政治思想反思》,生活·读书·新知三联书店 1987 年 10 月版,第 198 页。

② 《马克思恩格斯全集》第 1 卷,第 411 页。

“臣民”的概念指称普通“国民”，但毕竟是第一次把国家的主体，即千千万万的民众，写进了“宪法”之中，赋予其法律主体的资格。承认国民具有享有权利和承担义务的主体资格，是衡量一部法律是否近代意义上的宪法的基本标志。

《钦定宪法大纲》是中国历史上第一次对以往君主专制的否定，他赋予君主的权力与专制时代的君主权力在本质上存在不同。专制时代，“朕即国家”，君主的命令意志就是最高法律，权力至高无上，不受任何限制，《钦定宪法大纲》则对君主权力作了一些限制。首先，君主要受宪法的约束。关于这一点，《钦定宪法大纲》没有写明，但其前言中“上自朝廷，下至臣庶，均守钦宪法，以期永远率循，罔有逾越”的说明，是得到朝廷认可，承认按照宪法行事的。其次，君主行使统治权力要受国家机关的制约。《大纲》前言对国家政体和君主权力做了这样的概括：“君主立宪政体，君上有统治国家大权，凡立法，行政，司法皆归总揽，而以议院协赞立法，以政府辅弼行政，以法院遵律司法。”[①]这就确定国家政体采取了三权分立的形式，君主在行使权力时必须受议院、政府和法院的制约。

清末预备立宪之初，奕劻(1838—1917)[②]即说：“宪法一立，全国之人，皆受治于法，无有差别。”[③]《钦定宪法大纲》序言，即揭示了这一原则：“夫宪法者，国家之根本法也，为君民所共守，自天子以至于庶人，皆当率循，不容逾越。”这里明确规定了君主也要遵守宪法。除了根本法

---

① 《清末筹备立宪档案史料》(上册)，故宫博物院明清档案部编，中华书局1979年版，第57页。

② 奕劻(1838—1917)，清代宗室、大臣。满洲镶蓝旗人，爱新觉罗氏。乾隆帝第十七子永璘之孙。光绪十年任总理各国事务大臣、封庆郡王，十七年迁总理海军事务大臣，二十年晋封庆亲王，三十年任军机大臣，宣统三年任内阁总理大臣。

③ 故宫博物院明清档案部编：《清末筹备立宪档案史料》(上册)，中华书局1979年版，第331页。

之外,其他普通法也不得随意推翻。“君上大权”中规定:“惟已定之法律,非交议院协赞奏请钦定时,不以命令更改废止。”君主要改变法律,也需经过法定程序,先由议院“协赞”。此外,君主总揽司法权,委任审判衙门,必须“遵钦定法律行之,不以诏令随时更改”。以立法而言,从“凡法律虽经议院议决,而未奉诏命批准颁布者,不能见诸行”的规定中,可知法律产生的程序首先是由议院议决,然后是君主批准颁布,也就是说,议决的主体是议院,反过来说,不经议院议决,君主就不能颁布法律。“已定之法律,非交议院协赞”,君主也无权“以命令更改废止”。“以政府辅弼行政”体现了行政事务应听取行政大臣的意见,并经其同意。“以法院遵律司法”和不能“以诏令随时更改”,说明君主在司法方面的权限也不是无限的。以上都是对专制时代无限君权的否定,而把君权限制在法律规定的范围之内。通常被人们指斥为封建专制象征的“大清帝国,万世一系,永永尊戴”和“君上神圣尊严,不可侵犯”两款,实际上并不违反立宪精神,因为在任何一个君主立宪的国家莫不有类似规定。君主立宪国家都实行君主世袭制,君主为国家元首,不负实际责任,只能让他处于特殊的、尊贵的地位。因为清政府搞的就是君主立宪,做这样的规定也符合当时的实际情况。

当然,这部法律文件仍然具有封建色彩,皇帝对立法权、司法权,有直接的监督与干涉的权力。如议院的“召集、开闭、停展及解散”权属于皇帝,“审判衙门”由皇帝“委任”等。但是不容置疑的是,这个文件所规定的皇帝权力比起封建专制时代,有了十分明显的限制。另外,对于诸如中央与地方的关系等问题,没有涉及。不过,不能忘记,该文件尚处于“大纲”阶段,不是完整的宪法,不能责之过严,求之过高。

《钦定宪法大纲》深受日本帝国宪法(即 1889 年明治宪法)[①]的影

① 日本帝国宪法,亦即日本明治宪法,1889 年(明治 22 年)2 月 11 日颁布,1890 年(明

响。可以说,《钦定宪法大纲》正是日本宪法的翻版。一方面,它同样根据"主权在君"的原则,由君主钦定,确定君主的最高权力。伊藤博文①在谈到制宪原则时说:"一国之权力,以君主大权为其枢轴,几百权利皆由来于此。"②清廷预备立宪伊始,在上谕中也规定了这一原则,即"大权统于朝廷"。《钦定宪法大纲》正是依据这一原则,以日本宪法为蓝本制定的。《大纲》内容主要为君上大权,此外附有臣民权利义务,议院法要领和选举法要领。君上大权有十四条。这些规定除个别条款或文字上不同外,与日本宪法几乎如出一辙。关于臣民权利与义务,则是依据权利来自君主的原则制定的,"操纵之法,则必使出于上之赐与,万不可待臣民之要求。"③关于议院法要领,也是依据上述原则,将议院置于君权之下,"议院只有建议之权,并无行政之责,所有决议事件,应恭候钦定后,政府方得奉行。"④另一方面,钦定宪法大纲也如同日本宪法一

治23年)11月29日施行,它是以1850年《普鲁士宪法》为蓝本,包括天皇、臣民权利和义务、帝国议会、国务大臣及枢密顾问、司法、会计和补则七章,共76条。1907年,包括日本帝国宪法在内的大量法律法规通过南洋公学译书院翻译并由商务印书馆出版。参见《新译日本法规大全》(点校本)第1卷"总序"及第53—59页。

① 伊藤博文(1841—1909),日本近代著名政治家。日本长州(今山口县西北部)人。德川幕府末期长州藩士出身。青年时即参加"尊王攘夷"运动。1863年留学英国学习海军,回国后积极从事倒幕运动。1868年明治政府成立后,任外国事务局判事,后历任大藏少辅、民政部少辅、工部大辅、工部卿、内务卿等职。1882—1883年赴普鲁士研究宪法,归国后致力于订定日本宪法,并订定华族制度、内阁制度、皇室典范,设立枢密院等。1885年起四任日本首相。1888年起三任枢密院议长,1889年国会组成,又任贵族院议长。是中日甲午战争的主要策划者,战后任和谈全权代表,胁迫清政府签订《马关条约》,并一度任台湾事务总裁。1898年9月曾来中国,维新派欲请其赞助新政,戊戌政变猝发离去。1900年组织立宪政友会,自任总裁。1904—1905年日俄战争期间,以元老身份指导战争。1906年任特派大使,与朝鲜签订《日韩协约》,任第一任韩国统监,积极推行朝鲜殖民地化政策。自1884年至1907年由伯爵、侯爵递升为公爵。1909年10月被朝鲜爱国者安重根刺死。

② 万峰:《日本近代史》,中国社会科学出版社1978年10月版,第187页。

③ 故宫博物院明清档案部编:《清末筹备立宪档案史料》(上册),中华书局1979年版,第368页。

④ 《光绪朝东华录》(5),总第5978页。

样,引进了欧美国家的立宪原则。钦定宪法大纲也同样采取了“立宪制的原理”,预备立宪之初规定的“庶政公诸舆论”方针无疑体现了这一“原理”。概而言之,钦定宪法大纲体现了日本二元制君主立宪制的特征,出使德国大臣杨最曾说:“大权统于朝廷,庶政决于舆论,已全揭一代宪法之精神。”[①]从两部宪法的条文比较可以看出,除了前者因其形式为“大纲”,尚不具备完整的法典的结构,条文数量不多、规定内容比较简略外,多数条文均可从日本明治宪法找到相关规定。详见下表:

表 2　《钦定宪法大纲》与《日本帝国宪法》(1889 年)条文对照表

《钦定宪法大纲》条文	日本帝国宪法相关条文
一、统治大清帝国,万世一系,永永尊戴。	第一条　大日本帝国,万世一系之天皇统治之。
二、君上神圣尊严,不可侵犯。	第三条　天皇,神圣不可侵犯。
三、钦定颁行法律及发交议案之权。凡法律虽经议院议决,而未奉诏命批准颁布者,不能见诸施行。	第六条　天皇裁可法律,命公布及执行。
四、召集、开闭、停展及解散议院之权。解散之时,即令国民重行选举新议员,其被解散之旧员,即与齐民无异,倘有抗违,量其情节以相当之法律处治。	第七条　天皇召集帝国议会,其开会、闭会、停会及众议院之解散,皆以天皇之命行之。 第四十五条　命众议院解散时,当以敕令使重行选举议员。自解散之日起,五个月以内,召集之。
五、设官制禄及黜陟百司之权。用人之权,操之君上,而大臣辅弼之,议院不得干预。	第十条　天皇定行政各部之官制,及文武官之俸给,并任免文武官。但本宪法及他法律载有特例者,各依该条项。

① 故宫博物院明清档案部编:《清末筹备立宪档案史料》(上册),中华书局 1979 年版,第 367 页。

续表

六、统率陆海军及编定军制之权。君上调遣全国军队，制定常备兵额，得以全权执行。凡一切军事，皆非议院所得干预。	第十一条　天皇统率陆海军。 第十二条　天皇定陆海军之编制，及常备兵额。
七、宣战、讲和、订立条约及派遣使臣与认受使臣之权。国交之事，由君上亲裁，不付议院议决。	第十三条　天皇主宣战、议和及缔结各种条约。
八、宣告戒严之权。当紧急时，得以诏令限制臣民之自由。	第十四条　天皇宣告戒严。 戒严之要件及效力，以法律定之。
九、爵赏及恩赦之权。恩出自君上，非臣下所得擅专。	第十五条　天皇授予爵位勋章及其他荣典。 第十六条　天皇命大赦、特赦、减刑及复权。
十、总揽司法权。委任审判衙门，遵钦定法律行之，不以诏令随时更改。司法之权，操君上，审判官本由君上委任，代行司法，不以诏令随时更改者，案件关系至重，故必以已经钦定为准，免涉分歧。	第五十七条　司法权，裁判所以天皇之名，依法律行之。 第五十八条　裁判官，以具法律所定之资格者任之。 裁判官，除因刑法之宣告及惩戒之处分者外，不被免职。
十一、发命令及使发命令之权。惟已定之法律，非交议院协赞奏经钦定时，不以命令更改废止。法律为君上实行司法权之用，命令为君上实行行政权之用，两权分立，故不以命令改废法律。	第九条　天皇为执行法律，或为保持公共之安宁秩序，及增进臣民之幸福，亲发或使发必要之命令。但不得以命令变更法律。
十二、在议院闭会时，遇有紧急之事，得发代法律之诏令，并得以诏令筹措必需之财用。惟至次年会期，须交议院协议。	第八条　天皇为保公共之安全，免公共之灾厄，有紧急之需要时，于帝国议会闭会中，发可代法律之敕令。 此敕令，至次会期，当提出于帝国议会。若议会不承认，则政府当公布。自此以后，此敕令失其效力。

续表

	第七十条　为保持公共安全,有紧急之需用,因国内外情势政府不能召集帝国议会时,得依敕令以为财政上必要之处分。在前项规定情况下,须于下次会期提交于帝国议会,以求得其承诺。
十三、皇室经费,应由君上制定常额,自国库提支,议院不得置议。	第六十六条　皇室经费,依现在定额,每年由国库支出。除将来需增额之时外,无须帝国议会之协赞。
十四、皇室大典,应由君上督率皇族及特派大臣议定,议院不得干预。	第七十四条　皇室典范之改正,无需经帝国议会之决。
附一、臣民中有合于法律命令所定资格者,得为文武官吏及议员。	第十九条　日本臣民,合法律命令规定之资格,均得任文武官员及就其他公务。
附二、臣民于法律范围以内,所有言论、著作、出版及集会、结社等事,均准其自由。	第二十九条　日本臣民,在法律范围内,有著作印行言论及集会结社之自由。
附三、臣民非按照法律所定,不加以逮捕、监禁、处罚。	第二十三条　日本臣民,非依法律,不受逮捕监禁审问处罚。
附四、臣民可以请法官审判其呈诉之案件。 附五、臣民应专受法律所定审判衙门之审判。	第二十四条　日本臣民,受法律所定之裁判官裁判之权,无被夺者。
附六、臣民之财产及居住,无故不加侵扰。	第二十七条　日本臣民,其所有权无被侵害者。为公益事必要之处分,依法律之所定。 第二十二条　日本臣民,于法律范围内,有居住及迁徙之自由。

续表

附七、臣民按照法律所定,有纳税、当兵之义务。	第二十条　日本臣民,从法律所定,有服兵役之义务。 第二十一条　日本臣民,从法律所定,有纳税之义务。
附八、臣民现完之赋税,非经新定法律更改,悉仍照旧输纳。	无相关条文
附九、臣民有遵守国家法律之义务。	无相关条文

2.《重大信条十九条》[①]

《重大信条十九条》(简称为《十九信条》)是为中国历史上继1908年颁发《钦定宪法大纲》之后的第二个纲领性宪法文件。

这个文件与清政府颁发的第一个宪法性文件从形式上看,就有显著不同。首先,《大纲》分为两部分:“君上大权”与“臣民权利义务”。而《十九信条》只有一部分,即“君主立宪重大信条清单”。《大纲》中原有的臣民权利义务在《十九信条》中没有规定。其次,《大纲》(连同标题共有九条)中在部分条文后面规定了相关解释,以资参考。而《十九信条》则无。最后,《大纲》的制订则为日后制定宪法作为参照依据。

《十九信条》是非常时期的产物。从它的基本精神和立法技术来看,较《钦定宪法大纲》有着较大的进步。《钦定宪法大纲》基本上是照抄日本《日本帝国宪法》,对君主权力的规定漫无限制,皇帝拥有较多实权。而《十九信条》则“采用英国君主立宪主义”,实行责任内阁制、两院制等,“议会政治”的色彩比较浓厚,皇帝的权力大大缩小,具有“虚君共和”的特征,结合了实际的情况,较之《钦定宪法大纲》有了一定的进步;

---

① 该文件于宣统三年(1911年)九月十三日颁发。刊在同日《内阁官报》第73号,第146—147页。原名为《君主立宪重大信条清单》,因其共有十九条,通常称为《重大信条十九条》。《内阁官报》系由《政治官报》于1911年8月24日改名而来。

《钦定宪法大纲》只是拟定宪法的纲要,本身并没有法律效力,而《十九信条》则是先行颁布的宪法重要条款,具有法律效力。清廷从《钦定宪法大纲》再到《十九信条》,表明了当时清廷在变革方面的进步,特别是《十九信条》与《钦定宪法大纲》相比,有着一定的进步。因此,后来的一些宪法学家对其也有不错的评价,认为它是"有清一代之唯一宪法,亦我国历史上之第一次宪法也"[①];"《十九信条》深得英宪之精神,以代议机关为全国政治之中枢,苟其施行,民治之功可期,独惜其出之太晚耳。倘能早十年宣布实行,清祚或因以不斩,未可知也!"[②]但是由于革命党煽动的暴动已经开始在全国漫延,这样"预备立宪"的和平过渡已经无法实施。

关于《十九信条》的法律效力,有学者认为,《重大信条十九条》虽然"为大纲原则的规定","未完成立法程序",但是"已成为一种临时约法,具有宪法效力"。[③] 但是,从实际情况看,清政府对于全国局势的实际控制能力已经丧失,这部宪法性文件只对当时已成为革命对立面的清政府内部有约束力而已,对于革命势力与全国人民来说,则并未产生实质影响。由此看来,这个宪法性文件只是清政府在倒台临终前发布的一份"遗嘱"而已。[④]

尽管如此,在宪法这一部门法律的取舍上,足见德国与日本等大陆法系及英美法系(英国)的宪法,已对中国产生影响。其宪法虽然由于革命事件的发生、社会形势的逆转,中央政府无力将宪法在全国推行,

---

① 杨幼炯:《近代中国立法史》,商务印书馆1936年版,第56页。

② 尚秉和:《辛壬春秋大政记》,引自陈茹玄:《中国宪法史》,台湾文海出版社1985年版,第15页。

③ 罗志渊编著:《近代中国法制演变研究》,正中书局1966年6月版,第169页。

④ 值得一提的是,《十九信条》第十九条规定"以上第八……各条国会未开以前资政院适用之",而当时资政院已经存在(1910年10月3日资政院开院)。可见其为立即生效的文件。但是如果根据"先有宪法,后有政府"的宪法惯例,则可以判定此文件仍不能发生法律效力。

但是对于国人的文化心理及以后法律制度的建立，则产生深远影响。

美国独立战争时期伟大的启蒙思想家托玛斯·潘恩曾说："社会是由我们的欲望所产生的，政府是由我们的邪恶所产生的，前者使我们一体同心，从而积极地增进我们的幸福，后者制止我们的恶行，从而消极地增进我们的幸福。一个是鼓励交往，另一个是制造差别。前面的一个是奖励者，后面的一个是惩罚者。社会在各种情况下都是受欢迎的，可是政府呢，即使在其最好的情况下，也不过是一件免不了的祸害，在其最坏的情况下，就成了不可容忍的祸害，因为当我们受苦的时候，当我们从一个政府方面遭受那些只有在无政府的国家中才可能遭受的不幸时，我们由于想到自己亲手提供了受苦的根源而格外感到痛心。政府好比衣服，是天真纯朴受到残害的表征，帝王的宫殿是建筑在乐园的亭榭的废墟上的。"[①]权力这个事物，是人类社会维持公共领域与公共关系的必要的尺度与杠杆。但是，正如法国思想家孟德斯鸠所说，一切权力都有被滥用的危险，权力是一种腐蚀剂，权力的滥用直到受到遏制为止。因此，哪里没有建立起"法在权上"的权力体制，哪里就肯定没有真正的自由和秩序。鉴于此，近代宪法都对权力的设置与行使详尽规定，并以此作为宪法的最高使命。而清政府颁布的《钦定宪法大纲》与《重大信条十九条》都对权力的行使作出比较明确的规定，尽管还不十分完善与详尽。由此看来，清政府对于近代宪法的本质，还是有比较准确的把握的。只可惜，中国的国情过于复杂，这两个宪法性法律文件，都没有逃脱被废弃的命运。

在清政府颁布的宪法性文件的同时，一系列特别法律文件也相继颁布、出台，其中有的进入实施阶段。这一时期制定和颁布的宪法性法

---

① 托玛斯·潘恩(1737—1809)，美国独立战争时期著名启蒙思想家，著有《潘恩选集》。此处引文出自该书中《常识》，见《潘恩选集》，马清槐译，商务印书馆1981年版，第3页。

律文件,主要是为了新政的实施,规范政府各相关部门的职责和行为,同时设定民众对新政参与的途径和组织方式,保证新的宪法秩序的逐步确立等。其中比较重要的有:资政院章程①、咨议局章程②、行政司法分权办法③、地方自治章程及选举章程④、结社集会律⑤、报律⑥等。

3. 清帝退位《诏书》

1911年2月12日,迫于形势,清政府颁布诏书,宣布退位。诏书内容如下:

"奉旨朕钦奉隆裕皇太后懿旨:前因民军起事,各省相应,九夏沸腾,生灵涂炭,特命袁世凯遣员与民军代表讨论大局,议开国会,公决政体。两月以来,尚无确当办法,南北暌隔,彼此相持,商辍於途,士露于

---

① 参见《资政院奏拟定资政院院章折》,载上海商务印书馆编译所编纂:《大清新法令》(第1类),上海商务印书馆1910年7月版,第1页。资政院院章后有所修订,见《资政院会奏遵旨改订资政院院章折》,载上海商务印书馆编译所编纂:《大清宣统新法令》(第34册),上海商务印书馆1911年版,第30页。此外还有资政院议事规则、旁听规则等,参见《资政院会奏酌拟议事细则及分股办事细则折》、《资政院旁听规则》,载上海商务印书馆编译所编纂:《大清宣统新法令》(第23册),上海商务印书馆1911年版,第38、53页。上述文献点校本,见《大清新法令》(1901—1911)点校本,商务印书馆2010年版。

② 参见《宪政编查馆会走各省咨议局章程及案语并选举章程折并章程》,载上海商务印书馆编译所编纂:《大清新法令》(第1类),上海商务印书馆1910年版,第2页;及《宪政编查馆咨行各省督抚厘定咨议局议决各项清单文》,载上海商务印书馆编译所编纂:《大清宣统新法令》(第23册),上海商务印书馆1911年版,第53页。

③ 参见《宪政编查馆奏司法行政分权遇有疑议咨询馆部核定办法片》,载上海商务印书馆编译所编纂:《大清宣统新法令》(第30册),上海商务印书馆1911年版,第51页。

④ 参见《宪政编查馆奏核议城镇乡地方自治章程并另议选举章程折》,载上海商务印书馆编译所编纂:《大清新法令》(第一类),上海商务印书馆1910年版,第44页,及《宪政编查馆会奏议复鲁抚奏地方自治请变通章程折》,载上海商务印书馆编译所编纂:《大清宣统新法令》(第23册),上海商务印书馆1911年版,第8页等。

⑤ 参见《宪政编查馆民政部会奏结社集会律折》,载上海商务印书馆编译所编纂:《大清新法令》(第5类),上海商务印书馆1910年版,第19页。

⑥ 参见《宪政编查馆奏考核报律并清单》,载上海商务印书馆编译所编纂:《大清新法令》(第5类),上海商务印书馆1910年版,第16页。宣统时期,报律有新发展,公布新的法律规定,参见《钦定报律》,载上海商务印书馆编译所编纂:《大清宣统新法令》(第28册),上海商务印书馆1911年版,第64页。

野，徒以国体一日不决，故民生一日不安。今全国人民心理，多倾向共和，南中各省既倡议于前，北方各将亦主张于后，人心所向，天命可知，予亦何忍以一姓之尊荣，拂兆民之好恶？是用外观大势，内审舆情，特率皇帝，将统治权归诸全国，定为共和立宪国体，近慰海内厌乱望治之心，远协古圣天下为公之义。袁世凯前经资政院选举为总理大臣，当兹新旧代谢之际，宜有南北统一之方，即由袁世凯以全权组织临时共和政府，与民军协商统一办法，总期人民安堵，海宇乂安，仍合满、汉、蒙、回、藏五族完全领土，为一大中华民国，予与皇帝得以退处宽闲，优游岁月，长受国民之优礼，亲见郅治之告成，岂不懿欤！钦此。”

诏书的颁布，意味着中国历史上最后一个封建王朝统治的终结。

退位诏书下达的同时，还颁布了优待大清皇帝和清室的文件。2月14日，袁世凯公布“真”电，接受共和；①同日，孙中山宣布辞去临时大总统职位。3月10日，袁世凯就任临时大总统。

清政府颁布的退位诏书，是在南方十七省份已经宣布独立、满族统治终结在即的情况下，为了争得最后的待遇而被迫发布的。但是，诏书的颁布，也为南北双方共同努力和接受的结果，是南北和谈的标志性成果，为和平建国创造了条件。

二、资政院和咨议局

1.资政院

1906年，五大臣出洋考察政治回国后，端方（1861—1911）等人在

① 电文如下：南京孙大总统、黎副总统、各部总长、参议院同鉴：共和为最良国体，世界所公认，今由帝政一跃而跻及之，实诸公累年心血，亦民国无穷之幸福。大清皇帝既明诏辞位，业经世凯署名，则宣布之日，为亲政之终局，即民国之始基。从此努力进行，务令达到圆满地位，永不使君主政体再行于中国。现在统一组织，至重且繁，世凯亟愿南行，畅聆大教，共谋进行之法；只因北方秩序不易维持，军旅如林，须加部署；而东北人心，未尽一致，稍有动摇，牵涉全国，诸君皆洞鉴时局，必能谅此苦衷。至共和建设重要问题，诸君研究有素，成竹在胸，应如何协商统一组织之法，尚希迅即见教。袁世凯真。

《请定国是以安民计折》中，便奏请实行君主立宪，设立责任内阁和议会。在端方的奏折中，议会还只是一种征询事政的机构。而后来一个《请改定官制以为预备立宪折》中，才对名称作了具体论述曰："集议院。"在这份奏折中，还对议会制度，作了简略的说明："其议事以多数决议之制行之。议长由议员中互选，有代表言事之权。"端方等要求设立"集议院"的建议，以及他们设想的规章和职任程序，实际上是奠定了不久后皇帝下诏建立的资政院的框架。正式设立"资政院"，则是庆亲王奕劻(1838—1917)等人在厘订中央官制时提出的，奕劻采纳了端方在组建这样议事机构的一些设想，但明显地在端方方案上又倒退了一步。奕劻认为："首分权以定限。立法、行政、司法三者，除立法当属议院，今日尚难实行，似暂设资政院以为预备外，行政事则专属之内阁各部大臣。"这一奏折上陈后，慈禧表示同意设立。

1906年清政府上谕宣布实行预备立宪，社会各界反响极为强烈。1907年夏，两广总督岑春煊(1861—1933)[①]上奏设立资政院，随后，直隶总督袁世凯(1859—1916)也奏请设立，一些地方督抚也发出设立资政院的呼吁。1907年9月20日，清政府颁布设立资政院谕，"立宪政

---

① 岑春煊(1861—1933)，原名春泽，字云阶，广西西林县人。壮族，云贵总督岑毓英之子，清末民初著名政治家。清光绪十一年(1885年)考取举人。光绪二十四年以力主变法维新而得光绪帝青睐，提任广东布政使。光绪二十六年调甘肃布政使，八国联军攻入北京，率军护送慈禧和光绪至西安，以功擢陕西巡抚。次年任山西巡抚，推行"富国强兵"新政。后历任四川、两广、云贵总督，光绪三十三年调任邮传部尚书，不久又调任两广总督，上任途中，被奕劻、袁世凯等人弹劾而解职，遂以养病为名，寄居上海。宣统三年(1911年)辛亥革命爆发后，被清政府任命为四川总督，未赴任。民国元年(1912年)，岑春煊在沪致电袁世凯，主张共和，并组建国民公党，任名誉总理。次年，与沪上名流伍廷芳、谭人凤等致电袁世凯，要求和平解决南北冲突，遭到拒绝，遂加入反袁行列。支持孙中山发动"二次革命"，并任各省讨袁军大元帅。二次革命失败后，流亡南洋。民国五年(1916年)初，广西都督陆荣廷派员迎归上海。5月，被推举为护国军都司令，并与梁启超等在广东肇庆成立军务院，被推为副抚军长，代行抚军长职，参加护国运动。民国七年任广东护法军政府主席总裁。民国九年军政府解散，通电辞职，隐居上海。民国二十二年(1933年)四月二十七日逝世。

体，取决公论，上下议院实为行政之本。中国上下议院，一时未能成立，亟宜设资政院，以立议院基础。"[①]同时指定总裁人选[②]，拟定资政院章程。1908年7月8日，资政院拟就院章，奏准颁行。1909年8月23日，资政院将院章部分修订重新颁行，内容包括：总纲8条，选举5条，职掌3条，资政院与行政衙门之关系5条，资政院与各省咨议局之关系3条，资政院与人民之关系5条，会议15条，纪律9条，秘书厅官制9条，经费3条，附条2条，共计67条。[③] 1909年10月26日，资政院会奏资政院议员选举章程。议员分为两类，一为钦选，一为互选。章程分门别类，规定十分详细。其中规定，咨议局为资政院半数议员之互选机关。由此可见，其民选议员为间接选举产生。1911年6月26日，资政院章程经过修改，设立内阁，裁撤军机处，贯彻三权分立和司法独立原则，规范开会议事规则。

按照清末资政院章程的规定，资政院设总裁2人，在王、公、大臣内特简；副总裁，三品以上大臣内简充，下设秘书厅，有秘书长、秘书等。议员包括宗室王公世爵16人，满汉世爵12人、外藩王公世爵14人、宗室觉罗6人、各部院官32人、硕学通儒与纳税多额者各10人，以上均由皇帝委派，此外由各省咨议局推选。凡国家每年收入支出、法典朝章、公债税率及皇帝交议之事，均经议员议决后，会奏国务大臣报皇帝决定，实际仅为筹备立宪的形式。另设副总裁2至4人。

---

① 夏新华等整理：《近代中国宪政历程：史料荟萃》，中国政法大学出版社2004年12月版，第80页。

② 第一任总裁为溥伦和孙家鼐。溥伦（1869—1925），字彝庵，爱新觉罗氏，满洲镶红旗人。道光帝嗣曾孙。光绪三十三年（1907年）筹备资政院，与孙家鼐共同担任总裁。孙家鼐（1827—1909），清末大臣，安徽寿州（今六安寿县）人，咸丰状元。1876年，与尚书翁同龢（1830—1904）同任帝师。1895年，列名北京强学会。1896年主持官书局。1898年，以吏部尚书、协办大学士管理京师大学堂。1907年，任资政院总裁。

③ 原文65条，附条2条。

议员分钦选、民选各 100 名。会期分常年会(每年一次)、临时会两种。职权是议定国家出入预算、决算、税法、公债、制定法规、弹劾大臣等。采一院制。

1910 年 9 月 23 日,资政院举行召集大典,所有议员到会,资政院正式成立。10 月 3 日,第一届资政院常年会如期举行,会期 100 天。资政院的成立和常年会的举行,标志着中国历史上自秦始皇统一全国以来实行了 2131 年的封建帝制宣告结束。同时也标志着清政府推行的君主立宪制正式进入试行阶段。

1910 年 10 月 3 日,资政院召开第一届会议,摄政王、军机大臣、大学士、各部院尚书皆莅议场,奕劻向议员宣读了宣统皇帝的谕旨,摄政王载沣(1883—1951)勉励议员"殚竭忠诚,共襄大计,扩立宪之功用,树议院之楷模",议员特别是民选议员都极为珍惜选民代表的荣誉,严肃地履行职责。这次会议从 10 月 4 日下午资政院首次开会议事,会议按规定三个月,由于议事未完,延长十日,至 1911 年 1 月 11 日闭会。在这一百天里,以民选议员为主,资政院讨论了许多有关政治,经济,文化教育以及社会风习等方面的法案①、议案,核议了一些地方督抚与咨议局争议的事件,向政府各部门提出质问书几十件。议场气氛时而平和,时而紧张,风波迭起。其中有三件重要议案,一是速开国会案,二是弹劾军机大臣案,三是赦免国事犯案。这三件案在当时不仅是重要的议案,而且也涉及国家的重要改革问题。尽管这三件重要议案并没有最终在资政院通过,但是对此重要议案的讨论,说明当时资政院的议案已经开始触及到国家改革的最重要的问题。同时也从另一个方面说明,资政院已经不同程度上开始发挥议会的作用。

---

① 如资政院三读审议的《大清著作权律》,见王兰萍著:《近代中国著作权法的成长》(1903—1910),北京大学出版社 2007 年版,第 74 页。

资政院开会时，议员们对一切议案，不论是政府提出的，本院提出的，还是各省团体和民众陈请的，均按照立法程序，直言不讳地发表意见。议员在必要的时候，还可以要求改变议事日程。总裁或副总裁只负责组织会议和维持会场秩序，完全听凭议员议决，只有当赞成与反对的票数相等时，总裁或副总裁的态度才起作用。议员们讨论修改法律条文和奏稿，总是字斟句酌，力求做到准确无误。在会议期间，议员们打倒了皇族内阁，期间发生了震动一时的弹劾军机案①；推翻了所谓宪法钦定原则，取得资政院起草并议决宪法的神圣权利；废除了政府禁令，开放了党禁；排除了阻挠，争得了早日召开国会；他们起草的《十九信条》是中国第一部真正的资本主义宪法纲领。

第二届会议在1911年10月10日革命党人发动的武昌起义之后十几天召开，许多民选议员未赴会。在开议后的一个月内，通过了一些议案。其后由于独立各省已居全国大半，议员大部离去，剩下的议员不足法定人数，只好改开谈话会。1912年2月12日，清政府下诏退位，清帝退位，第二届资政院会议通过的议案完全失去效力。

---

① 1910年11月20日，资政院上奏：广西高等警察学堂限制外籍学生案，应照民政部章程不收外省学生办理；云南盐斤加价案，总督应交咨议局议决，未议决之前应停止施行。当日奉旨，前者交民政部察核具奏，后者交盐政大臣察核具奏。资政院上奏的是请旨裁夺事件，准与不准应当由皇帝直接裁决，而上谕竟委诸行政衙门察核，轻蔑资政院已到了无以复加的程度。11月22日会议开始，议员们就撇开议事日程表，纷纷发言，交相指斥军机大臣。25日，朝廷颁下一道谕旨，广西、云南两事均依院议，以显示前两道谕旨并非有意蹂躏资政院章程，希图资政院取消弹劾。同一天，军机大臣联袂奏请辞职。摄政王载沣颁发两道硃谕（军机大臣回避，未副署），一是慰留军机大臣，二是不让资政院过问。辩论结束，多数通过了具奏明定军机大臣责任案。各省咨议局得知硃谕内容，纷请资政院再争，声明争之无效，愿与资政院同时解散，给以有力声援。以后议员讨论奏稿，又产生严重分歧，结果原稿被否定，通过了请速设责任内阁的修正案。紧接着朝廷下令宪政编查馆赶紧编订内阁官制。溥伦觉得既让速定内阁官制，奏折似乎无必要再上，当晚把奏折追回，在12月26日的会议上征求意见。一派认为，军机大臣不负责任，弹劾的理由仍在。另一派认为，既命成立责任内阁，不必再进行弹劾。表决的结果取消了奏稿。

资政院从诞生到搁浅,实际存在的时间不过两年多。但是,清末的资政院以准立法机关的地位,却拉开了我国宪政运动历史中议会的序幕,其历史意义是不可低估的。

2.咨议局

1905 年,清廷向全国人民宣布实行预备立宪。次年,颁布九年预备立宪诏。与此同时,模仿西方立宪制国家议会的各省咨议局开始筹设。

其实,早在清政府批准"地方官制通则"之前,在些地方大吏已感到预备立宪一事事关大局,如果长期停留在口头上,就难以取信于民,建议早点设立议政机关。光绪三十三年(1907 年)两广总督岑春煊(1861—1933)进京陛见后,于 4 月 30 日(1907 年 6 月 10 日)上了一个奏折,提出要"速设资政院以立上议院的基础,并以都察院代国会,以各省咨议局代议会"。岑春煊认为"省城咨议局即各省之总议院也"。各省城设咨议局,尽管岑春煊提出的只是一个由督抚控制的官吏议会,但是毕竟他首次提出设立"咨议局"的主张。后来,光绪三十三年 6 月 19 日(1907 年 10 月 19 日),直隶总督袁世凯奏请赶紧实行预备立宪的十条建议中也提出:"设资政院。比年争路争矿,上书抗辩,时有所闻,请因势利导,设州县议事会,省咨议局,递升资政院,以借群力"。[1] 袁世凯在岑春煊上奏一个月以后,也提出了设立省咨议局。岑春煊和袁世凯一个是两广总督,一个是直隶总督,都是在当时清廷内具有举足轻重影响的人物,二人提出设立省咨议局,对当时清廷的决策具有重要的影响。

1907 年 10 月 19 日光绪帝发布《著各省速设咨议局谕》。上谕要求"各省督均在省会速设咨议局,慎选公正明达官绅创办其事,即由各

① 《大清德宗景皇帝实录》卷 575。

属合格绅民公举贤能作为该局议员，断不可使品行悖谬营私武断之人滥厕其间。咨议局的职责是讨论地方应兴应革事宜，指陈通省利病，筹计地方治安，并为资政院储才之阶”。[1] 1908 年 7 月，清朝颁布了各省《咨议局章程》及《咨议局议员选举章程》，随即各省举行咨议局选举。1909 年 3 月清朝下诏命各省当年内成立咨议局。到 10 月中旬，全国有 16 省的咨议局相继建立起来。

各省咨议局的成立，标志着当时清廷推行的地方宪制进入了一个实质的阶段。咨议局既是一个民意机构，代表民众对地方事务进行管理，更重要的是，它是一个专门的地方立法机关，行使地方自治权。咨议局的权力有：一、议决本省应兴应革事件；二、议决本省岁出入预算事件；三、议决本省岁出入决算事件；四、议决本省税法及公债事件；五、议决本省担任义务之增加事件；六、议决本省单行规则之增删修改事件；七、议决本省权利之存废事件；八、选举资政院议员事件；九、申覆资政院咨询事件；十、申覆督抚咨询事件；十一、公断和解本省自治会之争议事件；十二、收受本省自治会或人民陈请建议事件。

咨议局的设立，主要体现在对我国民众选举权的确认方面。1908 年 7 月，宪政编查馆奏进的咨议局章程并选举章程，是当时进行咨议局议员选举的法律依据。其中《咨议局章程》第二章“议员”共 9 条，规定了选举方法、选举资格和被选举资格，《咨议局选举章程》则对咨议局的选举事宜做了规定，整个章程分为总纲、初选举、复选举、选举变更、选举诉讼、罚则、专额议员选举方法、附条 8 章，共 115 条，基本上涵盖了选举的全部过程。按照《咨议局章程》规定，凡属于本省籍贯的年满 25 岁的男子，具备下列条件之一的居民才具备选举资格：(1)曾在本省地

---

① 夏新华等整理：《近代中国宪政历程：史料汇萃》，中国政法大学出版社 2004 年 12 月版，第 81 页。

方办理学务及其他公益事务满三年以上，卓有成绩者；(2)曾在本国或外国中学堂同等或中学以上的学堂毕业的得文凭者；(3)有举贡生员以上的出身者；(4)曾任实缺职官文七品武五品以上未被参革者；(5)在本地方有5000元以上的营业资本或不动产者。凡非本省籍的男子，年满25岁，寄居本省满10年以上，在寄居地有10000元以上的营业资本或不动产者，亦有选举权。被选举权的资格则限制在年满30岁属本省籍或寄居本省满10年以上的男子。这些限制分别涉及了财产、性别、年龄和教育程度等方面。按照章程的规定，这只是少数人才享有的选举权，而且在政治实践中由于种种原因实际参与的人更少。但这毕竟是中国历史上第一次有一部分民众开始有了民主选举的权利，彰显了其历史意义所在。①

1908年，按照清朝颁布的各省《咨议局章程》及《咨议局议员选举章程》，各省举行了咨议局选举，选举出的议员既有读书人，也有从政者和从事地方公益事业的人，他们具有问政的能力，质询、辩论，有声有色。咨议局选举尽管存在不成熟现象，但公共事务的管理者毕竟是由选票产生的，这在中国历史上是第一次。当时咨议局也是具有各种章法的健全的立法机构。以江苏咨议局议事细则而论，从议事日表的安排，到审查提案；从议员提议，到讨论，表决和程序和方法，以及重要议案采取三读会的方式；从审议会、审查会、特别审查会的设置、选举、分类、议事、到书记长等办事机构的组织形式和职能，基本精神与西方一些国家的地方议会没有什么两样，有一套比较完备、严格、固定的规范化的立法程序；议事录、速记录和议场秩序也大体相同。第一次建立的咨议局就有如此民主程度，这说明当时咨议局本身就是清政府打算推行宪制的一个产物。

---

① 朱勇主编:《中国法制通史》第9卷，法律出版社1999年版，第119—120页。

对于这个地方立宪机构，广大的民众和立宪派人士都比较欢迎，有了咨议局，民众的民主就有了一个合法的立足之地，而对于那些都抚大人，则限制了他们的行为，不少都抚内心深处是不欢迎的，只是朝旨严切，不敢违抗，不敢公然有所表示，但态度相当消极，在一些省章程颁布后还不见行动。

作为国会和省议会的过渡形式，资政院和咨议局一经设立，便履行起制衡权力和监督职能，行使起三权分立之一权——立法权。此外，《钦定宪法大纲》所附的《议院法要领》规定了"国家之岁入岁出，每年预算，应由议院之协赞"等权力，1911 年预算案，资政院的议员们行使权力，详细审核，在我国破天荒第一次实行了预算监督。省咨议局亦然，如张謇为议长的江苏咨议局，对督抚代表的强势行政力量形成了一定程度的监督和制衡，当行政力量蛮横地抵制对他们的监督时，他们则用集体辞职的方式表达抗议。再如 1911 年湖北、四川等省的咨议局领导的反对清政府铁路国有政策的保路运动，最终成为辛亥革命的导火线等。这些机构还组成联合会，领导国会请愿运动，1910—1911 年由各省咨议局和咨议局联合会领导了四次请开国会运动。

地方咨议局的成立，大大突破了中国传统封闭式的政权结构，削弱限制了地方长官的专制权力，它标志着人民参与管理国家政治生活的开始，也是清朝政治制度开始民主化的一个起点。尽管清政府的地方咨议局还没有西方议会那样完全的立法权，带有过渡临时性质，但毕竟是初级形态的代议机关，具有一定的独立性：不经其决议，中央和地方政府不能颁布法律；国家与地方的预算、决算、税法、借贷外债、民众的负担等等，都要经其通过认可；并有权纠举弹劾各级行政官员；等等。在此推动下，各地也逐步实行和建立地方自治制度。总之，咨议局连同资政院一起，成为制衡和推动政府前进的不可忽视的力量，其行动表明它们已经具备具有独立品格的民选立法机构——议会的特征。同时，这也表明清政府的立宪运动取得了一定的历史成绩。

第三节 中华民国时期的宪法与宪政(一)(1911—1928)

1911年,辛亥革命推翻了清政权,中国悠久的封建帝制宣告结束。1912年中华民国的成立,中国进入一个新的历史时期,中国近代法律的发展也进入了一个新的阶段。

从形式上看,自1912年至1949年国民党统治在大陆的结束,中国始终处于"中华民国"时期。[①] 但就法律制度的发展演变来看,这一时期显然可以分为两大主要阶段:由北洋军阀建立和控制的中华民国北京政府统治的阶段,以及由中国国民党建立和控制的中华民国国民政府统治的阶段。二者以1928年东北的改旗易帜为界。

中华民国北京政府的统治,是在夺取革命党人辛亥革命成果的基础上,以武力为后盾建立起来的。这一时期政治制度的急剧变化,显得十分混乱,令人眼花缭乱,似乎掩盖了法律制度方面的相对粗线条的变化及其对法律近代化的继续推动,尤其是在近代法律体系形成方面取得的成就。依照笔者前述中国法律近代化过程中国际化与本土化两种力量的对抗与妥协的立场,则自1912年共和政体的确立,迄1928年国

① 需要说明的是,这一时期在中国版图上出现的政权有几个,但是它们是否能够对外代表中国中央政府,则是有疑问的。例如,北京政府统治时期,统治中心在北京,同时,地方出现几个政权,包括广州军政府及后来的武汉国民政府。但是,除了北京政权可以对外代表中国,其他则难以代表。日本入侵中国后,在东北扶植的伪"满洲国",显然是不合法的。抗日战争时期,中国共产党建立和控制的陕甘宁边区政府,地属国民政府的特别行政区,在这个意义上说,只能视为中华民国国民政府的一部分。本文从法制史研究的角度,只对中华民国北京政府和中华民国国民政府时期的法律制度予以重点介绍。陕甘宁边区政府也是中国近代法制史中的一个部分,但可在其他书中详述,本书不多涉及。

民政府定都南京并实现政治统一的这一阶段，对于法律制度的演变进行深入研究，是一个十分重要的课题。这是因为，一方面，为了配合一个新的共和政体的建立，必须延续清末法制改革以来引进的西方先进国家的法律模式，从而在理论和制度层面为新政权的合法性进行辩护和证明；另一方面，政治局势和社会形势的动荡不安，与此时各种法律思潮相互激荡，使得新法律制度面临种种严峻的考验。大体上说，北京政府继承了清末法律变革以"宪政"为中心的基本思路——除了君主的因素。在推进法制建设的过程中，基本继承了清末法制改革取得的来之不易的法律成果。最后，由于政权的更迭，法律近代化的主导权转移到了中国国民党的手里。

法律制度往往与政治制度的变化息息相关。在中华民国北京政府时期，由于政权的频繁更替①，一个单一的宪法秩序并没有从根本上建立起来，从而使得"宪政体制的探索和变革"成为中国法律近代化的一个侧重点。此外，由于这一时期的政治体制毕竟与已经覆没的清朝政权不同，由此而来的种种制度化建设的努力，使得这个时期可以称为一

① 北京政府在1912—1928年17年间经历了《临时约法》时期、《新约法》时期、南北政府时期、临时执政时期和军政府时期几个阶段。其间曾出现过1916年的"洪宪帝制"和1917年的"张勋复辟"两次短暂的君主制。期间内阁更换32届，变更了47次。在17年中，出现过10多个代议、立法和拥有立法权的行政咨询机构。而被认为具有正统地位的，仅为1912年4月迁至北京的临时参议院和1913年4月8日经选举产生的第一届国会。其他有立法权的机构在第一届国会的第二期常会被解散以后，皖系军阀曾操纵安福系政客选举出所谓第二届国会，史称"安福国会"。除此之外，还产生过政治会议（1913年12月15日—1914年3月8日）；约法会议（1914年3月18日—1914年6月5日）；参政院（1914年5月26日—1916年6月29日）；临时参议院（1917年11月10日—1918年8月12日）；善后会议（1925年2月1日—1925年4月21日）；临时参政会（1925年7月30日—1926年4月20日）；国宪起草委员会（1925年8月3日—1925年12月12日）等7个立法机构。参见田穗生等著：《中外代议制度比较》，商务印书馆2001年9月版，第54页、第168页；张晋藩主编：《中国百年法制大事纵览》，法律出版社2001年1月，第91页；陈旭麓著：《近代中国的新陈代谢》，上海人民出版社1992年版，第362页。

个“新制度主义”的时代。以清末修律为基础的六法体系,在这一时期也得以进一步确立和发展。

一、南京临时政府时期的宪法和宪政及其影响

1.辛亥革命与南京临时政府的立法活动

20世纪初,随着西学东渐的进一步发展,资产阶级民主革命思潮迅猛传播,震撼着中国思想界,并推动民主革命运动的到来。民主思潮广泛传播的同时,国内外出现许多以推翻满清统治,建立民主共和政体为宗旨的革命团体。1905年8月20日,中国同盟会成立。孙中山提出“驱除鞑虏,恢复中华,创立民国,平均地权”的政治纲领。1911年清政府出卖铁路修筑权,公布“铁路国有”政策,立即引起湘、鄂、川、粤四省各阶层人民的反对,出现了广泛的保路运动。10月10日,武汉地区的革命团体文学社和共进会发动武昌起义。接着各省纷纷响应。1911年为旧历辛亥年,故称“辛亥革命”。1911年12月29日,孙中山以16票的绝对多数当选为中华民国第一任临时大总统。1912年元旦,孙中山宣誓就职,宣告中华民国成立。1912年1月3日,中华民国临时政府成立;1月28日,各省代表会议改组为临时参议院,成为临时政府的最高立法机关。

辛亥革命的发生,具有复杂的政治背景。它是南方革命势力和清政府内部真正希望中国实行立宪制度的进步力量共同推动的结果。南方革命的迅猛发展,极大地刺激了清政府的立宪活动。为了消弭革命,清政府被迫作出一些开明的姿态,开始一系列预备立宪活动。上层资产阶级从中看到了希望,纷纷成立各种立宪团体,从事君主立宪活动,准备参与政权。1908年8月,清政府颁布《钦定宪法大纲》,规定大清帝国万世一系,同时宣布预备立宪以9年为期。摄政王载沣采取集权措施,积极推行由皇族独揽国家大权的政策,加深了满洲亲贵和汉族官

僚之间的矛盾，1910 年，国会请愿同志会在北京连续发起国会请愿运动，要求清政府速开国会。1911 年 5 月（宣统三年四月），清政府发布内阁官制，成立以庆亲王奕劻为总理的皇族内阁。立宪派分享政权的希望完全落空，少数人抛弃立宪的幻想，对革命活动开始表示同情。武昌起义发生后，清政府极为震惊。资政院召开第二次常会。同时，清廷起用袁世凯为钦差大臣，授予指挥湖北军事的全权。同年 11 月 1 日，清军攻陷汉口。同日，摄政王载沣宣布解散皇族内阁，交出全部军政大权，以袁世凯为内阁总理大臣。11 月下旬，各省代表议决承认武昌为中华民国中央军政府，以鄂督执行中央政务。接着 14 省代表会议在汉口英租界召开，筹备成立中央临时政府。1911 年 12 月 2 日，江浙联军攻克南京，代表会议决定以南京为中央临时政府所在地，各省代表随即自武汉齐集南京。1911 年 12 月 18 日，袁世凯代表唐绍仪（1860—1938）和革命军政府代表伍廷芳（1842—1922）在上海开始和谈。12 月 25 日，同盟会总理孙中山自海外归来。12 月 29 日，17 省代表会议以 16 票的绝对多数选举孙中山为临时大总统。1912 年元旦，孙中山到南京就职，发布《临时大总统宣言书》、《告全国同胞书》等文件，正式宣告中华民国的诞生。1 月 2 日，通电改用阳历。3 日，选举黎元洪（1864—1928）①为副总统，确定临时政府组成人员，中华民国临时政府成立。28 日，又成立南京临时参议院。

袁世凯得到孙中山推荐他为临时大总统的保证后，加紧逼迫清帝退位。1912 年 2 月 12 日，清朝皇帝终于接受中华民国对皇室的优待条件，正式退位。这样，统治中国 260 多年的清朝垮台了，延续两千多

① 黎元洪（1864—1928），字宋卿，汉族，湖北黄陂人。1883 年考入天津北洋水师学堂。1888 年入海军服役。1894 年参加中日甲午海战，战后投靠署理两江总督张之洞，督练新军。武昌起义时被推举为湖北军政府都督，南京临时政府成立时任临时副总统，1916 年袁世凯死后，由副总统继任总统。1922 年复任总统。1928 年去世。

年的君主专制政体也随之结束。

辛亥革命的成功和南京临时政府的成立,宣告了亚洲第一个民主共和国的诞生。同时,辛亥革命也结束了清政府的君主立宪活动,中国也进入一个新的政治实验的阶段——民主共和时期。

1912 年 3 月 10 日,孙中山发布暂行援用前清法律及暂行新刑律令:"现在民国法律未经议定颁布,所有从前施行之法律及新刑律,除与民国国体抵触各条,应失效力外,余均暂行援用,以资遵守。"[①]南京临时政府颁布了一系列有利于推行民主政治和发展资本主义的政策和法令。如:命令各省官厅焚毁刑具,废止刑讯;取消清朝律令中各类"贱民"条令;保护华侨;禁止买卖人口,禁绝贩卖华工;废除主奴身份;通令剪辫子;禁止赌博、缠足、吸食鸦片;鼓励兴办工商业,振兴农垦业,奖励华侨在中国国内投资;提倡普及教育,删除旧教科书中的封建内容。南京临时政府的中央政府设临时中央审判所,作为中央一级的司法部门,地方政权基本上沿用了清代的司法组织结构。但在司法制度中明确宣布了废除清代法律中所有与民国精神相抵触的条款,并为司法独立做了大量的准备工作。这些政策法令,移风易俗,革故鼎新,促进了民族资本主义的发展和民主观念的传播。在外交方面,南京临时政府宣布继续承认清政府与帝国主义签订的一系列不平等条约,继续偿还清政府所借的一切赔款和外债。"凡革命以前所有满政府与各国缔结之条约,民国均认为有效";"革命以前满政府所借之外债及所承认之赔款,民国亦承认偿还之责,不变更条件。"

在南京临时政府颁布的各种法律文件中,影响最大的有两个,一是确立民主共和政体并规范政府权力体制的《中华民国临时政府组织大纲》;二是临时政府面临生存危机时为挽救民主共和体制而制定和颁布

① 参见罗志渊编著:《近代中国法制演变研究》,正中书局 1966 年版,第 251—252 页。

的《中华民国临时约法》。

1911年10月10日武昌起义爆发后，南方各省纷纷宣布独立，成立都督府。为了尽快组织一个统一的中央政府，各省派出代表于1911年11月15日召开了“各省都督府代表联合会”，决议先制定《中华民国临时政府组织大纲》。该组织大纲于1911年12月3日经会议决议通过，有到会全体代表签名公布，会议并决议“如袁世凯反正，当公举为临时大总统”。1912年1月2日，为了便于安置黎元洪和各派头面人物，各省都督府代表联合会修订了组织大纲，增设临时副总统，并把原来五个部分增加为九个部分，并且规定《临时政府组织大纲》施行期限，以中华民国宪法确立之日为止。

《中华民国临时政府组织大纲》共四章21条。其主要内容包括：

临时政府由临时大总统、副总统、行政各部、参议院和临时中央审判所组成。

临时大总统、副总统、行政各部是行政机关。临时大总统、副总统由各省都督府代表选举产生，每省有一票权。临时大总统是国家元首，又是政府首脑，有统治全国、统率海陆军之权；得参议院的同意有宣战、媾和、缔约及设立临时中央审判所之权；临时大总统得制订官制及任免国务员、外交专使，但须参议院之同意。临时大总统下分设各部，部长为国务员，辅佐临时大总统办理各部事务，并对其负责。

参议院，由各省的都督府委派三名参议员组成，是行使立法权的机关。其职权有议决暂行法律、预算、税法、币制、发行公债、检查政府出纳、宣战媾和、缔约和设立中央审判所之权，对临时大总统行使任免国务员和外交专使职权时有承诺权；议决临时大总统交议事件，答复临时大总统咨询。参议院由议员选出议长、副议长主持院务。一般的议案，以到会议员过半数同意为有效，而对宣战媾和及缔约等重大事项，则须到会议员之2/3同意，才能议决。

《临时政府组织大纲》还规定,临时中央审判所为行使司法权的机关。

《临时政府组织大纲》规定其“施行期限,以中华民国宪法成立之日为止”,可见它是具有临时宪法性质的政府组织法。其特点是:以美国的国家制度为蓝本,确立临时政府为总统制共和政府,政权机构实行三权分立的原则。

《临时政府组织大纲》仿效美利坚合众国的政治制度,规定中央行政机关实行总统制,不采用内阁制。即总统不仅是国家元首,而且是政府首脑,总统虽然由参议院选举产生,执行职权得经参议院同意,但实际上不对参议院负责,而且对参议院的议决有交令复议权。

《临时政府组织大纲》第一次以法律的形式确认了资产阶级共和政体的诞生,具有划时代的意义。但是,该大纲并不是一个形式完备、内容完整的宪法文件,而且其存在时间短暂,便被它的制定者所制定的另一个法律文件——《中华民国临时约法》所取代。两者虽然都规定实行民主共和制,但在政府的管理体制问题上,则采取完全不同的方式,最终导致了辛亥革命所追求的民主共和精神在法律层面和在实际政治运作层面的逐步分离。

2.《中华民国临时约法》的性质与地位

南京临时政府成立,袁世凯感到大总统的位置难以到手,立即撤销和议代表,造成谈判破裂的形势,迫使革命党人妥协。帝国主义列强拒不承认南京临时政府,并且制造外国干涉的气氛。在内外交困的情况下,孙中山被迫退让。1月22日,孙中山声明只要清帝退位,袁世凯宣布赞成共和,即向临时参议院推荐袁世凯为临时大总统。2月12日,清帝退位。2月13日,袁世凯向临时政府正式声明赞成共和,孙中山向临时参议院提出辞职。15日,临时参议院选举袁世凯为临时大总统。3月10日,袁世凯在北京宣誓就任临时大总统。次日,在孙中山的主持下，临时参议院颁布《中华民国临时约法》（简称《临时约法》），按照西方资产阶级的民主制度和立法、行政、司法“三权分立”的原则，在中国建立一个实行议会制和责任内阁制的资产阶级共和国。这个约法具有资产阶级共和国宪法的性质，是中国历史上的创举。25日，唐绍仪（1862—1938）[①]到南京接收临时政府，组织新内阁。4月1日，孙中山正式辞去临时大总统职务。5日，临时参议院议决与临时政府一起迁往北京。

《临时约法》是以孙中山为首的南京临时政府为了限制袁世凯而制定和公布的、具有资产阶级共和国宪法性质的文献。1912年3月8日南京临时参议院通过，11日公布施行。计分总纲、人民、参议院、临时大总统副总统、国务员、法院、附则等七章，共56条。《临时约法》体现了资产阶级民主共和国的国家制度。规定“中华民国由中华人民组织之”，主权属于国民全体，领土为22行省、内外蒙古、西藏、青海；以参议院、临时大总统、国务员、法院行使其统治权。《临时约法》体现了民主主义精神。规定：中华民国人民一律平等，无种族、阶级、宗教之区别。人民享有人身、居住、财产、言论、出版、集会、结社、通信和信教的自由；人民有请愿、诉讼、考试、选举及被选举等权利。同时规定，人民有纳税、服役等义务。在政府的组织形式上实行三权分立的原则，规定全国的立法权属于临时参议院，参议院有权议决一切法律、预算、决算、税法、币制及度量衡准则，募集公债，选举产生临时大总统、副总统，弹劾大总统和国务员，对临时大总统行使的重要权力，具有同意权和最后决定权。临时大总统代表临时政府总揽政务，公布法律，统率全国海陆

---

① 唐绍仪（1862—1938），又名绍怡，字少川，曾为中国官派留美幼童，清末民初政治活动家、外交家，历任清朝外务部侍郎、署邮传部尚书、奉天巡抚、赴美专使，1912年南北议和后担任中华民国首任国务总理，之后在广州军政府、国民政府担任不同职位的官职，为中国主权、外交权益及推进民主共和作出了重要贡献。1938年9月30日被暗杀于上海。

军,制定官制官规,任免文武官员等,但行使职权时,须有国务员副署。受参议院弹劾时,由最高法院组成特别法庭审判;法官有独立审判的权利。此外,还规定了"人民有保有财产及营业之自由",体现了发展资本主义经济的要求。《临时约法》是为了巩固辛亥革命的重要成果所做的重大努力,具有中华民国临时宪法的性质,体现了资产阶级意志,代表了资产阶级利益,具有革命性和民主性。《临时约法》1914 年 5 月被废除,由《中华民国约法》取代。

《临时约法》是中国近代第一部具有资产阶级民主共和性质的宪法文件,是辛亥革命的直接产物,它以孙中山的民权主义学说为指导思想,确立了资产阶级民主共和国的国家制度。《临时约法》以根本法的形式宣布废除封建君主专制制度,确认了中华民国的合法性。《临时约法》肯定了资产阶级民主共和国的政治体制和组织原则。《临时约法》采用责任内阁制,规定临时大总统、副总统和国务员行使行政权力,参议院是立法机关,法院是司法机关,并规定了其他相应的组织制度;体现了资产阶级宪法中民主自由原则,规定人民享有广泛的自由及权利;确认了保护私有财产的原则。总之,《临时约法》作为中国历史上第一部资产阶级共和国性质的宪法文件,其制定与颁布的历史意义在于肯定了辛亥革命成果,彻底否定了中国数千年来的封建君主专制制度,肯定资产阶级民主共和制度和资产阶级民主自由原则,在全国人民面前树立起"民主"、"共和"的形象。

但是,《临时约法》是为了制约袁世凯而制定的。从某种意义上看,该法具有典型的"因人立法"的特点。具体表现在以下几个方面:在国家政权体制问题上,改总统制为责任内阁制以限制袁世凯的权力;在权力关系的规定上,扩大参议院的权力以抗衡袁世凯的势力;在《临时约法》的程序条款上,规定特别修改程序以防止袁世凯擅自改动。这些方面使《临时约法》的功利性显著,政治对立的意蕴突出。

3.南京临时政府的宪政得失

南京临时政府，是亚洲第一个民主共和性质的资产阶级政权。由于我国封建旧势力的根深蒂固，进步力量的相对弱小，特别是缺乏宪政的经验，在我国建立民主共和政体的奠基时期，没有完成历史赋予的伟大使命，反而在不经意之间错失历史机遇，其教训值得深刻检讨。

辛亥革命的发生，说明在少数民族处于统治地位的清政府主导之下，我国没有实行君主立宪制的政治土壤。武昌起义后成立的中华民国南京临时政府，预示着我国政治体制已经开始步入民主共和的新篇章。但是，如何在法律层面上建立一整套既符合民主共和精神，同时又与我国国情相一致的政治模式，特别是政府管理模式，从而树立起民主共和的法律旗帜，奠定民主共和的根基；另一方面，如何在实际的政治运作层面按照民主共和的精神管理一个新的民主共和国家，特别是运作好政党政治，从而树立民主共和的典范，真正开启民主共和的先河，其难度和历史意义远比瓦解一个旧政权来得艰巨复杂。恰恰在上述两个方面，南京临时政府没有也不可能给出令人满意的答复。

首先，在对于中华民国这个新政权的政府管理模式，根据南京临时政府先后产生的两个截然不同的宪法性法律文件——《中华民国临时政府组织大纲》和《中华民国临时约法》的规定，从比较符合我国国情的总统制，转而变为一厢情愿、阻力重重的责任内阁制，从而使民主共和的理想化为空中楼阁。

南京临时政府成立之初，基本是按照美国的总统制来规划的，这在《中华民国临时政府组织大纲》中有比较清楚的规定。但是，后来随着形势的逆转，袁世凯取代孙中山成为新的和正式的大总统不可避免，南京临时政府在匆忙之间制定了一个新的宪法性法律文件——《中华民国临时约法》，希图限制袁世凯的政治野心，保住革命的果实。不料，革命的果实不但没有保住,临时政府建立初期良好的政治氛围也转瞬即逝,民主共和的革命理想化为泡影。

根据近代以来法律史学家的研究,南京临时政府制定的两个文件,均与一个重要人物有关,甚至可以说均出自此人之手。为此,我们应当从此人的法律思想入手发觉民国初期我国民主共和的理想如何因一念之差而误入歧途。这个人物就是民国初年的政治精英宋教仁①。

下面,让我们了解一下从《中华民国临时政府组织大纲》到《中华民国临时约法》的演变过程中,宋教仁所发挥的政治影响。据民国时期几位著名的法史学家和宪法专家的记载,宋教仁乃是《中华民国临时政府组织大纲》的实际制定者。有现代学者认为,“各省代表乃借汉口英租界顺昌洋行为代表的会所,于十月初四日开第一次会议,推举谭人凤(1860—1920)②为议长。十二日议决先行起草临时政府组织大纲,并选举雷奋(1871—1919)③、马君武(1881—1940)④、王正廷(1882—

① 宋教仁(1882—1913),号渔父,湖南桃源人,近代民主革命家。1905年加入同盟会,1911年初在上海主持《民立报》,辛亥革命后,任法制局长、农林总长、国民党代理理事长等职。1913年初国会选举,宋教仁带领国民党获胜。1913年3月,宋教仁到达上海,沿途发表演说,批评时政,主张成立责任内阁,制定民主宪法,在上海火车站被刺身亡。

② 谭人凤(1860—1920),湖南新化县人,清末资产阶级民主革命家。1903年至1904年间,参与发起成立华兴会。1906年12月东渡日本会晤孙中山,加入中国同盟会。1907年入东京法政学校学习。回国后曾先后奔赴广西、云南、香港,参与策动一系列反清起义。1911年至武汉,力促共进会与文学社联合。7月,与宋教仁等在上海发起成立中部同盟会,被举为总务会议议长兼干事,积极推动长江各省革命势力的发展。武昌起义后参与制订《中华民国军政府暂行条例》,代表湖南出席各省都督府代表会议,被推为议长,主持制订《中华民国临时政府组织大纲》。南京临时政府成立前后,反对南北议和,主张继续北伐,并在上海设立北伐机关。后任川粤汉铁路督办、长江巡阅使等职。1920年4月病逝于上海。

③ 雷奋(1871—1919),江苏娄县(今上海松江)人。字继兴。清光绪二十五年(1899年),被派赴日本早稻田大学学法政,后回国为上海《时报》编辑,组建沪上宪政研究会,为江苏咨议局议员、资政院民选议员。民国成立后,在北京参加起草法律规章,为议会议员。曾被任命为财政部参事和湖北省高等检察厅厅长,因病而均未赴任。

④ 马君武(1881—1940),中国近代学者、教育家和政治活动家,广西大学的创建人。原名道凝,又名同,改名和,字厚山,号君武,汉族,广西桂林人。1905年8月,加入同盟会,共同

1961)[①]为临时政府组织大纲起草员。十三日议决临时政府组织大纲二十一条。并于即日宣布。"[②]杨幼炯认为:"各省代表于是年十月初先后到鄂……十月初十开第一次会议,到有十四省代表,计二十四人。推谭人凤为议长,十二日议决先制定临时政府组织大纲,并选举雷奋、马君武、王正廷为临时政府组织大纲起草员。(有称大纲虽名为雷、马、王等起草,实出自宋教仁之手。)又议决如袁世凯反正,当公举为临时大总统。十三日议决临时政府组织大纲二十一条,并即日由省代表全体签名宣布。"[③]谢振民也认为:"各代表等乃借汉口英租界顺昌洋行为会址,于十月十日开第一次会议,推谭人凤为议长。十二日议决先制定临时政府组织大纲,选举雷奋、马君武、王正廷临时政府组织大纲起草。十三日,议决临时政府组织大纲二十一条,即日宣布。"[④]王世杰(1891—1981)也认为:"于是年十月初十开第一次会议,推谭人凤为议长;十二日议决先制定一种临时政府组织大纲,选举雷奋、马君武、王正

起草同盟会章程并成为《民报》的主要撰稿人之一。武昌起义爆发后回国,作为广西代表参与起草《临时政府组织大纲》和《中华民国临时约法》,并任南京临时政府实业部次长。1917年参加孙中山发起的护法运动,任广州军政府交通部长。1921年,孙中山就任非常大总统,马君武任总统府秘书长,后任广西省省长。1924年国民党实行改组,马君武和冯自由、章炳麟等人发表宣言,反对国民党改组和联俄、联共、扶助农工三大政策。1925年出任北京政府司法总长,被国民党第二次全国代表大会开除党籍。1940年病逝。

① 王正廷(1882—1961),字儒堂,浙江奉化人,中华民国时期外交高级官员。1905年加入同盟会。1911年武昌起义爆发后,任黎元洪都督府外交司司长,12月任临时参议院议员。1912年中华民国成立,任唐绍仪内阁工商部次长兼代总长。1913年4月当选为参议院议员及副议长,一度代理议长,因袁世凯以暴力压迫国会和议员,被驱逐出北京。1916年袁世凯死后,国会恢复,继任参议院副议长。1917年赴广州参加护法运动,9月署理军政府外交总长。1919年为中国出席巴黎和会全权代表之一,坚持拒签对德和约,获得国内舆论好评。1928年6月王正廷任南京国民政府外交部长、中国国民党中央政治会议委员、国民党中央执行委员等职。1936年8月出任驻美大使。1961年病逝。

② 吴经熊、黄公觉:《中国制宪史》,民国丛书第4编27,上海书店1992年版,第36页。

③ 杨幼炯:《近代中国立法史》,民国丛书第1编29,上海书店1989年版,第77页。

④ 谢振民:《中华民国立法史》,民国丛书第5编6,上海书店1996年版,第358页。

廷为组织大纲起草员;十三日议决临时政府组织大纲二十一条,并即日由各省代表全体签名宣布。说者谓此项大纲,在表面上虽为雷奋等三人所起草,实则出自宋教仁之手。”[①]应当说,《临时政府组织大纲》关于政府组织形式采用总统制的规定,无论在法律程序,还是在中国国情上,都是无可挑剔的。如果按照此模式运作下去,我国的民主政治可能由此获得一个良好开端。但是,《临时政府组织大纲》并不符合宋教仁的政治理想。

宋教仁的政治理想是建立民主共和国,即以宪法规定国家制度的基本原则、公民的基本权利和义务等,并且作为制订其他法律的依据。设立民选的议会作为立法机关,与政府行政机关、法院司法机关三权分立,互相制衡,防止权力过度集中。国家主要领导人实行选任制、限任制和限权制,不搞指定制、终身制、世袭制和个人集权制。实行政党政治,由政党执掌国家政权,政党的上台与下台取决于公民的选票。宋教仁认为,为建立统一的民族国家,中国必须实行中央集权。为了防止中央集权可能导致的独裁,只宜实行英法式的责任内阁制,而不应实行美国式的总统制。他说:“内阁不善,则可更迭之。总统不善,则无术更迭之。如欲更之,必动摇国本。”1911 年 8 月,宋教仁为同盟会中部总会起草的章程中明确揭示该会“以推翻消政府,建设民主的立宪政体为主义”。11 月,宋教仁为湖北军政府起草的《中华民国鄂州约法》,规定政务委员是鄂州政府的行政机关,政务委员行使副署权,以牵制都督的权力。政务委员制相当于责任内阁制。

在筹组南京临时政府时,孙中山主张实行总统制,不设总理。宋教仁主张实行责任内阁制,应设总理。一些拥护孙中山的同盟会者认为宋教仁主张内阁制,是因为他有当总理的野心,但宋教仁并不在意。原

---

① 王世杰:《比较宪法》,民国丛书第 1 编 30,上海书店 1989 年版,第 678 页。

《临时政府组织大纲》规定只设大总统，而无副总统，中央政府只设5部。宋教仁提议增设副总统，行政各部则不加限制。于是，各省代表会议选举黎元洪为副总统，决议政府设9部。孙中山提议宋教仁出任内务总长，因多数代表反对，他只能屈就法制局局长。

政治上的挫折并没有使宋教仁气馁。在很短的时间内，他就拟订出《修正中华民国临时政府组织大纲》、《中华民国临时政府中央行政各部及其权限》、《各部官制通则》等，使政府部门设官分职有章可循。防止专制制度复辟，将民主共和国的观念铸入国家根本大法，是宋教仁最为关注的问题。他主持拟订的《中华民国临时组织法草案》赋予民选的立法机构参议院以广泛的权力，以体现"主权在民"的原则。草案坚持内阁制，规定"内阁执行法律，处理政务，发布命令"，"内阁员于临时大总统公布法律及有关政务之教令时，须亲自署名。"组织法草案详细规定了人民的权利与义务。

1912年2月初，临时参议院毫不留情地拒绝了宋教仁的组织法草案。但是，当南北议和告成，孙中山即将让位于袁世凯时，临时参议院一改采用总统制的初衷，匆匆忙忙起草并公布了《中华民国临时约法》。《临时约法》为限制袁氏专权，抛弃总统制，采取责任内阁制。宋教仁的宪政思想于此可谓有所实现。但是，最高立法机关因人更法，轻率改变国家行政体制，并将其写进具有宪法效力的临时约法，毕竟是民国立法史上的败笔。南方革命力量无力抗衡袁世凯的情况下，采用通过法律改变政权体制的权宜做法，显示了其法律上的不成熟性和政治上的软弱性。同时也说明我国民主政治经验的幼稚。

其次，民国初年的政党政治，也未能健康发展，最终夭折。

袁世凯就任临时大总统职务后，由他的亲信部下，第一批赴美留学生唐绍仪担任第一任国务总理，4月间，政府和参议院也应袁世凯的要求迁到了北京。第一届全国统一的中华民国政府是各党派的联合政府。关键的陆军总长一职掌握在袁世凯的亲信手里,同盟会员蔡元培(1868—1940)、王宠惠(1881—1958)、宋教仁、陈其美(1878—1916)分别被任命为教育、司法、农林、工商各部总长,共和党和无党派人士也参加了政府。一个以西方为榜样的政治制度开始运行起来。7月上旬,宋教仁因不满袁世凯破坏《临时约法》的行为,辞去农林总长职务。

南京临时参议院于1912年3月制定了《中华民国临时约法》,采用宋教仁所主张的责任内阁制。用内阁权力来架空袁世凯的总统权力,谋求同盟会未来的执政。但是,临时参议院到北京改组后,同盟会在参议院中的力量已经削弱。面对这样的局面,宋教仁出任同盟会总务部主任干事之后,采取了一个大动作,将同盟会改名重组,与其他几个政治见解接近的政党,合并组成一个新党——国民党。

1912年3月,孙中山以临时大总统名义颁布了《中华民国临时约法》,约法规定"中华民国之主权,属于国民全体",这体现了民主宪政国家主权在民的原则。袁世凯上台后,于8月宣布了临时参议院通过的《中华民国国会组织法》、《参议院议员选举法》和《众议院议员选举法》等法规。选举法公布后,各政党即掀起了竞选浪潮。在此前后,中国政坛上涌现了组织政党的热潮,当时统一党、共和党、民主党是属于拥护袁世凯的政治派系。同盟会的革命组织方式已经落后于形势,宋教仁积极谋求政党建设,谋求改变同盟会的秘密革命组织的性质。在孙中山主持下,同盟会改组为进行议会运动的政党。7月21日,同盟会本部召开夏季大会,宋教仁当选为总务部主任干事,成为同盟会实际上的主持人。他加快了组织大党的步伐。8月25日,以同盟会为核心、联合国民公党、国民共进会、共和实进派等党派,组成中国国民党,召开成立大会。孙中山选为理事长,宋教仁以仅次于孙中山和黄兴的票数当选为理事,被孙中山委任为代理理事长。此时,孙中山、黄兴的兴趣和主要精力放在实务建设上,主持北京国民党本部的是宋教仁。是年底,国会议员选举拉开序幕。

从形式上说，同盟会——国民党的反对党是以梁启超为首领的共和党，他们和袁世凯联合对付同盟会，同时也希望协助袁世凯建设现代国家。共和党、统一党、民主党基本政治立场一致，后来联合组成进步党，他们都是希望依托议会运动生存。但实际上，在中国政治舞台上真正拥有实力的政治势力，是袁世凯的北洋军政集团。这个集团除了对政治权力的兴趣以外，没有自己的政治目标和政治理想，更没有采取和依靠政党的政治形态。对于近代民主政治而言，由于缺乏制度的约束，这个政治实体是否能够发挥积极的作用，完全取决于其领导人的政治立场，他们才是与同盟会——国民党真正对立的政治集团。

为了政治局势的稳定，孙中山和黄兴都劝袁世凯加入国民党，但袁世凯并未同意。当时，国务总理陆征祥①称病辞职。袁世凯向黄兴征求总理人选，国民党方面有意请袁世凯提名宋教仁为国务总理，但正式国会选举即将举行，临时政府行将结束，此时出任总理一职，难以贯彻政党内阁的政策。黄兴权衡再三，请袁世凯任命他自己的人选，但建议总理和内阁人员全体加入国民党，组成政党内阁。袁世凯接受了黄兴的建议，任命亲信赵秉钧(1859—1913)为国务总理，多数内阁成员也同意加入国民党，于是，国民党员组成的政党内阁宣布成立。

1913 年 3 月，国民党在国会两院的选举中也获压倒多数席位。按照当时尚具有法律约束力的《临时约法》的规定，未来的新政府实行的是责任内阁制。由于袁世凯支持的进步党无法与国民党抗衡，而宋教

---

① 陆征祥(1871—1949)，浙江吴兴(今湖州)人，中国近代著名外交家。清末曾出任中国驻荷兰特命全权大使。武昌起义后，陆征祥联合各驻外使臣，电请清帝逊位。1912 年共和革命后，任国务总理。1915 年 10 月—1916 年 3 月袁世凯称帝期间，曾短暂出任代理国务卿和正式国务卿职务。1919 年任外交总长，率领中国代表团参加巴黎和会，最后拒绝签字。晚年入天主教，1949 年病逝于比利时。

仁即将出任内阁总理,袁世凯深深感到了宋教仁和国民党对他的威胁。他先是试图拉拢宋教仁,还在陆征祥辞去内阁总理时,就曾请宋教仁担任内阁总理,条件是放弃政党内阁的主张,被坚决拒绝;继而用金钱贿赂,也未成功。在这种情况下,宋教仁和国民党都面临严重的生存威胁。1913 年 3 月 20 日,宋教仁被暗杀,国民党失去了政治首脑。

宋教仁的死打破了民国初年在中国实行宪政民主的梦想。宋教仁死后,国民党趋于瓦解。而且国民党在参议院、众议院所占的议席虽然多于其他三个政党的总和,但实际上已经分崩离析,而其他政党在袁世凯的支持下合并成了进步党,成为国会的重心。在正式当上大总统后,袁世凯于 1913 年底宣布国民党为“乱党”,并下令解散国民党。1914 年初,袁世凯又下令解散国会。中国第一次也是唯一一次的政党政治的尝试到这一步已经彻底破产。此后,以孙中山、黄兴为代表的南方革命党人与袁世凯彻底决裂,终于引发了二次革命。

二、北京政府时期宪法与宪政运动

1. 北京政府时期的制宪活动

北京政府的法制建设,始于从辛亥革命推翻满清统治,到改组后的国民党重新建立自己的政治权威,这两个历史界碑之间的一个特殊时期,其所有法律近代化的努力,都与这两个重大历史事件有着密切的联系。

由于受到辛亥革命的意义和限度的影响,北京政府的法制建设,无论其积极的和消极的方面均表现均十分明显。就其积极的一面来看,由辛亥革命开创的“民主共和”的新观念,基本上得以延续和保存。大量宪法文件的不断产生,可以说明当时宪法及其象征的民主共和的观念,至少在形式上是被接受的。就其消极方面看,法律的作用基本上被降低到论证当权者政权合法性的工具的地步,在某种意义上,法律充当了一个记载混乱的记事簿和为当局摇旗呐喊的吹鼓手的角色。其结果,宪法与宪政的权威性没有确立,力图主宰宪法的政府当局,也就无法得到宪法权威的保护。玩弄法律者作茧自缚,最终为法律所玩弄。北京政府时期宪法的命运,集中反映了这一宿命。

事实上,自1912年至1927年的十几年间,可以说是宪法起草的活跃期。除了1912年公布的《临时约法》外,陆续可见到的宪法草案包括:1913年的《中华民国宪法草案》即《天坛宪草》、1914年5月由袁世凯颁布的《中华民国约法》、1916年以后《天坛宪草》的续修、1919年"新国会"制定的《中华民国宪法草案》,即《1919年宪法草案》、1923年曾经短暂公布的《中华民国宪法》(即"曹锟宪法"),以及1925年以后由段祺瑞(1865—1936)临时执政府"国宪起草委员会"所提出的《中华民国宪法草案》等(见表3)。[①]

表3　　中华民国北京政府时期宪法(草案)一览表

宪法或宪法草案名称	制定机关	制定、公布或生效时间	生效情况
中华民国临时约法	南京临时政府参议院	1912年3月8日通过,同月11日公布,1914年5月1日废除	生效
中华民国宪法草案("天坛宪草")	北京政府第一届国会(第一期常会)	1913年10月31日完成制定,但未公布实施	未生效
中华民国约法("袁记约法")	北京政府约法会议	1914年5月1日公布实施	生效

① 关于北京政府统治时期宪法的发展,可参见谢振民编著:《中华民国立法史》(上),张知本校,中国政法大学出版社2000年1月版,第2编总论。又可见于王世杰、钱端升著:《比较宪法》,中国政法大学出版社1997年12月版,第6编第2章辛亥革命及北京政府时代的制宪。

续表

续修《天坛宪草》	北京政府恢复第一届国会(第二期常会)	1916年8月1日开始制定,1917年6月中止	未生效
中华民国宪法草案	北京政府第二届国会("新国会")	1919年8月12日完成起草,未公布实施	未生效
中华民国宪法	北京政府"二次恢复"第一届国会(第三期常会,即"新新国会")	1923年10月10日公布实施	生效
中华民国宪法案	北京临时执政府国宪起草委员会	1925年12月11日完成起草,未公布实施	未生效

南京临时政府解散以后,依《临时约法》在北京成立了国会。1913年4月8日国会第一次开会,7月成立宪法起草委员会,开始了中国历史上正式宪法起草工作。这个委员会由国会两院各选30人组成。草案经宪法起草委员会三读通过。这个草案贯彻了民主共和精神,为袁世凯所不容。宪法草案通过三天后,袁世凯下令撤销国民党议员的议员资格。因国民党为议会第一大党,袁世凯这一举措使议会无法达到法定开会人数,意味着解散了国会。1914年1月10日,袁世凯干脆下令停止残余议员职务,国会实际上被解散,宪草成为死案。与此同时,袁世凯为反对《临时约法》之拘束,提出增修临时约法案,案中大力扩充总统权力,其中包括总统的"紧急命令权"一项,袁世凯实际上取得部分立法权。1914年1月10日袁世凯解散国会后,开动政治会议、约法会议、参政院三个御用机关开展"制宪"事宜,企图用宪法为自己赋权。1914年3月18日召开约法会议,袁世凯提出增修临时约法7项,扩大总统权力。不久,约法会议议决《中华民国约法》,5月1日公布。该约法及其后的大总统选举法使袁世凯成为元首。不久,御用文人又搞"君

宪运动”。1915年12月，袁世凯下令承认帝制，12月31日下令改明年(1916年)为洪宪元年，袁世凯用宪法使自己“合法地”当上了皇帝。在全国人民的抗议声中，1916年3月22日，袁世凯被迫下令撤销承认帝位案。1916年6月6日袁世凯病亡，副总统黎元洪就大总统职，下令申明《临时约法》及1913年大总统选举法之效力，恢复共和法统。众多宪法和宪法草案的尝试，却并没有造就真正拥护宪法、尊重宪法的宪政观念。

中华民国的宪法和宪政发端自《临时约法》和《天坛宪草》。袁世凯以《中华民国约法》取代《临时约法》和《天坛宪草》，使“法统”分裂以至于中断。袁世凯虽为中华民国第一任正式当选总统，但是，其对于合法产生的第一届国会的压制和制宪活动的破坏，不仅使国会中的国民党议员极度不满，更使得中国的宪法编纂和宪政运动陷入混乱状态。袁世凯去世后，中国便陷入了所谓“法统”的政争之中。自《天坛宪草》提出后的10年间，制宪是分别由三方面进行的。一是广州国会的议宪，二是直系“恢复法统”后北京国会的议宪，三是“安福国会”的议宪。前两者承认《天坛宪草》，后者否认《天坛宪草》。

自从1913年7月12日民国国会成立宪法起草委员会开始草拟宪法起，同年10月31日，以国民党占优势的这个委员会在袁世凯横逆相压、不断迫害议员、国会处境日蹙的情况下，匆匆完成了《天坛宪草》的“三读”程序，3天后袁世凯便宣布取消国民党籍议员资格，国会被解散，《天坛宪草》来不及交国会两院的宪法会议进行审议。1916年8月1日，国会复会，称第一届国会第二期常会，决定继续制宪，国会两院议员会合举行宪法会议。同年9月5日至13日，由宪法起草委员会向宪法会议说明《天坛宪草》的指导思想及起草说明，包括总说明书、《不取行政裁判制之理由说明书》、《主张两院制之理由说明书》、《大总统及副总统说明书》及《国土说明书》等，得到宪法会议的通过，是谓“一读”。

1916年9月15日至1917年1月10日,宪法会议就宪法草案中的重大问题进行审议,规定若干宪法原则。自1917年1月26日起,宪法会议对《天坛宪草》进入"二读"程序,即逐条进行讨论。同年6月,因张勋复辟,国会第二次被解散,"二读"中止。国民党议员纷纷到达上海。但是,由于张勋(1854—1923)复辟结束后,由安福系控制的北京政府并不恢复旧国会,加之孙中山南下"护法",部分国会议员便到达广州。但不足法定人数,不能举行正式国会,乃称"非常国会"。1918年,宣布改"非常国会"为正式国会,继续第二次常会的议宪工作,后因政学系议员处处作梗,议宪会议不能正常进行,部分国会议员辗转于昆明、重庆间。1922年6月,直系军阀在北京揭起"恢复法统"的旗号,宣布重行召集第一届国会第二期常会,不承认护法国会。此时,陈炯明(1878—1933)叛变,部分议员复回到北京。

1918年8月12日,安福系一手控制的新国会成立。12月27日,参众两院各选议员30人,联合组成宪法起草委员会。1919年1月6日,宪法起草委员会正式开会,议决不用1913年的《天坛宪草》,而由起草委员会另行草拟。当天指定宪法大纲起草员5人,至13日宪法大纲通过,着手起草宪法条文。同年8月12日,正是安福国会成立的一周年,宪法起草委员会完成了《中华民国宪法草案》,但参众两院未组织宪法会议进行审议。

1920年5月直皖战争发生,安福系失败;1922年4月直奉战争结束;同年8月1日,曾在1917年被解散的国会恢复活动。1922年8月10日起,直系重开旧国会,继续因张勋复辟而中止的制宪工作,除对一部分条文进行二读外,尚须补足"地方制度"与"国权"两章条文的起草。国会两院决定宪法起草委员会仍以汤漪(1881—1942)为委员长。两章条文起草完毕后,移送宪法会议。1922年12月20日,宪法会议在地方制度问题上发生严重争执,历时半年,直至1923年6月12日深夜才经各方协商，意见基本统一。次日，直系驱黎的政变发生，议员又复离京南下，二读程序仍然未能完成。此时，亲直系的两院宪法会议议长吴景濂，以制宪相号召，诱使已南下的议员回京，为此他仍每周开宪法会议 3 次，一次不辍，终因人数不足，先后流会达 44 次之多。宪法会议既苦于人数过少，急于当大总统的曹锟亦亟想召回更多议员开成大总统选举会。7 月 24 日，曹锟发出通电，要求议员回来议宪，故意不提大选的事，同时以丰厚的"出席费"为饵。而当回京议员日益增多后，亲直系的议员提出了"宪选并进"的原则，即议宪与大选隔日交叉举行，安排 10 月 4 日、6 日、8 日、10 日为宪法会议，5 日、7 日、9 日、11 日为大总统选举会。原以为选举会可能须举行多次。结果，由于 10 月 1 日开始填发 5000 元的支票，吸引了议员纷纷到会，只 5 日 1 天便完成了选举，曹锟当选为"大总统"。与此同时，宪法会议亦惊人地顺利。10 月 4 日，将"地方制度"一章完成二读；6 日，又通过了"国权"一章的二读；8 日，宪法全文经过三读。10 日，宪法正式公布。

1924 年 10 月，直系在第二次直奉战争中战败，冯玉祥(1882—1948)①发动北京政变，曹锟总统被拘禁，以段祺瑞为"临时执政"的中华民国临时执政府成立。该政府以"善后会议"和"国民代表会议"相号召，于 1925 年 5 月 3 日公布《国宪起草委员会规则》。8 月 3 日，正式组成国宪起草委员会，委员共 70 人，全由各省区军民长官及段祺瑞所指派，选举林长民(1876—1925)②为委员长，并从委员中互选 6 人为理

---

① 冯玉祥(1882—1948)，原名冯基善，字焕章，祖籍安徽巢县(今安徽省巢湖市夏阁镇竹柯村)人，寄籍河北保定。民国军阀。国民革命军陆军一级上将，西北军领袖。

② 林长民(1876—1925)，福建闽县(今闽侯)人。1902 年赴日本留学，入早稻田大学学习、研究政治经济。1909 年回国，执教福州法政学堂。同年福建省咨议局成立，被聘为秘书长。1911 年武昌起义后赴上海，以福建省代表参加独立各省临时会议。次年初临时参议院成立，为秘书长，参与草拟《中华民国临时约法》。5 月参与组织共和党，为干事之一。1913 年被推为众议院议员，4 月任秘书长。5 月参与将共和党与民主党、统一党合并为进步党，任政

事，当委员长因故不能出席国宪起草委员会时，由理事依次代理。同年冬，段祺瑞政府处境日蹙，国宪起草委员会便匆匆完成宪法起草工作，于12月11日在国宪起草委员会上完成三读，咨交政府，并向全国通电，叙述起草的经过及内容。按段政府所制定的制宪程序，原应由国民代表会议进行审议和通过，但国民代表会议始终未曾召开，宪法草案亦无从交议，直至段祺瑞政府垮台。1926年4月20日段祺瑞下野后，执政府结束，北京一度处于无政府状态。不久，国民革命军发起了北伐战争，北洋军阀末日临近，北京政府处于风雨飘摇之中，宪法和约法之争再也无暇顾及，北京政府时期的宪法活动至此告终。

2. 北京政府时期宪政运动的焦点问题

(1)“三权分立”

“三权分立”的宪法学说，是由法国近代启蒙思想家孟德斯鸠第一次系统阐述，并由独立后的美国政府采用。由于这一学说是以人类政治领域中关于权力的一些常识和经验作为立论的基础，而且是一种有针对性的解决政府结构中权力分配问题的理想方案，因此受到近代众多思想家的赞许。1908年，在清末新政和制宪运动中产生的《钦定宪法大纲》，基本上以三权分立为未来政府体制的蓝图。值得注意的是，尽管这一宪法方案确有其合理性和科学性，但是在被中国极少数决策者接受时，并没有引起严肃的讨论，更没有在民众中进行广泛的宣传，对民众进行启蒙教育。

1911年12月(辛亥年10月)，各省都督府代表联合会议议决宣布

治部部长，拥戴袁世凯为正式大总统。次年任北京政府国务院参事。1917年7月出任段祺瑞内阁司法总长，11月辞职。1919年著文反对巴黎和会袒护日本，将原德国在中国山东的一切权益转让给日本。1923年任北京政府宪法起草委员会委员。是年9月反对直系军阀首领曹锟贿选总统，南下上海参与反直运动。1925年参与直奉战争身亡。

《中华民国临时政府组织大纲》4 章 21 条。① 该法为组织临时中央政府的法律依据，其中所规定的政府体制即为三权分立制。② 1912 年 2 月 12 日，清帝宣布退位。3 月 11 日，参议院议决通过《中华民国临时约法》7 章 56 条。③ 该法以“三权分立”的宪法学说为基础，确立新政府的体制，为参议院接受，直接引入，作为建立新政府的基础性方案。④ 约法规定，立法权由参议院行使，其职权是：议决一切法律案、政府的预算、决算、税法等；对临时大总统任命国务员、外交大使、公使和宣战媾和、缔结条约、宣告大赦具有同意权和最后决定权；选举临时大总统、副总统和弹劾临时大总统、副总统和国务员。行政权归临时大总统和国务员。临时大总统的职权有：代表临时政府总揽政务、公布法律、统率全国海陆军队、任命文武职员、宣战媾和、缔结条约等等。国务总理、各总长均称国务员，辅佐临时大总统负其责任。在临时大总统提出法律案和公布法律及发布命令时，须副署之。司法权则归法院，由临时大总统及司法总长分别任命法官组成。法官独立审判不受上级官厅之干涉，并为终身职。由于《临时约法》在民国初期，为民主共和法统之基石，其影响及于整个北京政府统治时期，直至为南京国民政府取代。

1914 年的《袁记约法》从形式上看，也是采用三权分立的体制。行政权由大总统行使。约法取消了内阁，大总统既是国家元首，又是政府

---

① 该法于旧历辛亥年 10 月 13 日公布，民国元年 1 月 2 日修正公布。刊于《临时政府公报》，1911 年 1 月 29 日第 1 号。第 1 章临时大总统副总统，第 2 章参议院，第 3 章行政各部，第 4 章附则。

② 该法第 1 章规定了临时大总统为政府首脑和元首，第 2 章规定参议院为代表民意机关，另第 1 章第 6 条规定有中央审判所：临时大总统得参议院同意有设立临时中央审判所之权。

③ 该法刊于《临时政府公报》第 35 号。第 1 章总纲，第 2 章人民，第 3 章参议院，第 4 章临时大总统副总统，第 5 章国务员，第 6 章法院，第 7 章附则。

④ 该法第 4 条规定：“中华民国以参议院、临时大总统、国务院、法院行使其统治权”，其中大总统与国务员共同行使行政权。

首脑，国务卿没有副署权。大总统有权统率全国武装力量，制定官制官规，任免文武官吏，宣告戒严，对外宣战媾和，缔结条约。除缔结有变更领土或增加人民负担的条约，须经立法院同意外，大总统行使上述权力时不受任何限制。此外，大总统还享有其他总统制国家的总统都不能享有的权力。如：召集立法院，宣布开会、停会及闭会；解散立法院；发布与法律有同等效力的教令及为财政紧急之处分等等。对立法院议决的法律案，大总统行使否决权后，即使仍有 2/3 以上的议员抗议，总统仍可拒绝公布该法律案。立法权虽立法院行使，但其地位从属于大总统。约法规定，对大总统行使各项权力，立法院没有同意权；对立法院的质询，大总统有权以事涉秘密拒绝答复。立法院对大总统的制约，仅表现为当大总统有谋叛行为时行使弹劾权。相反，总统有权召集立法院，宣布立法院开会、闭会及停会；对立法院议决的法律案，总统可以行使无限制的否决权；总统甚至有权解散立法院。约法废除了国会，立法院完全被降为大总统的附属机关。司法权仍由法院行使，并保留了司法独立的形式要素。约法规定：司法以大总统任命之法官组织法院行之；法院之编制及法官之资格以法律定之；法官在任中不得减俸或转职；非依法律受刑罚之宣告或应免职之惩戒处分，不得解职。惩戒条规以法律定之。由此不难看出，法院基本上是从属于大总统的。

1923 年《中华民国宪法》是袁记约法之后另一部公布实施的宪法。该法再次以正式宪法的形式确立了三权分立的政治体制。该法自第六章至第九章分别规定了国会、大总统、国务院、法院四个政府机构。从宪法的文本结构上看，国会行使立法权，其地位优先于行政机构。国会采用两院制，与美国宪法相类似。国务院和大总统共享国家行政权，大总统的地位也不如 1914 年《中华民国约法》那么大。国务员对国会中的众议院负责，对大总统的权力实行制约，类似于责任内阁制。司法权属于法院，实行司法独立。由此可以看出，1923 年《中华民国宪法》，从形式上看，基本符合西方三权分立的政治架构，继承了南京临时政府时期的宪法理想和制度构想。

从南京临时政府时期宪法性文件对西方三权分立的基本规定，到1914年的《袁记约法》，再到1923年十年制宪的标志性成果——1923年《中华民国宪法》对三权分立的完整规定，可以肯定，尽管不同时期的宪法文本对立法权、行政权或司法权的宪法地位的规定不同，但立法、行政、司法三个法律部门的基本划分和架构则大同小异。由此可以看出，三权分立的政治理念在北京政府时期基本得到了肯定。中华民国北京政府的这一法律现象，蕴涵着丰富的法律史意义。

首先，在法学的层面上看，"三权分立"的宪法学说，从一个专制政府的改革方案，直接转化为一个号称"民主共和"政府的建设蓝图，却没有受到任何抵制甚至于反思，说明这一思想对传统专制政治制度具有解构作用。作为专制政府的满清政府在接受这一西方宪法学说的同时，就应当意识到推行这一制度可能具有的潜在力量。反之，如果这个政府出于本能抗拒它，则意味着这一政府本身尚不具备实施宪政的能力或诚意。

其次，从中国法律近代化的历史连续性来看，清末试图采用的"三权分立"体制的努力，尽管没有成功，但在实际上为后来的中华民国政府产生直接的影响。这一点说明，从清末展开的法律近代化运动，与后来中华民国时期的法制建设事业，本质上是一脉相承的。而中华民国时期的法律近代化事业，只是在新的前提下对前者的继续。此外，纵观整个北京政府统治时期，尽管有袁世凯称帝和一次短暂的复辟事件，但是，"三权分立"作为新政府建立的基本框架，基本上被延续下来。这说明，民主与共和还是这一时期的政治与法律的基调。

最后，一项宪法制度得以实施，要么以武力为后盾，强制实施。要么有民众的基础,得到大多数人的支持,否则必将招致失败。[①] 从北京政府的情况看,“三权分立”的宪法体制没有最终建立起来。究其根源,在其有军事力量支持的时候,没有推行这一体制的决心与诚意,而当其军事力量不足以提供强力支持时,则又同时缺乏民众的拥护,等待它的只有土崩瓦解。不仅如此,推行者的行动不力,还往往造成人们对推行的理想本身的怀疑,造成思想资源的浪费。

(2)总统制和内阁制

中华民国成立以后,对于政府的组织形式,究竟采用总统制,抑或内阁制,初无定论。按照《中华民国临时政府组织大纲》的规定,政府采用总统制。其第 2 条至第 6 条明确规定了大总统的权力。[②] 其权力除受到参议院的牵制外,不受其他限制与约束。这与美国的总统制十分相似。但是,当袁世凯施展权术,继任临时大总统并极有可能成为正式大总统的情况下,南京临时政府参议院遂决定实行责任内阁制,并付诸《临时约法》以资约束。

此时期,对于政府的组织采用何种形式,曾有过短暂的争论。在国民党议员中,主张责任内阁制最力之人为宋教仁,“《临时政府组织大纲》采总统制,宋教仁曾提一修正案,为责任内阁制,但因大多数人反对甚烈,迄未实现。此次议决之《临时约法》,竟采责任内阁制,并变本加厉,盖所以抑制袁(世凯)氏。”[③]这两个法律文件的制定机关相同,为何

① 以美国联邦宪法的确立为例,在美国独立战争结束以后,先确立的是邦联制,后来才是联邦制。其间联邦党人对联邦制的宣传具有关键作用。再以法国资产阶级法制的确立为例,其宪法基本上是在军事力量的推动下强化实施的。日本明治维新以后的新体制,大体如此。

② 其第 2 条规定:临时大总统有统治全国之权,第 3 条规定,临时大总统有统率海陆军之权,第 4 条规定,临时大总统得参议院之同意有宣战媾和缔结条约之权,第 5 条规定,临时大总统得制定官制官规兼任免文武职员,但制定官制暨任免国务各员及外交专使须参议院之同意。第 6 条规定,临时大总统得参议院之同意有设立临时中央审判所之权。

③ 谢振民编著:《中华民国立法史》(上),张知本校,中国政法大学出版社 2000 年 1 月版,第 46 页。

精神上极为不同呢？“质直言之，则当日政制之由总统制一变而为内阁制者，非本于学理之所致，乃由于人事所使然……制定临时约法之际，已显露袁世凯将继任总统的端倪，为防闲袁氏的奸枭，故特将总统制改为内阁制，使袁氏居于虚尊之位，而实权畀之于内阁。吾国论政之士，每谓临时约法为‘对人立法’者，盖有其由来。”①

实际上，《临时约法》并未能起到约束袁世凯的作用。究其根源，除了当时南京临时参议院的忽焉兴废，固为袁世凯所不喜，该法本身的基本缺陷及当时民主力量的薄弱也是重要原因。就其本身来说，《临时约法》的制定缺乏民众代表性，既不是由民众选举产生的代表制定的，又没有取得袁世凯的认可。该法本身是由孙中山以临时大总统的名义公布的，其公布之时(1911 年 3 月 11 日)袁已于 3 月 8 日在北京就任临时大总统。此时既有两个合法之“临时大总统”，袁世凯即使不予承认，于法理亦并不矛盾。以责任内阁制求之于袁，既是与虎谋皮，而寄希望于一纸《临时约法》，更是一厢情愿。不仅如此，该法所设立之责任内阁制，建立在中央集权基本理念基础之上。这两个宪法制度设计，都与中国当时国情有相当距离。概以中国国土之大，幅员之广，非以行之有效之总统制，无法形成政治权威，以维持国家的独立与统一。另一方面，以中国漫长的封建专制传统言之，则专制之根基固在于中央，因此，无地方分权之制以牵制，则民主共和之政体亦恐难以为继。对此，当时反对责任内阁制之胡汉民(1879—1936)曾与宋教仁辩护说，“美[国]以十三州联邦，共和既定，即去反覆。法为集权，而鲒者乘之，再三篡夺。我宜何去何从？况中国革命之破坏，未及于首都，特权者脑中惟有千百年专制之历史，苟其野心无防范制，则共和立被推翻，何望富强。”②对于

---

① 罗志渊编著：《近代中国法制演变研究》，正中书局 1966 年 6 月版，第 338—339 页。

② 罗志渊编著：《近代中国法制演变研究》，正中书局 1966 年 6 月版，第 333 页。

宋教仁以内阁制防范袁世凯的图谋,胡汉民谓,“内阁制纯恃国会,中国国会本身基础,独甚薄弱,一旦受压迫,将无由抵抗,恐蹈俄国 1905 年后国会之覆辙,国会且然,何有内阁？今革命之势力在各省,而专制之余毒积于中央。此进则彼退,其势力消长,即为专制与共和之倚伏,倘更自为削弱,噬脐之悔,后将无及。”[①]由此观之,当时以国民党代表占主导的参议院采用责任内阁制,表面上看来似乎可以逼袁世凯就范,实际上无地方自治制度之制衡,适更易为袁世凯所牢笼控制。[②]

退一步说,无论总统制抑或责任内阁制,其实质都是议会民主制的一种实现形式,只不过是其权力重心与侧重点不同而已。依照胡汉民的推断,当时中国的民主力量仍比较薄弱,而议会民主制正好是依托于比较牢固的民众基础的。这样看来,推行议会民主制度在当时的中国,是不可寄以厚望的。这或许正是以后最终走向破产的根源。

纵观北京政府时期,在 1912—1928 年的 17 年间,内阁更换 32 届,[③]变更了 47 次。[④] 议会民主制前后经历三起三落,最后走向“死胡同”。[⑤]“近代西方国家,议会政治作为封建政治的对立物,是资产阶级反对封建专制政治的成果,也是防止封建复辟的有力武器。它以资产阶级的经济力量和手段代表着新兴资产阶级的阶级利益和要求,民国初年,民族资本主义的发展刚刚起步,民族资产阶级也仅仅是初具规

---

① 罗志渊编著:《近代中国法制演变研究》,正中书局 1966 年 6 月版,第 333 页。

② 关于《临时约法》的缺陷与不足的研究,可见于杨幼炯著:《近代中国立法史》,商务印书馆 1936 年版,第 3 编第 6 章南京参议院与临时约法相关评述,第 95—96 页,音正权:《中华民国临时约法的主要缺陷》,载张晋藩主编:《20 世纪中国法制的回顾与前瞻》,中国政法大学出版社 2002 年 9 月,第 286—292 页。

③ 张晋藩主编:《中国百年法制大事纵览》,法律出版社 2001 年 1 月版,第 91 页。

④ 陈旭麓著:《近代中国的新陈代谢》,上海人民出版社 1992 年版,第 362 页。

⑤ 关于议会制度在这一时期的具体兴衰起落,可见朱勇:《论民国初期议会政治失败的原因》一文,载张晋藩主编:《20 世纪中国法制的回顾与前瞻》,中国政法大学出版社 2002 年 9 月版,第 177—188 页。

模。但即使是如此不甚发达的资产阶级力量，也未受议会政治的充分利用。不仅如此，当资产阶级的部分代表要求参与政治、加入议会之时，他们反而受到议会的歧视。从第一届国会议员的构成看，它实际上是以政治家和知识分子共同组成的机构。受中国传统因素的影响，以政治家、知识分子为主体的国会，自觉地把自己与直接代表资产阶级利益的工商业者对立起来。以至于出现作为民族资产阶级的工商业者以自己所掌握的经济手段与本应代表自己利益的国会展开斗争这一奇特现象。国会的先天不足决定了它在与掌握军政大权的封建军阀的对立中失败结局的必然性。”①

北京政府时期议会民主制度的失败，说明了辛亥革命的意义和限度。“辛亥革命打倒了满清，这是革命唯一的成绩。满清打倒了以后，我们固然扫除了一种民族复兴的障碍，但是等到我们要建设新国家的时候，我们又与民族内在的各种障碍对面了。”②“1911 年的辛亥革命被当时的革命者赋予了太多的历史使命：民族革命（驱除鞑虏，恢复中华）、政治革命（变帝制为共和）、思想革命（废儒家学说）。其实，一场革命是无法完成这三大任务的。现在从这三大革命的命运来看，只有民族革命是成功的，政治革命虽然改帝制为共和，但大都是有‘共和’之名，而无‘共和’之精魄——民主、自由、法制等精神。思想革命最为复杂，它的不彻底为中国留下了无穷的后患，因为思想的高度决定了改革的高度，并关系到解决中国问题的路径取向。”③

---

① 朱勇：《论民国初期议会政治失败的原因》，载张晋藩主编：《20 世纪中国法制的回顾与前瞻》，中国政法大学出版社 2002 年 9 月版，第 188 页。

② 蒋廷黻著：《中国近代史大纲》，东方出版社 1996 年 3 月第 1 版，第 95 页。

③ 吴敬琏：《一个经济学者眼中的戊戌百年》，载《读者》1998 年 7 月刊，又见 1998 年 4 月 17 日《南方周末》。

其实,作为政府的组织形式,无论采用总统制,抑或内阁制,从法理的层面上说,都是有道理的。只要努力加以维护,假以时日,皆可收民主政治之功效。但是从中华民国北京政府时期总统制与内阁制的运作状况来看,不仅这两种宪法制度双双受损,无法取得实效,同时国民党也同样受到损害。为了追求民主宪政的信念和民主共和国的理想,不得不用非常之手段与保守势力进行斗争,为了东山再起,不得不动用军事力量进行北伐。其结果,不仅时间贻误甚多,国力损耗极大,且于外国侵略势力的觊觎,提供可乘之机。大国政治,绝非易事,更非儿戏,其如是哉!

(3)地方与中央对权力的角力

地方与中央的关系问题,是困扰北京政府的另一个重大宪法制度问题。

前述总统制与责任内阁制的争论,实际与中央与地方的关系密切相关。甚至后者的重要性要远远超出前者。但是,遗憾的是,民国时期的宪法,几乎都没有恰当解决这一问题。从而出现了中央挟持地方和地方威胁中央两种不利局面。

从某种意义上说,辛亥革命本身就是一个以地方反对中央政权最终瓦解中央政权的历史事件。但是,革命后建立起来的政府并未及时解决地方与中央的关系问题。《中华民国临时政府组织大纲》第二章"参议院"第8条规定:"参议院以各省都督所派之参议员组织之。"除此以外,整个文件中几乎不涉及地方问题。如果说这是发生在非常时期的临时性措施,那么《中华民国临时约法》作为一个具有宪法意义的文件,也未能就这一问题作出规定,则未免失之草率。该约法七章56条中,没有把地方与中央政府的关系问题列为一章,其条文中只有三个条款涉及地方与中央关系：即其第 3 条、第 17 条和第 18 条。[①] 从世界范围内来看，处理地方与中央的关系的宪法模式，无非分为邦联制、联邦制和单一制。[②] 但是，从这三个条文几乎看不出究竟欲采用何种制度。1914 年公布的《中华民国约法》（即“袁记约法”或“新约法”），对此问题亦竟只有一条：即第 3 条规定：“中华民国之领土依从前帝国所有之疆域”。不仅难以看出中央政府与地方究竟处于何种关系，就连“临时约法”中参议员的产生办法也没有规定。这就不难理解为什么袁世凯如何为了自己的便利操纵地方政府的负责人——他们可以由袁世凯本人委任和免职，以及如何处置参议院中的参议员们——他们既不是民选代表，就没有独立性、代表性和合法的权利。[③] 这种安排，可谓费尽心机。

利用中央与地方关系的不明确的空子，上下其手，威逼利诱，以图谋私利的做法，乃是袁世凯的惯用手法。早在 1913 年，袁世凯提出增修约法案之条文，为当时制定宪法草案的国会置之不理，其后袁世凯又派员出席陈述意见，又为宪法起草委员会拒绝。袁世凯于此乃知非以非常手段不能制服。于是同年十月通电各省军民长官，逐条研究欲以各省军人为声援，以武力相威胁，逼迫国会屈服。[④] 袁世凯通电发出后，各省都督、民政长、镇守使、都统等，纷纷复电响应，提出解散国民

---

① 第 3 条规定：“中华民国领土为二十二行省、内外蒙古、西藏、青海”，第 17 条规定“参议院以第十八条所定各地方选派之参议员组织之”，第 18 条规定“参议员每行省，内蒙古、外蒙古、西藏各选派五人，青海选派一人，其选派方法由各地方自定之”。

② 关于中央政府与所属地方之关系问题的论述，可见于王世杰、钱端升著：《比较宪法》，中国政法大学出版社 1997 年 12 月版，第 311 页。

③ 当然，根据该约法第 7 章第 49 条（该章只有此一个条文）之规定，“参议院应大总统之咨询审议重要政务，参议院之组织由约法会议议决之”。

④ 袁世凯的通电全文可见于杨幼炯著：《近代中国立法史》，商务印书馆 1936 年版，第 162—167 页。

党，撤销国民党议员资格，撤销宪法草案，解散宪法起草委员会等主张。[①] 在这种情况下，宪法起草委员会、国民党议员和第一届国会等的命运，就可想而知了。

“袁记约法”没有规定中央政府与地方的关系，其目的非常明确：利用袁世凯的个人力量和影响，加强中央集权。这个目的实现以后，接下来就是要铺平通向帝制的道路。具有讽刺意义的是，袁世凯的帝制失败，同样是由于地方势力的再度集中和强大。1915 年 4 月，首先兴起于云南的护国军宣布讨伐袁世凯，南方各省相继响应，袁世凯不得已，只好宣布帝制延期，随后召集大会，决议撤销承认帝案，取消帝制。

由此不难看出，地方与中央关系，影响非同小可。二者关系的非制度化，为制度外力量——军事力量和个人特别之社会影响作用于政治局势提供了相应的空间。

其实，关于中央与地方关系问题，在 1913 年天坛宪法草案起草时曾经有人提议。但因起草委员会情势危机，急于收束，完全不及纳入宪法草案，只有其第 1 条：“中华民国永远为统一民主国”，做了形式上的安排，算是一个交代。1916 年重开的“天坛宪法草案”审议会议，再度对省制问题进行讨论。其间主张省制入宪和反对此提议的议员各执一词，终至发生互相殴打，通电全国，要求惩戒对方，并向法院提出起诉。直到 1917 年 1 月，各派折衷调和形成“省制十六条”。[②] 其中主要涉及地方区域之规定、省议会之职权、省长由总统任命和省参议会之组织大纲等。但是，省制的宪法议案并未能够入宪。[③] 由于这个问题未能解决，到了 1922 年 8 月北京政府宪法起草委员会(国会第二次恢复)再度

---

① 杨幼炯著：《近代中国立法史》，商务印书馆 1936 年版，第 167—169 页。

② 杨幼炯著：《近代中国立法史》，商务印书馆 1936 年版，第 237 页。

③ 其详细情况，见于杨幼炯著：《近代中国立法史》，商务印书馆 1936 年版，第 238 页。

对省制问题进行审议。[①] 后又因北京政变发生而未果。此间发生了1918年西南之护法国会及1920年的联省自治运动。概而言之，未始不是由于中央与地方关系问题而引起。

1923年的《中华民国宪法》共13章141条[②]，该法“原为民国二年《天坛宪法草案》演进之结果”，[③]其与1913年，特别是1915年天坛宪法草案不同的地方，“即在‘国权’与‘地方制度’两章”[④]，恰恰是地方与中央的关系问题。关于“国权”，该法第五章用了17个条文，且以列举的方法予以规定（自第22条至于第38条），不可谓不详尽。关于“地方制度”，该法第十二章用了12个条文予以规定（自第134条至第135条），同样显示对此问题的重视。实际上，该法涉及中央与地方关系的条文，还不止这些。其第1条、第3条、第26条、第41条，也是关于该问题的规定。[⑤]

关于这部宪法，就地方与中央关系问题而论，不失为一部成功的宪法。

第一，这部宪法以最高级法律——根本法的性质和地位[⑥]，明确宣告中国为一个“统一”的“民主国”。为了加强这个宪法原则，该法还特别规定：“国体不得为修正之议题”（第138条）。由此可见，这部法律把维护国家的独立与统一，作为一个根本目标和任务。这是非常符合近

---

① 杨幼炯著：《近代中国立法史》，商务印书馆1936年版，第304页。

② 该宪法公布于1923年10月10日，又称为“曹锟宪法”或者“贿选宪法”，刊于《政府公报》第2728号。

③ 杨幼炯著：《近代中国立法史》，商务印书馆1936年版，第312页。

④ 王世杰、钱端升著：《比较宪法》，中国政法大学出版社1997年12月版，第388页。

⑤ 其第1条：“中华民国永远为统一民主国”，第3条：“中华民国国土依其固有之疆域，国土及其区划以法律不得变更之”，第41条：“参议院以法定最高级地方议会及其他选举团体选出之议院组织之”。

⑥ 该法第3条中出现“法律”一语，且其前有否定词“不得”。这一点说明了该法是处于法律地位之上的上位法。

代中国由割据混乱走向统一和稳定的历史趋势的。根据这一条,可以认定该宪法确立的国家结构形式应为单一制。这一点,也是比较符合中国历史传统的。

第二,这部宪法没有规定实行类似于美国的联邦制,但是赋予地方(省)以相当大的自治权。该第五章第22条规定:"中华民国之国权属于国家事项,依本宪法之规定行使之。属于地方事项依本宪法及各省自治法之规定行使之"。这一规定在某种程度上是将地方与中央置于对等的地位上。其第23条、第24条第25条,分别列举了属于国家即由中央管辖的事项、由中央管辖但可以交由地方办理的事项,以及属于地方政府管辖的事项。该法第23条规定:"下列事项由国家立法并执行之:一、外交;二、国防;三、国籍法;四、刑事民事及商事之法律;五、监狱制度;六、度量衡;七、币制及国立银行;八、关税、盐税、印花税、烟酒税,及全国税率应行划一之租税;九、邮政、电报及航空;十、国有铁道及国道;十一、国有财产;十二、国债;十三、专卖及特许;十四、国家文武官吏之铨试、任用、纠察及保障;十五、其他依本宪法所定属于国家之事项。"第24条规定:"下列事项由国家立法并执行或令地方执行之:一、农工矿业及森林;二、学制;三、银行及交易所制度;四、航政及沿海渔业;五、两省以上之水利及河道;六、市制通则;七、公用征收;八、全国户口调查及统计;九、移民及垦植;十、警察制度;十一、公共卫生;十二、救恤及游民管理;十三、有关文化之古籍、古物及古迹之保存。上列各款省于不抵触国家法律范围内得制定单行法。本条所列第一、第四、第十、第十一、第十二、第十三各款,在国家未立法以前,省得行使其立法权。"第25条规定:"下列事项由省立法并执行或令县执行之:一、省教育、实业及交通;二、省财产之经营处分;三、省市政;四、省水利及工程;五、田赋、契税及其他省税;六、省债;七、省银行;八、省警察及保安事项;九、省慈善及公益事业;十、下级自治;十一、其他依国家法律赋予事项。前项所定各款有涉及二省以上者，除法律别有规定外，得共同办理。其经费不足时，经国会议决，由国库补助之。”

为了避免中央与地方就某些事项引起争议，其第 26 条明确规定：“除第 23 条、第 24 条、第 25 条列举事项外，如有未列举事项发生时，其性质关系国家者，属之国家，关系各省者属之各省。遇有争议由最高法院裁决之。”这一规定，采用概括主义补充了前面三条列举主义条文的不足。并且确定了此一问题的争议解决机制。这四个宪法条文，在法律的层面上基本上解决了中央与地方的关系问题。

第三，《中华民国宪法》确立了一种单一制国家赋予其管辖地方较大自治权利的宪法模式。该法第十二章“地方制度”中，列举了部分属于联邦制国家所经常划归地方政府管辖的事项。其第 124 条、及第 126 条至第 132 条，即属于这样的规定。第 124 条规定：“地方划分为省县两级”。第 126 条规定：“省自治法由省议会、县议会及全省各法定之职业团体选出之代表组织省自治法会议制定之。前项代表除由县议会各选出一人外，由议会选出者不得逾县议会所选出代表总额之半数，其由各法定之职业团体选出者亦同。但由省议会县议会选出之代表不以各该议会之议员为限，其选举法由省法律定之。”第 127 条规定：“下列各规定各省均适用之：一、省设省议会，为单一制之代议机关，其议员依直接选举方法选出之。二、省设省务院，执行省自治行政，以省民直接选举之省务员五人至九人组织之。任期四年，在未能直接选举以前，得适用前条之规定，组织选举会选举之。但现役军人非解职一年后不得被选。三、省务院设院长一人，由省务员互选之。四、住居省内一年以上之中华民国人民于省之法律上一律平等完全享有公民权利。”第 128 条规定：“下列各规定各县均适用之：一、县设县议会，于县以内之自治事项有立法权。二、县设县长，由县民直接选举之，依县参事会之赞襄执行县自治行政，但司法尚未独立及下级自治尚未完成以前不适用之。三、县于负担省税总额内有保留权,但不得逾总额十分之四。四、县有财产及自治经费省政府不得处分之。五、县因天灾事变过自治经费不足时得请求省务院经省议会议决由省库补助之。六、县有奉行国家法令及省法令之义务。"第129条规定:"省税与县税之划分,由省议会议决之。"第130条规定:"省不得对于一县或数县施行特别法律,但关系一省共同利害者不在此限。"第131条规定:"县之自治事项有完全执行权,除省法律规定惩戒处分外,省不得干涉之。"第132条规定:"省及县以内之国家行政除由国家分置官吏执行外,得委任省县自治行政机关执行之。"这种既不同于完全实行单一制的国家,又不同于完全实行联邦制的国家之宪法模式,完全是一种独创。究其根源,"盖当时省宪派与反省宪派争执甚烈,此种规定,盖属一种调和。"①

此外,该宪法在处理中央与地方管辖事项争议的问题上,把最高法院置于一个特殊的位置上。这一从宪法本身所规定的国家机构方面解决宪法问题的做法,实际上无形中加强了该宪法本身的内在联系,同时突出了国家最高司法机关的法律地位,体现了"法在权上"和"以法治权"的法治精神。

令人遗憾的是,"十二年(1923年)十月十日中华民国宪法,为十三年(1924年)十一月二十四日段祺瑞颁布临时政府制时所推翻。但即在该宪法存续的期内,该宪条文亦大都未及实施;盖当时直系军阀虽假借此宪以相号召,初无实行此宪的诚意;且该宪本文既无施行细则的规定——该宪公布后,国会亦从未另颁宪法施行细则——该宪中一部分条文,实际上或亦无从实施。"②

1923年的《中华民国宪法》,不仅是中华民国时期一部正式公布实

---

① 王世杰、钱端升著:《比较宪法》,中国政法大学出版社1997年12月版,第388页。

② 王世杰、钱端升著:《比较宪法》,中国政法大学出版社1997年12月版,第388页。

施的宪法，也是中国近代历史上一部比较完整的宪法。从 1913 年开始第一届国会第一期常会宪法起草委员会起草天坛宪法草案，到 1923 年《中华民国宪法》的实施，前后共经历了 10 年时间，因此，这一段宪法的发展史被有的学者称为“十年制宪”。[①] 对于这部宪法，学者指出，“共和十年的历史表明，民族分裂是近代中国面临的重大威胁。为防止地方军阀和割据势力基于各种理由所提出的分裂、独立要求，同时，鉴于袁世凯帝制自为及张勋复辟的历史教训，该宪法将‘统一’、‘民主’作为最根本的国家制度列于第一章第一条的显著位置。为保证国体的延续性，该宪法从两个方面作了辅助性规定。第一，任何机构，不得变更国体，即使是依法享有国家最高立法权的国会，也不得讨论对国体的修正。第二，为防止由于某种势力控制而导致在北京的中央政权实施国体变更，宪法赋予地方各省维护国体的权力和责任：一旦国体发生变动，地方各省有权联合起来，保卫国体，直到原国体被恢复。司法独立是保证司法公正和社会公平的重要手段，也是形成权力制约机制、防止权力专制的重要保障。该宪法确立司法独立原则，并通过提高法官地位、强化法官在职务、薪俸、处分等方面的特殊性等方式，保证法官独立审判，防止行政权或其他权力对司法权的干预。可以说，1923 年的《中华民国宪法》在很大程度上体现了资产阶级民主派反对民族分裂、反对个人独裁和军阀专制、建立并巩固资产阶级民主政治的要求。”[②]可以毫不夸张地说，1923 年的《中华民国宪法》，是中国近代宪法史，和中国法律近代化的一个重要里程碑。

---

① 朱勇主编：《中国法制通史》（第 9 卷），法律出版社 1999 年版，第 444 页。

② 朱勇：《中华民国立法史》序言，载谢振民编著：《中华民国立法史》，张知本校定，中国政法大学出版社 2000 年 1 月版，第 1—4 页。

三、中华民国初期宪政运动的得与失

1.法制发展受政局影响,连续性较差

北京政府时期,是中国历史上又一军阀混战、地方势力割据的时期。军事力量的增长,是中国国家近代化的过程中的一个必然产物。中国要保持民族尊严,维护国家的独立自主,强大的军事力量是必要的支柱。北洋部队本来是中国政府为实现上述目标,而从清政府内部成长起来的一股军事力量。但是在清政府倒台以后,由于缺乏对国家近代化的自觉意识,无法对其自身存在与发展进行合理定位,其作为具有地域特色和派系特色的军阀性质逐渐显露。尤其是在北洋部队的核心人物袁世凯去世以后,这股军事力量群龙无首,对外保持相对一致,对内则相互倾轧,争权夺利,各自依靠其军事实力,混乱不已。这是影响北京政府时期法律近代化的一个最基本因素。

北洋军阀与其他地方军事力量的争斗,与北洋军阀各派系之间的争夺,使中国政局动荡不安,法制建设无法保持其连续性,其内在的一致性,也受到一定程度的影响。宪法的发展中不同版本的频繁更换,就是其影响的结果之一。在北京政府时期,具有宪法性质的法律文件(草案),先后产生有七八个,但是,除 1914 年《中华民国约法》外,只有 1923 年的《中华民国宪法》公布实施。就是这部宪法,也因其为贿选的问题,受到敌对势力的讦难和攻击。最后,由于制定宪法者在军事力量方面的失利,而使整个宪法被废弃。“宪法未能像广大中国人民期望的那样控制冲突、导致团结,对此……有些人的解释是,管理政府的都是些自私、虚伪的政客,他们破坏了法律。另一种看法是,北京政府不过是地方黩武主义制度的一件外衣罢了……宪法体制由于参与的分子热衷于派系斗争而耗尽了自身的活力。"[①]与宪法始乱终弃的命运相仿佛，其他部门法的命运也好不到哪里去。民法、刑法、行政法，甚至于诉讼法的发展，无不受到政局变动的摆布。在1922年以后，中国还一度出现北京政府和西南军政府两个政府同时并存的局面。

2.宪法的发展是主线，统一与民主是主题

中国传统上是一个奉行"大一统"思想的国家，短暂的分裂终归以统一结束。中国的历史就是在这种统一——分裂—再统一的循环过程中，完成民族融合和文化整合。到了近代，在西方国家以坚船利炮兵临城下的情况下，只有坚持统一的大前提，才可能保持中华民族的独立自主的生存与发展。这一任务，最终落实到宪法的发展上。宪法是国家的根本法。对于中国来说，坚持一个中央政府的宪法原则，对于维护中华民族的独立与统一，是一个生命线。

近代中国另一个历史发展脉络，就是反对专制，实行民主。近代中国在反对外来压迫、反对外敌入侵的过程中，逐渐认识到，专制是妨碍民族富强与民族自尊的最可怕、最强大的敌人。因此，只有反对专制政体、废除专制主义的封建法律制度，同时实行民主，奉行法治，建立一个以宪法为基础的健全的近代法律体系，才能够巩固国家的独立和统一，实现民族富强，最终实现民族复兴。自从清政府被辛亥革命推翻以后，封建帝制在中国的大地上，再无立足之地。法律的原则，也以共和、民主为基本精神。

民国初期宪法的发展，基本上坚持了统一和民主的主题。从《中华民国临时政府组织大纲》，到1923年的《中华民国宪法》，都以中华民族的对外独立和对内统一为基本法律精神和立法指导思想。尤其是

① [美]费正清编:《剑桥中华民国史》(上)，杨品泉等译，中国社会科学出版社1993年版，第315页。

1923年《中华民国宪法》,以明文规定国体不得作为讨论的议题和宪法变更的对象。

3.国际化与本土化的协调发展,是这一时期宪法与宪政的基本目标

国际化的追求,仍是这一时期法制建设的动力与目标。清末修律,以移植西方国家,尤其是大陆法系国家的法律制度作为基本途径。民国初期的法制建设,一方面继承了清末修律的基本成果,另一方面,在其基础上进一步引进西方国家的最新法律成果,融合到既有的法律制度中去。中国的法律近代化运动的一个基本的动力,是收回治外法权。这一因素在民国初期的法制建设中再度成为推动力量。1923年在华盛顿会议上中国代表提出收回治外法权的议案,经会议议决,由在华享有领事裁判权的国家派代表组成委员会,到中国进行司法状况调查。受这一事件的刺激,当时的北京政府事实上加强了各项立法工作,以期在调查委员会到来时得到满意的结果。北京政府时期有不少专门法,如1915年的《出版法》、《著作权法》等。由于北洋军阀内部的纷争等多方面的原因,收回治外法权的目的没有实现。但这一事件无疑也加快了中国法律近代化的进程。

宪法的发展,更加偏重于本土化,外来法的社会适应性与本土法律传统的保留在清末修律中,受当时历史条件的限制,重视移植外国法律制度而轻视发掘本国固有法律传统,对外来资源引进多而吸收少。因此,难免有急于求成和盲目引进之嫌。这种情况,在民国初期,得到一定程度的纠正。民国建立以后,思想环境和制度环境大为改观。清政府的倒台,在一定程度上冲击了原来封建制度下的上层官僚、贵族、士绅等保守阶层的思想,对中下层民众也有一定的影响。但是,由于辛亥革命主要发生于南方各省,对北方影响不如南方大,加之民众的启蒙一直没有提到议事日程,民主的社会基础还十分薄弱。社会的保守力量

还比较强大，许多传统的观念、制度和风俗习惯依然在人们的心中根深蒂固。这种国情和民情意味着，中国的法律近代化事业要想取得成功，就必须对上述事实予以相当的尊重。修订法律馆总裁江庸（1878—1960）对民法起草的意见，事实上表达的就是对上述问题的认识。在宪法领域中，中央与地方关系的争论，除了各种地方势力和各种利益团体的对立和矛盾外，传统力量与改革力量的冲突与较量，也是其中一个重要方面。联邦制与中国固有之大一统观念及传统差异还是比较明显的，在当时的情况下，实行联邦制，能不能保持中国的统一和完整，乃是一个不可预料的重大问题。

此外，宪法的发展也更加注重国际化与本土化的协调发展。国际化的任务和本土化的目标，都要求在法律近代化中将二者进行协调发展。从民国初期的宪法与其他法律部门的实际发展情况来看，比较符合这个要求。以 1923 年的《中华民国宪法》为例，其各项宪法原则和制度设计，基本上都是符合当时中国国情和中国社会发展阶段的。除了前述国体与省制问题，该法第四章“国民”详细开列了中华民国国民在宪法上享有的各种自由和权利，这些自由和权利对于民众民主、自由观念的成长，对于市民社会的培植，都具有基础性意义。其中该章第 6 条规定了“中华民国人民非依法律不受逮捕、监禁、审问或处罚。人民被羁押时得依法律以保护状请求法院提至法庭审查其理由”，这一规定与美国合众国宪法中有关法治的条文十分相似。第 9 条还规定了“中华民国人民有选择住居及职业之自由，非依法律不受限制”。这一点与近代英国法律史学家梅因①关于近代法律的发展是“从身份到契约”的著名论断，也非常吻合。如果其得到落实，则对于中国近代社会经济的发

① 梅因（1822—1888），英国近代著名法律史学家，历史法学派代表人物，著有《古代法》等。

展,对于个人自由的成长,必可起到积极作用。该章第 21 条规定"中华民国人民依法律有受初等教育的义务"。将义务教育规定入宪法,在当时的中国乃至世界,可谓都是比较有进步意义的举措。该宪法一个特别值得注意的部分,乃在于其对三权分立体制的设计。该法第六章、第七章、第八章、第九章四章,分别规定了"国会"、"大总统"、"国务院"、"法院"四个国家机构。其中第六章第 39 条规定"中华民国之"实行两院制的议会民主制,保证了人民的选举权和被选举权,体现了"主权在民"的近代宪政原则。其第七章"大总统"第 71 条(该章第一条)规定:"中华民国之行政权由大总统以国务员之赞襄行之。"继而,在第八章"国务院"第 95 条规定了"国务员赞襄大总统对于众议院负责任"。这些规定显然与实行三权分立的美国宪法,有较大差异。但是,揆之民初责任内阁制与总统制的争执,这种规定显然是有意调和二者之间的矛盾,力求在总统制与责任内阁制之间寻求一种平衡。如果说该宪法是总统制之下的责任内阁制,似乎比较符合其立法意图。这些创造性的制度构造,应该说是充分考虑中国实际情况的结果。

第四节　中华民国时期的宪法与宪政(二)(1928—1949)

一、南京国民政府制宪的理论基础与指导思想

1.三民主义

三民主义的思想,是孙中山革命理论的总体指导思想。1905 年同盟会成立后,孙中山在《民报》"发刊词"中将同盟会的政治纲领"驱除鞑虏,恢复中华,创立民国,平均地权"阐发为民族、民权、民生"三民主义",这是中国第一个比较完整的资产阶级民主革命纲领,这个纲领包

括民族革命、政治革命和社会革命三方面的历史任务。民族主义是指推翻清政府，在一定程度上反映了国内民族平等的进步思想，客观上体现了反对帝国主义侵略，实现民族独立的要求；民权主义即“创立民国”，是政治革命的根本体现，要求推翻封建专制政体，建立资产阶级民主共和国，它是三民主义的核心思想；民生主义即“平均地权”，是孙中山经济思想的核心，它在不根本废除封建土地所有制的基础上，部分地实行资本主义土地制度。

孙中山所创建的一整套思想学说，集中体现为“三民主义”。他自称，三民主义就是救国主义，系促进中国之国际地位平等、政治地位平等、经济地位平等，使中国永久适存于世界。孙中山认为他的三民主义是集古今中外的学说，顺世界的潮流。他明确提出：发扬我国固有之文化、且吸收世界之文化而光大之，以期与诸民族并驾于世界。由此可见，三民主义是通过对我国固有传统文化和西方文化学习中，进行分析，筛选整合而创造的。他从中国传统文化中，继承了“民本”思想，所谓“民为邦本，本固邦宁”也。他说三民主义是要“以民立国”，就是国家是人民所共有，政治是人民所共管，利益是人民所共享。他认为有这样的政府，人民才真为一国之主，而有官皆为民之公仆。孙中山常说，他所领导的辛亥革命，是效法欧美，但是他也把革命事业看成和“汤武革命”同样的神圣，是对它们的继承和发扬，是“吊民伐罪”，顺乎天而应乎人，是为人民求幸福的。

孙中山的三民主义思想，与宪法与宪政联系最为密切的是其民权思想。1921 年他在一次演讲时说，“瑞士为民权最发达底国家，前已说过。现在应声明那代议制不是真正民权，直接民权才是真正民权。美、法、英虽主张民权主义，仍不是直接民权。兄弟的民权主义，系采瑞士的民权主义，即直接的民权主义。然间接民权，已非容易可得，不知流了多少碧血以作代价，始能得之。从这里看起，直接民权，更是可贵，但是却一定要有很大的代价。直接民权,一是‘选举权’。人民既得直接民权的选举权,尤必有‘罢官权’。选之在民,罢之亦在民。又如立法部任立一法,人民因其不便,亦可起而废之,此种废法权,谓之‘复决权’,言人民可再以公意决定之。又人民应有‘创制权’,即人民可以公意充制一种法律。直接民权凡四种:选举权,复决权,创制权,罢官权。此为具体的民权,乃真正的民权主义。”①

由此可见,孙中山的民权思想,是关于人民与政府关系的理论。“但欲使全国人民对于中央政府行使此种直接民权,在版图辽阔的中国,实际上具有重大困难。所以在孙中山的理想中,创制、复决及罢免三权,在训政时期固只能由各县人民行之于各县,即在宪政时期,人民亦仅能对于本县的政治,行使此种职权,其在全国,则仅能行使选举权,而应以创制、复决、罢免三权,付托于国民代表组成的‘国民大会’行使之。”②

孙中山思想体系的渊源,既继承了传统文化,又吸收了西方文化。他从13岁起,就接受西方文化,此后一直学习西方有益的东西。他最赞美的是美国的独立战争和法国大革命。他认为这两次革命,都是为了争取民权。可见民权思想是孙中山政治思想的基础。而其具体化就是“自由、平等、博爱”。他把自由、平等、博爱同民族、民权、民生作了比较,认为二者的道理是一样的。他还把三民主义与林肯(1809—1865,美国第十六任总统)的民有、民治、民享相提并论,认为是完全相通的。1895年,孙中山经日本前往美国,次年由纽约前往英国,他在英国伦敦蒙难获释后,埋首大英博物馆图书馆精勤研究,由政治、经济到近代思

---

① 孙中山:《三民主义之具体办法》,载孙中山著:《三民主义》,岳麓书社2000年9月版,第262—263页。

② 王世杰、钱端升著:《比较宪法》,中国政法大学出版社1997年12月版,第392—393页。

想，勤读深研，当时西欧帝国主义仍在不断殖民扩张，但已受到被侵略国家的强烈抵抗，同时在其国随着资本主义的发达，也受到劳资之间矛盾等社会不安全因素的困扰，他冷静地观察这些现状，于是，成为革命指导理论的三民主义，就在这个时候酝酿出来，其后他在所著《孙文学说》中说："伦敦脱险后，暂留欧洲，以实行考察其政治风俗，并结交其朝野贤豪，两年之中，所见所闻，殊多心得，故欧洲列强者，犹未能登斯民于极乐之乡也……余欲为一劳永逸计，乃采取民生主义，以与民族、民权问题，同时解决，此三民主义之主张，所由完成也"。一个主义的形成，往往要经过曲折迂回的道路，孙中山从上书李鸿章的失败①，经过亲身实践，放弃了过去自上而下改革的幻想，坚定了自己的革命意志，开始了他的革命活动，这标志着他在思想上完成从改良主义到民主革命思想的转变。

孙中山的三民主义：民族主义（寻求民族解放），民权主义（实行民主，保护人权），民生主义（致力于改善民生）的根本是民生主义，也就是说，孙先生根据中国的实际，把生存与发展作为理论的核心、执政的最大课题。他主张在中国迅速发展资本主义，但又要避免两极分化，为此，他从"均田地"、"官山海"（官府垄断资源）、"官营"（国有国营）的传统思想中吸取智慧，提出了平均地权、节制资本、土地国有、大企业由国家经营等主张，所以，他说："民生主义就是社会主义，又名共产主义，即是大同主义。"②

2．五权宪法

与孙中山三民主义思想可以相提并论且紧密联系的，便是其五权宪法的思想。

---

① 孙中山曾于1894年上书直隶总督、北洋大臣李鸿章，提出"人能尽其才，地能尽其利，物能尽其用，货能畅其流"的主张，但未被接受。

② 孙中山著：《孙中山选集》，人民出版社1981年版，第802页。

孙中山曾激烈地批判欧美资本主义政治制度,认为其弊病是大资本家掌握实权,老百姓并无真正的参政机会。他指出:“我们所主张的民权,是和欧美的民权不同。我们拿欧美已往的历史来做材料,不是要学欧美,步他们的后尘;是用我们的民权主义,把中国造成一个全民政治的民国,要驾乎欧美之上。”①18 世纪法国的启蒙思想家孟德斯鸠所著的《论法的精神》一书,主张将国家职权分为行政、立法、司法,以防止专制独裁的弊病。孙中山非常赞许孟德斯鸠的“三权分立”,说是“欧洲立宪之精义”,并加以采纳。但他并不照搬,他集合中外的精华,吸收了中国本土文化中的考试制和监察制,与行政、立法、司法,连为一体,造成一个五权分立的政府,这就是“五权宪法”。

1906 年 12 月,他在东京举行的《民报》一周年纪念会上发表演讲时说:

“兄弟历观各国的宪法,有文宪法,是美国最好,无文宪法,是英国最好。英是不能学的,美是不必学的。英的宪法,所谓三权分立,行政权、立法权、裁判权各不相统,这是从六七百年前由渐而生,成了习惯,但界限还没有清楚。后来法国孟德斯鸠将英国制度作为根本,参合自己的理想成为一家之学。美国宪法又将孟氏学说作为根本,把那三权界限分得更清楚,在一百年前,算是最完美的了。一百二十年以来,虽数次修改,那大体仍然未变的。但是这百余年间,美国文明日日进步,土地财产也是增加不已,当时的宪法,现在已经是不适用的了。兄弟的意思,将来中华民国的宪法,是要创一种新的主义,叫做‘五权分立’。那五权除刚才所说三权之外,尚有两权,一是考试权。平等自由,原是国民的权利,官吏却是国民公仆。美国官吏,有由选举得来的,有由委

---

①　孙中山著:《三民主义》,载中国社科院近代史所等编:《孙中山全集》第 9 卷,中华书局 1981—1986 年版,第 314 页。

任得来的。从前本无考试的制度，所以无论是选举，是委任，皆有很大的流弊。……这考选权如果属于行政部，那权限未免太广，流弊反多，所以必须成了独立机关，才得妥当。一为纠察权，专管监督弹核的事。这机关是无论何国皆必有的，其理为人所易晓。但是中华民国宪法，这机关定要独立。……现在立宪各国，没有不是立法机关兼有监督的权限，那权限虽然有强有弱，总是不能独立，因此生出无数弊病。……合上四权，共成为五权宪法。……以成将来中华民国的宪法。这便是民族的国家、国民的国家、社会的国家，皆得完全无缺的治理。"[①]有了这五权分立的思想框架，就可以产生五院制的宪法和政府体制。

"五权宪法"思想在孙中山民权主义的理论与实践中，具有极其重要的地位。他认为，三民主义是立国之根本，五权宪法为制度之纲领。五权宪法的具体内容是：

(1)"权能分离"，作为理论基础；

(2)成立行政、立法、司法、监察、考试五院政府体系；

(3)明确规定县一级行选举、复决、罢官、创制等直接民权，每县选国民代表一人，组成国民大会；

(4)国民大会代表全国人民行使政权，并授权政府行使治权；

(5)这样便可以防止议会专制和政府腐败，既实现直接民权，又实现万能政府。

由于孙中山于1925年去世，以及随后政治形势的不断变化，"五权分立"思想在当时实际政治体制中作用是有限的，但一些思想在后来中国台湾法律中体现出来。

3.训政保姆理论(党权政治理论)

---

① 孙中山：《三民主义与中国民族的前途》，载孙中山著：《三民主义》，岳麓书社2000年9月版，第256—258页。

在中国清末进行宪政化的过程中，以孙中山为代表的革命派在同盟会的《军政府宣言》中将政治纲领的顺序分为三个时期：第一时期为军法之治，军政府总摄地方行政，以3年为期限；第二期为约法之治，以6年为期限，军政府授地方自治于人民，而自揽国事之时代；第三期为宪法之治，军政府解除权柄，制定宪法，选举总统，召集国会。在1906年同盟会制定的《革命方略》中，孙中山进一步提出，革命的程序分为“军法之治”、“约法之治”、“宪法之治”三个阶段。“此三期，第一期为军政府督率国民，扫除旧污之时代。第二期为军政府授地方自治权于人民，而自揽国事之时代。第三期为军政府解除权柄，宪法上国家机关分掌国事之时代。俾我国民循序以进，养成自由平等之资格，中华民国之根本，胥于是乎在焉。”[①]国民党的训政保姆理论的源头由此产生。孙中山去世后，国民党按照总理“遗教”，把“训政”理论作为党的指导思想。

根据上述思想，孙中山主张在真正实行宪法之治之前，应有一个所谓“训政”阶段。对此，孙中山曾详细说明：“夫以中国数千年专制退化而被征服亡国之民族，一旦革命光复，而欲成立一共和宪治之国家，舍训政一道，断无由速达也。美国之欲扶助菲岛人民之独立，乃先从训政著手，以造成其地方自治为基础，至今不过二十年，而已丕变一半开化之蛮种，以成就文明进化之民族，今菲岛之地方自治，已极发达，全岛官吏，除总督尚为美人，余多为土人所充任，不日必能完全独立。将来其政治之进步，民智之发达，当不亚于世界文明之国，此即训政之效果也……夫中华民国者，人民之国家，君政时代则大权独揽于一人，今则主权属于国民之全体，是四万万即今之皇帝也……而今皆为主人矣。是故民国之主人者，实等于初生之婴儿，革命党者，即产生婴儿之母也。既产之矣，则当保养之，教育之，方尽革命之责也。此革命方略之有训

① 罗志渊编著：《近代中国法制演变研究》，正中书局1966年6月版，第422—423页。

政时期者，为保养教育此主人，成年而后还之政也。”[①]按照这种思想的逻辑，所谓训政不是目的，而是通向宪政的必由之路，是一种手段。孙中山的这一思想，可能有基于当时中国社会教育落后，经济不发达，封建专制制度的余毒一时尚难以扫除，民众的民主意识、共和观念尚不牢固等现实因素的考虑。但是，这一理论将革命党人与一般人民群众在思想上进而在制度上对立起来，是一种对人民的不信任，与其民主思想本身有一定矛盾。

民国初年，孙中山的宪政思想中的浪漫主义成分之一，就是他认为满清皇帝一倒，宪政即可实现。在经历了与袁世凯建立行政集权体制的反宪政化斗争——“二次革命”失败后，孙中山认为，不服从一个领袖的命令是失败的主要原因。为此，孙中山开始建立绝对服从他个人的中华革命党。1914 年 7 月中华革命党成立。为了建立领袖权威，孙中山提出党员必须绝对服从党魁的命令。中华革命党总章规定：“凡进本党者，必须以牺牲一己之生命、自由、权利，而图革命之成功为条件，立约宣誓，永远遵守。”在入党的方式上还采取了每人按指模的方式。孙中山在中华革命党总章中将宪政建设分为三个时期：军政时期，以武力扫除一切建立民国的障碍，奠定民国基础；训政时期，督率国民建立地方自治；宪政时期，国民选举代表、建立宪法委员会，创制宪法。这个时期三阶段论与 1905 年的三阶段论的不同，是训政时期的出现。这种“训政”时期的出现是以孙中山将人群分为三大类：先知先觉、后知后觉和不知不觉的观点为基础的，毫无疑问，孙中山是属于三类人中的第一类。随着中华革命党的建立，所有人都必须成为孙中山这个先知先觉的服从者和支持者。中华革命党的建立，使得训政理论的个人化色彩越来越浓厚。

---

① 罗志渊编著：《近代中国法制演变研究》，正中书局 1966 年 6 月版，第 424—425 页。

按照训政理论,需要一个高于一般民众的政党在实施训政期间代行国家政权,这就是"以党治国论"。"以党治国"论,是关于革命政党与政权之间的关系的理论。孙中山曾经提出,革命"就是要将政治揽在我们手里来作","不单是用革命去扫除那恶劣政治,还要用革命的手段去建设。"[①]他认为,革命党的责任不仅要先建国,"把国家再造一次",[②]而且革命胜利后,"更应以党为掌握政权之中枢"。[③] 应当指出,孙中山提出的"以党治国"论,强调的是"主义治国",即治国以主义为宗旨,"是要本党的主义实行,全国人民都遵守本党的主义",同时,"以党治国"论要求掌握政权中枢的革命党团结其他革命党派、团体,"倘有一件事发生,在一个时机或者一个地方,于本党中求不出相当人才,自非借才于党外不可。"[④]

孙中山的"以党治国"论的提出,首先是出于对民国成立以后政局变化的考虑。由于国事日艰,民主共和的到来,似乎遥遥无期。"革命未成功时要以党为生命,成功后仍绝对用党来维持"。[⑤] 所以他决计要改组中国国民党。另一个因素是苏俄的影响。"十一年八月,孙中山先生被难抵沪。苏俄代表越飞亦同时到达北京,即派人携函来沪接洽,中山先生乃决计将中国国民党之组织加以改组……十二年夏,孙中山先生又派蒋中正赴俄考察,俄复派鲍罗廷到粤,与中山先生数度详商。遂决定改组中国国民党。"[⑥]1924 年中国国民党第一次全国代表大会开

① 中国社科院近代史所等编:《孙中山全集》,中华书局 1981—1986 年版,第 5 卷,第 400 页。

② 同上,第 9 卷,第 97 页。

③ 同上,第 9 卷,第 122 页。

④ 同上,第 8 卷,第 282 页。

⑤ 同上,第 5 卷,第 263 页。

⑥ 谢振民编著:《中华民国立法史》,张知本校定,中国政法大学出版社 2000 年 1 月版,第 196 页。

幕，“孙中山先生以总理资格出席，致开幕词，略谓：‘此次国民党改组，有两件事：第一件，是改组国民党，要把国民党再来组织一个有力量，有具体的政党；第二件，便是用政党的力量去改造国家。’”[①]孙中山曾明确提出，“欲以党治国，应效法俄人”。[②] 国民党在改组过程中，接受了苏俄顾问的指导。

孙中山在其革命的各个阶段曾经向不同的国家学习和要求援助。列宁[③]的第三国际世界战略、党的建设理论与处于革命困境中的孙中山几乎不谋而合。孙中山向苏俄学习的主要内容是苏俄的建党和建军两方面的经验。孙中山引进苏俄模式是要解决中国两大问题：第一，消灭“尚留陈腐之官僚系统”及其靠山帝国主义；第二，以党作为宪政发展的强大整合力量，推动中国从一条捷径走向宪政道路。总而言之，通过苏俄帮助，消灭军阀，借助苏俄的党国政治模式，完成内部整合，进而实现其三民主义大战略。这样，自从袁世凯之后，中国宪政化再次被引入了间接发展的道路。毫无疑问，孙中山的以党治国是以国民党的党义（三民主义）治国，因此，孙中山指出，以党治国的训政阶段只维持 6 年，一经地方自治完成，执政党将还政于民，国家将最后进入宪政阶段。孙中山临去世时，谆谆教导后来者按照其《建国方略》、《建国大纲》和国民党“一大”方针继续努力。

曾经多年追随孙中山的国民党元老胡汉民（1879—1936）[④]在详细

---

① 谢振民编著：《中华民国立法史》，张知本校定，中国政法大学出版社 2000 年 1 月版，第 197 页。

② 中国社科院近代史所等编：《孙中山全集》，中华书局 1981—1986 年版，第 8 卷，第 268 页。

③ 列宁（1870—1924），俄国著名的马克思主义者、革命家、政治家、理论家、布尔什维克党创立者、苏联建立者和第一位领导人。

④ 胡汉民（1879—1936），原名衍鸿，字展堂，祖籍江西吉安，生于广东番禺。中国国民党元老和早期主要领导人之一，也是国民党前期右派代表人物之一。1905 年 9 月加入中国同盟会，孙中山主要助手之一。1935 年任国民党中常会主席。1936 年在广州去世。

阐述孙中山的“以党治国”理论内容时也强调了上述相同的思想。他认为，“以党治国”是以国民党的三民主义为取向的政治模式。在1928年9月，胡汉民等向国民党中央提交的《训政大纲提案说明书》中阐述了这一思想。他说，“夫以党建国者，本党为民众夺取政权，创立民国一切规模之谓也。以党治国者，本党以此规模策训政之效能，使人民自身能确实用政权之谓也。于建国治国之过程中，本党始终以政权之保姆自任。其精神与目的，完全归宿于三民主义之具体的实现。不明斯义者，往往以本党训政主义，比附于一党专政与阶级专政之论，此大谬也。”①胡汉民认为，“一党专政”以政权归于一党为归宿，而“以党建国”则是以政权属国民为归宿，这是二者的本质不同。孙中山将人分为先知先觉、后知后觉及不知不觉三大类作为其训政理论的根据，实际上只是清末民智未开论在民国时期的翻版。胡汉民的“训政保姆”论，只是孙中山上述思想的形象注解。

从苏联引进“以党治国”后，三阶段理论开始与“以党治国”结合，军政时期成为“以党建国”时期，训政时期成为“以党治国”时期，宪政时期则以三民主义建设中国。这样，三阶段论开始以党权为核心。以党治国的苏俄模式的引进，较中华革命党时期的孙中山的个人专制主义为基础的党权具有完全不同的功能。“以党治国”的党权政治是一种全能主义的政治体制，它不仅可以党的组织对个人进行控制，而且对国家乃至社会每一个细胞进行强控制。这种思想，本质上是一种极权主义和专制主义，较之同盟会，特别是民国成立初期中国国民党的民主宪政思想，是一个极大的倒退。

为了实现由军政到训政，再到宪政的理想，在依赖某种统一思想维

---

① 李时友:《中国国民党训政的经过与检讨》，载《东方杂志》，第44卷，第2号，1948年2月。

系的政治组织——政党的力量之外，还必须依赖于一个受制于该政党和政治思想控制的武装力量——军队。实际上，中国自袁世凯因控制北洋军队而纵横政坛，打败南方革命军，进而逼迫清政府退位时起，便形成一个新的“传统”——“政治军事化”或曰“军权政治”。北京政府时期，北洋军阀内部派系林立，相互混战，各自为政，使政局极不稳定，民主宪法无从实现。军权政治时期留下的对军队领导者的个人忠诚及对强权的迷信与服从的遗产，对以党治国的兴起具有直接影响。为了消除北洋军阀军权政治的弊病，在“以党治国”模式下，以孙中山为领袖的国民党不得不建立一支强大的军事力量以对抗军阀，但在理论上军队不再属于个人，从苏联引进的党对军队实行政治化的控制体制说明，军队开始属于一个抽象集合名词——“党”。虽然有国民党的党章，但实际上当时对孙中山的忠诚仍然高于对党的忠诚。改组后的国民党更多的不是依靠价值体系和目标维系起来的群体，而是靠长期以来形成的对孙中山的个人忠诚。

1923 年，由苏俄带来的并由孙中山接受的“以党治国”模式根本无法消除军阀政治的本质。1925 年 3 月 12 日孙中山去世后，国民党的斗争和分裂以及手握军权的蒋介石①成为国民党的领袖。1928 年以后，无论蒋介石担任何种职务，他对军队的控制始终未曾放弃。军队始终是作为一个领袖的国民党领袖蒋介石的统治基石。

---

① 蒋介石(1887—1975)，中国国民党当政时期的党、政、军主要领导人。浙江省奉化人，名中正。1907 年入保定全国陆军速成学堂。1908 年留学日本，加入同盟会。辛亥革命后追随孙中山，曾参加反对袁世凯的活动。国民革命时期曾任黄埔军校校长、国民政府军事委员会主席、国民革命军总司令、国民党中央执行委员会常务委员会主席。1926 年领导国民革命军北伐，最终实现国家统一。1931 年“9・18”事变后，任军事委员会委员长，推行“攘外必先安内”政策。1936 年“西安事变”后，接受抗日主张。抗日战争期间，任国防最高委员会主席，同盟国中国战区最高统帅。1943 年参加美、英、中三国开罗会议。1948 年当选“总统”。1949 年 1 月 21 日，被迫发表《引退谋和文告》，由副总统李宗仁代行总统职权。1949 年去台湾后，历任“总统”与国民党总裁。1975 年 4 月 5 日于台北去世。

二、国民政府时期的宪法与宪政运动

在“以党治国”的“训政保姆”——国民政府“训政”时期(1928—1949),中国宪政在经历了北洋军阀控制的北京政府时期后,进入了另一历史阶段。1924年4月,改组后的国民党“一大”通过了《建国大纲》。《大纲》中称:新的国民政府应本着“三民主义”和“五权宪法”建设中华民国,建设时期分为军政、训政、宪政三个阶段。“军政”即以武力推翻旧的制度;“训政”即由政府对落后民智进行民主训练;“宪政”即让国民行使宪法权力选举官员和议员。至宪政,建国方告成功。这一时期,除了国民党制定的《中国国民党训政纲领》(1928年,简称《训政纲领》)外,国民政府制定了几个带有典型“党治”特色的宪法性文件,包括以《训政纲领》为基础的《中华民国训政时期约法》(1931年);国民党第五次全国代表大会制定并由国民政府公布的《中华民国宪法》(草案,该宪法草案于1936年5月5日公布,故又称《五五宪草》);1946年12月15日,国民大会第一届会议通过了《中华民国宪法》,该法于1947年1月公布,同年12月25日生效施行。国民政府时期,我国经历了近代历史上最为艰难的阶段——抗日战争。期间,执政的国民党恪守所谓训政理论,推进民主建国的意愿并不强烈,但也出现了积极争取建立民主宪政的政治组织——国民参政会。该会最早由国民党四届三中全会决议设立。1938年3月,国民党临时全国代表大会才又通过决议,国民参政会正式建立。从1938年7月到1947年5月,国民参政会总共召开了四届十三次会议,成为抗日战争时期民主宪政的主阵地,为我国宪政民主的发展发挥了十分积极和重要的作用。但是,抗战结束后又爆发了内战,我国民主宪政再次陷入危机之中。

1.《中国国民党训政纲领》

孙中山提出“以党治国”,从军政、训政为宪政另谋出路,或有其不得已的苦衷，但却是从民国初年较为平等、民主的国民观和宪政立场上的某种倒退。“北伐战争”的结束是国民党政府军政时期的结束和训政时期的开端。1928年10月，国民党中央常委会通过并公布了《中国国民党训政纲领》，宣布中华民国由“军政”时期进入“训政”时期。次年三月，国民党第三次全国代表大会对该纲领予以追认，并通过《确定训政时期党、政府、人民行使治权之分际及方略案》，在国民党内确立了党治的原则。1931年5月，国民会议召开，通过了《中华民国训政时期约法》，从而为训政体制涂上了民意的色彩。《中华民国训政时期约法》同时规定实行五院制的政府体制。

上述两个宪法性的文件，都以“训政保姆论”为思想基础，以“党治”为核心。

《训政纲领》共有6条，其要点为：(1)中华民国于训政期间，由中国国民党全国代表大会代表国民大会领导国民行使政权；国民党全国代表大会闭会时，以政权付托中央执行委员会执行之；(2)同时，由国民党训练国民逐渐推行选举、罢免、创制、复决四种政权；(3)国民政府总揽行政、立法、司法、考试、监察五种治权，但国民政府重大国务之施行，要受国民党中执委政治会议指导监督。这些规定成为训政时期国民党当局党政关系的最高原则。用国民党元老胡汉民的话说，国民党就是“训政保姆”。“训政”的必然逻辑，只能是“以党治国”、“一党专政”。

《训政纲领》贯彻了孙中山“以党建国”、“以党治国”的方略，逐步形成了一整套理论与制度。这一制度的核心，就是国家政权由国民党代表来行使，政府由国民党中央产生，并要向国民党中央负责。“中华民国国民政府组织法之修正及解释，由中国国民党中央执行委员会政治会议议决行之”。如此一来，国民党在国民政府中的“党治”地位便确定下来。而行使“党治”权力的机关，就是中国国民党中央执行委员会政治会议。

中国国民党中央执行委员会政治委员会，简称中政会，是国民党统治时期的政治中枢机关。中政会是国民党的中央机构之一，但它不是处理党务的机关，国民党对于国民政府的建国方针大计及其对内对外政策有所发动，必须经过中政会去指挥政府，但它又不是政府本身的机构之一。换句话说，中政会在制定政治的根本方案上，对国民党中央负责，国民政府在执行政治方案上，对中政会负责。从法律上说，国民政府表面上仍是国家最高机关，它与中政会并无隶属关系，但中政会实际上总揽国民政府一切方针政策的抉择权，它是国民党与国民政府之间的纽带。

以《中国国民党训政纲领》为基础，1928 年 10 月国民党中央执行委员会通过了《中华民国国民政府组织法》，规定国民政府实行委员制与五院制相结合的政府体制。①

2.《中华民国国民政府组织法》(简称《国民政府组织法》)

1928 年 10 月 3 日，国民党中央执行委员会常务委员会通过试行五院制的《国民政府组织法》。这个组织法奠定了国民政府五院制的基础，后来虽有几次修改，但局限于国民政府主席与行政院院长在职权上的变化，没有原则上的更动。这一组织法共计 46 条，其要点可归纳如下：

1.国民政府设主席 1 人，委员 12 至 16 人。主席兼任中华民国陆、海、空军总司令，其权力比初期国民政府主席的权力提高了。但整个国家事务仍然采取合议制，由国务会议处理。公布法律与命令，需由主席会同五院院长共同署名。

2.国民政府设置行政、立法、司法、考试、监察五院。各院长、副院长由中央执行委员会于国民政府委员当中选任。各院彼此独立，凡院

---

① 朱勇主编:《中国法制通史》(第 9 卷)，法律出版社 1999 年 9 月版，第 620—621 页。

与院之间不能解决的事项，由国务会议议决之。

3.规定了行政、立法、司法、考试、监察各院在国民政府中的地位、职权以及组织法要点。

按照《国民政府组织法》，南京国民政府建立了五院制的政府体制。其后，该组织法曾经几次变化。

1930 年 11 月 24 日公布了修正后的《国民政府组织法》，要点有两条：第一，行政院会议改称国务会议，原来的国务会议改为国民政府会议。第二，公布法律由国民政府主席署名，以立法院院长副署；发布命令由国民政府主席署名，以主管院院长副署。根据这次修正案，国家的政务不经国民政府委员会会议执行，于是行政院院长的地位提高了。同时，五院院长仅仅对主管的事项负责，于是国民政府主席的职权加重了。

1931 年 6 月 15 日再次公布《国民政府组织法》。与以前不同的规定有四条。第一，五院院长由国民政府主席直接提请国民政府依法任免，各部会长官及立法、监察二院的委员，则由主管院院长提出人选后，呈由国民政府主席提请国民政府依法任免。第二，国民政府委员扩充为 16 至 32 人，五院院长为当然委员。第三，公布法律及发布命令，无须国民政府会议议决。第四，添设陆、海、空军副司令一职。这一次的修改，国民政府的合议制已改为主席集权制，国民政府主席的权力，实际上超过了总统制国家的元首。

《国民政府组织法》1930 年和 1931 年的两次修正，正是在蒋介石担任国民政府主席并兼行政院院长的时期进行的。蒋介石的集权措施，引起了国民党内部其他派系的不满。1931 年 12 月 26 日，在国民党四届一中全会上，议决修正《国民政府组织法》，削减主席职权。其要点有三。第一，国民政府主席不负实际责任，不得兼任其他官职，取消提请任免五院院长及指挥五院之权。第二，国民政府委员定为 24 至

36 人,国民政府会议改称国民政府委员会会议,行政院会议复称行政院会议。第三,立法院、监察院委员各加 1 人,定为半数民选。但这几点并未实行。后来,又恢复立法、监察二院委员由各该院院长提请国民政府主席任命的办法。由于国民政府主席不负实际责任,于是行政院院长总揽行政大权。此时选林森(1868—1943)[①]为国民政府主席。

此后,《国民政府组织法》又经六次修改,前四次均无重大变更。第五次修改规定,国民政府主席因故不能视事时,由行政院院长代理之。第六次修改的要点在于,恢复主席负实际责任的制度,并规定五院院长对国民政府主席负责。此时林森已去世,蒋介石又任主席。

从《国民政府组织法》的几次修正可以看出,1928 年 10 月以前,国民政府是采取合议制,以国民政府委员会处理政务。1928 年 10 月以后,从法律规定与实际情况看,国民政府委员会的权力逐渐缩小,而实际的政治责任,在 1931 年 12 月以前,由国民政府主席负责,也就是蒋介石负责;从 1931 年 12 月至 1943 年 9 月,则由行政院院长负责。而这近 12 年当中,有一半以上的时间,是蒋介石担任行政院长。1943 年 9 月以后,又改为由国民政府主席负责。也就是蒋介石负责。

3.《中华民国训政时期约法》

1931 年 3 月 2 日,国民党中央常委会正式决定,以《训政纲领》为基础制定新宪法。1931 年 5 月 12 日,国民党主持的"国民会议"通过了《中华民国训政时期约法》(简称《约法》),于 6 月 1 日颁布。《约法》

---

① 林森(1868—1943),字子超,号长仁。福建林森县(闽侯县)人。早年加入同盟会,1914 年加入中华革命党。辛亥革命中,被举为民国开国参议院议长。护法运动中在南方军政府担任外交部长。1922 年底任福建省长,后返粤任建设部长等职,1923 年国民党一大当选为中央执行委员。1925 年 7 月国民政府成立,任常务委员、海外部部长。1927 年起任特别委员会委员、国民政府常委、立法院副院长等职。1931 年,改任立法院长、代理国府主席。翌年元旦,出任国民政府主席兼主中央监察委员会。1932 年起接替蒋介石担任国民政府主席一职。1943 年在重庆逝世。

分为总纲、人民之权利义务、训政纲领、国民生计、国民教育、中央与地方之权限、政府之组织、附则共 8 章 89 条，其核心第三章训政纲领是从已公布的 1928 年《训政纲领》中移植的，明确规定“训政时期由中国国民党全国代表大会代表国民大会行使中央统治权”，“中国国民党全国代表大会闭会时其职权由中央执行委员会行使之”，“选举、罢免、创制、复决四种政权由国民政府训导之”，“行政、立法、司法、考试、监察五种治权由国民政府行使之”。这样就确定了民国训政时期的党国政治结构。《约法》形式上肯定人民的“权利”、“自由”。第二章人民之权利义务规定：“国民无男女种族宗教阶级之区别在法律上一律平等”，“人民非依法律不得逮捕拘禁审问处罚”，“人民之住所非依法律不得侵入搜索或封锢”，人民有信仰宗教、迁徙、通信通电秘密、结社集会、发表言论或刊行著作、请愿等自由，“非依法律不得停止或限制之”。《约法》第七章政府之组织规定：“国民政府统揽中华民国之治权”，“国民政府设行政院、立法院、司法院、考试院、监察院及各部会”，“国民政府设主席一人，委员若干人，由中国国民党中央执行委员会选任，委员名额以法律定之”，“国民政府主席对内对外代表国民政府”，“各院院长及各部会长以国民政府主席之提请，由国民政府依法任免之”。

这是国民党政府用根本法形式确认国民党党治的政治制度的第一部宪法性文件。此宪法性文件与前中华民国宪法，尤其与 1923 年《中华民国宪法》相比，一个最大的不同，就是根据“训政”的基础精神，确立了“以党治国”的原则。该法在总纲前面有一段文字说明，“国民政府本革命之三民主义、五权宪法以建设中华民国。既由军政时期入于训政时期，允宜公布约法共同遵守，以期促成宪政授政于民选之政府。兹谨遵创立中华民国之中国国民党总理遗嘱，召集国民会议于首都，由国民会议制定中华民国训政时期约法如下”。这一段文字实际上是整个文件的立法之指导思想。其第 30 条规定，“训政时期，由中国国民全国代表大会代表国民大会行使中央统一权。中国国民党全国代表大会闭会时,其职权由中国国民党中央执行委员会行使之”。第 47 条规定,“三民主义为中华民国教育之根本原则”。第 72 条规定,“国民政府设主席一人,委员若干人,由中国国民党中央执行委员会选任委员名额以法律定之”。第 85 条规定,“本约法之解释权由中国国民党中央执行委员会行使之”。

作为一个具有宪法地位的法律文件,[①]《约法》与以前宪法相比,具有明显的缺陷。比如,该法第 32 条规定,“行政、立法、司法、考试、监察五种治权由国民政府行使之。”又该法第 71 条规定,“国民政府设行政院、立法院、司法院、考试院、监察院及各部会”。此两条即确立五院制的政府体制。但是对各院之间的权限及相互关系均没有明确的规定。又如,关于中央与地方之关系,该法第六章虽然有所规定,但是与 1923 年的中华民国宪法相比,要简单得多。其中第 59 条规定之中央与地方权限采取“均权制度”,意义十分含糊,不知所云。另外,该法多处出现“建国大纲”一语,无疑为法外有法,法上有法。如果此《约法》实行起来,一旦发生异议,解释亦将发生问题,必将产生无穷之麻烦。其最根本一点,此《约法》既为“训政约法”,自然无法体现公民之选举权,即民意机关没有存在的必要。作为宪法,没有民意,何谈民主;没有民意的基础,其是否可以称得上是一部宪法,尚值得怀疑。

从总体上看,《中华民国训政时期约法》,体现出孙中山主张的“主义治国”的“党治”思想,并具有十分突出的中央集权的特征。这种集权不仅体现为将国家的治理权基本上集中于中国国民党之手中,而且,国民党全党的权利则进一步集中于中国国民党中央执行委员会这一部

① 该法第 84 条规定“凡法律与本法抵触者无效”。可见其为地位最高之上位法,即母法。

门。具体言之,国民党以党治国主要特点是:

其一,实行一个主义一个政党,唯中国国民党为正统合法,其余各党概处非法之列;

其二,以党代政,国民党最高权力机构即是国家最高权力机构。政府由党直接组织,中央所有政府机构领导官员皆由国民党中央执行委员会选任;

其三,法律的制定、修正和解释权,一切立法原则的决定权,均由党的机构执掌,党的决议具有法律效力;

其四,国家行政决策权亦属党的机构,中央政府本身无权决定重大问题,一切听命于党的机构,政府沦为一党专政的工具。

在以党治国运行机制中,"中政会"即国民党中央执行委员会政治会议的地位和作用不同一般,它由中央执行委员会、中央监察委员会与国民政府成员组成。按照胡汉民、孙科[①]等的说法:"政治会议为全国训政之发动与指导机关……对于党为其隶属机关,但非处理党务之机关;对于政府,为其根本大计与政策方案的发源之机关,但非政府本身机关之一。换言之,政治会议实际上总握训政时期一切根本方针之抉择权,为党与政府间唯一之连锁。党于政府建国之大计及对内对外政策有所发动,必须经过此连锁而达于政府,始能期其必行……简括言之:政治会议在发动政治根本方案上对党负责,而非在党外也。国民政府在执行政治方案上,对政治会议负责,但法理上,仍为国家最高机关而非隶属于政治会议之下也。"[②]从整体上说,居于主导地位的是"党权

① 孙科(1891—1973),字哲山,广东中山人,孙中山独子。1910年加入同盟会,1917年任第一任广州市长,1923年、1926年两次再任广州市长,1931年任南京政府行政院长,1932年任立法院长,主张速行宪政联共抗日,1947年任南京政府副主席,1949年辞职旅居香港、法国、美国等地,1965年任台湾"总统府"高级咨议,1973年9月13日病逝于台北。

② 胡汉民、孙科:《训政大纲提案说明书》,载许师慎编:《国民政府建制职名录》,台北国史馆1984年版,第129页。

高于一切”。

回顾中华民国创立的历史,虽然国民党为推翻满清政权立下汗马功劳,没有国民党,中华民国自无由成立。但是,中华民国非由一党一人所创,亦为实情。民国成立之初,孙中山将大总统的权位让于袁世凯,这一历史事实不管怎样解释,其不可否认的一点是,袁世凯亦为民国的成立做出了一定的贡献。民国初期之北京政府,既有废弃共和国之劣迹,又有假共和之名义,行争权夺利之实际,可谓人神共弃。但是,该《约法》将中华民国之成立全部归功于国民党,既不完全符合历史,也未必能够完全代表民意。其为维持国家统一与秩序的良好意愿固值得褒奖,但是其急功近利之处,在近代民主潮流的推动下,似也难以避免最终被废弃之命运。对此,近代宪法学家评论到,“我们须知约法虽已颁布,而党治的制度初未动摇,统治之权仍在中国国民党的手中。在党治主义之下,党权高于一切;党的决定,纵与约法有所出入,人亦莫得而非之。以此之故,民国二十年六月的约法,并未尝为中国政制划一新的时期。”①

4.《中华民国宪法》(草案)(简称《五五宪草》)

1935 年 11 月国民党第五次全国代表大会在南京召开。由于抗战国难严重,国民党内外呼吁“立息内争”,这次大会出席代表为历届最多的一次。大会宣言提出:“开宪治,修内政,以立民国确实巩固之基础”,“国民大会须于二十五年(即 1936 年)以内召集之,宪法草案并须悉心修订,俾益臻于完善”。1936 年 5 月 5 日,国民政府公布了《中华民国宪法》(草案),这份宪草又称之为《五五宪草》。

《五五宪草》分为总纲、人民之权利义务、国民大会、中央政府、地方制度、国民经济、国民教育、宪法之实施和修改共八章。其要点为:一、

① 王世杰、钱端升著:《比较宪法》,中国政法大学出版社 1997 年 12 月版,第 413 页。

实施“权能分治”原则，即中央政权由国民大会行使，中央治权由总统和五院行使；二、总统对国民大会负责，行政院长与各部会长由总统任免，对总统负责；三、国民大会为中央唯一政权机关。《五五宪草》原本赋予国民大会有“选举总统副总统、立法院院长副院长、监察院院长副院长、立法委员、监察委员，罢免总统副总统、立法、司法、考试、监察各院院长副院长、立法委员、监察委员，创制法律，复决法律，修改宪法”等一系列重要职权，但到1937年4月，修正后的《国民大会组织法》和《国民大会代表选举法》又规定对《五五宪草》进行了重要删改，限定国民大会只有通过宪法的职能而无其他职权，同时还规定国民政府大量增加指定国大代表名额，国民党中央执行委员会委员和候补委员、中央监察委员会委员和候补委员均为国大当然代表。

《五五宪草》的内容相对比较完整，但是同样存在一些问题。其最严重者，为宪法草案排斥民主政党的权利，与近代一般民主宪法所允许容纳的政党制度，有根本抵触。该草案第一条即规定：“中华民国为三民主义共和国”。由此规定可以看出，其在基本精神上，为继承《中华民国训政时期约法》的一个完善稿。其二，该草案对国民大会的规定，实际为实行一院制。不再像前宪法那样规定将民意机关分为参议院和众议院。这种没有常设机构的做法，实际为一党擅权，甚至为无限期推迟国民大会的召开，提供了空间。其最严重者，则为代表民意的国民大会，并没有充分之立法权。其相关权利为中央政府之立法院拥有者甚多。其三，该法关于中央政府体制的设计，亦不尽合理。在五院之中，行政院与立法院的权力较之司法院、考试院、监察院为大，其行政院的权力比立法院似乎更为充实。纵观整个草案，对于各院之间的相互牵制，规定甚为简单。因此，在五院的实际运作中，难免产生相互扯皮或争权夺利的纠葛。这些说明，该草案没有能够完全体现西方近代宪法之“制约”与“平衡”的宪法理念。

尽管《五五宪草》存在着一些明显缺陷,其在中国近代一波三折的宪政化道路上,仍起到一定程度的推动作用。《五五宪草》本应交由"国民大会"决议,但1937年"七七"卢沟桥事变后抗日战争全面爆发,救亡压倒一切,"国民大会"延期,《五五宪草》基本未发生实际效用。

抗战时期,宪政运动的主要阵地有"国民参政会",它最早是由国民党四届三中全会决议设立,但直到1938年3月,国民党临时全国代表大会才通过决议,国民参政会正式建立。出席这个会的除国民党外,还有在野的各党派和各民族、各地区及海外华侨代表。从1938年7月到1947年5月,它总共召开了四届十三次会议,在当时的政治生活尤其是推进宪政民主中,发挥了十分重要的作用。实行民主,励行宪政,可以说是历届会议的中心议题。一届一次会议就通过了"切实保障人民权利案",一届三次会议通过了"确立民主法治制度以奠定建国基础案"。一届四次会议上,张君劢①、章伯钧②等提出《请结束党治,立施宪政,以安定人心,发扬民力而利抗战案》,与其他几个提案经两天一夜的激烈辩论,最终通过《召集国民大会,实行宪政》决议案,并由议长指定参政员若干人,组成"国民参政会宪政期成会",期成会经多次研讨,形成《五五宪草宪政期成会修正案》。这个"修正案"在一届五次会议作了介绍,同时,立法院院长孙科也作了《宪法草案起草经过》的报告。1943年9月,国民党召开五届十一中全会,认为抗战即将结束,决议战后立即召集国民大会,制定宪法,实施宪政。几天以后,国民参政会举行三届二次会议,决议建立"宪政实施协进会",隶属国防最高委员会。由于

① 张君劢(1887—1968),原名嘉森,字士林,号立斋,别署"世界室主人",笔名君房,江苏宝山(今属上海市宝山区)人。中国政治家、哲学家、法学家,中国民主社会党领袖。

② 章伯钧(1895—1969),安徽桐城人,当代政治家、爱国民主人士,中国农工民主党创始人和领导人之一。曾任中央人民政府委员,政务院政务委员,中国民主同盟副主席,农工民主党主席,中华人民共和国交通部长,《光明日报》社社长等职,第一届全国人大代表,第一、三届全国政协常委,第二届全国政协副主席,第四届全国政协委员。

"协进会"的推动,在全民范围内展开了对《五五宪草》的大讨论,最后由协进会写成《五五宪草意见整理经过及研讨报告》。

国民参政会对宪政民主运动的推动,不仅体现在内部讨论,更重要的还是它常把会内讨论的问题推向社会,引起全社会的关注,从而形成民众广泛参与的民主运动。抗战时期两次宪政民主运动,均以参政会的讨论为滥觞,由许多参政员直接参与。参政会十年历史说明,它是国民党统治时期"各党派政治上合作的一种形式,成了在野党监督批评执政党的一个机构"①。其存在与活动,对冲击国民党"一党专政",推动实施宪政,发挥了不可抹煞的作用。1945 年,中国人民历经艰辛的八年抗战后终于迎来胜利,人民企盼着和平重建,民主自由,国际社会美苏等大国也从各自利益出发,明确表示不希望中国发生内战。根据国共两党达成的"双十协定",1946 年 1 月 10 日,全国政治协商会议于重庆召开,与会者有国民党代表 8 人,共产党代表 7 人,青年党 5 人,民盟 2 人,国社党 2 人,以及其他社会贤达共 38 人。会议经过 21 天讨论,最后通过五项协议,主要内容有:改组国民党一党政府,实行委员会制,委员的一半要由国民党以外人士充任;改组后的政府作为结束国民党"训政"到实施宪政的过渡时期的政府,它负有召集国民大会以制定宪法的任务;通过了制宪原则并大体同意了宪草修正案。政协的成功召开和完满结束,似乎已为中国打开了迈向宪政民主的大门,然而内战偏偏打起来!对此,国民党指责共产党要颠覆政府,坚持武装割据,所以要"戡乱建国";共产党则斥国民党坚持一党独裁专制,所以要"枪杆子里面出政权",建立"人民民主专政",内战的炮火再一次断送了中国人民走向宪政化道路的历史性契机。

① 徐矛著:《中华民国政治制度史》,上海人民出版社 1992 年 7 月版,第 298 页。

5.《中华民国宪法》(1947 年)

1946 年 11 月 15 日,在与中共和民盟等其他党派无法达成协议的情况下,国民党单方面决定在南京召开"国民大会第一届会议",大会的中心议程是制定《中华民国宪法》,故又称"制宪国大"。共产党拒绝参加国大,斥其为"伪国大"。12 月 15 日,经大会三读通过了《中华民国宪法》,并于 1947 年 1 月公布,4 月国民党正式宣布"结束一党政府,成立多党政府"。同年 12 月 25 日《中华民国宪法》生效施行。

《中华民国宪法》分为:总纲、人民之权利与义务、国民大会、总统、立法、行政、司法、考试、监察、中央与地方之权限、地方制度、选举、罢免、创制、决议、基本国策、宪法之实行与修改等 14 章,计 175 条。《宪法》的基本内容,是以西方国家宪法为摹本,结合孙中山的"三民主义"而制定,以"三民主义"为其最高基本国策,以五院制分工和它们之间的相互制衡构建政府基本体系。第一章总纲第 1 条改《五五宪草》"中华民国为三民主义共和国"为"中华民国基于三民主义,为民有、民治、民享之民主共和国",理由是孙中山"民族、民权、民生"的主张本就与林肯的"民有、民治、民享"的思想相一致,所以强调三民主义实为强调民主宪政。宪法条文虽然表现了国民党对民主要求的某种让步,但在"国体"认知上却不容妥协,因为这直接关系到国民党控制宪政的合理性和合法性。第 4 条关于领土之规定,《五五宪草》采取列举式,《中华民国宪法》则采取概括式。

这部宪法与《五五宪草》的重要不同,在于有关国家体制的规定。《五五宪草》在蒋介石的干预下,政府体制采取总统制架构,由国民大会代表人民分别选出执掌立法权的国会议员和掌握行政权的总统(第 32 条),行政院正副院长、各部会首长、政务委员均由总统任免(第 56 条),且对总统负责(第 59 条)。1946 年 1 月全国政治协商会议中,非国民党人士如张君劢等担心总统制的政府体制容易产生独裁总统,总统大权在握足以威胁宪政，帝制自为，所以在政协会议提出并通过了《五五宪草》修正原则，主要内容是将原属总统府幕僚长性质的行政院长，重新定位为执掌行政权的行政首长，对立法院负责。担任中华民国总统，固然取得国家元首的尊荣，但并不掌握行政权，行政院院长才是最高行政首长，向立法院负责，执行立法院的立法。这样一来，享有国家元首最高尊荣的总统（虽非虚位元首），不掌握行政权；掌握行政权的阁揆，则不掌握国家最高尊荣，三千年帝制传统卷土重来的威胁，乃大幅降低，宪法才能取代“元首”，宪政民主方有成长机会，以法治替代人治成为可能。由于《中华民国宪法》系各方妥协的产物，最终形成总统与行政院长分掌行政权的“双首长制”，但由于《中华民国宪法》双首长制由总统制演变而来，总统仍拥有较大的权力。《中华民国宪法》第四章总统规定“总统为国家元首，对外代表中华民国，对内总揽一切国家权力”，“总统统率全国海陆空军”等，并赋予总统发布紧急命令的特权；组阁权在于总统，国会无权过问，即使总统所属政党为国会少数党。这种体制的缺陷在于，当总统与国会多数党属同一政党时，政局尚可安定，否则行政院与立法院之间易成为“双头马车”，造成政局动荡。《宪法》第五至第九章分别规定立法、行政、司法、考试、监察五院的职能及院长的产生办法；第十至第十四章分别规定中央与地方的权限，地方制度，选举、罢免、创制、复决四权的行使，基本国策，宪法之实行与修改等内容。

关于《中华民国宪法》的法律地位，总体上看，当时制宪的基础具有很大的广泛性，在其他民主国家协调下，国共两党及民主个人主义者等独立人士都参与组织1946年初的政治协商会议，同意政协的制宪原则并大体同意了宪草修正案，参与了制宪过程。各党、各派、各阶层协商成立了宪草小组，国、共与其他政派咸与立宪，共襄盛举。主要执笔者是既非国民党、亦非共产党的著名宪法专家张君劢先生。而宪草修正案在中共退出国民大会之前就已基本成文。因此，该宪法制宪的基础广泛,代表性强。此外,考察1947年宪法的文本内容,并同其他民主国家的宪法比较,可以看出,它是将孙中山五权宪法思想与现代民主国家的议会民主制熔为一炉,无论就其设计的国家权力的分立、平衡与制约,对政府权力的明确限制,以及对基本公民权利的保障,与其他民主国家并无实质差别。由上述可见,国民党政权在宪政民主问题上虽不那么积极主动,但总体上还是顺应了历史潮流,为宪政的实施尽了一份力。

在"制宪国大"后改组的国民党政府主持下,1948年3月,第一届国民大会即"行宪国大"召开。由国民代表大会选举总统、副总统,蒋介石以90%的高票当选总统,李宗仁(1891—1969)[①]以微弱多数当选副总统。5月,当选总统、副总统正式就任,标志着"训政"的国民政府结束,行宪的国民政府成立。南京国民政府改为总统府,国民政府五院改为行宪五院。国民党训政时期由1928年下半年开始,至1948年5月蒋介石出任"行宪"总统,历时20年。蒋介石当选总统后的第一件事就是操纵国大通过"修宪"和《动员戡乱时期临时条款》(简称《戡乱临时条款》),解除了立法院对总统权力的约束,重享"训政"时期集党、政、军权于一身的独裁权力。作为《中华民国宪法》组成部分的《戡乱临时条款》,实际上以宪法特别法的形式,限制和剥夺了人民的权利自由。

从南京政府建立到其最终为中国共产党所推翻,这一时期的宪法(见表4),基本上是以"以党治国"为其核心和灵魂。对此,1936年国民政府时期的法学家曾这样评价:"此数年间,中国已由法治递嬗于党治。前此以约法或宪法为国家根本大法,一切法律均不得与之抵触。在党

① 李宗仁(1891—1969),字德邻,汉族,广西临桂人。中国国民革命军陆军一级上将,中国国民党内"桂系"首领,曾任中华民国首任副总统、代总统。抗日战争爆发,李宗仁任第五战区司令长官,取得台儿庄大捷,这是对日抗战爆发后中国军队首次于正面战场取得的重大胜利。1948年国民党行宪,当选副总统。蒋介石下野后,一度任代总统,之后出走美国,1965年回到北京,1969年在北京逝世。

治时期，国民政府受党之指导监督，一切以党义为依据。国家所立之法，不得与党义党纲相抵触，即以前之法律，凡与党义党纲相抵触者无效。党义党纲虽无根本之形式，实有根本法之实质。此外并无形式上之国家根本大法，党治初期之异于法治时期与训政时期者在此。”[①]其实，这一评价，完全可以适用于整个国民政府时期。

表 4　　中华民国南京国民政府时期宪法性文件一览表

名称	制定、通过、公布时间	制定机构	生效情况	备注
中国国民党训政纲领	1928 年 10 月	中国国民党中央常委会	生效	
中华民国国民政府组织法	1928 年 10 月	中国国民党中央执行委员会	生效	
中华民国训政时期约法	1931 年 5 月制定，同年 6 月公布	国民会议	生效	
中华民国宪法（草案）	1936 年 5 月公布	国民政府	未生效	因抗战未经国民大会决议通过
中华民国宪法（1947）	1946 年 11 月制定，12 月通过，1947 年 1 月公布，12 月实施	国民大会	生效	中国共产党和部分民主党派未参会

① 谢振民编著：《中华民国立法史》，张知本校定，中国政法大学出版社 2000 年 1 月版，第 193 页。

第三章　中国近代民商事法制

第一节　中国传统民事法制

古汉语虽有“民法”一词，见于《尚书》孔传，但其内涵却与今天“民法”词相去甚远。作为私法法典的“民律”或“民法”这些新词，是在清末翻译西方法典中才产生的。而人们现在所称的“中国传统民法”或“中国固有民法”则是借助西方近代的私法概念形式，指称那些生成于中国传统社会中的，用以规范民事社会生活的一切具有法律效力的法律规则、法律制度、法律用语、法律价值观念的总称。言其大者，国家相关的法律中有关亲属、婚姻、户役、田宅、钱债等民事制度，民间具有法之效力的民事习惯、义理准则等，以及贯穿各种民事制度之中的法律价值观念，都属于所谓固有民法的范畴。

一、中国传统民法的基本特点

1. 我国传统民法在整个法律体系中比较薄弱，即所谓“诸法并存、重刑轻民”

我国历代的成文法都是以刑事法律规范和行政法律规范为其主要内容，而且以此为其基本法律特征。也正是由于始终以惩治危害国家的犯罪行为为首要任务，而将民间的财产则视为“细故”，所以制定法的详尽与细密也与刑罚轻重成正比例。在中国古代，有关笞杖以下的“州县自理的”，即如今所谓民事诉讼的“户婚田土”案件的规定，则往往只具原则。即所谓“重刑轻民”。《唐律疏议》是我国封建社会最有代表性的法典，其中的户婚律是关于民事法律的专门规定，共计46条，占全部条文502条的不到1/4。从我国封建社会最后一个法典《大清律例》来看，其律文436条、条例1892条，其中涉及户婚、田宅、钱债等私人利益问题的仅有一百余条，占律例总比例不足1/20。清政府处理民政问题的法律规范汇编——《户部则例》，通常被视为清代的民事法律。但其中排除政府单方面的管理性规范以外，单纯涉及私人关系的规范所占比例也不是很高。这种情况，学者多有论述。“中国古代的社会历史环境，决定了法律从产生时起就以‘刑’为主要的表现形式。进入封建社会以后，历代代表性的法典从《法经》、《唐律》到《大清律例》，都采取以刑为主、诸法合体、民刑不分的编纂体例，其中也包括少量纯粹民事条款和民事法律纠纷的裁判规定。”[①]“我国昔日民刑不分，关于民事部分，多混于刑法、行政法或礼教中，甚少关于民事法之规定，故古代法制，重在刑法。”[②]

我国传统民法不被重视，也不太发达，原因很多。中国古代社会长期停滞在自给自足的自然经济状态，地处北半球温带，黄河、长江冲积平原形成的中国社会，有其发展农业的客观地理环境和超稳定的自然经济结构。生产仅用于自我消费，消费也基本上可以从自然经济中得到满足，个别物品的交换往往可以物物相易的方式实现，货币交换与商品经济极不发达。从所谓稳定社会、安定国家的角度出发，封建统治者须把农业放在重要地位，从而强烈地排斥商品经济。在这种长期形成的固有观念和体制下，必然导致旧中国社会中调整商品经济关系的法

---

① 张晋藩著：《清代民法综论》，中国政法大学出版社1998年2月版，“绪论”第1页。

② 展恒举著：《中国近代法制史》，台湾商务印书馆1973年7月版，第12页。

律制度相对简单化,商品经济的近乎虚无化和小农经济思想的顽固化。与此相关的民事立法也就不可能有发达的土壤条件。

近代著名法学家王世杰[①]认为,“中国历代法典对于近代民法典中所规定之事项,规定极少,盖钱田户婚等事只涉及私人与私人之间之利益关系,专制国家以为与公益无涉,遂视为细故,因之律文亦多疏略(钱田户婚等案大都可由初审衙门判结,命盗等大案则否,即此亦可想见其重视刑事案而轻视今人之所谓民事案)。然钱田户婚等事之未经律文规定者,却亦大都有习惯法在那里支配。”[②]英国著名科技史学家李约瑟也认为:“中国的政治和伦理的成熟水平远远超过其他制度的发展程度,这些制度包括一种多样化的经济体系,一部民事契约法典,以及一种保护个人的司法制度。随着时间的推移,后面这些成分,虽然相对而言仍然没有得到充分的发展,却受到了积极的抑制,以免它们干扰国家的统一管理。”[③]由此可见,我国传统民法比较薄弱,主要在于传统法律以服务于专制统治为首要任务,对于封建制度和统治秩序影响不大的民事法律关系,往往不能通过细密的正式法律予以规范,以致在立法和国家正式的法典中民法条款较少。

2.中国古代民法是由多种法律渊源构成的

丰富多彩的私人生活必须通过法律予以调整。考察我国古代民法,不难发现,中国古代民法是由多种法律渊源构成的。中国古代成文法典一直沿革明晰,体系相承,在“重刑轻民”的正律之外,中国古代同样还有着许多其他种类的规范人们民事社会生活的法律规范。可以

---

① 王世杰(1892—1983),近代著名宪法学家,湖北崇阳人,曾留学伦敦大学,获得政治经济学学士,法国巴黎大学,获得法学博士。曾任武汉大学校长职,1948 年当选为中央研究院院士。著有《比较宪法》(与钱端升合著)等。

② 罗志渊编著:《近代中国法制演变研究》,正中书局 1966 年 6 月版,第 188 页。

③ [英]李约瑟著:《李约瑟文集》,辽宁科学技术出版社 1986 年版,第 279 页。

说，中国古代的民事法律渊源极为繁多，笼统言之，除编排为法典的律之外，尚有令、格、式[①]、科、比、例等。

学者研究指出，从宋朝起，适应商品经济发展的要求，单行的民事法令法规在整个法律体系中所占的比重逐渐上升。[②] 凡有关人的权利、行为能力，户籍、动产与不动产的区分，所有权、债、时效、继承，都有或详或略的规定，成为中国民法史上一个重要发展时期。[③] 发展到明清，尤以《大清律例》、《户部则例》、《清会典》及有关的则例、事例、处分则例中，广见有关于户籍、田宅、婚姻、继承、钱债、买卖、租佃、雇佣等调整民事关系的法律条文，这往往是处理民事案件的重要依据，在民事判决中广泛适用。[④]

现存的大量法律文献已充分证明，中国古代在所谓正式的法律之外还存在大量的非正式法律。民事案件大多是由乡规民约、家族法、民事习惯和儒家礼的规范来调处的。不但国家正式法典在司法审判活动中要得到严格的遵守，而且成案、习惯法、情理、律学著作等也是当时官员判案的重要依据。目前相当多的研究中国古代民法的学者已逐渐认识到：那些非经国家机关正式制定，而在司法实践中同样起着规范与调节作用的习惯、判例，以及调节家族内部关系、乡里关系的所谓家法族规、乡规民约等特殊形式的社会规范，也应该为中国法制史的研究所关注。

在我国古代民法中，法典之外的民事法律渊源主要有“例”和习惯法。

---

① 以唐代为例，“律”是有关犯罪与刑罚的规定，“令”是指国家组织制度方面的规定和行政命令，“格”是皇帝临时颁布的各种单行敕令、指示的汇编，“式”是国家机关的公文程式的办事细则。

② 张晋藩：《再论中华法系的若干问题》，载《政法论坛》1984 年第 2 期。

③ 张晋藩：《论中国古代民法研究中的几个问题》，载《政法论坛》1985 年第 5 期。

④ 张晋藩：《论清代民事诉讼制度的几个问题》，载《政法论坛》1992 年第 5 期。

中国古代,在正律之外,尚存在着大量的"例文"。所谓"例",即成例汇编,是在汉代"比"的基础上发展起来的一种法律形式,盛行于宋、明、清等朝。其主要内容一般有两部分,一是皇帝有关诏旨或经皇帝批准的事例、条例;二是案例,经过编纂,以前事作为后事的断案标准。"例"之盛行的主要原因是社会情况的发展变化使得法律难以适应,再加上有些朝代开国君主所定法律后继者不得修改。律文的固定性与社会生活的多变性之间的矛盾为例的盛行提供了条件。明清法规以"律"为主,律例合编。清律继承和发展了明律的有关规定,清朝法典分为"律"与"例"两部分,"律"是正文,"例"是附例。中国古代的"例文"是非常重要的法律表现形式。这种现象被称为了"以例辅律",伴随着此现象的还有所谓"以例破律",即通过对颁行例文来修改或改变正律中的许多规定。甚至有学者研究认为,"中国存在着实质意义上的判例法乃至判例法体系。尤其在清代,已经存在着一种判例法的形成机制,经过这种机制抽象出来的例,体现了若干禁止性授权性的规范,因而成为一种可以普遍适用于其他相关案件的法律原则。因此,清代不仅存在着判例(成案),也存在着判例法(定例),而且存在着判例法体系(大清例的体系)。"①

"例"基本上是从国家正式的法律规定中派生出来的,因此具有很强的"官方性"。相对于国家的律令、例规而言,礼制、家法族规、风俗、民约等习惯性规范,是中国古代民法更为重要的渊源。"在具有 4000 多年法制文明史的中国,因地、因俗、因族、因行业而形成了众多的民事习惯,它们辗转相承,适用的范围广泛,具有很强的约束力,也有一定的体系,其中相当部分在国家的认可和支持下,成为民事习惯法,涵盖地

---

① 何勤华:《清代法律渊源考》,载《中国社会科学》2001 年第 2 期。

方习惯、乡规民约、家法族规、行业规约、礼俗等”。[①] 中国古代习惯法所调整的事务，诸如婚姻、析产、继承、买卖、租佃、抵押、借贷等，都是现代民法中的重要部分；而这些内容，古代法典或略而不载，或仅具大纲，正是由于民间习惯法弥补其不足，才使民间社会生活，尤其是经济生活的有秩成为可能。例如，礼制就是最为接近国家正式法律规范而具有较强约束力的习惯法规范，诸如古代结婚的“六礼”，通过家族长的主婚权体现了尊尊原则，通过财礼、婚书等形式要件和约定俗成的“程序”，维护婚姻的公示效力和安全性。家法族规是族群自治的体现，风俗则是地域习惯的体现。这些都是中国传统民法的表现形式。

3.中国传统民事法律深受儒家思想的影响

民法在本质上是私人权利法，民法的重要内容就是规制和保障民事主体的合法民事权利。民法的一切制度都是以私人权利为轴心建立并运转起来的，它规定了权利主体、行使权利的方式、民事权利的种类、权利保护的方式、权利保护的时间限制等内容，完全是一个以私人权利为中心的体系。中国古代的民事法律不发达，一个重要原因，就是没有确定民众私权在法律上的中心地位。支持这一观念的正是儒家的学说，我国古代民事法律的发展极大地受制于维护封建专制的儒家文化中“重义轻利”、尚“公”崇“义”思想的影响。

中国古代意识形态领域中具有重要地位的儒家学说，总的来说主张“重义轻利”，总是力图淡化物质利益对于人们行为的驱动力。孔子称：“君子喻于义，小人喻于利”，[②]将名分大义和物质利益作为一对相互矛盾、互为排斥的范畴，并将人们对于物质利益的态度上升为君子、小人之别的试金石。孟子引鲁国大夫阳虎之言“为富不仁矣，为仁不富

① 张晋藩主编：《中国民法通史》，福建人民出版社2003年1月版，第932页。

② 《论语·里仁》。

矣”,[①]并进一步发挥:“王何必曰利!亦有仁义而已矣。王曰何以利吾国,大夫曰何以利吾家,士、庶人曰何以利吾身,上下交征利,而国危矣!万乘之国,弑其君者,必千乘之家;千乘之国,弑其君者,必百乘之家,万取千焉,千取百焉,不为不多矣!苟为后义而先利,不夺不厌。”[②]将义利之辩视为国家存亡的大事。荀子鼓吹性恶论,而所谓人性的恶,就是“生而有好利焉,顺是,故争夺生而辞让亡焉”。[③] 后儒依旧继承这一义利观念,如汉朝大儒董仲舒的名言:“正其谊(义)不谋其利,明其道不计其功”,[④]为后代儒者所津津乐道。汉代中期以后,随着法律儒家化的进程,儒家思想逐渐成为封建法律的理论基础和指导思想,《唐律疏议》开宗明义宣称,“德礼为政教之本,刑罚为政教之用,两者犹昏晓阳秋相须而成者也。”后人称赞唐律“一准乎礼”,可谓一语中的。

由于儒家思想的影响,在中国封建社会,“义利之辩”、“重义轻利”成了中国两千多年伦理思想的铁则。商品经济和商人在中国封建社会受到极大的压抑,国家法律制度对商人常常是“重税赋以困辱之”,秦始皇时,曾“发贾人以谪遣戍”,汉武帝“发七科谪”中也有“贾人”一科,可见这一伦理观深刻地影响了中国古代社会的经济生活。商品经济受限,且商人的社会地位也低下。从公元前359年商鞅第一次变法起,“重农抑商”就作为国家政策贯彻到社会生活中,这种经济观念的影响之深远一直延续了几个世纪之久,统治者以实行“以农立国”为基本国策,致使商品经济极为贫乏和简单,本来商品经济关系是民法的主要调整对象,由于商业的落后,商事活动就极少,社会对于民法的需要并不急迫,必然影响以调整商品经济关系为主要调

① 《孟子·滕文公上》。

② 《孟子·梁惠王上》。

③ 《荀子·性恶》。

④ 《汉书·董仲舒传》。

整对象的民法的发展。

另一方面，在我国古代的民事法律，特别是民事习惯中，儒家思想有重要影响。

首先，儒家思想中的诚信思想，对于确立和巩固民事法律关系，具有积极意义。“诚信”最早在一起提出，一般认为是在《礼记·祭统》中：“身致其诚信。诚信之谓尽，尽之谓敬，敬尽然后可以事神明。此祭之道也。”在儒家看来，诚实信用不仅是外在的说教，更应是人们必须遵循的操守，是对人性的一个完善追求。体现儒家思想的经典中均可找出“诚”“信”的渊源。如《大学》中有“意诚而后心正”、“所谓诚其意者，毋自欺也”。《中庸》中有“诚者，天之道也”、“诚之者，人之道也”，“诚者，非自成己而已也，所以成物也。成己，仁也；成物，知也；性之德也，合外内之道也，故时措之宜也”。可见，在儒家看来，诚是一种内心的道德自律，只有不自欺方能不欺人。诚是一种“天道”——即天之本性，而只有追求内心之诚，才能达到人之本性。诚不仅是要求自身层面上的道德修养，同时也要求使天下万物都发挥其本性。在《论语》中多处提到“信”字。如《论语》颜渊第十二中孔子说：“自古皆有死，民无信不立。”《论语》中信的内容归纳起来主要有几个方面：一是有关言必守信的内容，还有是关于交友应诚实笃信守约的意思，再有关于以诚实的态度践履合宜的约言。此外，在《论语》里，还多处提到“忠”、“敬”、“义”、“忠恕”等，也都含有诚信的意义。孟子对诚信的思想有所发挥。他说：“居下位而不获于上，民不可得而治也。获于上有道，不信于友，弗获于上矣。信于友有道，事亲弗悦，弗信于友矣。悦亲有道，反身不诚，不悦于亲矣。诚身有道，不明乎善，不诚其身矣。是故诚者，天之道也；思诚者，人之道也。”[1]这

---

① 《孟子·离娄上》。

里,孟子明确将诚与信共同作为为人处世、获上事亲之道而大加推行。受儒家思想影响,几千年来,诚实信用、一诺千金已被社会广大民众所共同认可、代代相传,成为中华民族传统文化中固有的道德规范。诚实信用原则,不仅作为中国古代社会所崇尚的道德原则规范着人们日常行为,而且也渗入民事法律活动中,成为指导民事法律行为的准则。

儒家思想在我国民间主要表现为礼俗,并成为约束私人民事法律关系,特别是契约关系的重要力量,由此产生了"以礼正俗"的传统。古代契约特别是民间商事契约之履行力,主要依靠的是一种习惯法力量,亦即所谓"俗情风尚",而习惯法力量的集中体现是宗族、行会、村落之力量,这三种力量是契约效力的最终裁判者和执行者。清代著名律学家汪辉祖(1730—1807)①在《学治臆说》中说:"因俗立教,随地制宜,去其太甚,防于未然",②并谓如此方可"整饬兴除,有裨士庶",而这一过程又被历代统治者及思想家称为"以礼正俗"。

此外,在民事纠纷的解决机制上,儒家思想也发挥了重要作用。中国古代的民事审判在很大程度上依赖于裁判者对判决理由的阐述而使当事人服判,因此官吏在民事审判中特别注重对当事人晓之以理、动之以情,通过道德教化而使他们心服口服地息讼平争,居于社会主流文化地位的儒家道德准则和行为规范才能发挥实际的道德约束作用。这是一种带有强烈调解色彩的审判,甚至可以称之为"教谕式的调解"。③

---

① 汪辉祖(1730—1807),字焕曾,号龙庄、归庐,著名"绍兴师爷",浙江萧山人。乾隆年进士,曾任湖南宁远知县、道州牧等职。著有《学治臆谈》、《佐治药谈》等律学著作。汪辉祖作幕34年,有"一代名吏"之称。

② 汪辉祖:《学治臆说》,《清经世文编》卷22,中华书局1991年影印本。

③ 参见[日]滋贺秀三:《清代诉讼制度之民事法源的概括性考察——情、理、法》,范愉译,载王亚新、梁治平编:《明清时期的民事审判与民间契约》,法律出版社1998年版,第34页、第20页。

在民间，一般的民事纠纷在没有上升到必须依赖官方途径——国家机关解决之前，主要靠亲族、乡党、有声望的绅士、长老的调停和解，以此达到"息讼"的效果。这也同样受官方立法的认可和提倡，比如明初的"申明亭"、明中期的"乡约"制度，等等。

二、中国传统民事法律与民法近代化

1."公法化"与"刑事化"

在中国古代民事法律领域，基于封建君主专制的政体性质，历代民事法律都表现出浓厚的"公法"色彩，即民事私法的"公法化"。这种"公法化"，既有民事法律关系受行政法干预的特征，也有将民事法律问题"上升"为刑事法律问题，并借助于刑事法律予以调整的倾向。从这方面看，我国古代的民事法律与刑事法律似乎不易区分。

我国古代的民事法律，较刑法而言，比较薄弱，其重要表现就是没有正式的民事法律典籍。规范民事法律关系的内容，一般混同在刑事法典之中。对中国古代的法律进行考察，会发现一个很奇特的现象：中国古代的刑事法律相当发达，其科学性和严谨性并不亚于当时世界上其他国家和地区的发达的刑事法典。但是，与中国古代的刑事法律相比，民事法律却远没有那样发达，没有形成系统的、完整的、严密的体系，更没有形成独立的民法典。尽管历朝历代的统治者都十分重视法典的编纂，各朝代也都制定有法典，但这些法典大都属于刑法之规定，其中虽然涉及民事关系，如户、婚、债、赔偿等，但采取的是刑罚手段予以调整，因此，从某种意义上说，其本质上仍属刑法规范。因此，我国古代的法典，从内容上看，基本上属于刑事法律范畴，是带有强制性的法律规范。如果其中有涉及民事法律关系的，通常也带有国家强制性的特征，并且其数量占制定法的总比例较小，不过强制的强度一般属于较低级的程度，很少有处以徒刑以上的刑罚。中国古代的律令、例规中的民法规范,通常只是规制一些普遍性的问题,更多具体的私人关系,留给地方政府和私人去处理。

民事法律的私法性质,是民法的一个基本属性。如果通过公法的手段去调整,则造成严重的后果。在公法主导的社会中,民事主体的民事行为必然受到政府的积极干预,总体上表现出一种不放任的态度,从而限制私人生活范围。从大的方面讲,私法的公法化,这就是说,国家可以任意干涉原本属于私人支配的领地,或者说,私人领地被强制性纳入国家强制力干预的范围,私人行为无疑将受到政府的监控,最终使得个人自主和自由所剩无几。这是专制国家必然发生的事情。从小的方面看,由于私人生活总是受到政府干预的威胁,他们对于纯粹私人之间的事务也将逐渐失去兴趣。因此,商品交换、私人谈判、订立契约,等等,都无法引起民众的兴趣。财富和人身自由不能成为民众合法和积极的追求,他们的生活也将被限制在一个极为狭小的空间之内。事实上,我国古代民事法律不仅不肯定私人对财富的权益,还限制商品的流通,即所谓"重农抑商"。这种法律观念来自于政府对社会秩序稳定性的追求,同样与社会的等级制度密切相关。

同时,由于民事法律关系借助于刑法手段来调整,民法自身的发展将受到限制。大量的民事法律关系可能被视为对政府有威胁的不稳定因素。事实上我国古代并没有独立的民事诉讼法律,也没有区别于刑事诉讼的法律程序。在民事诉讼处理过程中,当事人不得不考虑刑事案件的审理程序,以便一旦发生纠纷,将其民事案件与官方的法律程序能够对接。这样一来,民众的法律思维也被限制住了。不仅如此,这种刑法规范下的民法,其法律关系将变得简单化。民事法律关系本来是十分复杂的。但是,借助于刑法手段,就无法深入原本复杂的民事法律关系内部,发展出与民事法律关系相一致的民事法律手段。

在我国古代民事法律特定领域，例如契约法领域，某些时期的法律有放任的规定，如唐令规定："任依私契，官不为理"[①]，在出土的敦煌吐鲁番文书中，常见有"官有政法，人从私契"的惯语，契约的种类、形式、内容等主要由民间依习惯约定，即"人从私契"，[②]似乎表明民法中基于意思自治必然具有的政府放任态度在唐代民事法律中是存在的。但是，相关的研究必须借助于实证材料深入进行。在我国古代社会，君主专制的政治制度、自给自足的小农经济制度、宗法礼制等级社会制度之下，既没有西方市民社会的自治性社会基础，又缺乏以人权为精神内核的法治支撑，民事法律无法独自形成自足发展的局面。

2."儒家化"与"民间化"

受儒家思想的影响，中国在传统政治统治上就习惯了用礼治、人治的方法来统治国家，所谓"人君为政，在于得人，而取人之则，又在修身；能仁其身，则有君有臣，而政无不举矣"。故而，在中国的历史上也从来没有出现过以权利为本质的真正意义上的法治思想，"法"与"刑"、"罚"紧密联系，从而也使得中国百姓至今在谈及法律时也主要想到的是刑法、行政法等为政治国家稳定而运用公权力手段加以保障的公法，但却对涉及自身权利维护、自由意志表达而为主要内容和目标的私法相当漠然，私权理念至今也未能成为中国百姓之自觉理念。法律当中毫无权利思想的存在，更谈不上个人意志之自由表达与个人欲望之合理满足。而且由于中国人处事以德为本，事事以和为贵。无论是在日常交往当中，还是在商业贸易当中往往只强调良心、德行和人际，而对法律长期采虚无主义的态度。因此，在国家法律的制定上，商事方面的法律规则依旧未能充分进入封建执政者和立法者的视野，可以讲在中国古

① ［日］仁井田陞撰：《唐令拾遗》，长春出版社1989年版，第789页。

② 叶孝信主编：《中国民法史》，上海人民出版社1993年版，第260—263页。

代、近代乃至现代社会当中,真正意义上摆脱了官僚政治并与其相独立与对立的,且具有独立商事人格,适用独立、理性商事制度的商人阶层从未有真正地形成。梁启超先生在《论中国成文法编制之沿革得失》一文中亦指出:“我国法律之发达,垂三千年。法典之文,万牛可汗。而关于私法之规定,殆绝无之。夫我国素贱商,商法之不别定,无足怪者,若乃普通之民法,据常理论之,则以数千年文明之社会,其所以相结合相维护之规律,宜极详备。乃至今日,而所恃以相安者,仍属不文之惯习。而历代主权者,卒未尝为一专典以规定之,其散见于户律户典者,亦罗罗清疏,曾不足以资保障,此实咄咄怪事也”。[①] 总之,从政治法律角度来讲,中国古人观念当中的商法精神相当淡漠。

儒家学说淡化、贬低私人利益价值的伦理思想即“重义轻利”价值观,成为我国古代传统民法的价值基础。“重义轻利”的价值观,不仅把“义”、“利”对立起来,肯定“义”高于“利”,而且认为“义”可以取代“利”。在中国古代客观社会背景下,这种价值观念完全压抑了个体的主体意识,自由平等意识,权利意识,以及争取人身权利、财产权利的积极性,限制了社会生产、生活和商品活动的活跃与开拓,阻碍了社会的发展与进步。由于缺乏观念性的民法理念做支撑,我国古代尽管有一些规范民事商事活动的法律制度,但民事法律很难充分发展起来。

另一方面,在我国古代法律儒家化之后,由于整个法律体系的伦理基础是儒家思想,使得普通民众之间的民事行为和商事行为,不可能主要依赖官方的正式法典来调整,这是因为国家正式法中关于民事行为的法律规定多是一些半刑事化的规则或一些体现儒家伦理的原则,而不是具备形式合理性的民商法。这样一来,我国古代的民事法律转而

---

① 范忠信主编:《梁启超法学文集》,中国政法大学出版社2000年版,第120页。

主要由民间习惯法来调整,“民间化”是我国古代传统民事法律的基本特征。

我国古代民事法律的“儒家化”和“民间化”,适应了我国传统农业社会的需要,但对于商品经济的发展极其不利。“重义轻利”的价值取向不利于社会现代化进程中商品经济机制的形成;宗法家族主义的法律观念与私权平等的精神相悖;重和谐轻权利的法律意识,压制了普通民众的权利意识,儒家泛道德主义的倾向,把道德发展成与人的本性、人的欲望、人的需要针锋相对的地步。总之,“儒家化”之下的法律,不能正视“私”与“利”的法律价值,“私权神圣”的概念无法确立;“民间化”更使得本应长足发展的民事法律无法登上“大雅之堂”,只能委屈地在狭小的范围内生存。这种情况也决定了我国古代的民法不可能形成统而系统的法典。

3.重教化,轻维权

中国古代民法的适用,一般带有调处的形式特征,具有教化的功能,而不是以维护权利为中心而展开的诉讼。

中国古代以维护国家政治秩序和社会秩序稳定为标准来设计诉讼程序,对于关乎人命、税收、贪渎等重大刑案,由国家机关侦缉、讯断、适用法律;对大多数婚姻、田宅、钱债等关乎私人利益纠纷的处理较为简便,尽量由社会组织来加以调处解决;如果社会组织不能有效解决,就尽量由事发当地的地方政府来审理,属于州县自理词讼;地方官府的审理民事纠纷仍带有调处的色彩,其目的是为了当事人恢复和谐的关系,明辨是非曲直,并不在于坚决地进行权利救济。因此,在民事案件审理过程中,地方官员在搞清事实真相以后,就以父母官的权威训诫双方如何和好如初;在判决中地方官极少像审理刑事案件那样,严格援引律令,依法裁判,而是阐明情理,息事宁人。

这种情况,显然不能满足近代社会私权成长的需要。在清末修律的大背景下,民商法的制定提上议事日程。其宗旨在于民法的独立化、国家化和形式化。

三、中国近代的社会转型与民商事立法

中国从古代社会到近代社会长期处于自给自足的小农经济当中,形成这种经济动态的原因是多方面的,但最根本的是,在封建土地所有制下,人们已经完全被根深蒂固地捆绑于土地之上,对土地并不是从资本经营并使其增值的角度去运作,而以生存为最终满足。被中国封建君主认为理想化的生产生活状态就是所谓的"男耕女织"。因此,全部生产活动的产品也完全是基于自身消费之所需,少量剩余产品的出现也依然是以日用消费品为主,而且一些主要的日用消费品如食盐、铁、油、茶等从汉代起一直实行国家专营,因而真正发端于"市民社会"的"私商"长期处于被贬抑、被压制的状态。"重农抑商"成了贯穿于整个中国封建社会的主流思想,所谓"君以民为重,民以食为天,食以农为本,农以力为工"。① 因此,农业成为中国历代君主立国之本。商人位列"士、农、工、商"四民之末。中国古代社会,不存在近现代意义上私法性质的民商法,也不存在以其为研究对象的民商法学。②

中国民商法孕育于19世纪下半叶中国由传统农业社会向现代工商业社会转型的历史进程之中。晚清中国,随着资本主义的发展,市民社会和商业理性在近代中国社会成长起来,民商法,特别是商法也逐步发展起来。一部分先进的中国知识分子从国际范围内看到商法对于中国国家利益的关系,提出了移植和发展中国民商法的概念。

---

① 徐光启:《农政全书》,上海古籍出版社1979年版,第44页。

② 见曹全来:《商业理性、商法精神与中国社会》,载《中国商事法》,刘朗泉著,商务印书馆2011年12月版,第576页。

清末的法律改革，使民商法成为了中国社会经济现代化之法制基础的重要组成部分。伴随着民商法的发展，中国民商法学也开始起步发展。

近代思想家魏源（1794—1857）是较早关注和介绍西方民商法的人。他在《海国图志》中对西方的商事制度已有所了解并作了简单的介绍。对于西方的公司制度，他描述道，“西洋互市广东者十余国，皆散商无公司，惟英吉利有之。公司者，数十商辏资营运，出则通力合作，归则计本相分，其局大而联”；西方各国“方其通商他国之始，造舰炮，修河渠，占埠头，筑廛舍，费辄巨万，非一二商所能独任……非公司不为功”[①]。《海国图志》对西方的保险、银行制度也有所介绍。

19世纪下半叶，改良思想家们也已经意识到仿照西法制定民商律的重要性。如郑观应、康有为等人都曾提议仿照外国制定民商律。19世纪下半期，中国加速融入世界市场，不论是商业资本还是产业资本，中国民族资本主义都必须面对这个市场。虽然中国人对于市场及市场的风险并不陌生，但是新型的与工业文明和国际市场紧密联系的市场及其更大的风险和不稳定性则是他们始料未及的。投机行为、价格波动、银行挤兑、战争恐慌、经营亏损和破产等经营的不稳定性到处存在。面临官僚控制、列强压迫、市场无序等问题，中国民族资本呼唤着新型的法律。改良思想家敏锐地感受到这种时代的法律需要，从商本主义的立场出发，提出了制定限制官吏横行干预、确定国家保护职能、保障市场安全的“商律”的要求。陈炽（1855—1900）把“商务盛衰”看作是“邦国兴衰之券也”。[②]“中国之官商相去悬绝，不设专官以隶之，不设

① 《海国图志》。

② 陈炽：《庸书》外篇卷上《公司》。

专律以防之,不定地方官吏之考成功罪以警之,而欲恤商情,振商务,保商权,是犹缘木求鱼,欲南辕而北其辙,其必不得已”。① 梁启超提出,“宜仿泰西各国,增设商部,管以大臣,并立商律,商情,商平,商税四目,分任其事。”②郑观应也提出国家应从速制定商务通例、税则、航海章程,恤商惠工,“如有新出奇器,准给独造执照,及仿西法颁定各商公司章程,俾臣民有所遵守,务使官不能剥商”。③

近代中国的民商事立法,是从翻译外国的民商法开始的。

1861 年后,为适应办理对外交涉事务的需要,清政府设立了京师同文馆。京师同文馆化学和天文学教习法国人毕利干(Anatole Adrien Billequin) 翻译了刻版刊行后名为《法国律例》(Code Napoleon)一书。《法国律例》包括了《刑律》、《刑名定范》、《贸易定律》、《园林则律》、《民律》、《民律指掌》六个部分。其中,《民律》就是民法典,《民律指掌》就是民事诉讼法,《贸易定律》实际上就是《法国商法典》的简译本。光绪三年(1877 年)八月,驻英公使郭嵩焘(1818—1891)从便利外交的角度,动议编订在各条约口岸通行的“通商则例”。清政府开始一面“广购各国律例诸书,饬同文馆总教习及各馆教习学生等以次翻译”,一面“咨行出使各国大臣搜集其国之法律等书,饬随带之翻译官陆续译出录寄”。④

1903 年清政府设立了商部,它成为清政府制定商事法及相关法律的主要机构之一。商部之下设立律学馆,主要职责是翻译外国商律各书兼及路矿律、招工律、保险律、报律并各国条约。此外,还设立中外法制调查局,调查中外各国法制。清末修订法律过程中,必须翻译外国法

① 《续富国策·创立商部说》。

② 梁启超:《康南海先生传》,《饮冰室文集》,第 1 册。《饮冰室合集》之 6,第 86 页。

③ 《盛世危言·商务五》。

④ 王彦威:《清季外交史料》,卷 11,《总署奏拟纂通商则例以资信守折》。

律以作为修订法律的参考，于是成立了专门的法律编译机构——修订法律馆。从修订法律馆成立（1904 年）至 1911 年清王朝灭亡，在修律大臣沈家本等人的努力下，翻译出十几个国家的几十种法律和法学著作。其中，有关民商法律及论著有日本商法、德国海商法、日本民法、德国民法总则条文、法国民法、奥地利民法、日本票据法、美国破产法、德国破产法、《美国公司法论》、《英国公司法论》、日本学者加藤正治所著《破产法论》、日本学者奥田义人所著《继承法》、日本学者冈田参太郎所著《民法理由·总则·物权债权》等。①

在对民商法进行研究现实需要的推动下，20 世纪初期，出现了一批由中国人翻译、编译和编著的民商法学著作。主要有雷光宇据日本志田钾太郎《新商法论》编著而成的《商法商行为》（1907 年），据日本教习在京师法律学堂讲授内容而成的《京师法律学堂笔记》中的《商法总则》、《商法》（有价证券，船舶）、《破产法》（1911 年），秦瑞玠、郑剑译述的日本松波仁一郎著《日本商法论》（总则、会社、商行为、手形、海商）等。另外，在当时的《译书汇编》、《政法杂志》、《政法浅说报》、《法政介闻》、《预备立宪公会报》等法律报刊中，也发表了一批由留学生们翻译、编译的国外民商法名家的论著。1907 年和 1909 年召开的两次商法大会及其所形成的《商法调查案理由书》的编辑完成，标志着中国商法学的正式产生。② 商事立法飞跃性的发展，刺激了中国商法学的迅速发展。到 20 世纪 30、40 年代蜂拥而出的商法著作覆盖了从商法一般问

---

① 李贵连：《沈家本传》，法律出版社 2000 年版，第 210—211 页。

② 帅天龙：《二十世纪中国商法学之大势》，载《中外法学》1997 年第 4 期。1907 年 5 月，上海商务总会、上海预备立宪公会，商学公会共同酝酿发起商法大会，讨论商法草案的制定。1907 年 11 月 19 日至 21 日，在上海愚园召开了第一次全国商法讨论大会。与会代表自全国各地及海外华人商会，计 85 个商会，143 名代表。在会议期间，代表们共同商议制定商法草案的一些重要问题，并形成了自己起草商法典草案的决议。1909 年 12 月 19 日，又在上海召开了第二次商法大会。

题，到公司法、票据法、保险法、海商法、证券交易法、信托法等所有具体商法学部门。①

清末修律时期，一批民商事法律便制定出来，一个全新的、独立的民商事法律体系逐步发展起来。

第二节　清末的民商事立法

一、清末民法的产生

光绪三十三年(1907 年)四月，民政部奏请厘定民法："查东西各国法律，有公法私法之分。公法者定国家与人民之关系，即刑法之类是也。私法者定人民与人民之关系，即民法之类是也。二者相因，不可偏废……各国民法编制各殊，而要旨闳纲，大略相似。举其荦荦大者，如物权法定财产之权，债权法坚交际之信义，亲族法明伦类之关系，相续法杜继承之纷争，靡不缕晰条分著为定律。临事有率由之准，判决无疑似之文，政通民和，职由于此。中国律例，民刑不分，而民法之称，见与尚书孔传。历代律文，户婚诸条，实近民法，然皆缺焉不完……窃以为

① 随着商事立法的发展，在中华民国南京政府时期，比较著名的商法学家大多都出版了从商法一般理论到各基础性部门法的商法学著作。如王效文先后出版了：《中国保险法论》(1930 年)、《中国公司法论》(1930 年)、《中国票据法论》(1930 年)、《商事法概论》(1931 年)、《新中华商法》(1931 年)、《中国海商法论》(1933 年)等十几本著作。王去非出版了《海商法释义》(1930 年)、《破产法概论》(1930 年)、《商法原论》(1931 年)、《公司法要论》(1931 年)、《票据法要论》(1931 年)等。另一位商法学家王孝通著作出版的情况与上述两人的情况基本一样，出版了《商法要论》(1931 年)、《中国公司法论》(1932 年)、《中国保险法论》(1933 年)、《中国海商法论》(1933 年)、《票据法要义》(1934 年)、《商事法概论》(1937 年)、《现行破产法概论》(1937 年)、《票据法精义》(1939 年)。其他比较著名的商法学家还有张知本、丁元普、王家驹、何基鸿、李浦、戴修瓒等人，就商法学中的具体部门出版了专著。在近代商法学的发展史上，有一本不得不提的重要著作，即民国南开大学经济研究所刘朗泉教授所著之《中国商事法》。参见《中国商事法》，刘朗泉著，商务印书馆 2011 年 12 月版。

推行民政，澈究本原，尤必速定民律，而后良法美意，乃得以挈领提纲，不至无所措手。拟请饬下修律大臣斟酌中土人情政俗，参照各国政法，厘定民律，会同臣部奏准颁行，实为图治之要。”[①]这个文件不仅指明了制定中国民法的必要性、迫切性，同时也指出了民法制定的方针，应该是“斟酌中土人情政俗，参照各国政法”。这可以说是民法“国际化”与“本土化”结合的第一个指导性立法规划。

光绪三十三年（1907 年）九月，宪政编查馆奏议“修订法律办法”，提出仿照各国办法“编纂民法、商法”诸法典及其附属法等，“以三年为限，所有上列各项草案，一律告成”。[②] 同年，修订法律大臣提出为完成民法、商法等，需要聘请“外国法律专家随时谘问”。[③] 光绪三十四年十月，沈家本奏请聘用日本法学博士志田钾太郎（1868—1951）[④]，法学家松冈义正（1868—1951）[⑤]，专任民法总则、债权、物权三编起草工作，[⑥] 民法的亲属与继承两编则由修订法律馆会同礼学馆起草。[⑦] 这样，就在中外法学家共同努力下，紧锣密鼓地展开了大清民法编纂工作。

宣统三年（1911 年）八月，修订法律馆“依据调查资料，参照各国法

---

① 《光绪朝东华录》（五），总第 5682 页。

② 故宫博物院明清档案部编：《清末筹备立宪档案史料》（下册），中华书局 1979 年版，第 850 页。

③ 《光绪朝东华录》（五），总第 5803 页。

④ 志田钾太郎（1868—1951），日本近代民法学家。1894 年（明治 27 年）获帝国大学法学学士学位，后攻读帝国大学硕士。1898 年（明治 31 年）成为学习院教师，同时在东京高商、东京大学、东京专门学校、明治法律学校、和仏法律学校为讲师。后留学德国、法国。清末被清廷聘请参与制定商律。

⑤ 松冈义正（1868—1951），日本近代民法学家，毕业于日本东京帝国大学法科，曾任日本政法大学校长、东京控诉院判事。1907 年，松冈义正被清政府聘请参与起草民律等。

⑥ 《光绪朝东华录》（五），总第 6019 页。

⑦ 亲属法的起草人为章宗元（1878—?）、朱献文（1872—1949），继承法的起草人为高种（生卒不详，日本中央大学法学学士）、陈录（生卒不详，法国巴黎大学法学学士）。见谢振民编著：《中华民国立法史》（下），张知本校，中国政法大学出版社 2000 年 1 月版，第 744 页。

例,斟酌各省之调查报告”,[1]完成民法总则、债权、物权、亲属、继承五编的起草。这就是《大清民律草案》,也称民律第一次草案。

《大清民律草案》五编共三十六章,1569 条。[2] 总则分为八章:法例、人、法人、物、法律行为、期间及期日、时效、权利之行使及担保,共计 323 条;第二编债权分为八章:通则、契约、广告、发行指示债券、发行无记名证券、管理事务、不当得利、侵权行为,共计 654 条;第三编物权分为七章:通则、所有权、地上权、永佃权、地役权、担保物权、占有,共计 339 条;第四编亲属法,分为七章:总则、家制、婚姻、亲子、监护、亲属会抚养之义务,共计 143 条;第五编继承法,分为六章:总则、继承、遗嘱、特留财产、无人承认之继承、债权人或受遗人之权力,共计 110 条。

关于《大清民律草案》的实际效力,由于“未及颁行,清廷即被推翻”。[3] 故在有清一代,这部法典并未实施。

二、《大清民律草案》的立法成就

民法本为我国传统法律体系中比较薄弱的环节。近代民商经济形势的发展,收回治外法权的特殊使命,都迫使清政府加紧制定民事法律。另一方面,由于民法与普通民众的联系极为密切,故民法的制定必须符合与国际接轨和适合于中国自身社会民情的特殊需要这两个方面的要求。“国际化”与“本土化”,就成为清末民法的双重追求。这两个方面,《大清民律草案》基本都照顾到了。

---

① 《修订法律大臣俞廉三等奏编辑民律前三编草案告成缮册呈览折》,载故宫博物院明清档案部编:《清末筹备立宪档案史料》(下册),中华书局 1979 年版,第 911 页。

② 见谢振民编著:《中华民国立法史》(下),张知本校,中国政法大学出版社 2000 年 1 月版,第 745—746 页。

③ 张晋藩主编:《中国百年法制大事纵览》,法律出版社 2001 年 1 月版,第 26 页。又见谢振民编著:《中华民国立法史》(下),张知本校,中国政法大学出版社 2000 年 1 月版,第 747 页,“未及颁行而清亡”。

首先,《大清民律草案》体现了对“国际化”的追求。这一点,表现在以下两点:

其一,从形式上看,《大清民律草案》的编纂体例,不同于中国过去旧的任何一部法典形式——《大清民律草案》是一部独立的民法法典(草案)。中国过去法典,虽然有属于民事性质的法律规定,但是,民事法律一般是与刑事法律混合在一起的。由于我国传统法律是以刑法为主的,这在实际上就造成这样一个现象,就是如果一项民法问题与刑法调整联系不够紧密,则往往被视为“细故”而不予关注。这种“民法问题刑法化”、“私法问题公法化”的做法,不仅将民事问题“大事化小,小事化了”,不利于民众私权的保护,而且直接造成民法这一法律部门的不发达。《大清民律草案》则完全是一部近代民法法典。其前三编,基本上仿照德国、日本和瑞士三国民法编纂而成,[①]后两编虽然着意于照顾我国社会民情风俗,但也完全是按照近代民法的编纂体例纂修而成的。这在法律体系的构造上,缔造了中国法律发展历史上的第一部民法法典,在法典编纂体例上,打破了传统“诸法合体”的惯例,开创了我国民事权利保护的先河与私法发展的新传统。

其二,从内容上看,《大清民律草案》体现了“折冲樽俎、模范列强”的国际化方针。这一点,在1911年修订法律大臣俞廉三的奏折中,就可以清楚地看出。这份奏折明确说明民法的制定共有“四项”原则,其第一项为“注重世界最普通之法则”:“瀛海交通于今为盛,凡都邑、钜埠,无一非商战之场,而华侨之流寓南洋者,生齿日益繁庶,按国际私法,向据其人之本国法办理。如一遇相互之诉讼,彼执大同之成规,我守拘墟之旧习,利害相去,不可以道里计。是编为拯斯弊,凡能力之差

① 杨幼炯著:《近代中国立法史》,商务印书馆1936年版,第73页;又见罗志渊编著:《近代中国法制演变研究》,正中书局1966年6月版,第197页;谢振民编著:《中华民国立法史》(下),张知本校,中国政法大学出版社2000年1月版,第747页。

异,买卖之规定,以及利率时效等项,悉采用普通之制,以均彼我而保公平。”[①]其第二项原则为“原本后出最精之法理”:“学说之精进,由于学说者半,由于经验者半,推之法律亦何莫不然,以故各国法律愈后出者,最为世人注目,义取规随,自殊剽袭,良以学问乃世界所公,并非一国所独也。是编关于法人及土地债务诸规定,采用各国新制,既原于精确之法理,自无鑿枘之虞。”[②]这两项原则表明,民法的制定,必须以贯彻“国际化”为基本目标。《大清民律草案》,特别是其总则、债权和物权三编,就是以这种思想为立法的原则而产生的。其具体表现,就是对近代西方民法三大基本原则——契约自由、保护私有财产和过失责任的采纳和吸收。

关于契约自由原则。《大清民律草案》仿照德国潘德克顿[③]民法编纂体例,把《债权》放在民法法典仅次于总则的第二编的位置,说明这部民法对于“契约自由”的重视。在近代民事法律关系中,债权作为动态物权,具有优越的民法地位,是近代资本主义国家社会发展趋势,自然也成为民法优先保护的重点。而契约又是产生债权与债务的最基本方式,这样一来,对债权的保护,就集中体现为对契约自由的保护上来。在这一方面,《大清民律草案》可以说是不遗余力。该法首先明确规定债权的基本法律地位:第 324 条规定:“债权人得向债务人请求给付”;第 336 条规定:“债权人有选择者,得因起诉或者申请强制执行,行使其

① 故宫博物院明清档案部编:《清末筹备立宪档案史料》(下册),中华书局 1979 年版,第 912 页。

② 同上,第 912—913 页。

③ “潘德克顿”是古罗马《学说汇纂》希腊语名称的音译。19 世纪德国著名历史法学派中一批法学家以《学说汇纂》为研究对象最终形成“潘德克顿法学派”。潘德克顿学派坚持归纳和整理,终于统一了罗马法上的概念术语体系,逐渐发展出其一整套精妙的规则、概念、原则体系。一般认为,《德国民法典》分为总则、债权、物权、亲属和继承五个部分的体系,就是潘德克顿学派在研究罗马法的过程中的再创造。受潘德克顿学派的影响,《德国民法典》相对于 19 世纪大陆法系其他国家的民法典,结构更加严谨,逻辑更加严密,概念更加准确。

选择权”;第 355 条规定:“债权人得向债务人请求不履行之损害赔偿”。同时该法通过第 357、358、363 条等,明确规定了债务人的“故意或过失不能给付”、“怠于交易上必要之注意”、“所负责任与自己事务同一注意者,有重大过失时不得免其责任”,及不能给付时所承担的优先举证责任,对于债权人所负有的义务等。① 其次,该法规定将契约的约定,优于法律规定,即充分尊重缔结契约双方当事人的合意。第 331 条规定:“债务人约明以周年 6%以上之利息支付利息,经一年后得随时将原本清偿,此权利不得以契约除去或限制之。”第 371 条规定:“迟延之债务若以制服金钱为标的者,债务人赔偿依法定利率而定损害额;但约定利率逾法定利率时,依约定利率而定损害额。”②

关于保护私有财产原则。《大清民律草案》主要通过第三编“物权”实现对私有财产的保护。其第 983 条规定:“所有人于法令之限制内得自由使用、收益、处分其所有物。”第 984 条规定:“所有人于其所有物得排除他人之干涉。”第 986 条规定:“所有人对于以不法保留所有物之占有者或侵夺所有物者,得回复之。”该法对私有财产的保护特别体现在土地所有制度方面。通过第 1080、1081、1082、1083 及 1086 诸条,详细保护土地所有权及地上权、永佃权等。③

---

① 第 357 条规定:债务人于法令或法律行为无特别订立者,因故意或过失致不能给付者应负其责,债务人若怠于交易上必要之注意即为有过失之债务人。第 358 条规定:债务人所负责任与自己事务同一注意者,有重大过失时不得免其责任。第 363 条规定:不能给付是否归责于债务人有争议时,债务人负举证之责任。

② 杨立新点校:《大清民律草案 民国民律草案》,吉林人民出版社 2002 年版。以下关于该法引文均出自此书。

③ 第 1080 条规定:地上权人应向土地所有人支付定期地租。第 1081 条规定:地上权人因不可抗力继续三年以上于使用土地有妨碍者,得表示抛弃权利之意思。第 1082 条规定:地上权人虽因不可抗力于使用土地有妨碍,不得请求免除地租或减少地租。第 1083 条规定:地上权人继续三年怠于支付地租,或受破产之宣告者,“土地所有人得表示消灭其地上权之意思,并得请求涂销其设定之登记。”第 1086 条规定:永佃权人得支付佃租。

关于过失责任原则。《大清民律草案》在总则第二章中规定了责任能力,以过失责任为其原则。其第37条规定:“因故意或过失而侵害他人之权利者,于侵害行为须负责任。”第40条规定:“在心神丧失中为侵权行为者,不负责任,但其心神丧失因故意或过失而发生者不在此限。”

此外,《大清民律草案》总则第三章用106条规定了法人制度。

《大清民律草案》的上述规定,是清末修律追求“国际化生存”的重要成果与表现。这部法典尽管在清末没有生效而发挥实际作用,但是,这些前所未有的制度化创造,对于保护近代私人权利,促进中国社会经济的发展,开创了一个法理和制度的空间,对于以后中华民国时期民法的发展,奠定了重要的基础。[①]

其次,《大清民律草案》也体现了对“本土化”的追求。

清末民法的制定,其首要任务固然是与国际接轨,以期收回治外法权。但是任何法律制度都必须立足于本民族的实际情况,通过引进先进的法律制度,使法律具有一定的“超前性”。但是这种“超前”的法律必须有一个限度——法律应当与社会民情保持比较和谐的关系。如果法律过于超前,超越了当时社会发展的阶段,超越民众所能接受的法律的限度,则这样的法律很难在社会中生根发展。这就是法律变革中的本土化问题。因此,清末民法的制定,也注意到与社会的衔接,尽可能照顾到“本土化发展”这一变革层面。

清末在制定民法前三编时,聘用外国人做顾问,但是,对于与中国社会联系密切、关系到民众基本生活秩序与传统法律与文化价值观念的家庭生活、伦理关系——即该法典的第四编“亲属”与第五编“继承”相关制度的制定,清政府则并没有聘请外国人参与其中,而是由修订法律馆会同礼学馆共同起草这两部分的。这一点首先表明,立法者在对

---

① 朱勇主编:《中国法制通史》(第9卷),法律出版社1999年版,第212页。

于民法的立法原则立场的选择与立法程序的把握上，是明智的。

《大清民律草案》对“本土化”的追求，更重要的是，体现在法典本身的指导思想与内容方面。清末民法的制定，有两个指导思想与法律的“本土化”有直接关系。其一是“求最适于中国民情之法则”。主持修律者认识到，各国“民情风俗”由于“种族之观念”或由于“宗教之支流”，往往不能“强令一致”，民法“缘于民情风俗而生”，如“强令一致”，则可能招致“削趾就履之诮”。鉴于此，修律者明确提出，“凡亲属、婚姻、继承等事，除与立宪相背酌量变通外，或取诸现行法制，或本诸经义，或参诸道德，务期整饬风纪，以维持数千年民彝于不敝。”[①]另一项原则为“期于改进上最有利益之法则”，其中强调的是“匡时救弊，贵在转移”，“循序渐进冀收一道同风之益”。[②] 这两项原则说明，民法的制定是遵从“本土化”精神的。

为了贯彻前述所谓“编纂法典之要义”，清末进行了大规模的民事习惯调查，并形成民事习惯调查报告。在清末修律中制定了《通行调查民事习惯章程文》，共有 10 条。[③] 这一工作，为亲属与继承两编乃至整个民法的本土化，都有重要的作用。从《大清民律草案》的具体内容上，可以看出，这部法典是努力接近我国的本土国情的。其表现，略有以下数端：

其一，为了维护家庭与社会的稳定，“亲属”与“继承”两编采用的是义务本位主义亦即家属主义的立法原则。其表现甚多。第一章中规定，亲等的计算以服制图为准，而不是以大陆法系通用的罗马法计算方

---

① 故宫博物院明清档案部编：《清末筹备立宪档案史料》（下册），中华书局 1979 年版，第 913 页。

② 同上书。

③ 详细内容可参见李贵连编著：《沈家本年谱长编》，台湾成文出版社 1992 年版，第 330—331 页。

法。家庭内部权利人的权利行使受到一定的限制。第1333条规定,"同宗者不得结婚"。第1338条规定,"结婚须由父母允许"。第1374条规定,"行亲权之父母,于必要之范围内可亲自惩戒其子,或呈请审判衙门送入惩戒所惩戒之"。第1375条规定,"子营职业须经行亲权之父或母允许"。第1376条规定,"子之财产归行亲权之父或母管理之"。凡此种种,皆为中国传统法律制度家族主义的近代表达而已。

其二,性别歧视在亲属与继承两编中有明显表现。在该法总则中,明确将妻规定为限制民事行为能力人。[①] 关于夫妻关系,该法第1351条规定,"关于同居之事务由夫决定"。第1355条规定,"妻于寻常家事视为夫之代理人,前项妻之代理权夫得限制之"。第1358条规定,"妻子成婚时所有之财产,及成婚后所得之财产为其特有产。但就其财产,夫有管理使用权及收益之权,夫管理妻之财产显有足有损害之虞者,审判厅因妻之请求得命其自行管理"。该法还保留了妾的传统。关于继承权,男女也是不平等的。该法区分了继承人和承受人,前者兼继承宗祧与财产,而后者仅继承遗产。根据我国传统,女子显然只有承受遗产权,无继承权。这些规定,与原《大清律例》几乎如出一辙。"夫为妻纲"、男尊女卑的封建法律观念,在当时立法者看来,还是不容从根本上动摇的。当然,关于这一点,不能仅仅从清朝灭亡近一个世纪以后来评价。结合民国时期还大量存在的纳妾现象,不难理解为何清末民法的制定者仍须维护传统的礼教。

三、清末商事立法

19世纪70年代,中国民族产业资本开始形成并有了初步的发展。但在投资形式上,或寄名洋商、附股洋商,或托庇于官督商办形式之下,

---

① 见该法第26—30条。

真正商办私营企业所占比例不大。为了规避封建法律，民族资本在最初对洋务派所倡导的“官督商办”抱有着极大的热情。郑观应(1842—1921)在谈到“官督商办”的优势时指出，“全恃官力，则巨费难筹，兼集商资，则众擎易举。然全归商办，则土棍或至阻挠，兼倚官威，则吏役又多需索。必官督商办，各有责成。商招股以兴工，不得有心隐漏。官稽查以征税，亦不得分外诛求。则上下相维，二弊俱去”。[①] 另外，由于外国商人在不平等条约的保护下享有协约关税，减半进口税和免除厘金等特权，中国商人开始借用外国人的名义，创设了完全由中国人经营和集资的“假洋行”，或附股于洋行之中。华商大量附股洋行或“寄名洋商”，一方面是为了寻找“靠山”，逃避封建官吏的勒索；另一方面还因为在外国企业里有一套行之有效的商法制度。“70 年代后期以后，英国商法，特别是那些涉及有限赔偿责任的商法，也普遍应用于在华英国轮船公司。这样不仅更加方便，而且更为安全，二者相结合，便吸引了更多的中国资本到外国企业中来，在轮船和保险领域更是如此”。[②] 附股于洋行或“假洋行”，虽然使中国商人获得了一些利益，但是能找外国商人，借用其名号进行活动的只是少数商人。大部分商人没有这样的机会，因而在市场竞争中处于不利的地位。而且华商寄名或附股于洋商的投资行为不受本国法律的保护，投资风险极大。同时，外国资本把持了对于企业的经营管理权，并对中国商人参加投资的条件加以种种限制，也阻碍了中国商人追求更多财富和利润。

甲午战争以后，中国政府被迫签订《马关条约》，确认了外国列强在华的设厂权，使中国稚嫩的民族资本主义经济面对着强大的竞争对手。面对这种局面，康有为指出，“所谓变法者须自制度法律先为改定，乃谓

---

① 《盛世危言》初编《开矿》。

② [美]郝延平:《中国近代商业革命》，上海人民出版社 1991 年版，第 281 页。

变法”;“宜采罗马及英美德法日本之律,重定施行,不能骤行内地,亦当先行于通商各口,其民法、民律、商法,市则、船则、诉律、军律、国际公法,西人皆极详明,既不能闭关绝市,则通商交际,势不能不概予通行。然既无律法,吏民无所率从,必致更滋百弊。且各种新法,皆我夙无,而事宜,可补我所未备,故宜有专司,采定各律以定率从。”[①]可见,维新思想家对于制定商法十分重视。康有为指出,在万国并争之世,“商律与海律未备,尤非所以与万国交通也。”[②]“商官、商律之不设,故无以定价值之低昂,治倒帐之控诉,治伙友之倒亏,治奸猾之诓骗,银钱无定价,则受平色之困,行规不与官通,则官可任意遏抑,体制又与官隔,则胥吏又可借端欺凌”,“早派大臣及专门之士妥为辑定。”[③]维新思想家把商律视为规范资本主义经济、鼓励其发展的重要工具。

光绪二十六年十二月丁未(1901 年 1 月 29 日),发布了“欲求振作,当议更张”的变法上谕。同年六月,两江总督刘坤一、湖广总督张之洞在第三次会奏变法事宜中也提出,缺少商律是中国工商业未能振兴,利权为外人所夺的重要原因:“互市以来,大宗生意全系洋商,华商不过坐贾零贩。推原其故,盖由中外懋迁,机器制造,均非一、二人之财力所能。所有洋行,皆势力雄厚,集千百家而为公司者;欧美商律,最为详明,其国家又多方护持,是以商务日兴。中国素轻商贾,不讲商律,于是市井之徒,苟图私利,彼此相欺,巧者亏逃,拙者受累,以故视集股为畏途,遂不能与洋人争衡。况凡遇商务讼案,华欠洋商,则领事任意需索,洋欠华商,则领事每多偏袒,于是华商或附洋行股份,略分余利,或雇无赖流氓为护符,假冒洋行。若再不急加维持,势必至华商尽为洋商之役而后已。必中国定有商律,则华商有恃无恐,贩运之大公司可成,制造

① 《康有为政论集·上清帝第六书》。

② 《康有为政论集·请开制度局议行新政折》。

③ 《康有为政论集·条陈商务折》。

之大工厂可设，假冒之洋行可杜……十年以后，华商即可自立，骎骎乎并可与洋商相角矣。”[①]此后十余年间，清政府制定和推行了一系列旨在追随西方、模仿日本、求富求强、抵制革命、巩固统治的新政。在经济上提出“振兴实业”的口号，实行奖励工商业、奖励发明、保护华侨、引进和推广国外先进技术等有利于发展近代工商业和农业的措施。同时开启了法律变革的历程，中国商法从此开始发展。

清末制定商法是按照民商合一的原则进行的。《钦定大清商律》(1904 年)是清政府制定的第一部商法。根据《大清光绪新法令》及清刊单行本中该律的原文可知，这部商律由《商人通例》和《公司律》组成[②]。其中《商人通例》9 条，分别规定了商人的意义和条件以及妇女经商、商号、商业账簿等方面的问题，具有商法总则的性质；《公司律》131 条，分为公司分类及创办呈报法、股份、股东权利各事宜、董事、查账人、董事会议、众股东会议、账目、更改公司章程、停闭、罚例等十一节。1904 年《公司注册试办章程》18 条；《商标注册试办章程》28 条[③]、《商标注册试办章程细目》，光绪三十年六月(1904 年 7 月)奏准颁行。其中章程 25 条，细目 23 条；1906 年奏准颁行的《破产律》[④]，全律分呈报破产、选举董事、债主会议、清算账目、处分财产、有心倒骗、清偿展限、呈请销案、附则等九节，计 69 条；1906 年 9 月 1 日(光绪三十二年七月十三日)，修订法律馆聘请日本法学家志田钾太郎起草了《大清商律草案》，共分总则、商行为、公司律、票据法、海船法五编，1008 条，宣统元年(1909 年)陆续脱稿。又聘请日本法学家松冈义正起草了《破产法》，

---

① 《光绪政要》卷 27。

② 张晋藩主编：《中国百年法制大事纵览》，法律出版社 2001 年 1 月版，第 3—4 页。

③ 李秀清：《中国近代民商法的嚆矢》，载何勤华著：《外国法与中国法——20 世纪中国移植外国法反思》，中国政法大学出版社 2003 年 5 月版，第 229 页。

④ 张晋藩主编：《中国百年法制大事纵览》，法律出版社 2001 年 1 月版，第 12 页。

共 237 条,也于宣统元年陆续脱稿。1907 年的《大清矿务章程》正章 74 条,附章 73 条,[①]其他还有《公司注册试办章程》18 条,《银行注册章程》8 条,《试办银行章程》32 条,《银行通行则例》15 条,《大小轮船公司注册给照暂行章程》20 条,《出洋赛会章程》18 条。其他商事法还有:光绪三十四年正月(1908 年 2 月)《大清银行则例》24 条、《普通银行则例》15 条,《殖业银行则例》34 条,《储蓄银行则例》13 条;另有《运送章程》正文 54 条,分为总则,运送承办人,运送营业者三章;附则 2 条,宣统二年十二月(1911 年 1 月)奏准颁行;《大小轮船公司注册给照章程》宣统二年三月(1910 年 4 月)奏准颁行,共 20 条及《破产律草案》、《交易行律草案》等。其他还有 1909 年的《印花税则》15 条,《印花税办事章程》12 条,[②]《奖励华商公司章程》。[③] 1910 年《著作权律》55 条等。[④]

上述法律及草案的产生,为我国近代民商经济部门法律体系的形成,奠定了一定的基础。

第三节　中华民国时期的民商事立法

一、中华民国北京政府时期的民商事立法

自中华民国成立到南京国民政府成立,我国民法基本沿用了清末相关的民事立法成果。同时,我国进行了民法二草的起草,但未完成立法程序。

---

① 该章程由张之洞主持订立,经农工商部奏定于次年 2 月 13 日宣布实施。见张晋藩主编:《中国百年法制大事纵览》,法律出版社 2001 年 1 月版,第 15 页。

② 张晋藩主编:《中国百年法制大事纵览》,法律出版社 2001 年 1 月版,第 16 页。

③ 同上,第 17 页。

④ 李秀清:《中国近代民商法的嚆矢》,载何勤华著:《外国法与中国法——20 世纪中国移植外国法反思》,中国政法大学出版社 2003 年 5 月版,第 230 页。

在中华民国初期，由于缺乏基本民事法典，故主要沿用前清的法律及大理院判例、解释例及司法部命令。据大理院三年上字 304 号判例："民国民法典尚未颁布，前清之现行律除制裁部分及与国体有抵触者外，当继续有效。至前清现行律虽名为《现行刑律》，而除刑律部分外，关于民商事之规定仍属不少，自不能以名称为刑律之故，即误会其为已废。"由于基本法律的阙如，在二年上字 64 号判例中规定，"判断民事案件，应先依法律所规定；法律无明文者，依习惯法；无习惯法者，依法理。"①

1912 年 3 月 10 日袁世凯宣告"暂行援用"前清施行之法律，也包括《大清现行刑律》民事部分。同年 4 月 3 日，参议院在《议决暂时适用前清之法律咨请政府查照办理文》中也指出："嗣后，凡有关民事案件，仍应照前清《现行律》中规定办理。"所谓民事部分，即指《大清现行刑律》中的"服制"、"户役"、"田宅"、"婚姻"、"钱债"等大部分或一部分，以及清《户部则例》的"户口"、"民人继嗣"，"田赋"中的"开垦"、"坍涨拨补"、"牧场征租"、"寺院庄田"、"撤佃条款"、"滩地征租"等有关条款，直到 1929 年中华民国南京国民政府公布新民法才予以废止。

中华民国初期民法的发展，大致有两个阶段。其第一个发展时期是自中华民国成立到 1915 年民律亲属编草案的编纂。② 该草案分为七章 141 条。③ 这个草案无论章目还是内容，均与大清民律亲属法草案大致相同。其对清末修律的继承性，一目了然。

中华民国初期民法的第二个发展阶段是 1918 年修订法律馆成立

---

① 《大理院判例解释新六法大全·民法汇览》，世界书局 1924 年版，第 1—3 页。

② 其编纂机构由民初之法典编纂会 1914 年转换为法律编查会。

③ 第 1 章通则，第 2 章家制，第 3 章婚姻，第 4 章亲子，第 5 章监护，第 6 章亲属会，第 7 章抚养之义务。

以后到1925年基本完成民律各编草案的修订工作。其间，由于1922年我国于华盛顿会议上提出收回领事裁判权问题，大会议决由在华享有领事裁判权各国派员来华调查司法。北京政府为此即命司法部对于司法上应行改良之事，尽速进行，并饬修订法律馆积极编纂民、刑各法典。在这种情况下，民法的修订受到一定的影响。修订法律馆参考大清民律各编草案，编成由总则、债、物权、亲属和继承五编组成的，自大清民律草案形成以来的第二个比较完整的民法法典草案。史称民律第二次草案。由于1926年时局的变化，国会解散，此草案未能完成立法程序，未成为正式法典。中华民国政府司法部通令各级法院作为条理采用。①

民律第二次草案基本上是对清末修律取得民法成果的继承。其总则系由大清民律草案的总则修订而成，但比后者少了100条。(大清民律草案总则共有323条，民律二草只有223条)第二编债编变动较大，系由采用瑞士债权法。② 其第三编物权基本继承了前清民律草案债权编的内容，仅增加第六章“抵押权”和第八章“典权”，并将“动产质权”改为“权利质”。第四编系在1915年法律编查会修订而成的亲属编基础上，参考《大清现行律》民事有效部分及历年来大理院判例，制定而成。其篇目与《大清民律草案》第四编亲属更接近。③ 第五编也是由《大清民律草案》之继承编稍加变动而成，其变动部分大抵取材于《大清现行律》民事有效部分及历年来大理院判例。其内容的变化，主要是将继承分为宗祧继承和财产继承。

第二次民律草案的产生，体现出国际化与本土化紧密结合的特点。在国际化方面，其所继承之大清民律草案本身就是移植大陆法系民法

---

① 杨幼炯著:《近代中国立法史》，商务印书馆1936年版，第328页。

② 同上书。

③ 同上书。

之结果，而二次民律草案之债、物权两编，进一步采纳大陆法系，特别是瑞士的民法。如采用能力、买卖、利率和时效制度等。其本土化方面，成果亦甚显著。将前清民律草案中之债权编改为债编，即有保护债务人利益的意思，物权编增加抵押权及典权两章，抵押之标的，以不动产为限，系尊重中国固有之习惯。典权更是我国独有之民事习惯，该二草予以保留，体现出对固有习惯之尊重。其亲属与继承两编，在大清民律草案起草时，就是由中国人自己主持的。此次二草，更加注重中国固有之道德伦理及法律传统，宗法制度有所保留，家长权、宗祧继承制度，以及亲等的计算接近固有之服制等。

关于这部法典草案的起草，曾任修订法律馆总裁的江庸（1878—1960）有过这样一段评述："（一）前案（即大清民律草案——笔者注）仿于德日，偏重个人利益，现在社会情状变迁，非更进一步以社会为本位，不足以应时势之需求。（二）前案多继受外国法，于本国固有法源，未甚措意。如民法债权篇于通行之'会'，物权篇于'老佃'、'典'、'先买'，商法于'铺底'等全无规定，而此等法典之得失，于社会经济消长盈虚，影响极巨，未可置之不顾。（三）旧律中亲属继承之规定，与社会情形悬隔天壤，适用极感困难，法曹类能言之，欲存旧制，适成恶法，改弦更张，又滋纠纷，何去何从，非斟酌尽美，不能遽断。"①

由此可以看出，第二次民法草案的起草，更加注重法律与社会的衔接，其保留传统法制，适应现实需要的意图非常明显。其结果，"过渡期内令人惊讶的是民法的延续，新的民国政府没有采用晚清政府依1900年德国民法典为范本草拟的新法典，而是继续使用清末修订过的旧法典。结果是一部自称为刑法典的《大清刑律》中的民事部分被出乎意料

① 谢振民编著：《中华民国立法史》，张知本校定，中国政法大学出版社2000年1月版，第748页。

地当作民国法典使用了将近二十年。"[①]

1911年中华民国成立后,民国政府在建立之初就把商事立法作为一项重要的任务。在《南京临时政府宣告各友邦书》中,民国政府明确表示,要改订民法、商法及采矿规则,改良财政,蠲除工商各业的种种限制。由于"编辑法典,事体重大,非聚中外硕学,积多年之调查研究不易告成",民国政府暂时援用前清的商律和破产律。1912年5月14日,民国《大总统秘书厅交商部拟定商律文》中指出,"从速调查中国开矿办法及商事习惯,参考各国矿章、商法,草拟民国矿律、商律"。北京政府承袭民商分立体制,于1914年依《大清商律草案》订成《商人通例》和《公司条例》;并在《大清民律草案》的基础上,增删修改,于同年9月1日起施行。《商人通例》共73条,分别为商人、商人能力、商业注册、商号、商业账簿、商业使用人及商业学徒、代理商。《公司条例》共有251条。"此项《商人通例》及《公司条例》,体裁上虽仿日商法,而内容则有采自德国之新商法也。"[②]1921年华盛顿会议召开,决议各国派员组成治外法权调查委员会,考察在中国领事裁判权之情形、中国法律、司法制度以及司法行政状况,以决定是否放弃各国在华治外法权。这一决议促使北京政府在法典编制上加快了速度。1922年北京政府修订法律馆开始起草《票据法》第二次草案,1924年春又起草商法,其中《票据法》、《保险法》、《海商法》的草案于1926年至1927年陆续完成。

中华民国成立初期及北京政府时期所制定商法之重要者,为1914年公布实施之《公司条例》、《商人通例》以及后来两法之实施细则。《票据法》四个草案,分别产生于1913、1922、1923、1924年。甚至第四个草案于1925年又经修改,定稿时共有四章122条,但因修订法律馆改组

① 黄宗智著:《法典、习俗与司法实践:清代与民国的比较》,上海书店出版社2003年2月第1版,第2页。

② 杨幼炯著:《近代中国立法史》,商务印书馆1936年版,第329页。

而中辍。[①] 1914 年公布施行《证券交易所法》及 1915 年颁行之《证券交易所法施行细则》。[②] 1915 年法律编查会完成《破产法草案》3 编 337 条。[③] 1917 年完成《保险契约法草案》四章 109 条。[④] 1926 年《海船法案》公布，共有 6 编 263 条。[⑤]

二、中华民国南京国民政府时期的民商事立法

南京国民政府十分重视民法的起草和修订工作。这一时期的民事法律分为总则编、债编、物权编、亲属编和继承编，共五编。整个法典采用分编起草、民商合一的方式。其各编起草和完成的情况如下。

1928 年 12 月，国民政府立法院成立。次年成立民法起草委员会。该委员会根据中国国民党中央政治会议第 168 次会议的决议，首先开始《总则编》的起草。1929 年 4 月立法院通过《民法总则编》，分为七章，第一章法例，第二章人，第三章物，第四章法律行为，第五章期日及期间，第六章消灭时效，第七章权利之行使，共计 152 条。

1929 年开始起草《民法债编》草案。1929 年 11 月，经立法院通过，同年 11 月 23 日国民政府公布，1930 年 5 月 5 日施行。分为两章，第一章通则，分为 6 节。第二章各种之债，分为 24 节，共 604 条。

《物权编》为 1929 年 11 月 19 日立法院通过，同年 11 月 30 日公布，次年 5 月 5 日实施。分为十章 211 条。第一章通则，第二章所有权，第三章地上权，第四章永佃权，第五章地役权，第六章抵押权，第七章质权，第八章典权，第九章留置权，第十章占有。

---

① 谢振民编著：《中华民国立法史》，张知本校定，中国政法大学出版社 2000 年 1 月版，第 819 页。

② 同上，第 864 页。

③ 同上，第 802 页。

④ 同上，第 833 页。

⑤ 同上，第 828 页。

1930 年 7 月开始《亲属编》和《继承编》的起草工作。同年 12 月 26 日由国民政府同时公布,次年 5 月 5 日开始实施。《亲属编》分为七章,第一章通则,第二章婚姻,第三章父母子女,第四章监护,第五章抚养,第六章家,第七章亲属会议,共计 171 条。《继承编》分为三章,第一章遗产继承人,第二章遗产之继承,第三章遗嘱,共计 88 条。

至此,民事法律的起草工作基本完成。

南京国民政府成立后,加快了商事立法。1929 年 6 月 5 日,胡汉民、林森提出《民商划一提案》,确立了"将民商订为统一法典,其不能合并者则分别立单行法规"的原则。1929 年 11 月 5 日立法院按民商合一体制完成《民法债权编》,把商法总则中的经理人、代办商,商行为中的买卖、交互计算、行纪、仓库、运送营业及承揽运送订入《债权篇》。按照民商合一的法典编制方式,立法院商法委员会等机关也开始起草各项单行商事法律。其产生的商事法律主要有:《交易所法》,1929 年 10 月 3 日公布;《票据法》,1929 年 10 月 30 日公布;《公司法》,1929 年 12 月 26 日公布,计 6 章共 233 条;《海商法》,1929 年 12 月完成,并于同年 12 月 24 日、26 日修改通过,计 8 章 174 条;《票据法原则》于 1929 年完成,10 月 30 日公布,计 5 章 139 条;《保险法》于 1929 年 12 月 30 日公布,但未定施行日期,一直未真正实施,该法计 3 章 82 条。此外还有:《船舶法》,1930 年 12 月 4 日公布;《银行法》,1931 年 3 月 28 日公布;《破产法》,1935 年 7 月 17 日公布;此外还有《合作社法》等。

三、中华民国时期民商事立法的历史成就

1.民事法律对国际化的追求

南京国民政府时期的民事法律,是中国法律近代化进程中特殊而重要的一个组成部分。其在继承以前民事法律修律的成果基础上,继续向前推进。在法律体系的国际化方面,取得重要的成绩。主要表现

为以下几个方面：

首先，在法典编纂体例方面，采用民商合一的方式，符合当时主流的立法模式。

民商分立，抑或民商合一，是近代民法法典编纂的两种不同方式。清末修律过程中，采用的是民商分立的模式。北京政府时期，基本上沿袭了清末民商分立的形式。[①] 关于南京国民政府时期民法法典的编纂方式，1929 年 5 月，国民党中央政治会议委员兼立法院院长胡汉民、副院长林森(1868—1943)提议编订民商合一的法典。他们在提案中说：

“查民商分编，始于法皇拿破仑法典。维时阶级区分，迹象未泯，商人有特殊之地位，势不得不另定法典，另设法庭以适应之。欧洲诸邦，靡然相效，以图新颖。然查商法所订定者，仅为具有商业性质之契约，至法律上原则或一般之通则，仍须援用民法。而商法上最重要之买卖契约，且多在民法中规定。是所谓商法者，仅为补充民法之用而已，其于条例，固已难臻美备。且社会经济制度递嬗，信用证券，日益发达，投资商业者风起云涌，一有限公司之设立，其股票与债券类分散于千百非商人之手，而签发支票、汇票等事，昔日所谓之商行为，亦非复商人之所专有。商行为与非商行为之区分，在学说上彰彰明甚者，揆诸事实，已难尽符……吾国商人本无特殊地位，强予划分，无有是处。此次订立法典，允宜考社会实际之状况，从现代立法之潮流，订为民商统一之法典。”[②]

---

① 谢振民认为，“自民国十一年至十四年，修订法律馆又先后编成《票据法》第一、第二、第三、第四、第五各次草案。其编制体例，仍大致为民法与商法各独立为一法典，修订法律馆虽有民商合编之拟议，终以改编之业，繁而难举，非假以岁月，不克事，而当力图改进司法，收回法权之际，又未便将此等关系重要法典，置为缓图，故仍分别修订。”参见谢振民编著：《中华民国立法史》，第 6 章商法，张知本校订，中国政法大学出版社 2000 年版，第 803 页。

② 谢振民编著：《中华民国立法史》，张知本校订，中国政法大学出版社 2000 年版，第 758 页。

上述文字,从学理层面奠定了近代中国民商合一的立法基础。其关于民商合一的主要理由,大致如后来国民党中央政治会议向立法院提交的审查报告所说,共有如下八点[①]:其一,因历史关系认为应订民商统一之法典。“我国自汉初驰商贾之律后,四民同受治于一法,买卖钱债,并无民商之分。清末虽有分订民法法典及商法法典之议,民国成立以来,亦沿其说,而实则商人本无特殊之阶级,亦何可故为歧视耶?”[②]其二,因社会进步认为应订民商统一法典。第三,因世界交通,认为应订民商合一法典。第四,因各国立法趋势,应订民商统一法典。第五,因人民平等,认为应订民商合一法典。第六,因编订标准认为应订民商合一法典。第七,因编订体例,认为应订民商合一法典。第八,因商法与民法之关系,认为应订民商合一法典。这些理由,从不同角度支持了民商合一的法典体例。应当说,上述基本上反映了近代以来商业的发展对民法的要求,以民商合一的体例,比较符合世界的潮流和法典发展的趋势。

其次,民法采用社会本位的立法指导思想,为当时最先进的民事法典理念。国民政府立法院民法起草委员会在民法总则的起草说明书中,列举了四点立法理由。其中第二点“社会公益之注重”一点为:

“自个人主义之说兴,自由解放之潮流,奔腾澎湃,一日千里,立法政策,自不能不受其影响。驯至放任过甚,人自为谋,置社会公益于不顾,其为弊害,日益显著。且我国人民,本以自由过度,散漫不堪,尤须及早防范,籍障狂澜……此编之所规定,辄孜孜致意于此点,如对于法人取干涉主义,对于禁治产之宣告,限制其范围,对于消灭时效,缩短其

---

① 详见谢振民编著:《中华民国立法史》,张知本校订,中国政法大学出版社 2000 年版,第 759—760 页。

② 谢振民编著:《中华民国立法史》,张知本校订,中国政法大学出版社 2000 年版,第 759 页。

期间等皆是。”①这一立法原则，在各编中均有所体现。如在《债编》中，不仅保护债权人利益，也保护债务人利益。限制重利盘剥。在《物权编》中，第765条规定所有权行使必须“于法令限制之范围内”。第773条规定，“土地所有权，除法令有限制外，于其行使有利益之范围内及于土地之上下。如他人之干涉无碍其所有权之行使者，不得排除之”。第774条规定“土地私有人经营工业及行使其他之权利，应注意防免邻地之损害”。《亲属编》特别规定了“亲属会”一节。其对于亲属会的权利，规定了亲属间一切纠纷，可以由其进行排解，“且其职权范围较各国民法所规定者为广”。② 这种规定，虽然没有涉及一般之社会利益，但是家庭的稳定，对于社会的稳定，无疑是有帮助的。在《继承编》中，将配给财产的范围扩大，由亲属会议根据被继承人生前所受抚养之程度，及其他关系，决定对于被继承人生前继续抚养之人，予相应的财产配给。另外该编设置限定继承的制度，即继承人对于被继承人之债务，以其继承所得之遗产为限，“于限制继承人义务中，仍寓保护债权人权利之意”。③ 此类规定，可谓不胜枚举。

至于当时对于采纳“社会化”的民法原则，近代著名法学家杨鸿烈(1903—1977)④曾说：“自世界大战告终前后，中国的学术界有所谓‘新文化运动’的兴起，文学革命、思想革命、社会革命……真是甚嚣尘上！就在全世界的变迁也很剧烈！社会上平民生活的困难，阶级斗争的恐

---

① 谢振民编著：《中华民国立法史》，张知本校订，中国政法大学出版社2000年版，第756页。

② 同上，第795页。

③ 同上，第797页。

④ 杨鸿烈(1903—1977)，近代著名法律史学家。早年毕业于北京师范大学外文系，后入清华大学国学研究院师从梁启超、王国维研究历史，1934—1937年留学于日本东京帝国大学研究院，获博士学位。曾任教于南开大学、上海中国公学、大夏大学、复旦大学、法科大学、北京师范大学、云南大学、河南大学等。著作有《中国法律发达史》、《中国法律思想史》、《中国法律在东亚诸国之影响》等，对中华法系的成立等问题的研究有重要贡献。

怖,都使以前以个人主义为根据的法律,不得不改变,而以社会为本位,所以颁布的法令都有使‘权利趋于社会化’,‘契约趋于集合化’的形势,流风所播,我国自然大受影响,而法律思想乃又发生一大变化。尤其是从十四年国民政府成立之后,秉承孙中山先生的遗教,制定许多名贵的法典,另开辟中国法系的新纪元!”①

再次,该法典在亲属和继承等权利领域,赋予女性与男性同样的地位,符合男女平等的近代民法潮流。该法典《总则编》的立法理由说明书中说到,“此编对于特别限制女子行为能力之处,一律删除。并以我国女子,于个人财产,有完全之处分之权,复规定已结婚之妇人,关于其个人之财产,有完全处分之能力。至其他权义之关系,亦不因男女而有轩轾。”②

该法典在男女平等的问题上,体现得最为明显的是《亲属编》和《继承编》。在其《亲属编》中,规定离婚的条件,男女一样,亲权由父母共同行使,夫权也被废除。该编最重要的一个体现男女平等的地方,则在于亲等的计算采用罗马法的计算方法。过去的教会法计算方法实际与中国固有之服制及宗法观念颇相一致。③ 而此次法典编纂,以罗马法的亲等计算方法,排除了对姻亲的歧视。在《继承编》中,对于男女平等原则,也有重要体现。如我国古代对于继承权,往往由男子享有。但此编规定同一顺序的继承人,男女一律平等。废除宗祧继承,遗产之继承,不以宗祧继承为前提。

最后,该法典废除了中国沿用了几千年的宗法传统,从根本上动摇

---

① 杨鸿烈著:《中国法律思想史》(下册),商务印书馆 1998 年版,第 347 页。

② 谢振民编著:《中华民国立法史》,张知本校订,中国政法大学出版社 2000 年版,第 756 页。

③ 关于亲等计算方法的差异,可以参见谢振民编著:《中华民国立法史》,张知本校订,中国政法大学出版社 2000 年版,第 781—782 页。

了封建制度的法律基础。

我国的宗法传统，实为我国相延数千年的封建制度。此传统造成诸如男尊女卑、重视血亲、歧视姻亲、家长制等重大社会问题。此次民法法典的制定，基本上不再延续宗法制度。除其中基于对社会稳定的考虑，保留一些家制和亲属会的规定外，过去之服制图、男女不平等等问题，皆予以废除。此实为引进西方国家先进之平等、自由观念，以权利为法律基础的结果。此种改进，如非以他山之石，攻我之玉，纯依赖中国固有之法律观念，实难有所进展。由于新民法的改进，近代法学家杨鸿烈曾对此评价道："这些规定虽然还不能说是极彻底的法律革命，但已经是能够根本推翻几千年来'藏污纳垢'伪善的旧礼教所护持的名分，亲属关系，宗法观念，造成了一种不流血的礼教革命了。"①

2.民事法律对本土化的追求

北京政府时期，民法基本上沿用了清末修律中产生的《现行刑律》中有关民事问题的规定。其于本土化方面，虽然有所发展，但成效并不理想。而南京国民政府的民法，对于本土化，则远较以前成绩为突出。

新民法典吸收和有意保留了一些中国固有法律传统中比较优良，又比较重要的法律制度。其中，关于典权的规定，典型地反映了这一点。

典权制度是中国古代形成的具有民族特色的一个民事法律传统。元、明、清时期的法律对此都设有相关条款。清末修律中产生的民法第一次草案没有规定典权，实际上将其混同为不动产质权。北京政府时期编制的民法第二次草案则恢复了这一制度。而新民法《物权编》用第八章共计17条来规定典权制度(自第911条，至第927条)。可见其对这一传统民事制度的重视。

---

① 杨鸿烈著：《中国法律思想史》(下册)，商务印书馆1998年版，第360页。

关于新民法的这一做法,《中华民国立法史》的作者谢振民曾予以详尽之分析:“我国习惯无不动产质,而有典,二者性质不同。盖不动产质为担保债权,出质人对于原债务仍负责任,苟质物价格低减,不足清偿,出质人仍负清偿之责,而典则否。质权既为担保债权,则于出质人不为清偿时,只能将质物拍卖,就其卖得全额而为清偿之计算,无取得其物所有权之权利,典则用找贴方法,便可取得所有权。二者比较,典之习惯,实远胜于不动产质。”①

另外,新民法在一定范围内保留了中国固有之家庭和家族的制度,将其规定为二章,即《亲属编》之第六章家,和第七章亲属会议,共计有16个条文(从第1122条,到第1137条)。其中家一章规定了家长及其权利,特别是对于未成年子女及家属的权利。亲属会议一章规定了亲属会议的组成及运作方式等问题。这些规定,刻意模仿中国古代有关家长权与族长权的法律传统,但是其相关权利,则比传统社会中之家长及族长的权利要小得多。这些规定,有助于保持家庭的敦睦和谐,家族的繁荣昌盛。其重视家庭与家族的价值,不仅体现于民法,在刑法上也有所体现。

关于南京政府时期的民事立法,有学者评述到,“中国古代没有独立的民法典。在对于有关民事关系的法律调整方面,主要适用其他法律中的相关条款。同时,礼、习惯以及在各宗族共同体内部生效的宗族法等规范,在调整民事关系方面,也起到极其重要的作用。基于涉及民事关系的法律、礼、习惯、宗族法等规范,形成了一些具有典型民族特色的民事传统。民法在一定程度上保留了这些传统,其中,既有一些符合当时国情民风、对于确立更易为中国社会所接受的民事法律体系具有

---

① 谢振民编著:《中华民国立法史》,张知本校订,中国政法大学出版社2000年版,第772—773页。

积极意义的内容，也有一些迁就历史惰性、不利于社会进步和制度更新的糟粕。"①

第四节　中国近代民商事法律习惯调查

一、民商事法律习惯与民商事立法

在我国传统民事法制中，民商事法律习惯历来具有不可低估的重要地位。

对此，中外法学者均有论述。曾多年钻研中国民事法史的台湾著名法律史学家戴炎辉先生认为："各朝代的实定法偏重于刑事法，其关于民事法的部分甚少，大率委于民间习惯法。"②法国著名比较法学家勒内·达维德也持类似看法："自汉朝以来，历代虽制定过许多法典，但都只包括行政方面或刑事方面的条款，民事方面往往只限于规定因触犯习惯准则而受刑事制裁的有关条款。"③还有其他一些法学家也持近似看法。正是因为习惯在中国古代民法中的重要地位，所以近代进行民事立法时，立法者才特别强调传统习惯的重要性。

民事和商事习惯，大多数是在民间力量的推动下自发形成的。这些习俗，对于调整民事和商事活动具有十分重要的意义。对于这样的法律习惯，实际上没有完全废除的必要。反过来，如果不顾社会的反应，强行禁止，或者仅仅未能予以充分的尊重，都可能造成新法的规定与社会的脱节。从法律发展的角度来看，对传统社会中形成的本土法

---

① 朱勇主编：《中国法制史》，法律出版社 1999 年 9 月版，第 591 页。

② 戴炎辉著：《中国法制史》自序，台湾三民书局 1966 年版。

③ [法]勒内·达维德：《当代世界主要法律体系》，漆竹生译，上海译文出版社 1984 年版，第 489 页。

律资源挖掘整理不够,实际上是一种立法资源的浪费。

在我国法律近代化的过程中,由于受到收回治外法权问题的制约,借鉴西方发达国家先进的法律制度,进而建立与国际接轨的法律体系,自然成为当时法律制定的首要目标。在这种情况下,如何最大限度地保留和继承我国固有法律文化中的优秀成果,并使移植过来的先进法律文化成果与我国国情相适应,同样是一个需要等量齐观的问题。这个问题,在我国近代民事法律的制定过程中,表现得比较明显,因而引起了学者的重视和反思。

1933 年发表于《东方杂志》的一篇名为《中国法治前途的几个问题》(作者阮毅成)的文章中这样写道:"中国法治的基础未能确立,一般人都只归责于外国领事裁判权的未能撤废,军人不遵守法律,法院办案的迟缓与畏缩,人民法律的知识不普及。其实,原因还不只是如此简单。即以这些原因而论,一般人所论述的也都是表面之词,非精到之论。我以为中国法治的前途,有无确立的希望,是凭着下面几个问题,有无解决的办法:一、法律与国民感情的调节;二、司法与行政的调整;三、政府及舆论对于法院的尊重与信任;四、法治人才的训练。……考我国现行法律,多半继受他国,其得之于本国固有民情风俗者,数量甚少。然法律不外乎人情,法律与人情不符自难得人民的信仰。而一国的法治精神,便在人民能信仰,并能遵守法律。我国法律与国民感情不相调节的地方……通常法律中与诉讼中,实实在在可见。"[①]1936 年《中华法学杂志》上,发表了题目为《今后我国法学之新动向》(作者杨幼炯)的文章。作者指出:"本来立法为一民族社会文化之活动,立法事业至繁,欲以一朝夕之时间,网罗社会万种之情状,详瞻靡贻,绝不可望。故

① 阮毅成:《中国法治前途的几个问题》,载《东方杂志》1933 年,第 30 卷,第 13 号 78 页。

当立法之际，须参考外国立法之经验，采集其法律，以补自国法律之不备，或创设其所未有，实为事之不容已者，但决不能全采外国法律。盖法律之制定，应以本国固有之人情，风俗，地势，气候，习惯为根据，外国法律之纵如何完备，终不适于本国之国情。我国过去立法之失败，权由于此。立法者往往视法制为一种文明的装饰品，不以法制与国民生活之关系为前提，但知模仿，盲从，结果在公法方面，三十余年以来，虽制定不少之宪法草案，但缺乏一贯的立法主张，无一合于国民之需要，不祟朝而等于'一撮之废纸'。在私法方面，大部分亦系直接采用外国法律不合于本国民情，陈陈相因，此弊历久不改，可胜浩叹。"①

二、法律本土化与近代民商事法律习惯调查

如果说中国近代法律体系的国际化目标，是中国要最大限度地吸收、引进西方国家先进的法律成果问题，那么，其本土化目标，就是如何最大限度地保留固有法律传统，并使新律与中国国情相适应、相协调的问题。

晚清法制改革虽有取悦于西方国家的一面，但其终极目的还是改革者为了摆脱自身的法律困境，能够为政权的继续存在与发展服务。因此，法律的社会适应性问题，是法律修改中无法回避的根本问题。这就意味着，本土化目标是决定改革的方向与进程的另一个基本方面。

法律体系的本土化目标，主要涉及两个方面的问题：一是如何最大限度地保留固有法律传统问题。旧的法制有完全适应社会需要的，应予以完全保留。有的制度虽然不完全适应社会形势，但是经过修改可以通行的，仍然可以用。这种努力，有利于最大限度降低法律移植与试

---

①　参见何勤华、李秀清主编：《民国法学论文精萃》(第1卷)，法律出版社2003年8月版，第383页。

用的成本,有利于社会的稳定,也有利于新法律的通行。二是修改后的新律如何与中国民情、社会基础相适应的问题。法律规则可以有超前性,对社会行为起到引导作用,为实现某种法律之外的目标服务。但是法律不可过于超前,以致与社会脱节。法律规范就是行为模式,是与普通民众的生活常识、道德意识、生活习性及法律意识息息相关的。如果法律强行改变,可能引起社会不安。因此,新法律的推行,不仅应与我国固有法律传统相适应、相和谐,更应与当时的国情与民情相适应。

在规定修律要与国际接轨的同时,清政府又强调,修律要"本礼教"、"重纲常","不戾乎我国世代相沿之礼教、民情","方能融会贯通,一无扞格。"①清政府的"宪政编查馆"②规定的立法原则也是"兼采列邦之良规,无违中国之礼数"。1907年(光绪三十三年五月),大理院正卿张仁黼(?—1908)③的奏折中说,"方今东西各国法学昌明,莫不号称法治",中国"法律的宗旨"必须按照中国人的"特性":"国之肆意立者,惟民,一国之民必各有其特性,立法者未有拂人之性者也。西国法学家,亦多主性法之说,故一国之法律,必合乎一国之民情风俗",④为此,"凡民法商法修订之始,皆当广为调查各省民情风骚所习为故常,而于法律不相违悖,且为法律所许者,即前条所谓不成文法,用为根据,加以制裁,而后能便民此则编纂法典之要义也。"⑤

清末民法的制定,有两个法律原则与法律的"本土化"有直接关系。

---

① 《沈家本奏议修订法律大概办法折》:《光绪朝东华录》,光绪三十三年十月。

② 该馆于1907年由考察政治馆更名而来,负责编订宪法草案,并考核修订法律馆所订法律草案及各部院、各省所订单行法及行政法规,提请资政院(1910年成立)审议,奏准皇帝谕令颁行。修订法律馆于1902年专为修律而设立,设修订法律大臣职。

③ 张仁黼(?—1908),字劭予,河南固始人,清朝大臣。光绪二年进士,曾任湖北学政等职。1907年,补大理院正卿,奏请敕部院大臣会订法律,对清末修律推动较大。

④ 故宫博物院明清档案部编:《清末筹备立宪档案史料》(下册),中华书局1979年版,第834页。

⑤ 同上,第836页。

其第三个原则是“求最适于中国民情之法则”。“立宪国政治几无不同，而民情风俗，一则由于种族之观念，一则由于宗教之支流，则不能强令一致，在泰西大陆尚如此区分，矧其为欧、亚礼教之殊，人事法缘于民情风度而生，自不能强行规，致贻削趾就履之诮。是编凡亲属、婚姻、继承等事，除与立宪相背酌量变通外，或取诸现行法制，或本诸经义，或参诸道德，务期整饬风纪，以维持数千年民彝于不敝。”[①]其第四项原则为“期于改进上最有利益之法则”，其中强调的是“匡时救弊，贵在转移”，“循序渐进冀收一道同风之益”。[②] 这两项原则说明，民法的制定是遵从“本土化”精神的。

清末的民商事习惯调查当始于光绪三十三年（1907 年）。是年五月初一日，大理院正卿张仁黼就修订法律一事上书清廷，折中指出：“凡民法商法修订之始，皆当广为调查各省民情风俗所习为故常，而于法律不相违悖，且为法律所许者，即前条所谓不成文法，用为根据，加以制裁，而后能便民。此则编纂法典之要义也。”[③]这一奏折十分明确地将民间习惯视为不成文法，并将民商事习惯调查视为编纂民商法典之首要环节。事实上，张氏之见基本反映了当时参与修律讨论的各部门、各官员的一致看法。以此为基础，同年九月十六日，宪政编查馆奕劻上奏朝廷，建议在各省设立调查局，以负责民间习惯调查之事宜，同时还呈递了所拟各省调查局办事章程[④]。这一提议当即获得朝廷认可，清廷在同一天便发布了《令各省设立调查局各院设立统计处谕》[⑤]。随即，修订法律馆亦将民间习惯调查正式提上日程。遵照清廷谕旨的精神，

---

① 故宫博物院明清档案部编：《清末筹备立宪档案史料》（下册），中华书局 1979 年版，第 913 页。

② 同上书。

③ 同上，第 836 页。

④ 同上，第 51—52 页。

⑤ 同上，第 52—53 页。

沈家本等人于光绪三十四年(1908年)五月奏呈调查章程,为后来制定更为具体的民事习惯调查章程定下了原则。

在清末修律中制定了《通行调查民事习惯章程文》,共有十条。章程中重申:"民事习惯视商事尤为复杂,且东西南北,类皆自为风气,非如商业之偏于东南,拟派员分途前往调查,以期详悉周知,洪纤中举。"并提出调查的具体办法:"调查民事必得该省绅士襄助,方得其详,调查员应与面加讨论。至应如何约合各处绅士会晤,临时与调查局或提法司按察司酌量办理。会晤时将本馆问题发交研究,询以有无疑义,有疑而质问者,应即为之解释,并示以调查之方法,答复之限期。"章程规定了调查的主要内容:"各处乡族规、家规。容有意美法良,堪资采用者,调查员应采访搜集,汇寄本馆,以备参考"。"各处婚书、合同、租券、遗嘱等项,或极详细,或极简单,调查员应搜集各抄一份,汇寄本馆以备观览。"当时,各地调查员还设计了详细的调查问卷。据史料记载,清代至迟在1907年(光绪三十三年)民事习惯调查已正式启动。[①] 这次调查,"组织严密、规模巨大、收获颇丰"[②]。这一工作,为亲属与继承两编乃至整个民法的本土化,都起到了重要的作用。宣统三年(1911年)九月,修订法律大臣俞廉三等在奏进民律草案时,专门陈述了编纂民律中采录习惯的经过,"遴派馆员分赴各省采访民俗习惯前后奏明在案,臣等督饬馆员依据调查之资料,参照各国之成例,并斟酌各省报告之表册,详慎从事。"

清末的民商事法律习惯调查情况基本如下:首先,为开展民商事习惯调查,清政府建立了从中央到地方十分严密的组织机构。中央由修

---

① 胡旭晟:《20世纪前期中国之民商事习惯调查及其意义》,载前南京国民政府司法行政部编:《民事习惯调查报告录》(上),中国政法大学出版社2000年1月版,第2页。

② 前南京国民政府司法行政部编:《民事习惯调查报告录》(上),胡旭晟、夏新华、李交发点校,中国政法大学出版社2000年1月版,胡旭晟序,第2页。

订法律馆总领其事；各省则成立“调查局”，具体由法制科负责调查事宜；各府县设调查法制科；各地除专职调查员之外，还有各地方官、各社会团体及其他个人参与其事，可谓组织严密。其次，调查运作方式主要是采用问答的形式，由修订法律馆拟定调查问题，颁发各省调查局及各县，各省县调查人员根据拟定的问题搜集各地习惯，然后将答复清册报送修订法律馆。总之，清末民商事习惯调查规模极大，组织严密，中央修订法律馆进行宏观领导，拟定调查问题的大致框架，地方各省根据当地实际情况设计出具体、详细的问题，切实执行。因清政府垮台，清末习惯调查在历经四年后中止。

中华民国北京政府和南京国民政府时期的民事立法，基本延续了清末立法的做法，进行了相当规模的法律习惯调查，保留了一定数量的民商事法律习惯。

中华民国北京政府时期的法律调查正式始于 1918 年初。[①] 1918 年至 1921 年之间，在全国范围内取得相当可观的调查资料。但由于北京时期政治混乱、经费支绌、军阀混战，致使调查工作未能取得较为系统的成果。

民初民商事习惯调查运动发轫于 1917 年(民国六年)冬，1918 年在全国全面铺开，从 1918 年到 1921 年达到高潮，此后渐渐归于沉寂。到 1920 年，全国共有 19 个省区的调查报告最后汇集到民国司法行政部。北京政府同样对民商事习惯调查非常重视。1917 年奉天省高等审判厅厅长沈家彝(1881—1954)向司法部呈请创设民商事习惯调查会，1918 年 2 月 1 日司法总长江庸核准通过“通令各省高审厅仿照奉天省高审厅设立民商事习惯调查会”的训令，发往各省区执行，随后，除

① 胡旭晟：《20 世纪前期中国之民商事习惯调查及其意义》，载前南京国民政府司法行政部编：《民事习惯调查报告录》(上)，中国政法大学出版社 2000 年 1 月版，第 3 页。

少数边远地区外,各省都先后成立了民商事习惯调查会。司法部不仅委任专门人员负责,而且在全国设立严密的组织机构具体运作调查工作:在中央由司法部总负责,其附设的修订法律馆具体办事;在各省区由高等审判厅内的“民商事调查会”作为专门机构。各省区对组成“民商事调查会”的人员配置十分重视,均由司法机关的专职人员构成,如,由高等审判厅的厅长兼任调查会的会长,下属各审判厅厅长、推事及兼理司法各县知事、承审员为会员①。在运作规程方面,各省区调查会几乎都制定了专门的“会章”、“调查规则”和“编纂规则”,详细规定习惯调查的各项事宜。此外,鉴于各省区第一期报告书所用格式、体裁、用纸等差异较大,司法部还拟定了统一的民商事习惯调查会报告书格式,体裁、用纸及编制方法,颁行全国。北京政府时期所开展的民商事习惯调查从1918年开始,到1921年达到高潮,当时出现了“各省除边远外,络绎册报,堆案数尺,浩瀚大观”②的局面,10年以后,由于时局动荡而逐渐归于沉寂。

1930年,南京国民政府民商事立法活动进入高潮时期。为了配合立法活动,也进行了民商事习惯的调查工作。③

国民政府定都南京以后,民法典的编纂工作重新启动。1930年7月南京国民政府在制定民法典的过程中,再次对民商事习惯调查予以重视,发起全国范围的民商事习惯调查运动。由于亲属、继承两编与各

---

① 参见胡旭晟:《20世纪中国之民商事习惯调查及其意义》,载前南京国民政府司法行政部编:《民事习惯调查报告录》(上),胡旭晟、夏新华、李交发点校,中国政法大学出版社2000年1月版,序言。

② 引自北京政府《司法公报》第232期之《各省区民商事习惯调查报告文件清册叙》(汤铁樵撰)。

③ 胡旭晟:《20世纪前期中国之民商事习惯调查及其意义》,载前南京国民政府司法行政部编:《民事习惯调查报告录》(上),胡旭晟、夏新华、李交发点校,中国政法大学出版社2000年1月版,第10页。

地习惯关系紧密，所以立法院“民法起草委员会为慎重起见，特先商同院统计处，制定调查表多种，发交各地征求习惯”。[①] 在清末以来的前两次民事习惯调查的基础上，当时南京国民政府立法院民法起草委员会的立法者们对民事习惯的作用有了较全面的认识，在中央政治会议所提出的十九条立法原则之中，于第一条明确肯定了民事习惯在民事立法中的地位，即“民法未规定者依习惯，无习惯或虽有习惯而法官认为不良者，依法理”。[②] 同时，民法起草委员会还在民法总则说明书中说明了习惯适用的范围：“习惯之效力，欧美各国立法例本自不同。我国幅员辽阔，礼俗互殊，各地习惯，错综不齐，适合国情者固多，而不合党义违背潮流者亦复不少，若不严其取舍，则偏颇窳败，不独阻碍新事业之发展，亦将摧残新社会之生机……根据法制精神原则，定为凡民事一切须依法律之规定，其未经规定者，始得援引习惯，并以不悖公共秩序或善良风俗者为限。”[③]

清末与民国时期经过大规模的民事习惯调查，都形成了民事习惯调查报告。[④]

---

① 杨幼炯：《近代中国立法史》，商务印书馆（上海）1936 年版，第 379 页。

② 谢振民：《中华民国立法史》，中国政法大学出版社 2000 年 1 月版，第 753 页。

③ 同上，第 756—757 页。

④ 目前已知最早对于民商事习惯调查的资料进行整理出版的，是 1923 年（民国十二年）由施沛生、鲍荫轩、吴桂辰等人共同编撰的《中国民事习惯大全》，该书依据当时各省区法院“民商事习惯调查会”报告书内容，大体按照民律总目分为“债权”、“物权”、“亲属”、“婚姻”、“继承”、“杂录”六编。该书于 1924 年（民国十三年）1 月由上海法政学社出版，上海广益书局发行。真正大规模地整理、编纂清末、民初民商事习惯调查资料，还是在 1926 年（民国十五年）前后由北京政府司法部民事司进行的，其主持者是民商习惯编纂室的李祈。1926 年 4 月编成《各省区民商事习惯调查报告文件清册》，以北京政府司法部《司法公报》的名义刊出。该清册整理了当时司法部和修订法律馆所收集和收藏的清末及民国年间全部民商事习惯调查资料，编成目录。据该清册统计，清末的各省调查报告甚为丰富，竟多达 828 册，相比之下，所获民国时期的调查资料要少得多，到 1926 年底共计 67 册。清末各省县所报习惯多属问答体，民国各省区所报习惯皆为陈述体。对于以上所有资料，当时北京政府司法部计划汇编《民商事习惯调查录》，以司法公报临时增刊的形式，分 13 期陆续发表。1930 年南京国民政府民

从清末民事法律的制定保留大量传统民商事习惯的情况来看,民商事法律习惯调查发挥了重要作用。

在民事立法原则方面,《大清民律草案》第一条就对习惯问题作了规定:“民事,本律所未规定者,依习惯法;无习惯者,依条理。”此条内容到民国十七年(1928 年)编纂民法总则时,被稍作修改为:“民法所未规定者,依习惯;无习惯或虽有习惯而法官认为不良者,依法理。”并规定:“凡任意条文所规定之事项,如当事人另有契约,或能证明另有习惯者,得不依条文而依契约或习惯,但法官认为不良之习惯不适用之。”民国十七年编纂、十八年颁行的民法典虽然对习惯有所限制,但仍然予以重视。关于权利能力和行为能力,《大清民律草案》从尊重夫权的传统习惯出发,在第 4 条、第 9 条、第 26 条等条文中,限制了妻子的权利能力和行为能力。这种限制,到民国年间采行男女平等主义之后,才作了删改。关于民事责任年龄,《大清民律草案》采多数立法例及旧有习惯,规定“满二十岁者为成年人”。《大清民律草案》的物权编和债权编系延聘日本法学家松冈义正和志田钾太郎起草的,吸收中国传统习惯不多,但民国年间制定新的民法典时作了补充。如传统习惯中的典权,民国十八年颁行的民法典设立专章加以规定,并说明理由;“我国之有典权,由来已久,此种习惯,各地均有,盖因典仅用找贴之方法,即可取得所有

商事习惯调查资料的整理也取得重大成果。当时的民法起草者们对于北京政府时期留下的有关“民事和商事习惯调查”的大量原始资料和经过整理编纂的成品和半成品,尤其是其中有关民国时代的民事部分,进行了认真的斟酌、整理,修订、发行了《民商事习惯调查录》。该书收集了当时 19 个省的民事习惯,仿照近代民法的编排体例,将民事习惯分为民法总则习惯(12 则)、物权习惯(1389 则)、债权习惯(985 则)、亲属继承习惯(1046 则),总计 3432 则。另外,1943 年日本中华法令编印馆在此基础上又编译出版了《(日华对译)中华民国习惯调查录》。此后,台湾进学书局在 1969 年再次影印、发行了 1930 年前南京国民政府司法行政部编印的《民商事习惯调查报告录》。参见胡旭晟:《20 世纪中国之民商事习惯调查及其意义》,载前南京国民政府司法行政部编:《民事习惯调查报告录》(上),胡旭晟、夏新华、李交发点校,中国政法大学出版社 2000 年 1 月版,序言。

权，非若不动产质于出质人不为清偿时，须将其物拍卖，而就其卖得价金内扣还，手续至为繁复。且出典人于典物价格低减时，尚可抛弃其回赎权，于典物价格高涨时，可主张找贴之权利，有自由伸缩之余地，实足以保护经济上之弱者。故本法特设本章之规定。”《大清民律草案》的“亲属”和“继承”两编，系修订法律馆会同礼学馆起草的，因而吸收传统伦理和习惯的内容较多。如“亲属”编中分亲属为宗亲、外亲及妻亲，规定“同宗不得结婚”，“结婚须由父母允许”，“亲等应持之服仍以服制图所定”，“行亲权之父母于必要之范围内可亲自惩戒其子”，等等。“继承”编中含有宗祧继承和遗产继承的区别，不规定女子有继承权，等等。

南京国民政府成立以后，民事法律逐渐健全，立法在处理国家法律与民间习惯关系的问题上沿用了民国初年的做法。在1929年5月23日公布的《民法总则》第一、二条分别规定：“民法所未规定者，依习惯，无习惯者，依法理”；“民事所适用之习惯，以不背于公共秩序或善良风俗者为限。”《民法总则编立法原则审查案》（国民党中央政治会议第168次会议议决，1928年12月19日送立法院）的“说明”称：“法律无明文规定者，从习惯，各国民法大都相同。所谓习惯者，专指善良之习惯而言，以补法律之所未规定者。但各国判例，法院承认习惯之效力，有数条件，其中尤以合于情理者为最要。我国自民国成立以来，亦有此判例。”①

在南京国民政府民法法典起草过程中，有关民事习惯调查研究的工作，也发挥了重要作用，特别是在新法与国情的适应方面。应当说，南京国民政府时期民事立法中对传统习惯的保留，与当时的民事习惯调查活动，是密不可分的。关于这一点，杨幼炯曾有这样一段记述，“至关于亲属继承两编，胡（汉民）、林（森）两院长因关系本党党纲及各地习

---

① 胡长清著：《中国民法总论·附录》，中国政法大学出版社1997年版，第407页。

惯甚大,非详加审慎,诚恐多所扞格,提请由中央政治会议制定原则。嗣经中政会第220次会议讨论,并经决议,交法律组审查。第236次会议决议亲属编立法原则,于十六年七月二十六日发交立法院遵照起草。该院民法起草委员会为慎重起见,特先商同院统计处,制定调查表多种,发交各地征求习惯,复就前北京司法局之《习惯调查报告会书》妥为整理,并将各种重要问题分别交付该会各委员、顾问、秘书、编修等,比较各国法制详加研究。”由此可见,南京国民政府在起草民法法典的过程中,对于法律本土化工作是比较重视的。但需要说明的是,系统周详的法典留给习惯的空间并不大。

第四章　中国近代刑事法制

第一节　《大清律例》与中国传统刑事立法

中国传统刑事法制是我国古代法律体系的主要组成部分。清代的法律体系继承了这一特点。以《大清律例》为代表，我国传统刑事法制体现出以下特点：

一、《大清律例》的产生、内容及其基本特点

清朝刑事法律制度，是在继承中国传统的法律制度的基础上，借鉴参考汉族、明朝的法律文化、法律制度，根据本民族的实际和需要建立起来的，并使我国传统刑事法制进一步得到发展，形成了在中国古代历史上相当完备的封建刑事法律体系。清代第一部综合性法律是顺治年间(1644—1661)编纂形成的《大清律集解附例》，以此为基础，又于乾隆年间形成了《大清律例》。

早在清入关前，实际上就曾相继颁行过一些法律。据《满洲实录》记载，明万历十五年(1587 年)努尔哈赤(1559—1626)[①]于费阿拉"定国政，凡作乱、窃盗、欺诈，悉行严禁"，在当时主要是带有原始民族特色

---

① 爱新觉罗·努尔哈赤(1559—1626)，明嘉靖三十八年(1559 年)出生于赫图阿拉城。后金政权的建立者，为后金首位可汗，被尊为清太祖。

(包括“神判”之类)的肉体刑罚,如打腮、贯耳、割鼻等。天命三年(1618年)后金汗努尔哈赤又曾颁布一些“法令”,甚至规定甲喇额真(参领)如不将“法令”宣谕于众,“罚甲喇额真及本牛录额真(佐领)马各一匹。若谕之不听,即将梗令之人论死。”天命十一年(1626年)努尔哈赤又制定“督捕例”,规定“凡逃人已离家,被执者,处死;其未行者,虽首告勿论”。[①] 天命后期,又曾译《明会典》为满文。太宗天聪朝,不断颁布一些新的法令,并于天聪五年(1631年)又曾制定户律。但在入关以前,一直没有形成完备、有系统的成文法典。顺治元年(1644年)六月,当时摄政之睿亲王多尔衮(1612—1650)采纳大臣柳寅东、孙襄、吴达海等人意见,下令修订《大清律集解附例》,于顺治四年(1647年)三月正式颁行。

《大清律集解附例》作为清朝第一部通行全国的综合性法典,其篇目仿效《大明律》,分名例律、吏律、户律、礼律、兵律、刑律、工律七篇,共30门,律文459条。这是清朝第一部完整的成文法典。但由于当时立国未稳,四海未靖,编纂仓促,其篇目、分卷均沿袭《大明律》,与明律律文出入者十分有限。康熙九年(1670年),复由大学士对喀纳等,会同都察院、大理寺又将《大清律集解附例》的满、汉文义进行校正。其中除仍保留了大量《明律》的成分外,相应增加了对于逃人、逃旗等与当时民族征服相关的一些规定,侧重于解决满、汉律文之间对译的问题。雍正时期,清代律例逐步趋向定型。雍正元年(1723年),胤禛命大学士朱轼等为总裁,将律例进行“逐年考证,重加编辑”,厘定成书,是为雍正朝《大清律集解》。[②]

乾隆(1654—1722)即位之初,即于元年(1736年),命三泰等人对

---

① 《满洲实录》卷4。

② 该书共分6类,30门,律文436条,附例824条,律后又附“比引条例”30条。律首列有“律分八字之义”、“六赃图”、“五服图”、“狱具图”、“丧服图”等多种图表。

《大清律集解附例》“逐条考证，重加编辑”，最终于乾隆五年（1740 年）完成，并定名为《钦定大清律例》，通称为《大清律例》，简称《大清律》，它是中国封建社会最后一部以刑法为主的综合性法典。

《大清律例》颁布以后，将律文定为“祖宗成宪”，不可变动。清廷不仅多次重申其稳定性，并严厉斥责要求改律的条奏。只是每隔一段时期可以“酌修条例”。初定每隔三年增补纂修条例一次，后改为五年一小修，十年一大修。嘉庆（1796—1820）、道光（1821—1850）、咸丰（1851—1861）、同治（1862—1874）诸朝均有条例纂修，不时进行。乾隆五年以后，《大清律例》之律文未曾有丝毫改易。相反，条例纂修频仍，不断增加，到了清朝末期，《大清律例》的规模已经相当庞大。

《大清律例》的总体框架是由“名例律”和“六律”构成。首篇是《名例律》，有 46 条，下面不分门类，亦称“四十六例”。其主要内容除了确定五刑、十恶、八议等重要制度和罪名外，还规定了一些定罪量刑的基本原则，其作用大致相当于现代法律之“总则”。如官吏犯罪分公罪和私罪，公罪处轻，私罪处重；犯罪分故意和过失，故意罚重，过失罚轻；共同犯罪一般区别首从，从犯减轻；数罪并发，一般只科重罪，轻罪不论；累犯加重，自首减免；老幼废疾减免，同居相隐不为罪以及类推的一般原则等。“六律”与中央六部相对应，即《吏律》、《户律》、《礼律》、《兵律》、《刑律》、《工律》，基本是按六部的管理事务范围来划分的。以下分为职制、公式、户役、田宅、婚姻、仓库、课程、市廛、祭祀、仪制、宫卫、军政、关津、厩牧、邮驿、贼盗、人命、斗殴、骂咒、诉讼、受赃、诈伪、犯奸、杂犯、捕亡、断狱、营造和河防，共 30 门，计 436 条，附例 1049 条。从具体法律规则看，《大清律例》由律、小注、例三者组成：律是关于某一犯罪及处罚的一般规定；小注一般以小字夹编在律或例条相应的行文之间，主要起疏通或注释的作用；例的地位和作用比较有争议，大致说来属于特别法规之类。除此之外，还有几个重要的组成部分，如卷首的几幅图表

(包括丧服图、纳赎图等)和卷末所附的"比引条例"。

清朝刑事法律表现出以下特点：

(1)以严刑峻法加重对十恶及盗罪的惩处,清律沿用笞、杖、徒、流、死五种法定刑罚。死刑于斩、绞之外,还设凌迟、枭首、戮尸等残酷刑罚,对于谋反、谋叛、侵犯皇权等行为均加以严惩;

(2)进一步强化集权机构,维护皇权与中央集权,严禁内外官交结;

(3)大兴文字狱,对于异端思想也用刑罚来加以遏制,以酷刑厉行文化专制,维护满族在政治、经济、司法上的种种特权;

(4)进一步强化礼与法的结合;

(5)清朝刑律在实践中还有一个特点,就是私家注律的出现,民间人士对于刑律的注解不断被吸收在立法之中,在律例无明文规定时,地方官也多引律注作为定案的依据,如沈之奇(清代浙江名幕,生平不详)的《大清律辑注》,就是通过对律文逐字逐句的注解并附以相关的条例,来对《大清律例》进行解释。

二、中国传统刑事立法的基本特点

1."诸法合体",以刑为主,刑法在我国传统法律体系中具有核心地位

"诸法合体",以刑为主是中国法律传统的一个基本特征。清代"详译《明律》,参以国制,增损剂量",在明代法律的基础上,形成《大清律集解附例》。以后虽对其几次增修,并无明显发展。这是清朝主要的法律典籍。在法典体例来看,它由《名例律》及与国家机关即六部对应的行为规范组成,包括《吏律》、《户律》、《礼律》、《兵律》、《刑律》、《工律》等部分。从内容上看,这部法典基本上是一部刑法典,以规范违法犯罪及其处理为重要内容。此外,清代还有《刑部现行则例》及几部《会典》,这些法律典籍除了刑法内容以外,主要涉及行政法与少量民法。由此可见,

法律体系的安排，主要考虑的是国家管理等公共活动。而民众日常生活中大量的私人事务，则不是法律关心的重点。

我国古代刑事法律占据整个法律体系的核心，有十分复杂的原因。其中最重要的，在于我国古代社会的性质——专制主义社会。由于我国古代社会是专制社会，无论奴隶制时期或者封建制度时期，维护国家政治秩序的稳定，特别是最高统治者的利益，是法律的首要目标。从我国古代第一部封建成文法《法经》开始，打击威胁统治秩序的犯罪行为，就是法律的基本任务。《法经》的编纂者就以“王者之政莫急于盗贼”，把“盗”和“贼”作为法律的首要篇目，其他部分也是围绕这部分内容形成法律体系。后来的法律编纂者基本延续了这一特点。在专制社会，上层统治阶级的利益高于一切，特别是皇帝和皇室的利益，是历代法律要保护的首要目标。而对于普通民众而言，只要其利益纷争没有达到威胁社会稳定的程度，一般不会进入法律程序。因此，我国古代刑法发达，而民法比较薄弱。此外，我国古代社会的经济基础基本是以自给自足的农业为主，“重农抑商”是历代统治者的基本国策。由于这个原因，我国古代的民事法律的发展受到极大的限制。“民法的核心一如既往是由个人或公民之间的关系——债法（侵权、契约、恢复原状）组成的……换句话说，民法规定了契约、继承和财产的移转。它所以规定这些就在于它们都是从公民个人之间的关系中产生的问题。这些人和对他们影响最大的事是我们的社会和法律的核心……显然，这样的民法在中国是不存在的，因为那里没有公民，法律像其他任何东西一样，出自皇帝……如果像中国出现的情况那样，法律规范必须规定官方与个人的关系才能成为法律规范的话，则任何只规定个人之间关系的习惯与‘法律’的关系就与我们的习惯与法律大不相同了。这种差别暴露了我们在理解中国法律制度中存在的问题，因为我们的法律制度出自个人与个人之间的关系……如果律典的确是中华帝国法律的主体和核心,则法律只不过是皇帝的政令而已。法律是在中国社会里有效运作,它的发布只是为了实现帝国政府的目的……但却极不同于任何我们所熟悉的事物的另一种制度。”[①]需要指出的是,我国古代的法律科学基本上是对现存法律的辩护和解释,所谓律学,对法律发展的影响不大,因此,刑事法律本身的发展也极为缓慢。

2.我国古代的刑罚以生命刑、肢体刑为主,相对残酷和野蛮

我国古代的刑法无疑就是国(君)权主义刑法,君主是一切权力的集合,人民只是刑法的作用对象,在义务本位的时代,死刑、肢体刑或肉体刑是统治阶级的主要统治手段和威慑工具,生命刑、肢体刑不仅被重视,甚至经常被滥用。自唐代开始,笞、杖、徒、流、死就成为封建社会的五种基本刑罚手段,直至清末。其中,死刑的广泛使用,可谓我国古代刑罚的基本标志。数千年的重罚主义及其绝对报应刑主义的影响,已使“杀人抵命”成为中国民间、官方共同认可的公理所在、公义所在。据此,长期以来,对杀人犯包括其他罪大恶极者判处死刑,在中国绝大多数公众心目中可谓公平的等义、正义的化身。中国古代死刑制度,虽经历了由野蛮到文明的曲折演变过程;夏至秦,其执行方式以残害人的肉体为主,种类繁多,非常残酷;汉以后开始了轻刑化的过程,但有反复。中国古代死刑制度的思想基础是:同态复仇思想、维护中央集权的儒家伦理纲常思想、重刑思想(慎刑思想也是存在的)等,但是死刑作为一种核心的刑罚种类,历代为统治者所青睐。较之现代社会的刑罚制度,我国古代的刑罚是比较野蛮和残酷的。清律沿用笞、杖、徒、流、死五种法定刑罚。死刑于斩、绞之外,还设凌迟、枭首、戮尸等残酷刑罚,对于谋反、谋叛、侵犯皇权等行为均加以严惩,对于异端思想也用刑罚来加以

---

① [美]琼斯:《大清律例研究》,苏亦工译,载高道蕴等编:《美国学者论中国法律传统》,中国政法大学出版社 1994 年版,第 408—409 页。

遏制。

3.我国古代的刑法以身份制为基础,等级色彩浓厚

中国古代社会是建立在农业自然经济基础上的宗法社会,以家族为本位的宗法思想始终笼罩着整个社会,并指导着历代的立法活动。我国古代社会是一个身份制社会,不仅所有的国人分为良民和贱民,即使在良民内部也区分为平民和贵族,整个社会充满了等级色彩。占据这一制度核心的是宗法家族制度。

宗法制度是中国古代以嫡长子为中心、以血缘关系为纽带而形成的一种制度。伦理关系是人与人之间的道德准则关系。以血缘关系为基础形成的宗法制度以男性为主体,嫡长子为大宗,其余别子为小宗;别子的长子在其世系内又为大宗,其余别子为小宗,以此相传形成宗族。在西周,宗法制度与国家制度紧密结合。周天子是大宗,掌全国政权。其诸弟为小宗分封诸侯国。维系这种制度的是伦理道德。春秋之后,礼坏乐崩,周室衰落,宗法制度被冲击,但这种宗法制度在其后的王公贵族和士大夫阶层仍有很大影响。王室贵族的封号、爵位继承、宗族祭祀,仍以宗法关系为准。在民间,宗法制度在婚丧嫁娶、财产分割等方面也有很大影响。由于宗法制度是以血缘关系为纽带,使得尊尊、亲亲的伦理道德与之形成天然结合体,而这种结合既有利于家庭秩序、社会安宁,又有利于政权巩固,所以为我国古代法律所维护。父亲对子女有惩治权,侵犯尊长加重治罪,近亲属犯罪得相容隐匿,以及某些犯罪依“服制”在一定的亲属间株连,均体现了宗法制度和伦理道德的原则。

从法律制度的渊源上看,中国古代的法律来源于礼制规范,这些礼制规范依据宗法原则调整着社会等级秩序。因此历代的法律制度都贯彻礼制的等级名分原则,无论是刑法、行政法、民法还是诉讼法基本上是以家族主义为中心,根据人们不同的等级名分确定其法律地位与法

律待遇。古代法律中对亲族复仇的姑息,对亲属犯罪的容隐,对亲族犯罪的株连等,都体现了古代法律对家族制度的重视,以及家族血缘关系在社会生活中的巨大作用。古代法律还确认家族内的身份区别,在唐以后的历代法典的卷首中,都根据《礼记》、《仪礼》标示出亲属等级关系,并附有区别关系远近的丧服图。从唐代以后,“准五服以制罪”,礼法融合,就是我国古代刑事法律的重要特点之一。

汉代以后,“罢黜百家,独尊儒术”,儒家思想指导下的古代法律制度,其与古代礼制有着密切的衔接关系,礼强调等级特权,主张根据人的身份、地位进行区别对待,“名位不同,礼亦异数”,级别愈高,特权愈多。汉代之前,“刑不上大夫,礼不下庶人”,礼、刑有各自的适用范围。汉代以后,儒家思想影响扩大,在汲取法家法制思想的同时,对秦专任刑罚的思想及政策进行了矫正,主张礼法结合,虽然士大夫也受到法律的限制,但统治者在建立法律制度时,注意确立尊卑“长幼之序”,赋予贵族、官僚、家长、族长以特殊的法律地位,享受各种法定的和习惯的特权。良民贱民犯罪,对良民处罚从轻,对贱民从重;尊卑之间相犯伤害之类的犯罪,对尊辈从轻,卑者从重;官民相犯,官员从轻,百姓从重。这种特权集中体现在《唐律》的按照不同品级享有议、请、减、免、赎及官当制度中。此外,在唐宋以后,还广泛流行各种家法、族规,这些具有伦理法性质的家族法作为国法的补充,在中国古代社会后期有着十分突出的政治作用。

清代刑法继承了我国古代刑法的传统,也延续了我国古代刑法的基本特征。

第二节　清末法制改革与刑事立法

一、清末新刑法的修订过程

1902年，清政府任命沈家本、伍廷芳(1842—1922)[①]为修律大臣，1904年修订法律馆正式开馆，着手修律，其任务有四项：删除、修改、修并、续纂。1905年，删除一项完成。其间经过1907年修订法律馆重组，于1908年完成修改、修併(并)、续纂三项。[②] 其标志性成果，就是《大清现行刑律》(初稿)的出台。1910年5月15日，清政府正式颁布《现行刑律》。其上谕曰："著即刊刻成书，颁行京外，一体遵守。"[③]这是清代正式颁布实施时间最为持久的一部新刑法典。

在修订旧律的同时，沈家本也着手制定新刑法的工作。光绪三十三年(1907年)8月编成《修正刑律草案》(即《大清新刑律》)(总则部分)。11月全文完成。由于新刑律内容与原《大清律例》差异较大，引起一些人士对新刑法的争议与不满。光绪三十四年(1908年)五月，张之洞对新刑律全面批驳。各省疆吏也同声附和。为此，清廷于宣统元

---

① 伍廷芳(1842—1922)，清末民初杰出的外交家、法学家。本名叙，字文爵，号秩庸，后改名廷芳。祖籍广东新会，出生于新加坡。1874年自费留学英国，入伦敦学院攻读法学，获博士学位及大律师资格，成为中国近代第一个法学博士，后回香港任律师，成为香港立法局第一位华人议员。1882年进入李鸿章幕府出任法律顾问，参与中法谈判、马关谈判等，1896年被清政府任命为驻美国、西班牙、秘鲁公使，签订中国近代史上第一个平等条约《中墨通商条约》。清末新政中被任命为修律大臣，提出了删除酷刑、实行陪审和律师制度等主张。辛亥革命爆发后，任中华民国军政府外交总长，主持南北议和，迫清室退位。南京临时政府成立后任司法总长。1917年赴广州参加护法运动，任护法军政府外交总长、财政总长、广东省长。1922年病逝于广州。

② 《修订法律大臣沈家本等奏请编定现行刑律以立推行新律基础折》，载故宫博物院明清档案部编：《清末筹备立宪档案史料》(下册)，中华书局1979年版，第852—853页。

③ 罗志渊编著：《近代中国法制演变研究》，正中书局1966年6月版，第196页。

年(1909年)正月下谕旨,试图平息争论。宣统二年(1910年)七、八月间,《修正刑律草案》交由宪政编查馆复核,引起一些保守派人士的不满,并引起东西洋留学生的参与。[①] 针对上述批驳,沈家本等予以回应。宪政编查馆折衷两派的意见,将《修正刑律草案》核定为《大清新刑律》,并将其"附则"改为"暂行章程",于是年十月交资政院议决。在资政院,主张维持传统封建纲常名教的保守势力,与主张变革的修律者及其支持者再次发生了激烈争辩,"对新刑律的辩论极为激烈,秩序纷乱火爆。"[②]——这就是著名的"礼法之争"。最后,清廷于同年十二月二十五日,将总则、分则与"暂行章程"颁布实施。然而,"礼法之争"并未因此而结束。宣统三年(1911年)三月,主持修律的沈家本辞去修订法律大臣和资政院副总裁职务。"礼法之争",总算曲终人散,落下帷幕。

"礼法之争",是清末法律变革新旧交替过程中,最为激烈的一次论争。这次论争,既是一场制度层面的对抗与选择,也是一次思想层面的对立与交锋。其实质,就是要不要以形式合理性的法代替实质合理性的法,要不要以近代化法治国家取代传统道德理想国的问题,对于中国法律近代化事业,关系极大。

关于清末刑法的变革,有两个文件可以直接看出其指导思想。

一是1907年(光绪三十三年八月二十六日)沈家本的一个奏折[③],其中对刑法的"修订大旨"有较为详细的说明。沈家本认为,法律修改,有三条原因:其一为"毖于时局",其二为"鉴于国际",其三为"惩于教案"。这三个原因多少都使修律诉诸"国际化"。

---

① 黄源盛:《大清新刑律礼法争议的历史及时代意义》,载中国法律史学会编:《中国法制现代化的回顾与展望》,台湾大学法学院1993年版,注17。

② 黄源盛:《大清新刑律礼法争议的历史及时代意义》,载中国法律史学会编:《中国法制现代化的回顾与展望》,台湾大学法学院1993年版。

③ 《修订法律大臣沈家本奏刑律草案告成分期缮单呈览并陈修订大旨折》,载故宫博物院明清档案部编:《清末筹备立宪档案史料》(下册),中华书局1979年版,第845—848页。

二是1908年(光绪三十四年正月)沈家本的另一份奏折。[①] 沈家本"以为旧律之宜变通者,厥有五端",提出修改法律的五项指导思想。即:第一,更定刑名;第二,酌减死刑;第三,死刑唯一;第四,删除比附;第五,惩治教育。

上述三条原因和五项指导思想,俱为沈家本等欲大胆吸收西方国家新的刑法理论的依据。其中"删除比附"一项,反映了西方近代刑法中的"罪行法定"思想。"酌减死刑"与"死刑唯一"的思想,则反映了西方近代刑法中的人道主义思想。其应用于旧法典的修订与新法典的制定中,对于从根本上改变中国传统法律的精神与制度,意义非同寻常。其中,由于《大清现行刑律》也是上述思想指导下产生的,这些思想自然对其有一定的影响。但是,这些思想主要反映在刑法修改的最后成果　《大清新刑律》上面。

二、《大清现行刑律》——一部过渡性法典

修订法律过程中,首先产生的是《大清现行刑律》。这部法典共有36卷30门389条,附例1327条,此外,后附《禁烟条例》12条,《秋审条例》165条。

正如沈家本所说,《大清现行刑律》是一部过渡性法典。其过渡性表现在两个基本方面:有限度地改进原《大清律例》;基本继承了这部传统法典的内容。

首先,其扬弃方面则体现为:

第一,将原来的笞、杖、徒、流、死封建五刑及外遣、充军等删改为罚金、徒刑、流刑、遣刑与死刑五种,废除了凌迟、枭首、戮尸、刺字、缘坐等酷刑。

① 《修订法律大臣沈家本等奏请编定现行刑律以立推行新律基础折》,载故宫博物院明清档案部编:《清末筹备立宪档案史料》(下册),中华书局1979年版,第851—854页。

第二,分别刑事与民事,将原来《大清律例》中关于继承、婚姻、田宅、钱债等民事部分,不再纳入刑事制裁范围。这是将传统"诸法合体"的法典编纂体例,朝着民刑分开的方向发展。

第三,增加了若干新罪。如将毁坏电杆、毁坏铁路等行为规定为犯罪。

其次,《大清现行刑律》更多的则是继承《大清律例》。具体体现为:

其一,该法典的产生过程,仍是传统法律的产生方式。在1908年(光绪三十四年正月)的《修订法律大臣沈家本等奏请编定现行刑律以立推行新律基础折》中说,"伏查乾隆年间定章,修例年限,五年小修一次,又五年大修一次,大致分修改、修併(并)、续纂、删除四项,依此编订。"沈家本在提出对旧律(即《大清律例》)四项修改意见以后,提出,"如蒙俞允,即定其名曰现行刑律,由该总纂等,按照修改、修併(并)、续纂、删除四项,逐加按语,分门编录,并责令克期告成,分别缮具清单,恭候钦定。"[①]其具体办法,包括删除总目、厘正刑名、节取新章、简易例文四个方面。[②] 由此可以看出,《大清现行刑律》的产生方式就是传统法律的修改、修併(并)、续纂、删除四种方式。

其二,这部法典的内容,基本上是原来《大清律例》的"缩写本",并没有什么太大的变化。关于这一点,首先,除了删除原《大清律例》的六部名称以外,其主文30门的篇目,与原《大清律例》完全一致。[③] 民国时期学者指出,《大清现行刑律》"仅删繁就简,除删除六曹旧目而外,与《大清律》根本主义无甚出入,与今之《新刑律》亦并未衔接,实不足备新

---

① 《修订法律大臣沈家本等奏请编定现行刑律以立推行新律基础折》,载故宫博物院明清档案部编:《清末筹备立宪档案史料》(下册),中华书局1979年版,第853页。

② 同上,第852—853页。

③ 包括名例、职制、公式、户役、田宅、婚姻、仓库、课程、钱债、市厘、祭祀、礼制、宫卫、军政、关津、厩牧、邮驿、盗贼、人命、斗殴、骂詈、诉讼、受赃、诈伪、犯奸、杂犯、捕亡、断狱、营造、河防。

旧律过渡之用”。[①] 此外,原《大清律例》中的服制图、服制仍然予以保留。其次,这部法典仍然采用刑法与民法混合的编纂体例,体现出“诸法合体”的特征。最后,原刑法中与封建传统联系紧密的“十恶”、“八议”、请、减、赎等一仍其旧。也就是说,这部法典是中国传统法典的最后一部。“至《大清现行刑律》,为吾国最后而最进步之旧式法典”。[②]

关于这部法律的实际效力,有学者认为,“按之实际,律中关于刑事部分几全未实行,而关于民事部分,则至民国继续有效”。[③]

三、《大清新刑律》——中国第一部近代刑法

《大清新刑律》是“中国历史上第一部独立的、半殖民地半封建性质的刑法典,它体现了这一时期刑律修订的最高成就”。[④]《大清新刑律》,也是中国法律近代化过程中国际化与本土化的一个重要成果。

《大清新刑律》正文分为总则与分则两编,共 53 章。第一编总则,分别为法例、不为罪、未遂犯、累犯罪、俱发罪、共犯罪、刑名、宥减、自首、酌减、加减刑、缓刑、假释、赦免、时效、时则、文例。第二编分则,分别为:侵犯皇室罪、内乱罪、外患罪、妨害国交罪、泄露机务罪、渎职罪、妨害公务罪、妨害选举罪、骚扰罪、逮捕监禁脱逃罪、藏匿罪人及湮灭证据罪、伪证及诬告罪、放火决水及防害水利罪、危险物罪、妨害交通罪、妨害秩序罪、伪造货币罪、伪造货币印文罪、伪造度量衡罪、亵渎祀典及

---

① 谢振民编著:《中华民国立法史》(下),张知本校,中国政法大学出版社 2000 年 1 月版,第 882 页。

② 同上,第 28 页。

③ 罗志渊编著:《近代中国法制演变研究》,正中书局 1966 年 6 月版,第 196 页。《中华民国立法史》的作者谢振民也认为,“关于民事部分,至民国后仍施行有效”。见谢振民编著:《中华民国立法史》(上),张知本校,中国政法大学出版社 2000 年 1 月版,第 28 页;又杨鸿烈也认为:“直到民国成立,这部法典里的民法还成为民国十几年来民法的有效部分。”见杨鸿烈著:《中国法律思想史》(下册),商务印书馆 1998 年影印第 1 版,第 321 页。

④ 朱勇主编:《中国法制通史》(第 9 卷),法律出版社 1999 年版,第 275 页。

发掘坟墓罪、鸦片烟罪、赌博罪、奸非罪及重婚罪、妨害饮料水罪、妨害卫生罪、杀伤罪、堕胎罪、遗弃罪、私擅逮捕监禁罪、略诱及和诱罪、妨害安全信用名誉罪及秘密罪、窃盗及强盗罪、诈欺取财罪、侵占罪、赃物罪、毁弃损害罪。共计411条,附“暂行章程”5条。

这部法典无论其形式,还是其内容,均表现出立法者采用西方国家近代刑法原则与制度的极大努力,与旧的《大清律例》及前述《大清现行刑律》相比,都有十分明显的差异,为两种风格迥然不同的法典。

首先,从形式上看,《大清新刑律》分为总则与分则两编。采用编、章、条的编纂体例。这种概括主义的编纂方法使新法典的结构与原法典明显不同,完全是现代刑法典的结构。其篇章的排列不再以原来的六部职掌为顺序,总则以犯罪的构成要素为基本排列原则,而分则以罪名统领全文,传统刑法法典中大量附载“条例”的情况,从此不复存在。更重要的是,《大清新刑律》是一部完全近代意义上的刑法典,不再容纳其他法律部门的内容,一改中国传统“诸法合体”的编纂体例。不难看出,这部法典完全是引进西方国家近代刑法典的结果。

其次,从内容上看,《大清新刑律》也与旧法典几乎完全不同,不是一部完全封建主义的法典,而是一部带有资本主义性质的刑法典。法典除了一些与封建皇帝制度相关的制度外,其制度设计更体现出近代西方国家维护社会公共秩序及保护人权的精神。这一点从法典本身及沈家本关于法典的指导思想上,可以明显地看出。

第一,其刑罚,是以自由刑为主的新刑罚体系。新刑罚体系包括死刑、徒刑、拘役和罚金四种主刑和褫夺公权、没收两种从刑。其中,死刑只保留绞一种;徒刑包括有期徒刑和无期徒刑两种;传统刑法采用的笞、杖,改为罚金或是拘役。经过改造,新刑罚体系与原来的封建五刑——笞、杖、徒、流、死,几乎完全不同。

第二,实行罪行法定主义,删除了原来刑法中的比附制度。其第十条明确规定，“凡律例无正条者，不论何种行为，不得为罪。”这一规定体现了近代西方新刑法中法律不溯及既往、法无明文规定不为罪和法律无明文规定不为罚的原则，彻底废除了封建的比附援引制度。“罪刑法定主义的确立，意味着对罪刑擅断主义的彻底否定，同时也标志着对国家刑罚权的控制以法律的形式规定下来。从此罪刑法定主义原则成为我国近代刑法中最重要的传统而相延不改，成为近代刑事立法及实践的重要指针。”[1]罪刑法定主义体现出新刑法保护刑事被告人合法权利、保护人权的意思。

第三，通过酌情减死刑等，使刑法典体现出人道主义精神。沈家本指出，西方一些国家已经废除死刑，中国一时不能废除，但应减少死刑的适用范围。这一点，与收回治外法权的关系十分紧密。

第四，新刑法法典在一定程度上体现了法律面前一律平等的精神。原《大清律例》在定罪量刑上实行同罪异罚的原则，往往根据当事人的官秩、服制、良贱及家庭身份的不同，形成不同的科刑标准。新刑法除了直系尊亲属以外，全部一律平等。这是清末法律近代化过程中刑法方面的最为重要的改进之一。

第五，新刑法贯彻预防主义的思想，实行惩治教育。新刑法仿照西方近代刑法制度，规定了刑事责任能力的制度，按照被告人的年龄，对被告实行区别对待的原则。对于幼年犯罪者，改用惩治处分，“以冀渐收感化之效”。[2]

中国近代有学者指出，“《大清新刑律》大体上继受日本刑法。历代律例以至于《大清现行刑律》，均属民刑不分，此律则为单一之刑法法

---

① 音正权：《罪刑法定主义及其在近代中国的演进》，载《法律史论集》第3卷，中国法律史学会主办，法律出版社2001年1月版，第434页。

② 《修订法律大臣沈家本等奏请编定现行刑律以立推行新律基础折》，载故宫博物院明清档案部编：《清末筹备立宪档案史料》（下册），中华书局1979年版，第849页。

典。其要旨除沈氏原奏所列五点外,并规定犯罪行为之责任能力与条件,及违法阻却之原因,明示犯罪构成之要素,采用缓刑与假释之制度,明定起诉权、行刑权时效之期间,凡此均为旧律之所无。至关于亲属之范围,仍以旧服制图为准,以期适合习惯。分则所定,井井有条,要而不繁,简而得当,沟通中外,融贯新旧,实为当时最进步最完善之法典。"[①]"总之,这部新刑律虽曾参酌自唐律以来的旧有规定,但大部分实在是甄采那时欧洲大陆派德意志等国最新的法案"。[②]

《大清新刑律》于 1911 年 1 月 25 日颁布。同年 10 月 10 日,武昌起义爆发,30 日各省响应,清政府摇摇欲坠,濒临倒台。政局动荡,人心浮动,新的法典无从实施。从法典颁布到武昌起义,前后不过 9 个月时间。加之当时大臣们对于这部法典持保守立场者居多,阻力重重。由此看来,这部法典在清政府统治期间,实际效力不会太大。但是,这部法典却对以后中国刑法的发展影响至为深远。中华民国建立以后,临时大总统孙中山发布命令,"现在民国法律未经议定颁布,所有以前施行之法律及新刑律,除与民国国体抵触各条,应失效力外,余均暂行援用,以资遵守。"[③]民国元年三月,该法典经过删除,以《中华民国暂行新刑律》为名公布实施。[④] 民国四年(1915 年)、七年(1918 年)刑法第一、第二修正案,均受到《中华民国暂行新刑律》影响,故间接受到《大清新刑律》的影响。[⑤] 不仅如此,中华民国南京国民政府的刑法,也受到《大清新刑律》的影响。"直至民国十六年(1927 年),国民政府奠都南

---

① 谢振民编著:《中华民国立法史》(下),张知本校,中国政法大学出版社 2000 年 1 月版,第 886—887 页。

② 杨鸿烈著:《中国法律思想史》(下册),商务印书馆 1998 年影印第 1 版,第 323 页。

③ 北洋政府《临时公报》,中华民国元年四月份。

④ 北洋政府《临时公报》,中华民国元年十月十五日。

⑤ 谢振民编著:《中华民国立法史》(下),张知本校,中国政法大学出版社 2000 年 1 月版,第 888、891 页。

京后，仍延续清末民初继受西方法制的立法事业，权衡国情，斟酌损益，在1930年前后，逐渐制颁民刑及各类法典，完成'六法全书'的雏形。事实上，此时期的立法，即有赖于晚清沈氏草创的各种法规及草案，为其重要凭借。以刑法言，民国十六年(1927年)十二月间，国民政府司法部就前述《刑法第二次修正案》略加删节，是为《刑法草案》，提出国民政府，于十七年(1928年)三月十日正式公布，定名《中华民国刑法》，即旧刑法。该法施行为期仅七年，以其内容未能尽善，复于二十三年(1934年)，有立法院参酌各国最新立法例及刑法理论，重加改订，图以迎合时代潮流……惟考其内容，仍多因袭脱胎于《大清新刑律》及《暂行新刑律》。凡此，不能不归功于沈家本的筚路蓝缕。"①

第三节 中华民国南京临时政府与北京政府时期的刑事立法

一、南京临时政府时期的刑事立法

中华民国初期南京政府的立法工作，在很大程度上，是对清末修律的继续和发展。

1912年1月5日，中华民国临时政府成立以后，孙中山以大总统名义发表对外宣言，其中有："吾人当更张法律，改订民刑商法及采矿规则，改良财政，蠲除工商各业种种之限制，并许外人以信教之自由。"②3月10日，孙中山又发布暂行援用前清法律及暂行新刑律令："现在民国法律未经议定颁布，所有从前施行之法律及新刑律，除与民国国体抵触

① 黄源盛：《大清新刑律礼法争议的历史及时代意义》，载中国法律史学会编：《中国法制现代化的回顾与展望》，台湾大学法学院1993年版。

② 参见罗志渊编著：《近代中国法制演变研究》，正中书局1966年版，第251页。

各条,应失效力外,余均暂行援用,以资遵守。”[①]司法部长伍廷芳认为援用前清法律,应经参议院承认,随呈请孙大总统咨请参议院审议,咨文中说,“据司法部总长伍廷芳呈称:窃自光复以来,前清政府之法规,既失效力,中华民国之法律,尚未颁行,而各省暂行规约,尤不一致。当此新旧递嬗之际,必有补救方法,始足以昭划一,而示标准。本部现拟就前清制定之民律草案、第一次刑律草案、刑事、民事诉讼法、法院编制法、商律、破产律、违警律中,除第一次刑律草案,关于帝室之罪全章,及关于内乱罪之死刑,碍难适用外,余皆由民国政府声明,继续有效,以为临时适用法律,俾司法者有所根据。谨将所拟,呈请大总统,咨由参议院承认,然后以命令公布,通饬全国一律遵行。俟中华民国法律颁布,即行废止。”参议院于4月3日作出决议,咨复政府,其中说道:“经本院于四月初三日开会议决……此次政府交议,当新法律未经规定颁行以前,暂酌用旧有法律,自属可行。所有前清规定之法院编制法、商律、违警律,及宣统三年颁布之新刑律,刑事、民事诉讼律草案,并先后颁布之禁烟条例,国际条例等,除与民主国体抵触之处,应行废止外,其余均准暂时适用,惟民律草案,前清时并未宣布,无从援用。此后凡关民事案件,应仍照前清现行律中规定各条办理。惟一面仍须由政府饬下法制局,将各种法律中与民主国体抵触各条,笺注或笺改后,交由本院议决,公布施行。”[②]后以“暂行新刑律”名。由此可以看出,继承清末修律的法律成果,在中华民国建立之初,尽管为形势所逼,但也是非常必要的和及时的。

二、北京政府时期的刑事立法

北京政府的刑法,仍然是在继承清末修律成果基础上进行的。

1912年,民国成立以后,由于短时间内不可能立即制定出民主共

① 参见罗志渊编著:《近代中国法制演变研究》,正中书局1966年版,第251—252页。

② 参见罗志渊编著:《近代中国法制演变研究》,正中书局1966年版,第252页。

和性质的刑法，遂决定暂时援用旧的刑法，即将清末修律中产生之《大清新刑律》，经删除与民国国体相抵触之章、条和文字，并撤销暂行章程5条，命名为《暂行新刑律》公布实施。后为施行之必须，司法部拟定实施细则10条公布施行。[①] 1914年，又产生《暂行新刑律补充条例》15条，其内容基本模仿《大清新刑律》暂行章程5条，加以扩充。这种倒退，显然是为了袁世凯称帝的需要。此条例一直施行到1922年，后经广州军政府明令废止。[②]

1914年，法律编查会制定《修正刑法草案》两编55章，432条。1918年，修订法律馆成立，编成《刑法第二次修正案》，共有两编，377条。次年，又将该案加以文字修改，产生改定《刑法第二次修正案》，增加16条，使之共有393条。该法律草案“实较前有显著之进步，为民国以来最完备之刑法法典”。[③] 因种种原因，该草案并未成为正式之刑法典。

北京政府根据其统治的需要，颁布了大量的特别刑事法规。主要有：《戒严法》、《陆军惩罚条例》、《治安处罚条例》、《治安警察条例》、《海军惩罚令》、《治安警察法》、《治安盗匪法》等等。

第四节　中华民国南京国民政府时期的刑事立法

一、南京国民政府时期刑事法律的发展概况

南京国民政府时期，曾制定实施了两部刑法。

① 谢振民编著：《中华民国立法史》，张知本校定，中国政法大学出版社2000年1月版，第887页。

② 同上书。

③ 同上，第903页。

1927年4月,南京国民政府司法部长王宠惠(1881—1958)[①]在研究1919年北京政府所订之《改第刑法第二次修正》的基础上,提出修改意见,并提出《刑法草案》。后经过修改,1928年2月,中国国民党中央常务委员会通过该草案。国民政府于1928年3月10日公布,并定于7月1日实施。[②] 这部刑法通常被称为1928年《中华民国刑法》。相对于1935年刑法,也被叫做"旧刑法"。

1928年《中华民国刑法》公布实施以后,原来施行的多种特别刑事法令,未被吸收入该刑法。不仅如此,以后国民政府相继制定颁布一些新的单行刑事法律法规。于是修改此刑法的问题,就被提到议事日程。1932年国民党第四届二中全会提出"划一刑法案"。[③] 当时,外国一些刑事立法的成果引入国内,立法院也着手修改刑法。到1934年11月刑法修正案通过立法院三读。1935年1月1日国民政府修正公布,同

---

① 王宠惠(1881—1958),中华民国时期外交官,司法官员。字亮畴,广东东莞人。1900年毕业于天津北洋大学堂法科,1901年留学日本,1902年转赴美留学,获耶鲁大学法学博士学位。1911年在广州加入同盟会。1912年1月任南京临时政府外交总长,3月改任唐绍仪内阁司法总长,不久辞职。1921年10月被派为北京政府全权代表之一,出席在美国华盛顿召开的太平洋会议。1922年9月19日,王宠惠在直系军阀吴佩孚等支持下,改组内阁,署理国务总理。1923年被国际联盟选为海牙常设国际法庭正法官。1927年6月出任南京国民政府司法部长。1937年3月起任国民政府外交部长,曾一度兼代主持行政院院务。抗日战争爆发后,曾以外交部长名义发表抗日声明。1945年4月出席在美国旧金山召开的联合国宪章制宪会议。1946年11月出席国民大会,并参与《中华民国宪法》的制订工作。不久,再任司法院院长。1949年去香港,后转赴台湾。1958年3月15日卒于台北。有"民国第一法学家"之称。

② 这部刑法的实际施行时间,后有所变动。根据《中华民国立法史》的记录,"《中华民国刑法》经本国民政府明令宣示,以民国十七年(1928年)七月一日为施行期,旋以《刑事诉讼法》尚在审查中,不及提前制定公布,而该两法实有同时施行之必要,司法部乃呈由国民政府提出第75次会议决议展期两月,定自9月1日起施行,并函经第147次政治会议转请中央第152次常务会议决议追认"。其施行时间应为1928年9月1日。见《中华民国立法史》,谢振民编著,张知本校订,中国政法大学出版社2000年版,第914页。

③ 谢振民编著:《中华民国立法史》,张知本校订,中国政法大学出版社2000年版,第916页。

年7月1日施行。此即为1935年《中华民国刑法》，相对于1928年旧刑法，也称新刑法。

该法分为两编47章，共计357条。第一编总则，第一章法例，第二章刑事责任，第三章未遂犯，第四章共犯，第五章刑，第六章累犯，第七章数罪并罚，第八章刑之酌科及加减，第九章缓刑，第十章假释，第十一章时效，第十二章保安处分。第二编分则，第一章内乱罪，第二章外患罪，第三章妨害国交罪，第四章渎职罪，第五章妨害公务罪，第六章妨害投票罪，第七章妨害秩序罪，第八章脱逃罪，第九章藏匿人犯及湮灭证据罪，第十章伪证及诬告罪，第十一章公共危险罪，第十二章伪造货币罪，第十三章伪造有价证券罪，第十四章伪造度量衡罪，第十五章伪造文书印文罪，第十六章妨害风化罪，第十七章妨害婚姻及家庭罪，第十八章亵渎祀典及侵害坟墓尸体罪，第十九章妨害农工商罪，第二十章鸦片罪，第二十一章赌博罪，第二十二章杀人罪，第二十三章伤害罪，第二十四章堕胎罪，第二十五章遗弃罪，第二十六章妨害自由罪，第二十七章妨害名誉及信用罪，第二十八章妨害秘密罪，第二十九章窃盗罪，第三十章抢夺强盗及海盗罪，第三十一章侵占罪，第三十二章诈欺背信及重利罪，第三十三章恐吓及掳人勒赎罪，第三十四章赃物罪，第三十五章毁弃损害罪。1948年1月7日，总统令修正公布第五条条文。[①]

刑事特别法发达，是南京国民政府时期刑法发展的突出特征。为了遏止全国风起云涌的革命和民主运动，惩治破坏抗战的犯罪分子，相继制定了大量的刑事特别法。由于法典必须保持相对稳定，不能频繁修改，即便修改，其修改程序也过于复杂，而特别刑事法规正好可以补之不足。特别立法手续简便，不拘形式，其效力又高于普通法，因而在

① 韩秀桃、张德美、李靓编著:《中国法制史》(教学参考资料)，法律出版社2001年11月版，第773页。

刑法典颁布前后,国民政府颁布了大量的刑事特别法规。主要有:1927年至1937年的《惩治盗匪暂行条例》、《暂行反革命治罪法》、《危害民国紧急治罪法》、《共产党人自首办法》等;1937年至1945年的《惩治汉奸条例》、《惩治贪污条例》、《妨害国家总动员惩罚暂行条例》、《修正危害民国紧急治罪法》等;1945年至1949年的《戡乱时期危害国家紧急治罪条例》,《惩治叛乱条例》等。

二、刑事法律对国际化的追求

南京国民政府时期的刑法,产生于国际刑法发展变化比较频繁的时期。在国民政府立法院刑法起草委员会关于起草新刑法的报告中,有这样一段文字说明:

"即年来刑事学理,阐发益精,国际刑法会议,复年年举行,因之各国人民刑事立法政策,自不能不受其影响。变动较大者为:由客观主义而侧重于主观主义,由报应主义而侧重于防卫社会主义。然各国社会环境不同,修改法典,自应按照实际需要,在可能范围内力求推进,绝不能好高骛远,标奇立异。现行法施行数年,既已于一般法官及民众心理之中,自不宜多事变动,故本会一方参酌最近各国立法例,如1932年波兰《刑法》,1931年之日本《刑法修正案》,1930年之意大利《刑法》,1928年之西班牙《刑法》,1927年之德国《刑法草案》,1926年之《苏俄刑法》等,以资借镜。一方复依据考察所得,按照我国现在法官程度、监狱设备、人民教育及社会环境等实在情形,就现行法原有条文,斟酌损益,以期尽善。"①

这一段文字说明,将新刑法国际化这方面,清楚地揭示出来。其中

① 谢振民编著:《中华民国立法史》,张知本校订,中国政法大学出版社2000年版,第921—922页。

仅提到的当时国际范围内的新刑法或草案,就有六部。中间提到的国际刑法会议(比较准确的说法是国际刑罚会议),中国也曾派代表参加。中国的新刑法,受到其影响,就可想而知。[①]

根据前段文字,新刑法对于当时世界刑法最新之成果——保安处分的理论,有较多的采纳。

所谓"保安处分",既是一种刑法理论,也是一种刑法制度。18世纪末,德国学者克莱因(Emst Ferdinand Klein,德国刑法学家)在其著作《保安处分的理论》中,最早对此进行理论说明。后来刑事人类学派、刑事社会学派的实证学派的代表人龙勃罗梭(1836—1909)、菲利(1856—1929)、李斯特(1851—1919)等,运用自然科学和社会科学的综合方法,对犯罪和刑罚问题进行实证研究,提出刑法的目的在于保卫社会安全,犯罪是自然因素和社会因素相互作用的结果,刑罚的本质是对犯罪人进行教育和改善,刑罚不是犯罪的唯一方法。上述理论为保安处分的奠基和发展做出杰出的贡献。作为一种刑事制度,1893年的《瑞士刑法草案》最早运用。20世纪盛行于世界各国。[②]

在南京国民政府的1935年《刑法》中,特增设"保安处分"专章(第十二章),以加强对于特定犯罪和犯罪人的特别预防。其将保安处分分为七种,包括感化教育处分、监护处分、禁戒处分、强制工作处分、强制治疗处分、保护管束处分、驱逐出境处分等。新刑法为保安处分设立共

---

① 国际刑罚会议起源于1872年美国政府发起的万国监狱会议,1930年于捷克的布拉格举行第十届会议更名为国际刑法及监狱会议。简称为国际刑罚会议。此次会议对于保安处分之方法及其体系,均完全确立。中国派代表刘克俊出席会议。(参见何勤华:《法的移植与民国时期中国刑法的变迁》,载何勤华、李秀清著:《外国法与中国法——20世纪中国移植外国法反思》,中国政法大学出版社2003年5月版,第420页,注释43。)刘克俊为1931年国民政府成立刑法起草委员会的五个委员之一。(另四人为:史尚宽、郗朝俊、蔡瑄、罗鼎。参见谢振民编著:《中华民国立法史》,张知本校订,中国政法大学出版社2000年版,第920页。)

② 参见王启富、陶髦主编:《法律辞海》,吉林人民出版社1998年12月版,第1270—1271页。

计14个条文(从第86条至第99条),可见其对于该问题,是相当重视的。

新刑法对于男女平等的法律原则,贯彻得相对比较彻底。在1928年的刑法中,通奸罪仅适用于有妇之夫,而对于有夫之妇则不予处罚。新刑法将这两种情况都加以制裁,体现出了男女平等的精神。1935年《刑法》第239条规定:"有配偶而与人通奸者,处一年以下有期徒刑。其相奸者,亦同。"

此外,对于当时国际刑法学界的一般进步成果,新刑法也都予以吸收。如罪刑法定的原则、从旧兼从轻的原则[①]。新刑法对于使人为奴隶者,亦列为犯罪予以处罚(第5条)。

三、刑事法律对本土化的追求

1935年的《中华民国刑法》,在追求法律的国际化的同时,对于本土化方面,也注意较多。

1931年刑法起草委员会成立之初,该组织就提出起草刑法应依据最新学说,并采择世界各国最新立法例的同时,尤其应对于我国刑法实施上出现的实际问题,"周咨博访,以期斟酌妥善,特呈请立法院咨司法院转饬司法行政部、最高法院及各级法院、各省律师公会拟具改订刑法意见,以备采择"。[②] 不仅如此,刑法起草委员会为使新《刑法修正案》切合实际,易于施行,各起草委员会先后赴天津、济南、北平、洛阳、西安、苏州、无锡、上海、杭州等地,进行司法状况和监狱情形的实地考察,

---

① 第1条规定:行为之处罚,以行为时之法律有明文规定者为限。第2条规定:行为后法律有变更者,适用裁判时之法律。但裁判前之法律有利于行为人者,适用最有利于行为人之法律。

② 谢振民编著:《中华民国立法史》,张知本校订,中国政法大学出版社2000年版,第920页。

并征询各界对于现行刑法的意见，以供刑法修正时采用。[1] 在 1934 年立法院审查《刑法修正案》之前，刑法起草委员会又将《刑法修正案》初稿刊印分发至各报馆、法学杂志社、大学、各地律师公会，并咨送司法行政部发交各级法院，征集对于该稿的批评或意见。[2] 由此可见该委员会对于刑法起草的本土化，是做了大量工作的。

在本土化方面，南京国民政府虽然革除了北京政府刑法中某些纲常礼教的内容，但仍保留了亲属的身份等级和在刑罚适用上的不平等。新《刑法》第 162 条、167 条规定，犯人的配偶、五亲等内之血亲或三亲等内之姻亲犯便利犯人脱逃罪、藏匿犯人及湮灭证据罪，可以减轻或免除处罚。这是封建刑法中“同居相为隐”原则的继续。

新《刑法》对于侵犯直系血亲尊亲属的犯罪行为，处罚较一般行为要重。《刑法》对于直系血亲尊亲属实施诬告、伤害、遗弃、妨害自由等犯罪行为，要比侵犯一般人加重刑罚 1/2。对于普通人施用暴力未致伤者，一般不视为犯罪，但对于直系血亲尊亲属则以犯罪论处。普通杀人罪法定最低刑为十年以上有期徒刑，对于直系血亲尊亲属者，则最低处罚为无期徒刑。对于直系血亲尊亲属犯有侵害尸体、发掘坟墓等罪，加重其刑罚 1/2。[3]

对于年龄比较小，或者比较大的人犯罪，采用矜宥，而不适用尤其是不适用重刑（死刑或无期徒刑），是中国古代刑法人道主义思想的体现。新《刑法》第 63 条，对于未满 18 岁，或已满 80 岁者，规定不得适用死刑或无期徒刑。但是对于未满 18 岁而杀害直系血亲尊亲属的除外。

新《刑法》第 41 至第 44 条规定了三种替代刑罚，即易科罚金、易服

---

① 谢振民编著：《中华民国立法史》，张知本校订，中国政法大学出版社 2000 年版，第 920 页。

② 同上，第 921 页。

③ 关于上述内容，可见《中华民国刑法》(1935)第 250、271、272、280、281、294 诸条。

劳役、易以训诫。并规定了具体的适用条件。中国古代刑法中，有“赎刑”一种。新《刑法》的上述规定，实际有采择之意。对此，《中国近代立法史》一书中曾说，由于“各地监狱轻犯拥塞，其有关监狱生活与清洁，至巨且大”，单纯依靠“大赦”这种特殊情形，不足以解决问题。因此，修改刑法必须考虑监狱建设的实际情况。[①] 由此可见，新《刑法》关于替代刑罚的规定，是基于实际情况的一种衡量。

① 杨幼炯著：《近代中国立法史》，商务印书馆 1936 年版，第 383 页。

第五章　中国近代民事诉讼法制

第一节　中国传统司法与民事诉讼法制

中国传统司法制度的弊端表现得越来越明显，难以适应近代中国社会发展的需要。而社会权利意识的觉醒，不仅要求对传统司法制度进行批判，而且呼唤新的司法制度及与其相适应的司法组织和社会组织——法律职业共同体的诞生。

一、中国古代民事诉讼法制的发展

中国古代民事诉讼制度是源远流长的。

早在西周时期，诉讼形态内就出现了民刑之分，《周礼》载有“以两造禁民讼，入束矢于朝，然后听之，以两剂禁民狱，入钧金，三日乃致于朝，然后听之”。① 东汉经学家郑玄（公元127—200年）解释：“讼谓以财货相告者”；“狱，谓相告以罪名者”。他在《地官·大司徒》注中也说：“争罪曰狱，争财曰讼”。② 西周中叶以后，土地开始由国有向私有转

---

① 《周礼·秋官·大司寇》。

② 对于中国古代是否存在独立的民事诉讼制度问题，台湾著名法史学者戴炎辉先生认为：“不能截然分为刑事诉讼与民事诉讼”，因为“刑事诉讼与民事争讼，并非诉讼标的本质上的差异，只不过其所具有之色彩有浓淡之差而已。在诉讼程序上，民事与刑事并无质的差异，及其所依据的原则并无二致……惟民案比刑案较为轻微，故简化其程序……”戴炎辉先生实际上否认了民事诉讼在对象和程序上的差异性。对此一些学者相继进行了相当的研究，提出

变,出现了以土地为标的而进行的抵押、交换、赔偿、租赁、赠与、继承等民事活动。由此不断发生民事侵权行为的诉讼案件,推动了民事诉讼与刑事诉讼的初步分野。以致在东周的铜器铭文中,出现了纯粹的民事侵权诉讼与作出的按民事赔偿手段的判决。

由秦汉至隋唐在中国封建法制日趋于成熟的基础上,民事诉讼制度也进入了奠基时期。从现有的竹简、木牍以及律典、文书中可以发现,这一时期民事案件与刑事案件相同,都是由被告居住地司法机关受理;其审理权由县一级行使;被告可以针对原告起诉的事项进行答辩;在审理过程中注重调查程序。由于中国古代社会往往以刑法来调整人身关系和财产关系,因此民事诉讼依附于刑事诉讼,民事权利主要是通过刑事附带民事的方式加以保护。

唐朝是中国封建社会的盛世,政治法律制度均已达到成熟的程度。在民事诉讼制度的建设上也有新的发展。例如,《唐律疏议》对民事诉讼的起诉期间,管辖与受理,终审权与越诉,以及司法机关应受理而不受理的法律责任等,都作出了明确的规定。

由宋至清是中国封建经济的发展时期。与此相联系的民事法律关系不断扩大,民事诉讼所调整的对象更为复杂,程序也日益完善和定型。

宋代,商品经济的发展,动产与不动产所有权的广泛确立,推动了民事法律的发展,出现了纯粹的民事法律条款。随着财产关系的复杂

了不同的看法。参见戴炎辉著:《中国法制史》,台北三民书局 1966 年版,第 146 页。关于我国古代民事诉讼法律制度的研究,代表性的著作有:郑秦著:《清代地方司法制度》,湖南教育出版社 1988 年版;梁治平著:《寻求自然秩序中的和谐》,中国政法大学出版社 1997 年版;滋贺秀三等著:《明清时期的民间调解与民事审判》,法律出版社 1998 年版;黄宗智著:《民事审判与民间调解:清代的表达与实践》,中国社会科学出版社 1998 年版;张晋藩主编:《中国古代民事诉讼制度史》,巴蜀书社 1999 年版;S.斯普林克尔著:《清代法制导论》,张守东译,中国政法大学出版社 2000 年版,等。

化，为保护私权益而发生的争议也日益增多。为了解决民事争议，宋朝政府也充实了民事诉讼的条款。历史的真实进程说明了民事诉讼的法律规定，是基于调整民事诉讼活动而产生和发展的，是中国古代诉讼法律的重要组成部分。宋朝基于商品经济的发展和民事诉讼的增多，在管辖上明确划分为级别管辖、地区管辖和移送管辖。为了防止刁顽挑讼，严格规定了告诉人的身份限制，凡"讼不干己事者"处以杖刑或决配。[①] 但允许老、幼、残疾及妇人委人代理诉讼。随着土地所有权的广泛确立和所有权观念对传统伦理意识的冲击，在财产问题上如分产不公允许卑属控告直系尊属和旁系尊属，这在中国民事诉讼制度史上是仅有的。为了保护当事人的私权益，使之有更多的机会上诉申理，宋朝不定审级限制，"人户讼诉，在法：先经所属，次本州，次转使，次提点刑狱，次尚书本部，次御史名，次尚书省"，直到诣登闻鼓院进御状。[②] 在审理时重视书证，凡"交易有争，官司定夺，止凭契约"，[③]"考察虚实，则凭文书"。[④] 作为宋朝司法重要改革的"鞫谳分司"制度，也适用于民事诉讼。主审官负责查明案件的事实，主判官负责检详相关的法条，最后由长官亲自作出判决。为使民事判决的执行得到强力保证，还组成了专门的执行机构。总之，宋朝民事诉讼所创造的原则、制度和经验确实达到了较高水平，对宋以后的元、明、清各朝都具有重要指导意义。

元朝统一中国以后，适应统治全国的需要，并在汉民族先进法律文化的影响下，开始注意运用法律手段调整社会关系，恢复经济秩序，因而立法的态度较为积极。在行政法与民事诉讼法等方面，都有新的建树。元朝在法典中专列诉讼篇。反映了实体法与程序法在立法体系上

---

① 《宋会要·刑法》3之12。

② 《宋会要·刑法》3之31。

③ 《清明集》卷5《物业垂尽卖人故作交加》。

④ 《清明集》卷9《质库利息与私憤不同》。

的区别,但民诉与刑诉仍无明确的划分。由于元朝是以蒙古贵族为主体的政权,因此不同的民族各有专属管辖,并通过"约会"制度,联合审理不同户籍之间的民事案件。为了便于群众提起诉讼,元朝在全国建立"书铺",负责代写诉状,并扩大了民事代理的范围,致仕官也享有令其家人代理民事诉讼的权利。在调处制度上。强调凡经调处结案之诉,当事人不得重新起诉,以示调处结案所具有的法律效力。

明朝建立以后,加强专制主义统治,调整了中央与地方的国家机关,强化了监察机关的职能和作用,由此带来了民事审判机构的某些变化。例如,里长可于申明亭剖决民事纠纷,以发挥基层乡里组织的积极作用和在解决民事纠纷中的优越性。负责百姓陈情上官、申诉冤枉,或告不法等事的通政使司,也受理民事案件,有权作出民事裁定。巡抚和巡按御史也执掌一定的民事审判权。由于明朝实行卫所制,因此军户间的民事案件归军卫审理,军户与民户间的民事案件采取元时的约会制,由军卫与有关地方机关联合审理。又由于明朝设立南北二京,因此发生在两京地区的民事案件,由两京刑部分别审理。在起诉的形式上,除书面词状外,允许"口告"即口头陈述,但司法机关须记录清楚。为了保护当事人的利益,凡于赦前作出的民事判决,如需改正,仍可诉究。适应民事诉讼程序规范化的要求,司法机关经常运用"立案不行"的民事裁定手法,驳回程序不合的起诉或上诉。对于判决,无论是给付之判、确认之判,还是变更之判,都注意区分诉讼是不动产或动产,官物或私物;主观上是故意或过失。在执行时,虽然提倡从速,但禁止当事人不经官府擅自动用败诉一方的财物,更不准役身折酬。如系刑事附带民事的案件,则与一般民事案件不同,不得运用减免原则。

清朝是中国的末代封建王朝,法制以完备著称,虽然仍无单一的诉讼法,但民事审判程序与法律适用,都已形成了明显的特色,不仅如此,民事诉讼还逐渐从民事依附于刑事的状态，走向相对的独立。清代保留下来的完整的民事诉讼档案，雄辩地说明了这一点。

清朝对民事案件实行州县自理原则，习惯上称为州县自理案件。而且限定于事犯当地告理，这是与刑事诉讼不同的。州县官受理案件以后，根据案情可批令亲族、绅耆、邻右去调处，力求息讼于法庭之外。事实上由州县官当堂审理结案的比重是很小的。为了显示清朝政府对于民间细事的重视，《大清律例》严格规定了州县官在民事诉讼中的法律责任：凡无故不受理者最高可杖至八十，如受财，则计赃从重论。同时还须逐月填写收案与结案的“循环簿”，[①]以备上级司法机关和监察机关的检查与监督。由于清朝是以满洲贵族为主体的政权，因而出现了调整旗人之间与旗民之间的民事诉讼的特殊管辖，反映了特定的时代条件所加给它的烙印。《大清律例》明确规定，农忙季节，不受理民事诉讼，而刑事诉讼的受理则不受时间的限制。在起诉的形式上除了书面的词状外，允许口头告诉，但要记录在案。清朝民事审判中的受理期间与限期结案制度，回避与代理制度，调处与判决执行制度，等等，都在总结历代经验的基础上，有所充实和发展，因而在封建的民事审判制度中最具有代表性。

值得注意的是，近半个世纪以来我国陆续发现了与清代州县司法审判内容有关的档案资料，如四川巴县档案[②]、台湾淡水新竹档案（即

---

① 《大清律例·刑律·诉讼》。

② 清代巴县档案是中国清代四川巴县官府积累移存的档案（巴县档案还包括民国时期的档案资料）。上自乾隆二十二年（1757年），下迄宣统三年（1911）年，共约11.3万余卷，是中国地方政权历史档案中保存较完整的一部分档案。这批档案早先存于巴县档案库，抗日战争时期巴县政府为避空袭将其运至长江南岸樵坪场一座破庙中暂存。1953年发现，由西南博物院运回收藏，后交四川省博物馆管理。1955年由四川大学历史系整理使用，1963年3月由四川省档案馆接收。其年代之长久、数量之众多、内容之丰富，在全国所存一个县的清代档案中首屈一指，被史学界誉为“一座内容极其丰富的文献宝库”。

“淡新档案”)[①]、黄岩诉讼档案[②]等,上述档案的发现对研究古代的民事诉讼审判制度和实践,提供了非常珍贵的文献资料。根据现存的清代民事案件档案,州县官的民事判决,经常是在当事人的“甘结”上作出的批示,而不另作判决书。当然根据案件的繁简程度和主审官的才华,也不乏脍炙人口的长判。

二、中国古代民事诉讼法制的特点

1.皇权专制集权中央,轻视民生压制民权

皇权专制的集中表现是中央集权的政治结构。这一特殊结构是决定我国古代法律诉讼不发达的根本政治原因。

自秦灭六国起,中国就形成了中央集权的政治体制,而其后各朝亦多以强化中央集权为能事。但要以皇帝一人的力量来统治这么大的一个帝国,中间又没有地方的自治作为缓冲,这在信息上和技术上几乎是不可能的。在长期的治乱相循中,统治者发展出了解决这一矛盾的两种机制。首先是地方的宗族和乡党自治。朝廷及地方政府

① “淡新档案”是清代台湾淡水厅、台北府及新竹县(大甲溪以北)之地方政府行政及司法档案,年代自乾隆四十年至光绪二十一年间(1775—1895)为止,日本接收台湾后,这批档案最初移交新竹地方法院,再转送台湾总督府复审法院(后改为高等法院),又由高等法院移交台北帝国大学文政学部作为学术研究之用,当时称《台湾文书》。战后台湾大法学院教授戴炎辉等对档案逐件整理、修补并加以分类编号,重新命名为《淡新档案》,内容有财政、抚垦、田房、钱债、财产侵夺、人身自由、风化等类,共有1163案,文书、图册19125件。本档案为研究我国前清时代台湾行政、司法、经济、社会、农业等极有价值之第一手资料,故对研究台湾法制史、地方行政史、社会经济史等深具学术价值,弥足珍贵,档案原件现存于台湾大学图书馆典藏。

② 黄岩诉讼档案主要为自清同治十三年到光绪十五年(1874—1889)发生在黄岩县辖区内的案件档案。该档案发现于2000年。后经著名法律文献家、上海大学法学院教授田涛等调查、发掘整理共计约110宗,保存较为完整的有84宗。全部档案内容均为黄岩县受理的民间诉讼文书,包括告状用的“正、副状纸”,粘贴的“批单”,附呈的“抄单”和“证据清单”,以及审结后原被告所立的“甘结”,大部分状纸上有地方官府的批语,是非常难得的清代县署诉讼档案。

因为力量有限，仅能掌握兵马、财政、户婚、田土及重犯惩罚等重要事项。至于地方治安、微罪处罚、农桑、工贾及轻微民事争执（钱谷、田土、户婚）等项，大率委任地方自治及调处。地方治安除保甲外，多放任人民自行组织，家族、宗族、乡党等血缘地缘团体便是地方治安的基础。事实上，官府对乡村的影响到县一级基本就算结束了。社会史的研究表明，即使到了19世纪，作为国家官僚机构介入地方的保甲和里甲制度，也只是在相当有限的程度上体现了官方权力。乡保之类的半官方职务通常由地方领导人物所操纵，并成为他们与国家权力之间的缓冲工具。

中国传统的法律文化不仅无法产生专业的司法人员——法官职业，同样无法产生专业的律师组织。从司法制度上看，诉讼法中被告人的权利规定得相当简单，在实际当中也往往由于司法的腐败和黑暗，而很难落实。中国传统的司法过程中，既没有受过专门训练的法官，也没有专门的法律援助机构——律师等，对被告人提供必要的法律服务。在中国古代的诉讼活动中，法律严禁第三者帮助当事人从事诉讼活动。唐代以后至清代的法律都严格禁止以帮助他人打官司为职业的职业人员——"讼师"的活动。不仅如此，各地方官员也常常采取打击讼师活动的手段，以减少本地诉讼发生的概率。

其次，长期受到儒家贱讼、耻讼、忍讼、息讼、无讼等正统观念的消极影响，中国古代民众对法律的鄙视态度，加之对权利的冷漠，造成了对民间从事与诉讼相关职业者的轻视和厌恶。儒家思想认为"君子远讼"，只有小人才会与法律打交道。这种不健康的法律意识，受到封建国家的推崇，成为封建社会正统的法律价值观念。久而久之，一般民众不仅轻易不涉足法律事务，对于那些法律边缘的讼师，也敬而远之。讼师往往被视为专以挑词架讼、搬弄是非为业、具有不良企图的人群。传统社会中对于讼师的这种畸形认识，固然与这一特殊社会群体自身的素质和行为规则直接相关,但更深层的原因则是封建君主专制政治体制与社会体制压制民众的权利观念、否认民众法律主体地位的畸形意识形态。

中国传统法律文化无法支持律师职业共同体的现象,从文化根基上分析,是由于君主专制的政治体制,而从社会层面看,则是由于民众权利意识受到官方意识形态的压制。首先,中国传统的政治体制,不允许存在一个与代表君主行使国家权力的权威机构——法官相对立,甚至可能约束法官司法活动的专业组织——律师职业的出现和发展。"中国惟尊君权,故有司得以专制。听断之际,或隐恶而扬善,或舍短而从长,但当持其大纲,不必苛其小节。苟能奖以温语,宠以虚名,即私债公财不妨减子而让母。如或宽其前愆,杜其后患,即廷斥、面辱亦当忍受而屈从。盖审断之道,不一而足。要有准乎情理而不尽拘律例者,亦安用律师为耶?故中国之民于官长之听断平允者,恒称颂之。即稍有畸轻畸重,而但能了事,亦相与安之。君权之国体制固应尔也。"①

总之,在中国封建社会漫长岁月中,法律制度和司法活动在整个国家管理和民众生活中,都不占据主要地位。与此同时,法律职业——无论是专职司法官员,还是民众法律助手——律师,都不够发达。这是中国封建君主专制制度的直接产物。这正如一位近代中国学者指出的那样:"司法管辖常受各省政权的限制,也只是表现近代的统一国家没有形成。皇帝命令高于一切法律,正是专制政治的特色之呈露。因为专制政治政治根本就没有法律和命令的区别,法律也是命令,命令就是法律。习惯法的存在,也可由此理解。未设辩护制度当然是无人格观念的警察国精神之表现。因为辩护制度是以国家承认犯人有当事人地位

---

① (清)顾家相:《中国严禁讼师外国重用状师名实异同辨》,载《皇朝经世文新编续集》卷4,法律。

为前提，和纠问主义根本不相融洽。司法和行政不分立，不过使人多一认定中国旧律是适应封建政治、农业社会、有人民无人权的时代的证据……一言以蔽之，中国旧律的特色都和专制政治有分不开的关系，都是专制政治直接间接的表现。"①

2.民事诉讼非理性化，地方官员全盘操控

司法官员活动的非理性化或人格化，必然产生司法过程的人情化。即整个司法过程不仅以法官（行政官员）的活动为中心，而且法律适用不必以证据为基础，案件的裁决也不必以法律上的是非为标准，法官本人的道德良知和以儒家思想为基础的道德信条，就足以让当事人服判息讼，息事宁人。在传统中国人看来，所谓案件的审理，无非就是法官的坐堂、洒签、打人，而所谓的判决，除了引用法律条文以资说明裁判的效力，其过程和目的都是以一个维护家庭和谐和社会和谐为宗旨的道德说教为中心的。司法，在中国封建社会，既是法官个人人格魅力与道德修养不断展示的过程，也是儒家以和为贵的伦理思想一再灌输的过程。法庭的活动并不是严格适用法律以判断事实上的对错和是非曲直，而是对当事人之间的纠纷怎样通过县太爷的个人权威实施压服的过程。证据对于古代的法官，远远没有现代人理解的那么重要。在中国古代，法官运用证据的唯一目的，只在于让当事人认罪服罪。"证据是在促使被告认罪这一意义上使用的，由此及彼，司法官不必受复杂的证据法的限制。当事人对法律的援引和解释没有发言权。法律适用完全系于司法官的一念之间不必经过法庭争论。从而律师也就没有必要设置。"②

在审理的过程中，虽然也如学者所说，"地方官的座位是高高在上

---

① 蔡枢衡著:《中国法理自觉的发展》，清华大学出版社 2005 年 5 月版，第 77 页。

② 季卫东著:《法治秩序的建构》，中国政法大学出版社 1999 年版，第 58 页。

的,他的头顶上方是用大字书写着‘明镜高悬’的匾额。司法官座位的下面,左右两侧是一字排开的衙役,他们的手中拿着作为刑具使用的竹板。而当事人和证人是不能坐的,他们要跪在地上——原告和被告跪在两边,证人跪在中间,听候父母官的训斥和发落。”①但诉讼过程已不再像刑事案件那样阴森恐怖,父母官以“循循如家人”的姿态,威之以法、晓之以理、动之以情。从这一点来出发,日本学者滋贺秀三把清代民事审判看作一种“教谕式的调解”(didactic conciliation)。②

一位美国学者指出:“在名义上,从公元前1世纪开始,强调社会调解行动和道德劝勉的儒家方法就已经被接受为社会的准则。但帝国制度仍然在很大程度上依赖法律手段,依赖刑事法典,依赖判刑和处罚,并依赖大大规范化的官方和私人行为的标准方式。尽管政府大力支持各种客观化的制度以维持行为的准则,但并没有发展出独立的司法制度,也没有出现过法律高于一切的概念。法律只是国家的工具而已,而且法律和其他的强制性工具一起是由缺乏法律知识的官员去执行的。不错,清代的县官曾感到在他们的私人幕僚中需要有一位法律专家,表明政府对执法中出现的过失已经不能容忍。但这与有一个专门化的,不受干涉的独立司法部门是完全不同的一回事。作为一县之长,县令在执行其司法功能时,他是万能的,既是案情调查员,又是检察官、被告辩护人,还是法官和陪审员。在权力结构的顶峰,具有全权的皇帝是立法者和最高法官,至少在理论上是如此。”③

3.专门司法人员匮乏,司法权操诸胥吏

---

① 瞿同祖著:《瞿同祖法学论著集》,中国政法大学出版社1998年版,第457页。

② 滋贺秀三等著:《明清时期的民间调解与民事审判》,载王亚新、梁治平编:《明清时期的民事审判与民间契约》,法律出版社1998年版,第21页。

③ [美]吉尔伯特·罗兹曼主编:《中国的现代化》,国家社会科学基金“比较现代化”课题组译,江苏人民出版社1998年版,第120—121页。

在中国封建社会，政府管理部门或者没有专门的司法组织，或者即使有，其职权范围和司法活动也受到行政部门的严重侵蚀。与此相关，专门从事司法活动的司法人员，也严重匮乏，司法权不得已，落入非正式国家工作人员——胥吏的手中。

中国进入近代社会之前，包括整个清朝在内，即使在中央，司法部门的人员，往往也没有受到良好的、专门的法律训练，而只是凭借经验从事司法活动。这些官吏来源复杂，主要是科举考试中被录用的知识分子。形成于隋唐时期的科举制度，是一种通过考试面向社会招募官员的制度。由于科举考试并不主要针对司法事务进行测试，这就使他们平时不够注重专门的法律职业的训练。科举考试的内容就是儒家经典著作，它又成为一种控制读书人思想的有效手段。众所周知，儒家思想之所以成为几千年王权政制的立国之本，就是因为它不仅论证了这种体制的正当性，而且为这种体制的维护提出了一整套伦理规范体系，通过追逐考试的长期学习过程，儒家思想的精神内化为每个读书人人格的一部分。总之，科举考试制度，作为选拔官吏的主要手段，给那些通过这项考试的人打上了烙印；而且这一点，再加上共同的利益、职能和特权，赋予官僚机构相当程度的同一性和令人生畏的稳定性。所有的官员都是科举考试的成功者，在取得这种成功的过程中，儒家伦理的规范体系已经内化为他们性格的一部分。由此便决定了儒家伦理在地方官断案时的决定性作用。在作为司法官面对一个个具体的诉讼时，他们会毫不犹豫地诉诸伦理规范，而不是任何别的什么。此外，中央政府对地方的控制建立在官员对皇帝效忠的基础之上，而官员个人承担责任的机制则是维护这种效忠的主要技术性手段。这在重罪案件中的复核制度以及民间词讼不加限制的上诉中得到了体现。

清代的法律中没有独立的诉讼法。相关规定只是《大清律例》的一个组成部分。中国古代的司法体制，完全是建立在由儒家“贤人治国”

的原则延伸出的司法官员"为民作主"的审判原则和纠问式审判方式之上的。在司法审判过程中,主要是以儒家思想为指导,对于一般轻微的案件,通过调处息争,达到维持地方治安的目的。对于严重的危害国家的行为,则由地方官员代表国家对犯罪分子科处刑罚。

在地方政府中,司法活动基本上掌握在胥吏手中。他们是由中国古代书吏与幕宾发展而来的,在我国封建社会司法活动中具有举足轻重的地位。这些人大多是科举考试的落榜人员,他们没有可靠的生活来源,又不愿委身从事农业生产,只好依附于地方政府谋生。另一方面,由于地方政府的正式国家工作人员又缺乏正规系统的司法训练,加之工作繁忙,事务琐碎,且由于任职回避造成实际上对所在地风土人情的隔膜,急需了解地方实际情况的助手从中协调和帮助,这样一来,就不得不"聘请"这些书吏和幕宾担任自己的助手,特别是在司法问题上更是如此。以明清为例,地方官的主要来源渠道是国家八股取士录用的知识分子——读书人。由于以八股为敲门砖的知识分子在进入官场之前,只懂得空疏无用的八股文,同时又囿于生员对"军国利病"等事"一言建白",否则就会被清除出官员队伍。这样一来,他们对现行法律几乎茫无所知,对社会民情往往也了解甚少。在这种情况下,通过科举制度晋升的官员对于执法办案往往力不从心。在清朝,官员审理案件不符合体制,是要受到严肃处理的。因此,在实践中这些地方官就必然要依靠用心钻研刑名法术的书吏,甚至于重金聘请他们入幕做"幕宾",尊之为"师宾"。在法律适用过程中,案情无论轻重,几乎完全操纵在刑名幕友手中。地方官既依赖非正式的胥吏,司法权自然就落入他们的手中。由于胥吏实际操纵清代的司法和政治,清朝被认为是"与胥吏共天下"。[1]

---

① 张晋藩:《中国法律史论》,法律出版社1982年10月版,第84页。

4.民事立法匮乏，情理是民事诉讼的重要依据，调解是重要的结案方式

在中国古代“诸法并存”的法典中间，纯粹民事条款极少，不足以用来解决多样的民事纠纷。在民事诉讼法律的适用上，州县官并不是严格按照制定法来断案的。除了国家法以外，也经常适用礼、家法族规、习惯等“情理”规则。日本学者滋贺秀三认为，清代地方官在处理民事纠纷时，更多地是依据情理来对当事人之间的关系进行全面的调整，而非运用法律对事实作单方面的判断。但这并不意味着法律就被轻视或无视，因为法律本是基于情理而定的；而在法律条文的适用中，还要通过情理加以解释或变通。总而言之，情理与国法的关系就好比大海与冰山——“由情理之水的一部分所凝结成形的冰山，恰恰是法律。”[①]恩格斯认为，“这种十分质朴单纯的由习惯约束的原始制度，没有军队、宪兵和警察，没有贵族、国王、总督、地方官和法官，没有监狱，没有诉讼，而一切都是有条有理的。大多数情况下，历来的习俗就把一切都调整好了，是一种美妙的制度。”[②]

礼是以调整等级秩序为核心的道德规范，在中国源远流长。至汉代儒家思想被推崇为统治思想以后，礼的学说逐渐成为国家意识形态，得到国家强制力的保证执行，所谓“违礼入刑”。由于礼所调整的范围，从国到家，从社会到个人，极为广泛，而且具有很强的渗透力和约束力，其作用在某些领域超越于法律之上，是民事审判的重要根据。同时依礼裁判与依法审判具有一致性，因此礼法结合是古代法律的特点之一。

在中国古代，宗族组织是国家基层行政组织的支点。宗法观念是

---

① 滋贺秀三等著：《明清时期的民间调解与民事审判》，载王亚新、梁治平编：《明清时期的民事审判与民间契约》，法律出版社 1998 年版，第 40 页。

② 《马克思恩格斯选集》第 4 卷，人民出版社 1972 年版，第 92 页。

在共同血缘关系的基础上形成的精神信条。家法族规则是族内成员必须遵守的行为规则的法律化,它是族长、家长用来调处、裁判族内民事纠纷的法律依据。族长和家长实质上是行使族内审判权的法官。官府既承认家法族规对于调整家族内部关系的法律效力,也认可族长对于族内民事纠纷的裁决。尤其是明清时期,州县官经常指令族长去调处族内的民事纠纷。

至于习惯,也是解决民事争端的一种依据。由于中国地域广阔,民族众多,政治、经济、文化的发展极不平衡,因此流行于全国各地区的习惯,千差万别。某些习惯渊源很久,得到了当地群众的认可、具有一定的约束力。凡是经过国家认可并强制保证其施行的习惯,便成为习惯法,它是官府审理民事案件的法律渊源之一。

家法族规、伦理道德、纲常名教、人情世故——即学者所谓的"民间法",都在发挥着维护基层社会生活的平静和社会稳定的作用。在某种意义上甚至比国法更加贴近现实。在中国古代的民事诉讼中,民间法律规则发挥的作用也是现实存在的。一方面,州县官必须在形式上尽量遵循国家法律的要求,以符合上司的意愿,求自身职位的稳固,进而有升迁的希望;另一方面,又不得不充分体现乡土社会的传统规则的要求,以求息事宁人和维护乡土社会的既有秩序,以确保自己的司法裁判得以顺利实现。这样既维护了司法者在乡民面前的威信,又能避免民怨,防止激化矛盾。从某种意义上看,中国传统的乡土社会是一个"没有法律"的社会,虽说没有"法律",但并不影响这个社会的秩序,秩序的生成主要依"伦理"和依"习惯"而治,于是,对中国乡土社会而言,国家法或王法显得相对萎缩,或者说国家法没有得到充分的发育,没有走进人心、贴近社会,相反民众对国家法之外的所谓习惯、民俗、伦理、道德等民间法更感兴趣,更有所偏好和青睐。正如法国比较法学者勒内·

达维德认为,“中国人一般是在不用法的情况下生活的”[①],“中国人解决争端首先必须考虑‘情’,其次是‘礼’,最后是‘理’,只有最后才诉诸法”。[②] 德国著名法律社会学家马克斯·韦伯(1864—1920)[③]也认为,在中国传统社会中,法律与宗教、伦理规范和风俗习惯等含混不分,道德劝诫和法律命令没有被形式化地界定清楚,因而导致了一种特殊类型的非形式的法律,即中国传统法律是一种“实质的伦理法”。[④] 它们可以是家族的,也可以是民族的;可能形诸文字,也可能口耳相传;它们或是人为创造,或是自然生成,相沿成习;或者有明确的规则,或者更多地表现为富有弹性的规范;其实施可能由特定的一些人负责,也可能依靠公众舆论和某种微妙的心理机制。乡民们在对待和处理公共生活的冲突和纠纷时,宁愿求助于区域内的人情和礼俗,而不愿求助于国家的

---

① [法]勒内·达维德著:《当代主要法律体系》,漆竹生译,上海译文出版社 1984 年版,第 487 页。

② 同上,第 486 页。

③ 马克斯·韦伯(Max Weber,1864—1920),是现代德国著名政治经济学家、社会学家、法学家,被公认是现代社会学和公共行政学最重要的创始人和法律现代化理论的奠基人之一。曾在柏林大学、维也纳大学、慕尼黑大学等大学任教,参与了魏玛共和国宪法的起草设计。

④ 韦伯把“合理性”分为“形式合理性”和“实质合理性”两种。所谓形式合理性是指一种纯形式的、客观的,不包含价值判断的合理性,它主要表现为形式的合理逻辑,手段和程序的可计算性。所谓实质合理性是指立足于某一信念、理想的合理性,为达此目的而可不考虑其他的因素。形式合理性主要归结为手段和程序的可计算性,是一种客观的合理性。实质合理性则基于属于目的和后果的价值,是一种主观的合理性。与此相关的是“法的形式理性”是指由理智控制的法律规则的系统化、科学化以及法律制定和适用过程的形式化。韦伯认为,欧洲现代法律是一种形式法。所谓形式法律,是指来源于罗马法中的形式主义审判原则的法律体系。它是由一整套形式化的、意义明确的法规条文组成的。它将每个诉讼当事人都以形式上的“法人”对待,并使之在法律上具有平等地位。它只依据法律条文对确凿无疑的法律事实做出解释和判定,而不考虑其他伦理的、政治的、经济的实质正义原则,同时还要排除一切宗教礼仪、情感和巫术等因素。而中国的法律,受儒家思想影响,是实质合理性的。参见苏国勋:《理性化及其限制——韦伯思想引论》,上海人民出版社 1988 年版,第 154 页、222 页,及《经济与社会中的法律》、《中国的儒教与道教》等有关章节。

“王法”。正如马克思说的那样,“一切已死的传统,像梦一样纠缠着活人的头脑”。①

中国古代,受到儒家法律观念的影响,十分强调调解在民事诉讼中的作用。

运用调处解决民事法律纠纷,在中国由来已久。早在两周铜器铭文中,便有调处的案例记载。西汉以后,中国法律深受儒家“无讼”、“贱讼”等思想的影响。儒家思想中“和”的观念折射到法律中的产物,导致无论官方教条还是民众内心信条中,都以“无讼”为最好的法律秩序。有此思想,一定程度上导致民事诉讼法律制度的缺失,从而也影响了后世审判官在审理民事案件时诉讼程序上很多都要依照习惯与情理。《周礼·大司徒》把兴讼之因归结为“不服教”所致,如何使百姓服教,儒家主张统治者“以不忍人之心,行不忍人之政”,对民众“道之以德,齐之以礼”,使他们严格遵守“君君、臣臣、父父、子子”的宗法等级名分,做到“父子有亲,君臣有义,夫妇有别,长幼有序,朋友有信”,从而“以德去刑”,达到“无讼”的理想状态。西汉中期,封建正统法律思想形成之后,德主刑辅的方针要求官府以德教民,因此无论是皇上的圣谕,还是地方官员的劝谕,都充斥诸如此类的道德说教,但空洞的道德说教究竟有多少成效值得怀疑,可以看到地方官吏教民更偏重于强调诉讼的危害性。至宋明清时期,调处结案已经成为民事诉讼的常用手段。以清代为例,调处分为州县调处与民间调处两类,前者是诉讼内调处,由州县官当堂进行;后者是诉讼外调处,由族内进行。对于宗族内部能够调处解决的案件,通常适用后者,州县官不予受理而是交与族人调处。州县官在判决中经常要求当事人进行“局理”或“族理”。主持调解者,或为局绅,或为族长,或为地保。调处虽不是必经的程序,但由于它可以缓解因细事

① 《马克思恩格斯选集》第1卷,人民出版社1972年版,第693页。

而滋生的矛盾，避免妨害当事人的生产与生计，从而有利于社会的稳定。因此是封建政府的司法导向，处于被优先考虑的地位。清代州县官在审理民事案件的时候，对涉及国家税赋等公权力的案件，均做出直接的审理和判决，以维护国家在社会当中的权威性，而对“户婚田土细事”往往调处处理。康熙皇帝曾把调处息讼与强盗、完粮并重，督励州县官认真执行。调处的活动是在政府机构制约下进行的，是州县堂审的补充形式。任何社会组织和社会力量，如借调处渔利甚至危害国家与社会，均为官府所不允许。调处的依据，首先是法律，其次是礼俗、家法。调处的结果具有强制性，所谓“遵命和息”，并须据呈甘结。调处之所以获得民众支持，就在于它可以减少讼累。通过调处确实把堂上的审判与堂下的和解结合起来，并且调动了各种社会力量投入到调处息讼中来，产生了一定的社会效果。这 体制，适应了中国古代封闭的社会结构，也符合了传统观念当中的“息讼”思想。调处制度以息事宁人，巩固国家统治为目的，缓解了因“田土细事”而滋生的社会矛盾，维系了中国古代基层社会的安定。但是，在强调调解结案的诉讼制度之下，民众普遍缺乏依法保护私权益的诉讼权利观念。

5.中国古代民事诉讼占一定比重

对于中国古代的司法制度，通常被认为是刑事审判构成中国古代司法制度的基干，或者说，古代的司法审判以刑事审判为特征。据此，民事诉讼一般被认为是不发达的。有的学者甚至认为中国古代法律“没有自己的私法体系”①，但是，从对我国古代民事审判事务材料研究看来，这个观点可能并不正确。例如，根据研究清代法律的学者统计：“虽然按照官方的表达，‘户律’一章大都谈的是细事，但它却占了1740

① ［日］滋贺秀三：《中国法文化的考察》，载王亚新、梁治平编：《明清时期的民事审判与民间契约》，法律出版社1998年版，第2页。

年清律436条律文中的82条,占了1900年左右薛允升所编律的1907例中的300例。这些律和例构成了我称之为清代民法的主体"[①]。也有学者根据第一历史档案馆所藏顺天府宝坻县刑房"自理"案件的目录统计:诉讼案件共4269件,其中,民事诉讼案件2946件,占了总数的69%。另外,根据宝坻县刑房《词讼簿》所载各类案件的统计:自咸丰三十一年到光绪五年,民事案件共58件,刑事和其他案件共55件,共计113个案件;其中,民事案件约占总数的51%以上。[②] 由此可见,民事诉讼在中国古代的整个诉讼中占一定比重。

第二节　清末法制改革与民事诉讼立法

一、清末过渡性的民事诉讼立法

中国古代以"诸法合体"的律典编纂方式为基本的法律形式,并无独立的民事法典,也无独立的民事诉讼法典。清光绪六年(1880年)秋,时任京师同文馆文化教习的法国人毕利干(Anatot. Adrien Billequin,1837—1894)在北京译成《法国律例》一书。这部规模颇为庞大的译著包括法国的刑律、刑名定范、商律、园林则例、民律、民律指掌共6种,凡6函46册,其中的"民律指掌"就是民事诉讼法。自1904—1909年间,修订法律馆组织翻译《日本裁判所构成法》、《德意志旧民事诉讼法》、《德国改正民事诉讼法》、《德国强制执行及强制竞卖法》、《日本改正民事诉讼法》、《日本现行民事诉讼法》、《奥国民事诉讼律》以及《普鲁士司法制度》、《日本民事诉讼法注解》、《日本民事诉讼法论纲》等立法

① 黄宗智著:《民事审判与民间调解:清代的表达与实践》,中国社会科学出版社1998年版,第6页。

② 曹培:《清代州县民事诉讼初探》,载《中国法学》1984年第2期。

资料。这些法律资料的引入，为制定新型民事诉讼法提供了必要的智力支持。

光绪三十一年(1905 年)，沈家本等在复议御史刘彭年(1859—?)关于恢复刑讯折的奏议中，对刘彭年要求编定诉讼法的建议表示认同，并认为诉讼法的编定应有待于刑律修订的完毕；但后者又“必得诉讼法相辅而行，方能推行无阻”，故此主张准经删修的《大清律例》为实体法，先行“编辑简明诉讼法章程”，以此与列强“齐一法制，取彼之长，补我之短”。[①] 随即奏进了一部合刑事、民事于一体的诉讼法。

1906 年奏进的这部《刑事民事诉讼法》，是清末“改变旧律、修订新法入手第一着”。“这是中国历史上第一部专门的诉讼法草案。”[②]《刑事民事诉讼法》分总纲、刑事规则、民事规则、刑事民事通用规则、中外交涉案件五章，共 260 条。总纲一章共 20 条(1—20)，4 节，分别是刑事民事之别、诉讼时限、公堂、各类衙门。刑事规则一章共 68 条(21—88)，7 节，分别是逮捕、拘票搜查及传票、关提、审讯、裁判、执行各刑及开释。民事规则一章共 110 条(第 89—198 条)，11 节，分别是：传票、讼件之值未逾五百元者、讼件之值逾五百元者、审讯、拘提图匿被告、判案后查封产物、判案后监禁被告、查封在逃被告产物、减成偿债及破产物、和解、各票及讼费。刑事民事通用规则一章共 52 条(第 199—250 条)，4 节，分别是律师、陪审员、证人、上控。第五章中外交涉案件共 10 条(251—260)，就中外交涉案件的法律适用作了规定。另有颁行条例三条，就新法之效力、与旧法之关系、货币单位之标准作了规定。[③] 此法条文虽简，但内容甚为详备。

---

① 李贵连著：《沈家本传》，法律出版社 2000 年版，第 300 页。

② 朱勇主编，《中国法制通史》(第 9 卷)，法律出版社 1999 年版，第 294 页。

③ 谢振民编著，《中华民国立法史》(下)，张知本校，中国政法大学出版社 2000 年 1 月版，第 981—982 页；《大清法规大全(C)》，卷 11，第 1—15 页。

该法的编订,打破了中国传统“诸法合体、民刑不分”的法典体例,制定专门的诉讼法的立法实践。尽管这部法案因遭各省的反驳而终告废弃,但它的出现,预示着单独起草专门的民事诉讼法典已经成为晚清修律中不可逆转的发展趋势。

二、《民事诉讼律草案》

就在这部法律被议废当年(1907 年)的 10 月 27 日,修订法律馆又开始起草民事诉讼法律,至宣统二年(1910 年)12 月 27 日奏明告成,这就是《民事诉讼律草案》。《民事诉讼律草案》修订完成后,由沈家本、俞廉三奏进。在奏折中,沈家本指出,“中国民、刑不分,由来已久,刑事诉讼虽无专书,然其规程尚见于刑律;独至民事诉讼,因无整齐划一之规,易为百弊丛生之府。若不速定专律,曲防事制,政平讼理,未必可期,司法前途不无阻碍。”因此“博访周咨,考列国之成规,采最新之学理,复斟酌中国民俗,逐一研究”,修订了这部民事诉讼律。论及民事诉讼法与审判组织法的分工,沈家本认为,“审判权及内部组织运用资格,乃制度之事,法院编制法定之”,而“外部组织及奉职资格”,即管辖、回避等制度,“乃职务之事,民事诉讼律定之。”[①]该法律草案“开我国将民事诉讼法单独立法之先河”。[②]

该草案以德国民事诉讼法为蓝本,共分四编 22 章,800 条。第一编审判衙门(分五章:事物管辖、土地管辖、指定管辖、合意管辖、审判衙门职员之回避拒却及引避);第二编当事人(分七章:能力、多数当事人、诉讼代理、诉讼辅佐人、诉讼费用、诉讼担保、诉讼救济);第三编普通诉讼程序,分五章,第一章总则(共 8 节:当事人书状、送达、

---

① 沈家本:《民事诉讼律·奏折》,载张国华、李贵连编:《沈家本年谱初编》,北京大学出版社 1989 年版,第 256—258 页。

② 台湾国史馆编:《中华民国史法律志(初稿)》,1994 年版,第 84 页。

日期及期间、诉讼行为之濡滞、诉讼程序之停止、言辞辩论、裁判、诉讼笔录），第二章地方审判厅第一审诉讼程序，共七节：起诉、准备书状、言辞辩论、证据（又分通则、人证、鉴定、书证、检证、证据保全6款）、裁判、缺席判决、假执行之宣示，第三章初级审判厅之程序，第四章上诉程序（分三节：控告程序、上告程序、抗告程序），第五章再审程序；第四编特别诉讼程序，分五章，第一章督促程序、第二章证书诉讼、第三章保全诉讼、第四章公示催告程序、第五章人事诉讼（分四节：宣告禁治产程序、宣告准禁治产程序、婚姻事件程序、亲子关系事件程序）。这部草案虽然由于清朝的覆亡而未及正式颁行，但其部分内容却为民国政府有条件地加以援用，并为以后历届政府编纂更加完善的民事诉讼法典奠定了基础。

二、《各级审判厅试办章程》和《法院编制法》

清末修律过程中制定的与民事诉讼法有关的法律文件还有《各级审判厅试办章程》和《法院编制法》等。

1906年10月清政府颁布了《大理院审判编制法》。[①] 该法共5节，45条。光绪三十三年（1907年）八月，沈家本提出制定《法院编制法》。[②] 之后，清政府于光绪三十三年（1907年）通过《直隶天津府属审判厅试办章程》和《各级审判厅试办章程》。《直隶天津府属审判厅试办章程》有四编12章，共146条。依次为：第一编，总纲。第二编，厅局官制。第一章，高等审判厅分厅，第二章，地方审判厅，第三章，乡谳局，第四章，厅局官吏之职务，第五章，各厅局官吏之回避。第三编，诉讼规

① 谢振民编著：《中华民国立法史》（下），张知本校，中国政法大学出版社2000年1月版，第985页。

② 《酌拟法院编制法缮单呈览折》，见李贵连著：《沈家本》，法律出版社2000年4月版，第282页。

则。第一章,民刑通则,第二章,刑事专则,第三章,民事专则。第四编,讼费规则。第一章,印纸费,第二章,承发吏规费,第三章,杂费,第四章,保证。《各级审判厅试办章程》有5章,共120条。内容依次为:第一章,总纲;第二章,审判通则;第三章,诉讼;第四章,各级检察厅通则;第五章,附则。宣统元年(1909年),宪政编查馆详核《各级审判厅试办章程》,经过补充,于同年七月初十日奉旨依议,通行各省一体遵行。①

宣统二年十二月二十八日(1911年2月7日)《法院编制法》获准颁行。该法有16章,共计164条。② 各章分别为:第1章,审判衙门通则(第1—13条);第2章,初级审判厅(第14—16条);第3章,地方审判厅(第17—24条);第4章,高等审判厅(第25—32条);第5章,大理院(第33—45条);第6章,司法年度及分配事务(第46—53条);第7章,法庭之开闭及秩序(第54—68条);第8章,审判衙门之用语(第69—71条);第9章,判决之评议及决议(第72—80条);第10章,庭丁(第81—84条);第11章,检察厅(第85—105条);第12章,推事及检察官之任用(第106—127条);第13章,书记官及翻译官(第128—143条);第14章,承发吏(第144—153条);第15章,法律上之辅助(第154—156条);第16章,司法行政之职务及监督权(第157—163条),以及附则(第164条)。

《法院编制法》是一部法院组织法,该法的制定为我国独立司法机关的确立奠定了法律基础,是贯彻司法独立原则的必备条件。《法院编制法》对法院的地位、管辖范围、审级制度、司法人员的选任、任职保障

---

① 谢振民编著:《中华民国立法史》(下),张知本校,中国政法大学出版社2000年1月版,第983—984页。

② 其章目与大致内容见于谢振民编著:《中华民国立法史》(下),张知本校,中国政法大学出版社2000年1月版,第987—989页。

等都做了比较详细的规定。特别是对于司法独立,《法院编制法》规定了司法各官权限,法部、大理院以及各级审判厅自应遵照办理;除了《法院编制法》规定的司法行政监督权外,其余行政各官与司法各官不得互相侵越;为保证法官素质,《法院编制法》规定以司法考试作为选拔法官的主要方式。《法院编制法》规定:选任法官务必严格遵守法官考试章程,非推事及检察官者,不经照章考试,不得奏补法官各缺;现有候补推事及检察官,由该部堂官查验合格后奏补现有员额。按照《法院编制法》的规定,清末的司法审判机关划分为,初级审判厅、地方审判厅、高等审判厅和大理院。在司法审级上实行四级三审制,即:向初级审判厅起诉的案件,不服,可上诉到地方审判厅直至高等审判厅;向地方审判厅起诉的案件,不服,可上诉到高等审判厅直至大理院。此外,该法第一次明确规定了辩护制度,准许律师出庭,为我国律师辩护制度的源头。

《法院编制法》颁布后时间不长,清政府即倒台,其中规定的制度大多未来得及实施。但该法对北京政府和南京国民政府时期的司法组织立法,产生了直接而深远的影响,是清末修律的重要成果之一。

第三节　中华民国北京政府时期的民事诉讼立法

一、中华民国初期的民事诉讼立法

民国初期的民事诉讼法,继承了清末修律的结果,并且有所发展。

民国成立之初,南京临时政府参议院议决暂时援用前清之《民事诉讼律草案》第一编关于管辖的前四章,共计 41 条。1919 年,司法部特呈准政府援用《民事诉讼律草案》第一编第五章关于审判衙门职员回避、拒却、引避之规定，共11条。这样一来，前清《民事诉讼律草案》第一编内容全部为民国初期北京政府所继承。

二、北京政府时期的民事诉讼立法

1913年2月，司法部将《各级审判厅试办章程》加以修订后，呈报政府并获颁行。其后，该《章程》又分别于1915年2月2日、10月6日、12月6日以及1920年1月、2月数次订正[①]。1915年6月20日，司法部呈准政府修正刊行清末颁行的《法院编制法》。修订后的《法院编制法》删除了关于初级审判厅、初级检察厅及“各省提法使监督本省各级审判厅及检察厅”的规定；规定大理院不设正卿、少卿及民事科、刑事科，只设院长一人和刑事庭、民事庭；高等审判厅、京师地方审判厅厅丞均改为厅长，总检察厅厅丞改为检察长，各审判衙门、各检察厅原来的典簿、主簿、录事均改为书记官长、书记官。该法沿用了清末的四级三审制，与审判机构的设置相对应，仍设立了各级检察机构，增加了关于大理院分院、地方及高等审判厅分厅以及各级检察厅分厅的规定。第21条及第24条规定，各省可根据本身情形，设立地方审判分厅；分厅应有合议庭两个以上，或独任推事2人以上。[②]

民国初期，由于种种困难，地方厅、初级厅并未普遍设立。1915年4月，政治会议修改《临时约法》，以人力、财力不足为由，决定从体制上裁撤初级审判厅。[③] 该决议案实施后，初级审判厅、检察厅完全被裁撤，地方审判厅，检察厅被裁撤2/3。[④] 为弥补初级审判厅的空缺，同年

---

① 谢振民编著:《中华民国立法史》，张知本校订，中国政法大学出版社2000年1月版，第984页。

② 同上，第990页。

③ 朱勇主编:《中国法制通史》(第9卷)，法律出版社1999年版，第524页。

④ 谢振民编著:《中华民国立法史》，张知本校订，中国政法大学出版社2000年1月版，第990页。

4 月 5 日，政府公布施行《县知事兼理司法事务暂行条例》和《县知事审理诉讼暂行章程》，开始实施县知事兼理司法的制度。按照这两部法令，凡是未设审判厅（包括初级审判厅和地方审判厅）的县，均由县知事审理一审民刑事诉讼。虽然另设符合法定条件、具有一定法律知识的承审员辅助处理司法事务，但承审员由县知事任命，对县知事负责，并非享有独立审判权的法官。在上诉方面，县知事审理的案件根据其应属初级审判厅管辖还是应属地方厅管辖，而分别上诉到地方审判厅及其分厅或高等审判厅及其分厅。上述《条例》和《章程》，实际上恢复了封建社会行政兼理司法、司法不独立的传统做法，是一种历史的倒退，遭到了社会各界的反对。故此，北京政府于 1917 年 5 月 1 日公布《县司法公署组织章程》，以革除县知事兼理司法的弊端。该《章程》规定，所有未设审判厅的县，应设司法公署，司法公署主管其辖区内所有民、刑案件；司法公署由审判官及县知事组成，审判官主管审判，县知事则负责以检察为主的各项事务，比如检举、缉捕、勘验、递解、刑事执行等。基于其职责的分工，审判官受高等审判厅厅长监督，县知事执行司法职责受高等检察厅检察长监督。[①] 在此之前，政府以地方审判分厅范围过大，还拟于已设地方审判厅地方各县设立“地方分庭”，在未设地立分庭各县，设立县司法公署，以完成四级三审制。国会因此议定《暂行各县地方分庭组织法》，由政府于 1917 年 4 月 22 日公布施行。[②]

1921 年，北京政府修订法律馆完成《民事诉讼法草案》的起草，后政府下令将其改为《民事诉讼条例》，于 1922 年 7 月 1 日起在全国一律施行。在此之前，1921 年 3 月 2 日，广州军政府鉴于北京政府迟迟未颁行民事诉讼法，而法院审判活动亟需规范程序，故将清末制定的《民

---

① 朱勇主编：《中国法制通史》（第 9 卷），法律出版社 1999 年版，第 526—527 页。

② 谢振民编著：《中华民国立法史》，张知本校定，中国政法大学出版社 2000 年 1 月版，第 989 页。

事诉讼律草案》加以删除修正,明令公布施行。同年4月13日,又公布《民事诉讼律施行细则》7条,规定《民事诉讼律》于公布后两个月施行。“此吾国有正式民事诉讼法典之始。惟此律在当时只施行于西南各省。”[①]至此,当时在我国实际上同时存在两部民事诉讼法。

根据《中华民国立法史》一书的作者谢振民的研究,北京政府施行的《民事诉讼条例》,为移植德国民事诉讼法,又采用奥地利、匈牙利及以后德国和日本修正民事诉讼法律的新成果,“故《民事诉讼条例》较之德、日旧法及《民事诉讼律》实已大有进步”。[②] 该条例共有六编:总则、第一审程序、上诉审程序、抗告程序、再审程序,以及特别诉讼程序,共计755条。第一编总则,第一章法院,第二章当事人,第三章诉讼程序。第二编第一审程序,第一章地方审判厅诉讼程序,第二章初级审判厅诉讼程序。第三编上诉审程序,第一章第二审程序,第二章第三审程序。第四编抗告程序。第五编再审程序。第六编特别诉讼程序,共五章,第一章证书诉讼程序,第二章督促程序,第三章保全程序,第四章公示催告程序,第五章人事诉讼程序,又包括婚姻事件程序、嗣续事件程序、亲子关系事件程序、禁治产及准禁治产事件程序、宣告死亡事件程序等节。另附民事诉讼施行条例,就条例的法律适用问题作了规定。

《民事诉讼条例》仍采四级三审制,但因为初级审判厅已不存在,该法规定,所有初级管辖之诉讼案件均归地方审判厅附设简易庭受理,或由县知事兼理。为规范简易庭的审判工作,1922年1月25日,政府公布了《民事简易程序暂行条例》。该《条例》规定的简易程序主要有以下特点:(1)起诉得以言辞行之;(2)当事人两造于简易庭通常开庭之日,得不待传唤,自行到案;(3)言辞辩论,应以一次终结;(4)判决原本应自

① 谢振民编著:《中华民国立法史》,张知本校定,中国政法大学出版社2000年1月版,第993页。

② 同上,第994页。

宣告判决之日起，于 3 日内交付书记官做成正本，送达当事人；(5)对于判决提起控告，得以言辞为之。①

第四节　中华民国南京国民政府时期的民事诉讼立法

一、南京国民政府的民事诉讼立法

1922 年以后，中国实际通行两部民事诉讼法律。南京国民政府统一中国以后，决定尽速起草统一的诉讼法。

1928 年南京国民政府立法院拟定《民事诉讼法草案》五编。1930 年 9 月，《民事诉讼法》第一编至第五编第三章全部通过。并于同午 12 月 26 日公布。受到民法中亲属与继承法编的影响，《民事诉讼法》第五编第四章到 1930 年底才制定出来，并于 1931 年 2 月 13 日公布。至此，《民事诉讼法》全部完成。该法于 1932 年 5 月 20 日起施行。② 1931 年的"《民事诉讼法》系采《民事诉讼条例》(由北京政府 1922 年制定生效)为蓝本，而加以删改"。③ 该法共 600 条，分总则、第一审程序、上诉审程序、再审程序、特别诉讼程序五章。该法的改动主要表现在改四级三审为三级三审制，扩张准备程序，增加缺席判决制度、宣示假执行制度，废止证书诉讼程序，扩张督促程序的适用范围，废除检察官参与人事诉讼程序，以及管辖、当事人制度上的局部改变等。上述改进，使该法更加适应本国的国情，无论是与《民事诉讼律》还是《民事诉讼条例》

① 谢振民编著：《中华民国立法史》，张知本校定，中国政法大学出版社 2000 年 1 月版，第 995 页。

② 同上，第 1003 页。

③ 同上，第 999 页。

相比,1931 年《民事诉讼法》都有了明显的进步。从实施的范围来看,1931 年《民事诉讼法》则是我国第一部在全国范围内公布施行的民事诉讼法典。

1931 年的《中华民国民事诉讼法》施行后,到 1934 年 4 月,司法行政部向行政院提出修改意见。立法院对修改草案审议通过。1935 年 2 月 1 日公布,是年 7 月 1 日起实施。此为新《民事诉讼法》。① 1935 年的《民事诉讼法》是对 1931 年《民事诉讼法》的修改。该法分为九编,共计 636 条。第一编总则,第一章法院,第二章当事人,第三章诉讼费用,第四章诉讼程序。第二编第一审程序,第一章通常诉讼程序,第二章简易诉讼程序。第三编上诉审程序,第一章第二审程序,第二章第三审程序。第四编抗告程序。第五编再审程序。第六编督促程序。第七编保全程序。第八编公示催告程序。第九编人事诉讼程序,第一章婚姻事件程序,第二章亲子关系事件程序,第三章禁治产事件程序,第四章宣告死亡事件程序。1945 年 12 月 26 日国民政府修正公布,同日施行。②

1932 年 10 月 28 日国民政府公布《法院组织法》,司法体制的框架基本确定。该法共 15 章、91 条,各章分别为总则,地方法院,高等法院,最高法院,检察署及检察官的设置,推事、检察官任用及待遇,书记官及通译,检察官、执达员、庭丁及司法警察,司法年度及事物分配,法庭之开闭及秩序,法院之用语,裁判之评议,法律上之协助,司法行政之监督及附则。与北京政府时期之《法院编制法》相比,《法院组织法》主要的改革主要体现在:实行三级三审制;最高法院不再设分院;扩大检察官的职权;提高了推事、检察官的待遇。其中,该法规定实行三级法

① 谢振民编著:《中华民国立法史》,张知本校定,中国政法大学出版社 2000 年 1 月版,第 1012 页。

② 韩秀桃、张德美、李靓编著:《中国法制史》(教学参考资料),法律出版社 2001 年 11 月版,第 785 页。

院体制，结束了审级制度上长期的混乱状态，使法院建设走上了健康的轨道，对我国司法组织的正规化发挥了重要作用。另外，该法的立法技术也有很大进步，正如谢振民所言，“此法较旧法院编制法少一章，条文少一倍，而规定反较周密，立法技术上实有显著之进步。”[①]

重视传统法律传统中的调解制度，是南京国民政府时期民事诉讼立法的一个重要成果。1929 年 12 月，立法院院长胡汉民拟具《民事调解条例草案原则》，经政治会议审查后提交立法院。提案中的六项原则被增为七项，旋即送交立法院讨论。立法院第 43 次会议议决后，交刘克俊、蔡瑄、罗鼎之委员起草。1930 年 1 月 11 日，《民事调解法》16 条通过，并于 1 月 20 日公布，次年 1 月 1 日施行。[②] 按照此法，第一审法院设民事调解处；民事调解作为对民事诉讼事件和初级管辖民事事件的处理方式，为法定必经程序，不经调解程序，不得提出诉讼。其中强制调解事件包括房屋租赁、雇用契约、离婚及夫妻同居、终止收养关系等。其他诉讼事件，当事人也可请求履行调解程序。法定民事调解由第一审法院民事调解处主持，民事调解处以推事为主任，经当事人请求，可推选一名符合法定条件者助理；对一方当事人的调解要求，另一方当事人必须按规定时间到场。调解结果经书记官记载于登记簿，调解结果的效力和法院判决相同。该法的制定和通过，表明南京国民政府在法律的本土化方面更进了一步。

二、南京国民政府民事诉讼立法的特点与原则

1. 注意立法的继承性

注意立法的继承性，从前人的立法成果中汲取有益成分，总结实践

---

① 谢振民编著：《中华民国立法史》，张知本校订，中国政法大学出版社 2000 年版，第 1048 页。

② 同上，第 1034 页。

经验,是南京国民政府时期立法,特别是民事诉讼立法取得显著成绩的重要原因。

在清末的修律变法中,民事诉讼制度的改革一直是一个重要的领域。就立法而言,我国于1906年编定了《大清刑事民事诉讼法草案》,1907年颁布了《直隶天津府属试办审判厅章程》和《各级审判厅试办章程》,1911年编纂制定了《大清民事诉讼律草案》和《法院编制法》,1921年,在广东军政府制定《民事诉讼律》的同时,北京政府也颁布了《民事诉讼条例》。1932年,南京国民政府颁布了《中华民国民事诉讼法》,1935年又对其进行了修改,重新颁布。至此,中国近代的民事诉讼立法才基本完成,中国近代民事诉讼法制才形成体系。值得注意的是,每一个新的法律的颁行,都是在继承前人立法成果的基础上进行的,如1935年《法院组织法》,是在1915年《法院编制法》的基础上修订而成;而1915年《法院编制法》是简单修改清末1910年《法院编制法》而成;民国时期的法院组织立法,主要是在继承清末修律成果基础之上进行的。在民事诉讼立法中,情况也一样。民国成立之初的民事诉讼法是在清末立法的基础上展开的,同样,南京国民政府时期的民事诉讼法,也是对北京政府时期立法成果的继承和发展。1932年的《民事诉讼法》也是在继承清末《大清民事诉讼律草案》的基础上改头换面而成。

2.坚持法律移植,注重立法效果

我国法律近代化的一个基本手段就是移植西方先进法律成果。清末修律是如此,北京政府时期是如此,南京国民政府时期也是如此。在继承清末和北京政府时期移植西方民事诉讼法原则和制度的基础上,南京国民政府的民事诉讼程序进一步西方化,并与国际上通行的做法逐步一致。不仅如此,南京国民政府时期立法更加注重社会效果。

南京国民政府通过法律移植,进一步奠定了中国现代法院组织的框架体系和运作机制。在中国古代,并无独立的法院体制。清末修律时，中国政府引进近代德国和日本的法院组织，建立起了全新的法院体制。中华民国政府成立后，通过上述对法院编制法的修订、法院组织法的颁布，中国结合自己的具体国情，进一步完善了法院的体制。在审级上，清末修律时建立起了四级三审制的模式，即初级审判厅、地方审判厅、高等审判厅、大理院，分级管辖各类案件。1914 年，为减少层次，提高办案效率，撤销了初级审判厅，实行三级制度：地方法院、高等法院、最高法院，以三审为原则，以二审为例外。1915 年修订之《法院编制法》及 1935 年实施之《法院组织法》认可了这一改革。虽然，将四级三审制改为三级三审制既是考虑到了中国的国情，也是民国政府追随世界各国法院体制改革之新潮流。

正如民国时期著名法律史学家谢振民所说，1932 年公布实施、1935 年（民国二十四年）修订定型的《民事诉讼法》是直接模仿日本、间接移植德国、奥地利、匈牙利等国经验，参考英美的经验，并结合中国当时的国情而融会贯通的产物。《民事诉讼法》的制定背景表明，与清末修律时期相比，南京国民政府时期移植外国司法制度中的植体的范围更加广泛、更加丰富。在清末，中国主要是移植了日本的模式，或是通过日本间接移植西方国家的模式。到了南京国民政府时期，更多的则是直接移植西方各个国家尤其是德国和奥地利的法律，或者说是将德国、奥地利、意大利、法国、瑞士和匈牙利等国家的司法制度与日本的规定放在一起进行比较，从中选择更加适合中国的。

南京国民政府时期更加注重移植的实际效果。在清末，移植的外国法成果很多都仅仅停留在书面层次，《大清民事诉讼律草案》等并未公布实施。到了民国时期，特别是南京国民政府时期，移植外国先进法律成为一种政府行为，移植的外国司法制度的努力都结出了成果。从 1915 年的《法院编制法》，到 1921 年的《民事诉讼律》、《民事诉讼条例》、1932 年的《民事诉讼法》，最后到 1935 年的《法院组织法》，民国时期移植的整个外国司法制度都得到了实施。

3.立法采用最新原则

民事诉讼法所采用的诉讼原则,除了言辞审理与书状审理相结合、自由心证与法定程序证据相结合、公开审理与秘密审理相结合原则外,在诉讼程序上,以不干涉主义为主,干涉主义为辅助。判决基础以两造审理为主,一造审理为辅助。证据的取得以直接审理为主,间接审理为辅助。诉讼的参与以本人诉讼为原则,代理诉讼为例外。诉讼行为以自由顺序主义为主,以法定顺序主义为例外。[①] 其中,比较有特色的是自由心证的证据原则和不干涉主义原则。

《民事诉讼法》第222条规定:"法院为判决时应斟酌全体辩论意旨及调查证据之结果,依自由心证判断事实真伪。"最高法院也以大量的判例进一步肯定了"自由心证"的证据原则。这一证据原则的基本含义是指对证据的取舍和证据的证明力,完全由法官根据其理智、信念来自由判断,法律并不预设规定加以限制。

民事诉讼中的"不干涉主义"又称"当事人进行主义"。在南京国民政府的《民事诉讼法》中,"不干涉主义"原则贯穿始终。所谓"不干涉主义"是指在民事诉讼程序中,法院的审判活动原则上以当事人自己的意思为准。法院一般不作职权上的主动干预。但如何在诉讼中运用复杂繁琐的民事实体法和程序法,为自己作最有利的主张与意思表示,非普通当事人尤其是知识缺乏的大多数民众所能胜任的,因而当事人的胜诉与败诉,往往并不决定于其在事实和法律上是否有可靠的依据,而决定于当事人在诉讼程序中能否作出有利于自己的主张和意思表示。

---

① 程维荣著:《中国审判制度史》,上海教育出版社2001年8月版,第222页。

第六章　中国近代刑事诉讼法制

第一节　中国传统司法与刑事诉讼法制

在中国传统司法领域中普遍存在的法律组织欠缺、法律技能低劣等缺陷，必然造成严重的社会弊端。如，法律适用层层阻隔，司法效率低下；官吏同流合污，司法腐败严重；司法资源受侵，法律权威丧失；等等。到清末时期，这些社会弊端也受到越来越多人们的关注和批判。

一、中国传统刑事司法制度的基本特点

1.刑事司法深受专制主义政治制度的影响

中国自封建国家建立时起，便以专制主义的政治制度为国家的基本政治制度，皇权既是专制制度的核心，也是衡量专制制度强弱的标志。中国传统的法律制度，就是以皇权为中心构造起来的。皇帝既享有立法权，也享有行政权和司法权。就封建法制而言，皇帝是最高的立法者，皇帝的意志就是法律，皇帝所发布的诏、令、敕、诰、谕等是具有绝对权力的法律。封建时代，皇帝具有至高无上的地位，不受任何法律的约束；相反，国家法律是以皇帝个人名义发布的，即所谓“钦定”。皇帝同时也是最高一级的审判官。皇帝控制国家最高司法权，是一切重案的最后审级，涉及国家利益的重大案件，皇帝本人往往亲自审理。例

如,秦统一后,秦始皇"专任刑罚,躬操文墨,昼断狱,夜理书"。[①] 后汉光武帝也"常临朝听讼,躬决疑事"。[②] 魏明帝"每断大狱常幸观临听之"。[③] 宋太宗时"京狱有疑者,多临决之"。[④] 有时,皇帝还下令司法机关专审某一重要案件,即所谓"诏狱"。汉代以后,皇帝亲自审录案卷,形成了"录囚"制度。对于一些涉及具有特殊身份的犯罪嫌疑人的案件,案件的承办人必须请示皇帝,并按照皇帝的意志审理,不得擅自处理。如违背法律程序,将受到严厉的法律处罚。一般地说,死刑案件,必须由皇帝亲自处理,流行于我国古代"人命关天"的法律观念,即渊源于此。总之,皇帝专断一切的大权在审判制度上表现得十分突出。皇帝个人的喜、怒、好、恶直接影响案件的判决。例如,"贞观之治"号称中国历史上的太平盛世,但是当时的最高统治者——唐太宗个人对司法的影响,也造成法制的严重破坏。据历史记载,贞观十一年,大臣魏征上书指责唐太宗"任心弃法","今之刑赏未必尽然,或屈伸在乎好恶,或轻重由乎喜怒。遇喜则矜其情于法中,逢怒则求其罪于事外。所好则钻皮出其毛羽,所恶则洗垢求其瘢痕,瘢痕可求则刑斯滥矣。"[⑤]这种例子在我国历史上可谓屡见不鲜,有时候,皇帝为了打击潜在的政治对手,大兴案狱,动辄牵连上万人。

2.司法官员人格化,司法过程人情化,程序正义荡然无存

中国传统司法制度中,司法与行政合一,最直接的后果就是造成司法官员人格化与司法过程的人情化。而这两者的结合,又促成司法官员以追求所谓"实质公正"、"结果公正"为司法的目的,完全没有程序正

① 《史记·始皇本记》。
② 《晋书·刑法志》。
③ 《魏书·刑法志》。
④ 《宋史·刑法志》。
⑤ 《贞观政要·卷八》。

义的概念。

司法与行政组织的混同，从制度上决定了司法审判只能是行政管理的一个环节。与此相适应，司法过程也只能遵循行政管理的原理和规则来展开。由于在法律制度上缺乏比较健全的程序法的约束，整个司法活动的合理期望，就只能依靠司法官员——说到底是行政官员本人的修养或职业操守，加上一点点对这些官员的外部约束——即官僚机构内部的纪律规范来实现。这就不难理解为什么我国古代民众总是把对公正司法的美好愿望，寄托在“清官”的出现之上。说到底，这无非是封建宗法观念中的家长制在国家公共管理中的延伸而已，而这种传统恰恰与儒家所推崇的“仁政”和“以德治国”的理想相吻合。

在司法过程中，由于缺乏现代意义上的“程序正义”的概念，单纯追求当事人的和解或者纠纷的平息的审判结果，实质上回避了法律适用中的复杂逻辑，掩盖了法律的真实意图。这就是说在司法过程中普遍存在法律适用不良。这正如一位研究清代地方政府的学者指出的那样，“我们又发现许多法律法规并未真正被实施，或多或少流于形式。”[①]也正如研究法律近代化的中国学者指出的那样，对法律组织的改革，是中国法律近代化的一个基本“切入点”：“行政、司法合一，忽视程序正义，这是中国传统法律的另一弊病。由行政机构行使司法权，司法审判缺少理性化程序，根本忽视对程序正义的追求。主仆等级观念支配下的诉讼活动中审判者与被审判者的关系，不仅在诉讼活动中损害当事人的人格与尊严，而且直接影响审判结果的公正性。民众普遍存在的‘耻法’、‘鄙讼’意识，与诉讼活动中的人格受损、对公正判决期望值的低迷直接相关。通过西方文化的输入，通过租界的司法实践，西

---

① 瞿同祖著：《清代地方政府》，范忠信、晏锋译，法律出版社 2003 年 6 月第 1 版，第 333 页。

方近代法律关于司法独立、正当程序的制度和观念,促使人们反思中国传统的司法制度。改革行政、司法合一的体制,确立司法独立原则,重视程序的正义,通过理性化的诉讼程序,追求公正的审判结果,因而成为清末法制改革以及整个法律近代化进程中的另一切入点。"[①]这也正是司法独立成为近代中国法律改革关键问题的原因之所在。

3.胥吏操纵诉讼,司法权威受损,司法腐败严重

在中国古代特殊的社会、法律环境中,胥吏的存在,虽然有一定的合理性和积极意义,如其在注释律例、整理案例、总结办案经验等方面丰富了传统法律文化的宝库,[②]但是,总的来说,这类非正式国家工作人员对传统司法弊多利少。其原因在于胥吏操纵诉讼,司法权威受损,司法腐败严重。这是因为:

首先,胥吏的活动完全处于国家法律之外,破坏了法制适用的统一和完整。胥吏在办案过程中,每断一案,必根据自己的需要,多方搜求法律,既使上司无从指责,又可得满足自己的私欲,置天理、国法、人情、是非公正等等于全然不顾。清末富有作幕经验的汪辉祖(1731—1807)曾经指出,一案"介可轻可重之间者",虽然"所争止在片语,而出入甚关重大"。[③] 有些幕吏"往往恃其明察,一丝不肯放过,则枝节横生,累人无已"。

其次,胥吏往往形成一网络,即"幕友网络",层层勾结,结党营私,危害社会。所谓幕友网络是幕友之间因为地缘、亲缘、师生关系或者职业关系等,形成一种牢固的关系网。幕友利用这种关系网,相互联系、

① 朱勇:《中国法律近代化导论》,载朱勇著:《中国法律的艰辛历程》,黑龙江人民出版社 2002 年 1 月版,第 290 页。

② 参见高浣月:《清代刑名幕友研究》,中国政法大学出版社 1999 年版,第 6 章,第 172—185 页。

③ 《佐治药言·求生》。

上下呼应、彼此声援，把持司法大权。清政府的文件中明确指出，“各部之弊，多由书吏之作奸，外省有事到部，必遣人与吏讲求，能饱其欲，则援例准行，不遂其私，则借端驳诘，司官庸懦者往往为其所愚，而不屑者，则不免从中染指，至于堂官事务繁多，一时难以觉察，且既见驳稿，亦遂不复生疑，以致事之成否，悉操书吏之手，而若辈肆无忌惮矣。在督抚藩臬等止图事之完结，遂乐为应付而不惜甘为容隐而不言，无怪乎奸胥猾吏以诈骗为得计，视国法如弁髦也。内部之书吏索之督抚，督抚之书吏索之司道，司道之书李索之府县，层累而下降，受其害者仍在吾民也。”[①]中国自古以来就有“官廉吏不廉”的说法，指的就是这种情况。由于胥吏游历于国家法律体制之外，即使国家有心控制，也拿他们没有办法。这一司法传统的弊端，清末的上层统治者都有所察觉，而提出革除的请求。如刘坤一和张之洞的奏折《整顿中法十二条折》，就明确提出“去书吏”的主张。

对传统胥吏干预司法之弊端的批判，必然导致一个结果，即呼唤一个以职业法官为主体的全新的法律职业共同体的孕育和产生。

4.审判方式专横，“讼师”无法可依，诉讼权利受压

中国古代行政与司法合一的传统体制，审判官员“为民作主”的模糊观念，以及息讼、无讼和“以和为贵”的儒家思想，严重阻碍了以维护诉讼当事人合法权利为使命的律师职业的产生，司法人员独断专横的审判方式，使中国封建社会中的民众诉讼权利受到压制。

中国古代，行政与司法合一，司法审判权由各级行政机关行使。行政长官作为中央政府的代表，主持所管辖地方的事务，其主要目的是维持地方治安，保证中央政令的畅通无阻，因此，保持一方稳定，成为地方官员的最主要职责。围绕这一中心任务，各级官员在司法审

① 《清朝文献通考》卷198刑四。

判过程中,对于一般轻微案件,其原则主要为化解、调处,平息双方的争端。对于严重的犯罪,则代表国家,依据法律给以惩罚。在前一类案件中,当事人的权利被模糊;在后一类案件中,当事人因侵犯国家法律,而处于被审判的地位,根本没有权利可言,甚至不允许任何形式的辩解。

中国传统独特的诉讼结构也有助于说明为何无法产生律师职业。中国古代的诉讼方式是由审判官主导的所谓"纠问式"审判。案件由当地政府——即通常所谓衙门受理后,由审判官,一般地说,在基层就是地方行政长官,来主持对案件争议事实的调查,证据的询问,最终根据他所掌握的情况,依据法律作出判决。在这一过程中,当事人除了如实回答审判官员的发问,几乎没有独立发言的制度性设计,除非自己认为受到严重的冤屈而应提醒审判官员的注意。需要强调的是,无论对于争议事实和相关证据的调查,还是对于适用法律的辨别,都是由案件审理官员独自完成的。一般民众由于对法律缺乏足够的了解,在法庭调查过程中难以就自己的法律地位和应受到的公正对待,提出合理的和有依据的辩护意见。在诉讼过程中,代表国家的官员和诉讼当事人,无论在制度方面,还是在思想意识中,都无法求得专门的法律职业人员的监督和帮助。中国古代存在所谓"讼师",他们的地位类似于现代社会中的律师,但是他们在中国古代根本没有相应的法律地位,不能公开从事诉讼辩护工作,其业务范围,一般也仅限帮助诉讼当事人代为起草诉讼文书,至于监督国家司法机关的活动、出庭辩护、代表当事人进行法律活动,等等,根本无从谈起。

中国传统的政治制度,与律师职业无法自然产生,也存在内在联系。清末民初的学者指出,"中国惟尊君权,故有司得以专制。听断之际,或隐恶而扬善,或舍短而从长,但当持其大纲,不必苛求小节。苟能奖以温语,宠以虚名,即私债公财不妨减子而让母。如或宽其前愆,杜其后患，即廷斥、面辱亦当忍受而屈从。盖审断之道，不一而足。要有准乎情理而不必尽拘律例者，亦安用律师为耶？故中国之民于官长之听断平允者，恒称颂之。即稍有畸轻畸重，而但能了事，亦相与安之。君权之国体制固应尔也。”[①]律师在中国的兴起，也受到了重重阻力。其中既有来自传统法律制度本身的障碍，也有传统的政治法律文化对律师职业的排斥，更有因为传统的“讼师”对法律服务的滥用导致民众在观念上对律师职业的鄙视，进而延及对律师职业的误解。律师制度是与近代人权概念密切联系的。随着西方法律观念的传入，建立律师制度的呼声越来越大，律师职业在我国的土地上逐渐生根发芽。

二、司法独立与近代刑事诉讼立法

中国传统，不仅民事法律与刑事法律不分，而且实体法律与程序法律也是混合在一起的。“中国诉讼断狱，附见刑律。”[②]除了中央国家机关，以行政兼理司法，是中国基本法律传统。这种情况，对于中国自身的国家管理，造成诸多弊端；也不符合西方国家法律的一般状况。往往“鉴于国际”，中国也应实行实体法与程序法的分开，由不同的法律部门分别执掌——实行司法独立，就成为这一时期制定诉讼法的核心问题。

中国政府的一些比较开明的官员，对上述思想也有一定的认识。他们结合当时中国所处的国际、国内的实际情况，也提出了在三权分立的框架下，实行司法独立的建议。

首先，从学理来看，国家机关之间责权不明，权限不清，往往遇事推

---

① “中国严禁讼师外国重用状师名实异同辩”，《皇朝经世文新编续集》卷 4，法律。转引自徐家力著：《中华民国律师制度史》，中国政法大学出版社 1998 年 6 月版，第 28 页。

② 《修订法律大臣沈家本等奏进呈诉讼法拟请先行试办折》，《大清光绪法规大全》卷 11。

诿,相互掣肘,或是独断专行,肆无忌惮。清政府内部官员对于这种情况,有清晰的认识。"今日积弊难清,由于权限之不分,以行政官而兼有立法权,则必有籍行政之名义,创为不平之法律,而未协舆情。以行政官而兼有司法权,则必有循平时之爱憎,变更一定之法律,以意为出入。以司法官而兼有立法权,则必有谋听断之便利,制为严峻之法律,以肆行武健,举人民之生命权利,遂妨害于无穷。其言深切著明,洞见症结,于立宪各国之精义,昭若发矇。"①

其次,司法行政合一,对于修律的直接目标——收回治外法权,尤其不利。"夫国家者,主权所在也,法权所在,即主权所在,故外国人之入他国者,应受他国法堂之审判,是谓法权。中国通商以来,即许各国领事自行审判,始不过以彼法治其民,继渐以彼法治华民,而吾之法权日削。近日德设高等审判司于胶州,英设高等审判司于上海,日本因之大开法院于辽东,其所援为口实者,则以中国审判尚未合东西各国文明之制,故遂越俎而代谋。"②"泰西各国诉讼之法,均系另辑专书,复析为民事、刑事二项。凡关于钱债、房屋、地亩、契约及索取、赔偿者,隶诸民事裁判。关于叛逆、伪造货币官印、谋杀、故杀、强劫、窃盗、诈欺、恐吓取财,及他项应遵刑律定拟者,隶诸刑事裁判……中国华洋讼案,日益繁多。外人以我审判与彼不同,时存歧视。商民又不谙外国法制,往往疑为偏袒,积不能平,每因寻常争讼细故,酿成交涉问题,比年以来,更仆难数。若不变通诉讼之法,纵令事事规仿,极力追步,本体虽充,大用未妙,于政法无济也。"③

---

① 《御使吴钫奏厘定外省官制请将行政司法严定区别折》,载故宫博物院明清档案部编:《清末筹备立宪档案史料》(下册),中华书局1979年版,第821页。

② 同上,第822—823页。

③ 《修订法律大臣沈家本等奏进呈诉讼法拟请先行试办折》,《大清光绪法规大全》卷11。

最后，更重要的是，司法不独立，于中国内政极为不利。清末修律大臣沈家本曾深刻分析了司法与内政的关系，指出行政混同司法的弊端。他说："臣尝观自古致乱之故有二，一则由于民财之穷尽，一则由于讼狱之不平。顾民财穷尽，尚有拊循赈恤之方，惟以讼狱不平激成变故者，则悠怒猝发而不可收。泰西各国百年以来，皆病行政官之专横，而改设法堂公判之制，由是民气渐靖，治化日隆。中国审判向州县兼司，簿书填委，积弊丛生，非延搁多时，即喜怒任意，丁役视为利薮，乡保借为护符。往往一案未终而家产荡尽，一差痡出而全村骚然，遂致驱民入教，干涉横生，民教相仇，变起不测，匪徒乘机煽惑，酿为厉阶，是国家欲籍州县官以宣德达情，而州县官以滥用法权，反致民离众叛。推原其故，则以州县事繁，既须抚字催科，而又劳形诉讼，跋前疐后两无所居，贤者竭蹶不遑，不肖者遂恣睢自逞。且审判一事须平日熟谙法律，而案情万变，悉待推求，行政官以日不暇给之躬，用之于非其素习之事，必致授权幕友，假手书差，枉法滥刑，何所不至。又以层层节制，顾忌良多，未免曲徇人情，无独立不挠之志。若使司法分立，则行政官得专意爱民之实政，而审判官惟以法律为范围，两事既分，百弊杜绝。是司法制度之不可不分立，关乎内政者又其一也。"①

这段话，实际道出了中国传统司法制度的社会实情——司法专横与司法腐败。在这份奏折中，还驳斥了一些反对司法独立的理由，强有力地支持了司法独立原则在中国诉讼法中的应用。

"中外有识之士，皆为此次厘定官制，惟司法分立一事，最得预备立宪之本原，莫不延颈企组以待法院编制之成立。然而绳墨之吏安其所习，蔽于其所希闻，或为种种疑似之谈以相挠阻。揣其命意不外三端，

① 《御使吴钫奏厘定外省官制请将行政司法严定区别折》，载故宫博物院明清档案部编：《清末筹备立宪档案史料》(下册)，中华书局 1979 年版，第 823 页。

一曰国民程度之未及,一曰审判人才之不足,一曰行政官权力之寖微而已矣。夫以中国人民为不应受独立法院之审判者,此不通事理之言也。至内地通商口岸各国租界,群行其领事裁判之权,未闻以华民程度太低致生异议。彼方用其审判于中国人民,而我转谓本国人民不应受独立法院之审判,臣诚痛之。至嫌审判人才不足,其说似矣,然昔日之州县不外科举、劳绩、捐纳三途,未必素习审判之事,一旦身任行政官,遂举一切民刑诉讼付之审判而不疑。今若行政与审判分离,向之以两事责一人者,今惟以一人专一事,夫兼营旁骛,上智尤苦其难,用志不纷,中材亦堪自勉,而转虑人才之不足,此又臣所未喻也。至谓行政官权力寖微,则尤属一偏之见,夫官吏所以有行政权者,乃国家予之也,权之所在,虽以督抚大员,不必亲身断狱而权自尊。若夫假审判之权以自便其作威作福之私,而肆其武健严酷之手段,此正圣世所不容,而宜加屏斥者也。臣考东西各国古制,其行政、司法初亦不分,迨后法理日精,渐图分立。行政官得尽心于教养,而无滥用权力之事,故民事日新。司法官得以法律保障人民,故狱无怨滞。倘法权独立果有妨行政官之权力,则彼各国何不守其自古相传之旧俗,而好为是纷纷也。且使行政、司法并为一官,而无害于长治久安之计,固不妨置为缓图,乃臣熟察世界各国之情形与夫内地民生之疾苦,窃以为司法分立关乎时局安危者甚大,而有万不可以再迟者,请为我皇太后、皇上剀切陈之。"①

在近代中国法律"国际化生存"的背景下,以司法独立为中心的诉讼法制的变革,便拉开帷幕。

---

① 《御使吴钫奏厘定外省官制请将行政司法严定区别折》,载故宫博物院明清档案部编:《清末筹备立宪档案史料》(下册),中华书局1979年版,第822—823页。

第二节 清末法制改革与刑事诉讼立法

一、《大清刑事民事诉讼法》(草案)

1906年4月,修订法律大臣沈家本等奏陈《大清刑事民事诉讼法》(草案)。这部法律草案分总纲、刑事规则、民事规则、刑事民事通用规则、中外交涉案件,共五章,260条。另附颁行例3条。“这是中国历史上第一部专门的诉讼法草案。”[①]

其主要内容为:第一章总纲:分为刑事、民事之别,诉讼时限,公堂,各类惩罚4节。第二章刑事规则,分为:逮捕,拘票、搜查票及传票,关提,拘留及取保,审讯,裁判,执行各刑及开释7节。第三章民事规则,分为:传票,讼件之值未逾500元者,讼件之值逾500元者,审讯,拘提图匿被告,判案后查封产物,判案后监禁被告,查封在逃被告产物,减成偿债及破产物,和解,各票及讼费共计11节。第四章刑事、民事通用规则,分为律师,陪审员,证人,上控4节。第五章中外交涉案件。[②]

这部法律草案,首次将实体法与程序法分开,体现了司法独立的精神;吸收了西方近代诉讼法中的陪审制度、律师制度、公开审判、自由心证、回避制度等。其中陪审制度为英美法系国家通用的制度。但是,应当指出,此法律草案仍然保持刑事与民事诉讼制度一定程度的混合,具有一定保守性和过渡性。即使如此,这部法律草案还是遭到张之洞等人反对。张之洞指出,若实施这部法律,“父子必异财,兄弟必析产,夫妇必分资,甚至妇人女子,责令到堂作证”,“袭西俗财之产制,坏中国名

---

① 朱勇主编:《中国法制通史》(第9卷),法律出版社1999年版,第294页。

② 谢振民编著:《中华民国立法史》(下),张知本校,中国政法大学出版社2000年1月版,第981—982页。

教之防,启男女平等之风,悖圣贤修齐之教。”[①]光绪三十三年(1907年),各省先后复奏,均拟定请展缓施行,另交由法部详核妥拟。[②]

1907年修订法律馆改组,“以该馆有起草民事诉讼律、刑事诉讼律之专责,而《钦定逐年筹备事宜清单》有限定宣统五年颁布该二律之明文,乃督饬总纂、纂修、协修各员,分别从事编纂,至宣统二年(1911年)十二月二十七日奏明告成,请饬下宪政编查馆考核。未及颁行,而清室遂亡。”[③]

这样一来,《大清刑事民事诉讼法》草案实际上就成为废案。

从1907年起,沈家本等继续诉讼法的制订工作。1911年1月(宣统二年十二月),修订法律馆起草完成了《刑事诉讼律草案》和《民事诉讼律草案》。[④] 这次起草,将刑事诉讼与民事诉讼分别进行,改变了前次刑事、民事放在一起的做法。同时,对原来《大清刑事民事诉讼法》草案中争议的陪审制度、律师制度等,予以保留。《刑事诉讼律草案》共有六编514条。[⑤]

其主要内容是:第一编总则,分为三章,第一章审判衙门,分为:事物管辖,土地管辖,管辖指定及转移,审判衙门职员之回避拒却及引避共4节。第二章当事人,分为原告官,被告人、辩护人及辅佐人共2节。第三章诉讼行为,分为被告人之讯问,被告人之传唤、拘摄及羁押,检证、搜索、扣押及保管,证言,鉴定及通译,急速处分,文件,送达,期间,

---

① 《遵旨核议新编刑事民事诉讼法折》,《张文襄公全集·奏议》卷69。

② 谢振民编著:《中华民国立法史》(下),张知本校,中国政法大学出版社2000年1月版,第982页。

③ 同上,第991页。

④ 张晋藩主编:《中国百年法制大事纵览》,法律出版社2001年1月版,第24页。

⑤ 见谢振民编著:《中华民国立法史》(下),张知本校,中国政法大学出版社2000年1月版,第1013页。另,关于该法律草案的条数,还有一说,是155条。见李贵连著:《沈家本》,法律出版社2000年4月版,第291页。

裁判共有10节。第二编第一审，分为二章，第一章公诉，分为通则，侦查处分，预审处分，提起公诉共4节。第二章公判。第三编上诉，分为4章。第一章通则，第二章控告，第三章上告，第四章抗告。第四编再理，分为三章，第一章再诉，第二章再审，第三章非常上告。第五编特别诉讼程序，分为二章，第一章大理院特别权限之诉讼程序，第二章感化教育及监禁处分程序。第六编裁判之执行。

二、清末其他刑事诉讼立法

清末制定的刑事诉讼法律还有《各级审判厅试办章程》、《法院编制法》等。此外，宪政编查馆所拟订之《初级暨地方审判厅管辖案件暂行章程》12条，《法官考试任用暂行章程》14条，《司法区域分划暂行章程》10条，与《法院编制法》同时施行。[①] 除此以外，清末还制定了一系列相关的司法文件。主要有：光绪三十二年（1906年）的《议恤相验条折》，光绪三十三年（1907年）的《宗室诉讼仍由大理院裁判》，光绪三十四年（1908年）的《大理院稽查票传人证出入章程》、《司法警察职务章程》，宣统元年（1909年）《地方审判厅内增设民刑两庭》、《议覆东督奏吉省拟设检验学习所改仵作为检验吏给予出身折》、《拟建京师模范监狱》、《检察厅调度司法警察章程》、《宗室觉罗诉讼章程》、《诉讼状纸通行章程》等。[②]

---

① 谢振民编著：《中华民国立法史》（下），张知本校，中国政法大学出版社2000年1月版，第989页。

② 以上法律文件见朱勇主编：《中国法制通史》（第9卷），法律出版社1999年版，第298—299页。

第三节 中华民国北京政府时期的刑事诉讼立法

一、中华民国南京临时政府时期的刑事司法制度

中华民国南京临时政府成立后,虽由于时间紧迫,政局不稳,没有制定具体的司法制度,但宣布沿用清末法制改革所制定的一系列新式法规,以此作为审判的依据。按照《中华民国临时政府组织大纲》、《中华民国临时约法》和临时大总统孙中山发布的一系列法令,临时政府贯彻了以下司法制度和原则:

第一,审判公开原则。《临时约法》第 50 条规定:法院之审判,须公开之,但有认为妨害安宁秩序者,得保密为之。湖北军政府《临时上诉审判所暂行条例》第 14 条:诉讼之辩论及判断之宣告,均公开法庭行之。但有特别事件,可宣示理由,停止公开。

第二,禁刑讯、体罚及重证据不偏信口供原则。临时政府成立后,为推行人道主义,反对苛政酷刑,提出"维持国权、保护公安",反对报复主义和威胁主义,先后颁布《大总统令内务司法两部通饬所属禁止刑讯文》和《大总统令内务司法两部通饬所属禁止体罚文》,指出"不论行政、司法官属及何种案件,一概不准刑讯。鞫狱当视证据之充实与否,不当偏重口供,其从前不法刑具,悉令焚毁","其罪当笞杖枷号者,悉改科罚金、拘留",为保证上述规定的执行,令文还宣布,上级官府"不时派员巡视,如有不屑官司日久,故智复萌,重煽亡清遗毒者,除褫夺官职外,付所司治以应得之罪"。

第三,律师辩护原则。鉴于律师制度的积极作用和无法可依的现实,内务部警务局长孙润宇曾草拟《律师法草案》,呈请孙中山转咨参议

院议决施行，孙中山在批复中指出："查律师制度与司法独立相辅为用，为文明各国所通行，现各处既纷纷设立律师公会，尤应亟定法律，俾咨依据"[①]，此后参议院虽然未及议决颁行该草案，但后来颁布的《司法部分职细则》中规定，铨叙科负责掌管辩护士之身份、名籍等事项，证明临时政府已承认全国各地的律师组织，承认律师在审判中享有的辩护权。此外，还颁布了有关律师与法官考试的法规，如《临时中央裁判所官职令草案》、《法官考试令》、《法官考试委员会官职令》等，以提高司法从业人员素质，最大限度地保护被告人的诉讼权利。

第四，陪审原则。《大清刑事民事诉讼法》中有陪审制度的规定，临时政府继续沿用。

二、北京政府时期的刑事诉讼立法

在刑事诉讼法方面，1912 年，民国建立以后，首先援用的是前清未颁布实施之《刑事诉讼法律草案》第一编第一章第一节至第三节共 27 条。1919 年 4 月，北京政府司法部特呈准颁行《刑事诉讼律草案》第一编第一章第四节 11 条，关于审判衙门职员回避、拒却、引避之规定。这样一来，正如民事诉讼法一样，前清《刑事诉讼律草案》第一编内容全部为民国初期北京政府所继承。

北京政府在刑事司法制度中还引进了律师制度。1912 年 9 月 16 日，北京政府颁布了《律师暂行章程》，这是中国历史上公布的第一部专门律师法规。

民国初期北京政府的诉讼法，除了刑事诉讼法和民事诉讼法律以外，实际还有行政诉讼法。[②]

---

① 1912 年 3 月 2 日《临时政府公报》。

② 包括民国初期所制定之《诉愿法》、《行政诉讼法》等，可参见谢振民编著：《中华民国立法史》，张知本校定，中国政法大学出版社 2000 年 1 月版，第 1049—1055 页有关北京政府时期行政诉讼法的介绍。

1921年3月,广州军政府公布修订过之前清《刑事诉讼律草案》,同年4月又公布《刑事诉讼律施行细则》7条。“吾国之有正式《刑事诉讼法》盖自此始,惟其施行区域,只及于西南数省。”①

1921年10月,北京政府将修订法律馆完成之《刑事诉讼法草案》改为《刑事诉讼条例》,514条,其内容主要是对清末制定的《大清刑事诉讼律草案》的修订,同时也是模仿日本1920年《刑事诉讼法草案》的产物;并拟具《刑事诉讼条例施行条例》13条公布,定于1921年11月14日先在东省特别法院区域施行。1922年1月6日,政府又决定自本年7月1日起,在全国一律施行。至此,像民事诉讼法一样,当时在我国实际上同时存在两部刑事诉讼法。北京政府之《刑事诉讼条例》共有八编。第一编总则,第一章法例,第二章法院之管辖,第三章法院及检察厅职员之回避,第四章被告之传唤及拘提,第五章之讯问,第六章被告之羁押,第七章证人,第八章鉴定人,第九章扣押及搜索,第十章勘验,第十一章辩护,第十二章裁判,第十三章文件,第十四章送达,第十五章期限。第二编第一审,第一章公诉,第二章私诉。第三编上诉,第一章通则,第二章第二审,第三章第三审。第四编抗告。第五编非常上告。第六编再审。第七编诉讼费用。第八编执行。

北京政府时期,扩大了外国人的司法特权。这一时期,各个政府全盘继承清末政府与外国订立的一系列不平等条约,承认并保护西方列强在华司法特权。1919年,北京政府颁布的《审理无约国人民民刑诉讼章程》和次年呈准的《审理无领事裁判权国人民重罪案件分别处刑办法文》,使在清末本无领事裁判权的国家也获得了在中国的“治外法权”,从而使北京政府的司法制度进一步半殖民地化。

---

① 谢振民编著:《中华民国立法史》,张知本校定,中国政法大学出版社2000年1月版,第1014页。

第四节　中华民国南京国民政府时期的刑事诉讼立法

一、南京国民政府的刑事诉讼立法

1928年7月，国民政府公布《刑事诉讼法》，分为九编513条，同年9月起施行。该法以北京政府的刑事诉讼条例为基础修改而成。后经过修改，于1935年1月公布了第二部刑事诉讼法，共有九编25章，第一编总则，第一章法例，第二章法院之管辖，第三章法院职员之回避，第四章辩护人辅佐人及代理人，第五章文书，第六章送达，第七章期日及期间，第八章被告之传唤及拘提，第九章被告之讯问，第十章被告之羁押，第十一章搜索及扣押，第十二章勘验，第十三章人证，第十四章鉴定及通译，第十五章裁判。第二编第一审，第一章公诉，第二章自诉。第三编上诉，第一章通则，第二章第二审，第三章第三审。第四编抗告。第五编再审。第六编非常上诉。第七编简易程序。第八编执行。第九编附带民事诉讼。共计516条。同年7月1日起施行。新的刑事诉讼法在吸收1928年旧刑事诉讼法的基础上，进一步向国际诉讼法潮流靠拢。与旧刑事诉讼法相比，该法扩大了自诉的范围，承认了检察官处理缓期起诉的权力，明确了“上诉不加刑”原则等。该法是整个民国时期的现行法，在民国诉讼法制建设中影响深远。1945年12月26日，国民政府修正公布，同日施行。①

国民政府时期比较重要的刑事诉讼法，还有1929年8月公布的

① 韩秀桃、张德美、李靓编著:《中国法制史》(教学参考资料)，法律出版社2001年11月版，第796页。

《最高法院组织法》,[①]1932 年 10 月 28 日,国民政府公布《法院组织法》,改四级三审制为三级三审制,废除初级管辖与地方管辖的区分,使审级趋于简单。[②] 此外,还颁布一些刑事诉讼法类单行法规,包括 1928 年 10 月公布之《共产党人自首法》,1929 年 12 月公布之《反革命案件陪审暂行法》。[③] 还有《戡乱时期危害国家紧急治罪条例》、《惩治走私条例》、《羁押法》、《监狱行刑法》等。[④]

二、南京国民政府刑事诉讼法律原则

1.司法独立原则

在清末移植西方司法制度中,最值得肯定的是司法独立的观念。为了保证这一观念的实现,1911 年《法院编制法》第 121 条、123 条、125 条对法官的薪金、职位保障和独立人格等作了规定。中华民国建立以后,在移植司法独立的观念和原则方面,做得比清末更加具体和更加进步。中华民国临时约法比较详尽地规定了司法独立的原则和机制,如规定法院的组织机构独立(第 48 条)、法院行使审判权独立(第 49 条、第 51 条)、法官的身份得到保障(第 52 条)。

南京国民政府时期《法院组织法》继承了司法独立的观念和体制,并在法官身份、报酬方面作了比清末立法更加详尽的规定。主要从两个方面保障这一制度:一是司法官员的身份和任职保障;二是司法官员的物质保障。

首先是身份和任职保障。南京国民政府仿效资产阶级国家,将“司

---

① 谢振民编著:《中华民国立法史》,张知本校订,中国政法大学出版社 2000 年版,第 1038 页。

② 张晋藩主编:《中国百年法制大事纵览》,法律出版社 2001 年 1 月版,第 106 页。

③ 朱勇主编:《中国法制史》,法律出版社 1999 年 9 月版,第 565 页。

④ 同上,第 570 页。

法独立”作为其司法制度的基本原则。《中华民国宪法》规定:“法官须超出党派之外,依据法律独立审判,不受任何干涉。”为保障法官独立行使审判权,宪法还规定,“法官为终身职,非受刑事或惩戒处分或禁治产之宣告,不得免职。非依法律不停职、转任或减俸。”1935 年《法院组织法》将这一原则进一步具体化,规定“实任推事,非有法定原因并依法定程序,不得将其停职、免职、转调或减俸。前项规定,除转调外,于实任检察官准用之”,规定“检察官对于法院,独立行使职权”;上级法院对下级法院为监督关系而非隶属关系;各级法院院长只负责全院行政事务而不能指挥所属法官的审判。

其次,南京国民政府时期对司法官员的收入和物质生活也做了立法的保障。民国 21 年中央政治会议决定的十二项《法院组织法立法原则》第十一项就明确:“实任推事,除有法定原因并依法定程序外,对之不得有勒令停职转职及减俸等事”(第 40 条);“推事、检察官之俸给,适用普通公务员俸给之规定。候补推事或检察官之津贴,以命令定之”(第 41 条);“推事、检察官任职在十五年以上,因积劳不能服务而辞职者,应给退养金”(第 43 条)。此外,1935 年《法院组织法》还对法官和检察官因身体状况不好,自己提出辞职的,给予退养金的保障。与《法院组织法》相配套,民国 25 年,司法行政部模仿德国和法国之做法,通过了司法官退养金条例,规定:任职十五年以上,因积劳而自己辞职者;年逾六十国家强令退休者,退休后均由国家给予退养金。所有这些规定,使司法独立的观念得以实施。

司法独立原则本身是进步的,但在国民党实行“党治”的政治体制下,这一原则受到了“司法党化”严重的冲击,不可能得到真正的遵守。通过一些列刑事诉讼单行法和特别法,司法独立的原则被大大削弱了。

首先,法官不可能超出党派之外,大多数法官都是国民党员,他们首先必须服从国民党的各级组织及其领袖。

其次,司法院院长及大法官,由总统提名任命,地方各级法院的院长及推事,由司法行政部提名任免并受其监督。按中国封建的传统,被任命者通常更多地只对任命者个人负责。

最后,国民党各级党部、军事机关及地方行政长官也享有一定的司法审判权。如1929年8月的《反革命案件陪审暂行法》规定,法院审判反革命案件时,适用陪审制,陪审团由居住地年龄在25岁以上的国民党党员6人组成。法院应依据陪审团的评议作出判决。若当地国民党最高级党部对此类案件的第一审判决有异议时,得申请检察官向最高法院提出上诉。1935年7月修正的《反省院条例》规定,国民党中央执行委员会有权决定送入反省院的人员名单,省党部得派代表参加反省院评判委员会。军事机关及地方行政长官享有司法审判权。

2.检察制度

在清末修律中,中国模仿法国和日本的模式,在各级法院中建立了检察制度,独立行使检察权。民国以后,对检察制度这一新生事物,曾发生了激烈的争论。① 主张废除者认为:检察制度并不是中国历史的产物,不适合于中国;检察制度自损法庭威信;诉讼集中检察官,有妄加弹劾或不予提起公诉之流弊;国家并非万能;民众心理倾向诉权寄予私人;司法经费问题困难;原告高坐于上,被告俯首于下,原告为具有法律智识之官吏,被告为相形见绌之平民,殊违反平等原则;用非其人,则弹劾制与纠问制其弊正等;检察制度不适合诉讼程序宜简捷迅速之原则;检察制度成绩恶劣;公判时有尽翻前供之机会,最重初供之侦查反为无

---

① 关于检察制度存废及改革的争论,可以说贯穿了南京国民政府运作的始终。自20世纪30年代初叶出现争论以来,至40年代末,仍有多次高潮。如1946年前后司法院法规委员会就对要否检察制度以及检察制度应如何改革作出过多次决议。见《司法院法规委员会关于检察制度报告书》,载《中华法学杂志》第6卷第3期,1947年7月1日。转引自何勤华:《西方模式的选择与中国司法的现代化》,载何勤华、李秀清著:《外国法与中国法——20世纪中国移植外国法反思》,中国政法大学出版社2003年5月版,第504页。

益之手续;检察官不负诬告责任,难免滥行职权。主张保存者则认为:检察制度适合现代世界潮流;国家诉追主义较纠问主义为优;它是世界最新之制度;审判与检察理应分业,免因一人兼二人职务,而有不公平或审判专横之结果。争论的结果,以主存派的胜利而告终,中国继续保留检察制度,清末修律中移植的外国检察制度得以本土化。1935年新颁布的《法院组织法》用了一章(第五章)共7个条文(第26条至32条)对检察制度作了系统的规定,涉及内容有最高法院设检察署,置检察官若干人,以一人为检察长;其他法院及分院各置检察官若干人,以一人为首席检察官;仅有一名检察官之法院的场合,不置首席检察官;检察官的职权为实施侦查、提起公诉、实行公诉、协助自诉、担当自诉及指挥刑事裁判之执行;检察官对于法院独立行使其职权等。与清末修律时的规定相比,民国时期检察官的职权也有了一些变化,如扩张了其对于自诉的权力;虽然设置在法院之内,但对法院拥有独立行使之权等。

3.1935年《刑事诉讼法》的诉讼原则

根据学者研究,1935年《刑事诉讼法》约有60余条是前法没有的。[①] 而这些条款主要是追随20世纪20—30年代世界刑事诉讼法的成果。该法所包括的诉讼法律原则主要有:在起诉上兼采法定主义与任意主义。在审判进程上以职权主义为原则,以处分主义为例外。在证据上采用实体真实发现主义,即法院对于案情,虽得原被告人之陈诉及其所提出的证据,仍须自探事实之真相,务必不为当事人意思所左右。法庭不采取形式真实发现主义,一面对于事实及证据为当事人意思所拘束。在诉讼资格的取得上,兼采直接审理主义与间接审理主义。直接审理主义即诉讼资料由审理法院直接调查与审理,其证据及对当

① 何勤华:《西方模式的选择与中国司法的现代化》,载何勤华、李秀清著:《外国法与中国法——20世纪中国移植外国法反思》,中国政法大学出版社2003年5月版,第504页。

事人的调查或询问均以其他机关的报告作为诉讼裁判的资料。但是,如果完全遵循直接审理主义,对确定事实也不免有所困难,所以兼采间接审理主义。在对当时人的审讯方面,以言辞审理主义为主,兼采书面审理主义。言辞审理易于法官察言观色,获得事实真相,而免于书面记载的谬误。但是,第三审的判决不经言辞辩论,即采取书面审理主义。在证据的效力方面,兼采自由心证主义和法定主义。自由心证主义就是审判官自由判断证据的效力与取舍,而不受法律规定的约束。这虽然没有固定依据,仍然可以得到事实真相。至于法定主义虽然可以避免法官的专横滥证,但缺少伸缩余地,在审理方式上,以公开审理主义为主,而辅之以秘密审理。

第七章　中国近代行政法制

第一节　中国传统行政法制

一、中国传统行政法制的发展

中国古代行政法制历史悠久，且相沿不辍。

我国古代有史可查的具有行政法性质最早的法律是夏朝的《政典》。据《尚书·胤征》注云："'政典'夏侯为政之典籍，若周官六卿之治典。"《尚书·胤征》还曾援引《夏典》说："先时者杀无赦，不及时杀无赦。"即对违背天时懈怠政令的官吏实行"杀无赦"的原则。夏代《政典》的制定，一方面说明，中国自有国家产生，就非常重视行政法律规范的建设，以此维护奴隶制国家机器的正常运转；另一方面又说明，我国古代行政法一问世，就采取了刑事处罚的方式，惩治渎职和失职的官吏，从而反映了我国自古就有的"依法治吏"的悠久传统。

商代认真总结夏代后期统治者夏桀败亡的历史教训，制定了严格约束统治集团成员的行政法律规范——《官刑》。《官刑》作为商汤制定的用来管理吏治的行政法规，对于卿士与邦君等奴隶主贵族具有严格约束的职能。

西周时期，周公制礼，对规范国家政治生活起到相当重要的作用。

西周的《周礼》[1](亦称《周官》)中载有《六官》、《六典》之篇。《六官》即《天官冢宰》、《地官司徒》、《春官宗伯》、《夏官司马》、《秋官司寇》、《冬考工记》六篇。《六典》即治典、礼典、教典、政典、刑典、事典。六官各掌一典。其中,治、教、礼、事四典实为行政法的内容,奠定了中国古代行政法的基础。

春秋时期,是一个"礼崩乐坏"的时期。随着礼的解体,旧的国家制度和行政制度解体,新的还没有建立起来。所以,这一时期的行政法发展是受挫的。战国时期是中国封建社会的孕育时期,行政法没有大的发展。

到了秦代,虽然没有成文的行政法典却又很多单行的行政法规,诸如《置吏律》、《除吏律》、《除弟子律》、《内史杂》、《司空》、《军爵律》等。这些行政法规的内容相当全面,涉及当时行政活动的各个方面。并且,这些法规大都类型完整,结构严谨,确定性程度高,从而为各个行政机关提供了行为准则,充分体现出秦代"事皆决于法"的特征。

汉承秦制,行政法制的核心,是确立了三公九卿制度和职官法,尚书台六曹体制的建立,奠定了整个封建社会六部制度的基础。汉代对各种机构的员额和职权都有明确规定。如对皇帝的诏令必须忠实执行;官吏泄露机密者,要免职;官吏受贿或保管官府财物自盗者,定罪后仍再犯者,要处死等。值得一提的是,这一时期在行政方面很具特色的是监察制度。汉代在中央设御史大夫司,为最高监察机关。在地方设"司隶校尉","掌察举百官一下,及京师近郡犯法者"。在各州设刺史,监督地方官员。

三国两晋南北朝时期,中国社会大多时候处于动荡不安、四分五裂

---

① 《周礼》一书是否为可靠史书,有待于考证,但其反映西周的制度典章,并用以表述儒家理想的礼,虽不是有实效的法典,却也是一部具有法典规模的法律文献,而成为后世行政法典之楷模。

之中，不过行政法还是取得了一定的发展。如《晋律》中的行政法规的制定，《北齐律》增加《违制律》，完善吏制。“九品中正制”的实施，巩固了士族制度。

隋唐时期，是中国古代行政法制发展的顶峰。《唐六典》更是成为了中国古代行政法典的代表。唐代庞大的行政机构，需要完备的法律来规制。《唐律疏议》中的《职制律》、《唐六典》等构成了唐代行政法规的完整系统。如《官制令》就规定了国家机关人员的编制以及组织活动所应依据的细则。《职方式》的残文上载有边境上应置放烽燧的具体数额，并要求主管人员不得“违式”，否则予以处罚。《职制律》因编入唐代大法——《唐律疏议》中，所以它又是普遍性的与经常性的行政法规。《唐六典》按照吏、户、礼、兵、刑、工六部分制，明确规定了国家各级行政机构的规范、官吏的编制、职责权限以及对官吏选拔、考核、奖罚等行政管理制度。“典律分野”是《唐六典》的一大发展，“律之正罪，典以范政”，是中国古代行政法发展的结晶。

宋、元行政法典仍以六部为例，仿《唐六典》，它与前代有别的是注重官吏法的修制和民族行政法的制定，因而具有其特色。宋代在因袭唐代的基础上，有所损益。宋太宗《淳化令式》依据唐玄宗开元二十六年令式修改，仁宗天圣年间修令，“亦取唐令为本”，则唐《官品令》、《职员令》、《选举令》、《考课令》以下诸行政法规也为宋沿袭。元代的主要行政法典是《元典章》，其编排仿照《唐六典》以六部执掌分列法条的体例，对《大明律》有影响。

明清时期，行政法制继续发展。明清两代是中国封建专制主义中央集权制高度发展的时期。它集历代行政法之大成，对行政法典法规的制定更为系统化、规范化。明清仿《唐六典》制定了《明会典》与《清会典》。“会典”之名始于明代，即典章会要之意。《明会典》规模浩大，内容详尽，汇集了有明一代官修的《诸司执掌》、《皇明祖训》等有关行政律令典章的内容。体例以六部官制为纲,分述各行政机构的职掌、沿革、事例、章程、法令、典礼。其记载有关章典制度,凡明史所未载者,会典均有交待。万历《御制重修明会典序》中说:“辑累朝之法令,定一代之章程,鸿纲细目,灿然具备。”《清会典》是基本的清代行政法典,其仿效了《明会典》的体例,记载了清代开国至光绪朝各级行政机构的职掌、事例和活动原则。它采用以官为典,以职立官,有典有例的分合序列。清代的官员都得以会典来执法,正如《续修大清会典序》中所说:“会典所载,皆百臣奉行之政令。”清代行政法规的特色之处在于有一批关于少数民族管理的专门法规。

二、中国传统行政法制的特点

1.我国传统行政法制体系发达,内容丰富

中国古代实际上也存在着法的部门分类,只是这种分类与近现代有异,而且相当笼统,大体上分为刑法、礼仪法、行政法三大法律门类。刑法在古代颇受重视,被视为法的正宗,大量社会关系以刑法来规范,靠有效的刑罚制裁力量推行;作为一个“礼仪之邦”,中国古代特重礼仪,大至国家政事、军事活动,小到个人婚丧嫁娶,都有繁琐细密、等级鲜明的礼节仪文,而且以法律加以规定,所以礼仪法成为中国古代特有的一个法律部门。其中行政法部门最为庞大,由于行政管理深入到社会生活的各个领域、各个方面,国家对社会经济、政治生活直接进行干预、控制,法律所调整的社会关系中,有大量是属于行政法律关系。其他各类法律规范实际上都归属于这三个法律部门。

法律部门的这种分类在中国古代相对固定且由来已久,奴隶社会就有这种分类的趋向。“治之经,礼与刑”,而礼又有典礼与仪礼之分,典礼即经礼、官礼,规定以官制为核心的典章制度,为“经邦之轨则”,仪礼亦即曲礼,规定冠、婚、丧、祭、射乡、朝聘等方面的礼节仪式,为“庄敬之楷模”,“经礼三百,曲礼三千,各有分界,自古亦然”。而刑乃是贯彻执行典礼与仪礼的后盾,“出礼则入刑”。法律规范大体上分为典、仪和刑三大类。近代学者章太炎(1869—1936)在《检论汉律考》中所言:“后世复以官制、仪法与律分治”,逐渐形成了行政法、礼仪法与刑法三大法律部门,至唐已定型,到清臻于完善。与此相应,中国古代有三大法典,行政法典、礼仪法典和刑法典。如唐有《唐六典》、《开元礼》和《唐律》;明有《明会典》、《明通礼》和《大明律》;清有《清会典》、《大清通礼》和《大清律例》。

从我国古代行政法制的发展可以看出,在中国古代,专门的行政法制文献很多,出现了诸如《唐六典》、《明会典》、《清会典》等著名的行政法典。一般认为,周代行政立法“以官分典,以典明责”,设官典,明职责,属于行政法规范的范畴。《唐六典》律以正罪,典以范政,政刑分开。其内容包括国家机关及其演变,设职位、品级、编制,机关职责,办事期限和程序等,在中国法制史上“承周礼,启元明”。自元、明、清以降,历代都重视编修会典。《明会典》以《万历重修会典》为代表,全书228卷,以官典为经,以律令为纬。“积累朝之法令,定一代之章程;鸿纳细目,灿烂具备”。《清会典》历经五次纂修,达到了中国古代行政法典编纂的高峰。

2.我国传统行政法制以儒家思想为指导,礼法结合,体现了“人治”的特点

礼,在儒家理论体系中占极重要的地位。“礼者,天之经,地之义、民之行,天地之经而民实则之”[①],“礼之所去,刑之所取,出礼入刑”,足见礼乃是国家确认并以强制力为后盾,要求人们共同遵守的行为规范,礼就是法;不仅如此,礼还是“君之大柄”、“王之大经”、“政之挽”、“国之

---

① 《左传·昭公二十五年》。

命”,它可以“经国家定社稷”,被举到“礼为纪纲”的高度,“道德仁义非礼不成,教训正俗非礼不备,纷争辩讼非礼不决,君臣上下父子兄弟非礼不定,宦学事师非礼不亲,班朝治罪莅官行法非礼威严不行”。[①] 可见,礼全面规定国家社会生活的各个方面的基本制度、原则,这种意义上的礼绝非一般的法,乃是根本大法。

我国古代的礼,从其诞生时间起,就首先适用于上层统治阶级,也就是国家的管理阶层,包括皇室、贵族和各级官吏等。而对于一般民众,主要依靠刑法。即所谓“礼不下庶人,刑不上大夫”。据此看来,礼本来就属于国家行政管理规范的范畴。但是,自春秋时代“礼崩乐坏”,作为制度的礼即退出历史舞台,仅作为一种习俗保留在民间。随着法律儒家化的进程,礼法不断融合,通过“礼入于律”而实现“礼法结合”,我国古代法制进一步受到儒家思想的影响,其中的行政法制也不例外。按儒家思想创制的行政法律制度,实际上就是礼的生命更新后的延续,行政法典就是儒家行为规范——礼的化身。行政法典即礼的化身,礼法结合不仅表现为礼入于律与刑法结合,还表现为礼被直接法典化为行政法典。在我国古代封建法律体系中,以行政法为根本法,以礼仪法为辅助法,以刑法为后盾的封建法律结构体系,儒家理想礼治得以完全实践和实现。

作为古代中国社会意识形态的儒家思想崇尚“人治”。所谓的“人治”,并非只是狭义的“人治”即“贤人政治”、“为政重在择人”,也并非只是单纯的人治,而是与法治结合起来的人治,是以人治为内容,以法治为形式,以法律来规范的官吏对社会的治理。这种意义上的“人治”精神,在会典之中得以最突出的体现,“人治”与“法治”通过会典而实现了最佳的结合,儒家视“建官为百度之纲”,设官分职乃是会典之大纲,会

---

① 《礼记·曲礼》。

典采“以官统事，以事隶官”的体例，将“国家之大经大法”、“圣明作述之大经”、“朝野率由之定则，备于设官分职之间”。“以官举职，以职举政”，将官吏的组织与规范官吏活动的法规联系起来，体现了“人存政举，人亡政息”的精神。会典其里谓“设官行政”即“人治”；会典其表谓“以典范政”，表里结合，人治与法治合体，整部会典贯穿着发挥官吏职能，从而使“大经大法”得以遵行，进而“图治”的精神，以法确认人治，以法规范人治，以法控制人治。

3.我国传统行政法制以服务于君主专制政治为宗旨，在整个法律体系中具有重要地位

行政法制特别发达，是中国传统法律体系一个极重要的特点。甚至有的学者研究认为，“至迟从唐代开始，中国古代法律已经发生了重大变化。随着行政法律逐渐完备并且在法律体系中占据越来越重要的地位，中国古代法律已经不再‘以刑为主’，而是以行政法律为主了。”[①]我国古代，由于自然经济的主导地位，宗法社会的社会结构，以及政治上的君主专制制度，使得以行政权力为核心的公权力的异常发达，从而导致了“行政权力支配社会”，或者说，中国古代长期处于“行政法治国”的状态。

按照现代宪法学的理论，我国古代政治权力也可以分为立法权、行政权和司法权等。但是，相对于立法权和司法权而言，其中的行政权是比较发达的。立法权的作用体现在立法活动中。由于我国古代社会的经济结构和政治结构相对稳定，法律制度也没有不断变化的必要性。因此立法活动不是国家政治权力使用的主要方面。由于类似的原因，特别是由于我国古代社会中的民众对权力意识的淡漠，加之国家提倡的耻讼、贱讼的儒家伦理观念，民众对司法的需求不够旺盛，司法权也

---

① 艾永明:《中华法系并非“以刑为主”》，载《中国法学》2004年第1期。

不是政治权力的核心。但是,我国古代的行政权力却异常发达。这主要根源于我国古代的国家治理模式。在我国古代传统社会,国家的管理是围绕君主展开的,君权是国家权力体系的核心。按照我国古代法家的理论学说,"明君治吏不治民"[①]。也就是说,君主主要是通过官吏实现对国家的治理。而要管理好队伍庞大、人数众多的各级官吏,保证国家最高统治者的意志渗透到社会的各个角落,提高行政效率,国家必须依赖一套严密的行政管理方面的法律制度,这就是行政法律制度。因此,我国古代的行政法受到历代统治者的重视,不断发展完善,逐步形成一个完备的法律部门,在整个法律体系中独具重要地位。

需要特别说明的是,传统中国并无行政诉讼法律制度。中国近代行政诉讼制度,是清末学习西方法律文化,移植西方法律制度的结果。

三、清代的行政法制

清代不仅是一个君主专制的封建国家,而其人口众多,地域广阔,必然要求一套行之有效的行政管理的法律法规——行政法。"清季行政法规,虽非全部包括于会典之中,而散见于大清会典及其他成文法者不少。将会典以行政机关之组织、权限及事务之准则等一般行政为主,谓之为行政法典,固无不可,故大清会典者,实为清代之行政法也。"[②]此外,还有学者指出,"清代'则例'同样有泛指和专指两种情况,用作专有名词时通常指具有行政法规性质的六部则例。"[③]"则例之名流行于清代,是由中央政府各部就本部门的行政事务随时作出处置的实例,经由有关人员审议通过,交由皇帝批准生效的单行法规。"[④]由此可见,清

① 《韩非子·外储说下》。

② 展恒举著:《中国近代法制史》,台湾商务印书馆 1973 年 7 月版,第 32 页。

③ 苏亦工著:《明清律典与条例》,中国政法大学出版社 2002 年 1 月版,第 42 页。

④ 同上,第 70 页。

代不仅存在大量的行政法，而且其行政法还比前代发达。

清代行政法的内容，随着时期的不同而有所区别，涉及行政等级的划分、文官制度的确立、官吏的任用与考核、民族事务管理等等。[①]近代日本学者织田万（1868—1945）曾著《清国行政法》一书，系统研究了清朝的行政法律法规。该书从清国行政法之渊源、行政组织、官吏法、裁判制度等方面分门别类详尽地介绍了清朝行政法的情况。[②]从该书的情况来看，尽管清代行政法是服从和服务于清代专制政治需要的，但其作为一个法律部门，已经具备了近现代行政法律法规的基本体系。

清代的行政法集中反映在《大清会典》之中。

大清十二帝十三朝 276 年间共编有五部《会典》，分别修于康熙、雍正、乾隆、嘉庆、光绪朝，俱为清、汉文单行本。由于编纂年代不一，典章制度的增损因革以及则例、事例的删繁就简等情况趋于复杂化，而目前著书立说者大凡以光绪朝所修《会典》为本，其前四部《会典》尚未引起人们的广泛重视，尤其对五部会典的比较研究更可谓无人问津。[③]

---

① 张晋藩主编:《清朝法制史》，法律出版社 1994 年 4 月版，第 19—27，77—113，293—327，572—587 页。

② ［日］织田万著:《清国行政法》，中国政法大学出版社 2003 年 5 月版，"目次"。

③ 第一部《大清会典》始修于康熙二十三年（1684 年）五月十二日，二十九年（1690 年）四月二十六日告成。全书 10 函 80 册，其中首 1 册，正文 79 册 162 卷。第二部《大清会典》始修于雍正五年（1727 年），十年（1732 年）告成。全书 14 函 100 册，其中首 1 册，正文 99 册 250 卷。第三部《钦定大清会典》、《钦定大清会典则例》始修于乾隆十二年（1747 年），二十九年（1764 年）告成。其中《钦定大清会典》100 卷，《钦定大清会典则例》180 卷。第四部《钦定大清会典》、《钦定大清会典事例》、《钦定大清会典图》始修于嘉庆六年（1801 年），二十三年（1818 年）告成。其中《钦定大清会典》10 函 40 册，其中首册含正文卷 1，合正文 80 卷；《钦定大清会典事例》72 函 360 册，首 4 册，正文 356 册 920 卷；《钦定大清会典图》10 函 40 册。其中首 1 册，正文 39 册 132 卷。第五部《钦定大清会典》、《钦定大清会典事例》、《钦定大清会典图》始修于光绪十二年（1886 年），二十五年（1899 年）告成。其中《钦定大清会典》6 函 36 册。其中卷首 1 册，正文 35 册 100 卷；《钦定大清会典事例》64 函 384 册。其中首 2 册 8 卷，正文 382 册 1220 卷；《钦定大清会典图》12 函 73 册。其中首 1 册卷首 1，正文 72 册 270 卷。

在清代的法律体系中,主要的法律形式有:会典、律、通礼及例。律规定犯罪与刑罚的基本制度,属于刑事法律;通礼则规定与国家、社会生活相关的各方面的礼节仪式,主要是吉礼、凶礼、军礼、宾礼、嘉礼等"五礼",属于礼仪法;例则是适应不同时期、不同形势下巩固统治和维护秩序的需要,因时、因地、因事而制定的单行法规,是臣僚就国家各方面问题及其如何解决所提出的"题本"、"奏本"经皇帝核准后而奉为法律的,涉及各种性质的法律规范,具有灵活性和专门性。而会典与其他的法律形式相比较,它具备根本法、区别于普通法的基本特点。《清会典》以职官制度为纲,就范围而言,是以整个清代从中央到地方的国家机关为规定对象的,然就重心而论,用以规范执行国家行政职能的机关的组织及行政活动的法规,在整部会典中占绝大多数。

清代行政管理的中枢机关是内阁、六部系统,会典"总括六部",以嘉庆会典为例,从卷目上看,典文共 80 卷,内阁六部就占 43 卷,而就其所容纳的法规数量来看,内阁六部卷占会典全部法规的 7/10 强。这是由于六部系统机构庞大,官职众多,分理事务的属官林立;更由于此系统事涉广泛,事务繁多,国家大量法规皆属六部及下属机关职掌所关,因此有关内阁六部官吏的组织管理以及其行职办事活动的法规在会典中必然占较大的比重。

第二节　清末预备立宪与行政立法

一、《钦定行政纲目》和其他行政立法

根据清末新政的精神和《钦定宪法大纲》的需要,必须建立三权分立的行政体制。为此,清宪政编查馆于 1910 年 4 月拟定了《钦定行政

纲目》。[①] 这是清末制定的最重要的一部具有近代行政法性质的法律。但是,该法未及实施,即随着清政权的瓦解而淹没在历史的烟尘之中。

《钦定行政纲目》的基本立法精神,就是“谨按宪法大纲,君主立宪政体,君上有统治国家之大权,凡立法行政司法皆归总揽。而以议院协赞立法,以政府辅弼行政,以法院遵律司法”。[②] 由此可以看出,该法具有建立三权分立体制的意图。该法还提出“融会列国成规,按切我国情事”的立法原则,将国家行政机关分为直接官治、间接官治、地方官治和地方自治四级隶属建制。此外,该法最值得注意的是,它将国家事务与皇室事务分开,称其为立宪政体的“第一要义”,而行政纲目的主要内容“以属于国家行政事务为限”。应该肯定,《钦定行政纲目》基本符合近代立宪政体的法治精神,具有近代行政法的性质。

清末还制定了一系列近代意义的行政法。1908 年宪政编查馆奏定《结社集会律》35 条规定:“除各省会党,显于例禁,均属秘密结社,仍照刑律严行惩办外,其余各种结社集会,凡与政治及公事无关者,皆可照常设立,毋庸呈报。其关系政治者,非呈报有案不得设立,关系公事者,虽不必一一呈报,而官吏谕令呈报者,亦当遵照办理。”[③]此外,清末制定的行政法还有:1906 年商部、巡警部和学部制定的《大清印刷物专律》,1907 年商部制定的《大清报律》,1910 年颁布的《著作权律》。[④] 为配合官制改革,自 1906 至 1911 年制定了涉及文官制度的行政法若干,主要有:《民政部官制章程》、《度支部职掌员缺章程》、《学部官制》、《陆军部官制》、《法部官制》、《各省学务官制》、《内阁官制各省官制通则》、《邮传部职掌员缺章程》、《都察院整顿变通章程》、《农工商部职掌员缺

---

① 张晋藩主编:《中国百年法制大事纵览》,法律出版社 2001 年 1 月版,第 22 页。

② 张晋藩主编:《清朝法制史》,法律出版社 1994 年 4 月版,第 700 页。

③ 张晋藩主编:《中国百年法制大事纵览》,法律出版社 2001 年 1 月版,第 17 页。

④ 张晋藩主编:《清朝法制史》,法律出版社 1994 年 4 月版,第 700—702 页。

章程》、《理藩部司员缺分定责任章程》、《法官考试任用暂行章程施行细则》、《州县改选章程》、《考核巡警官吏章程》、《切实考验外官章程》等。①

清末以《钦定行政纲目》为中心的一系列行政法律法规的产生,标志着近代意义的行政法律体系,已经具备一个雏形。尽管大多数法律仅仅处于草拟而未真正颁布实施,但是对以后行政法律体系的构筑,却产生了一定程度的积极影响。

二、清末的行政诉讼法

清末还筹设行政诉讼法院,并制定了相关的法律草案。

1906 年,清政府宣布预备立宪,实行官制改革,将旧有的大理寺改组为大理院,管辖民事、刑事诉讼,并准备设立行政审判院专司行政诉讼。清政府为兼顾立宪改革的名义与维护旧官僚的既得利益,决定不将都察院改组为专门的行政审判机关,而同时另行创设行政审判院,并且拟订了《行政审判院官制草案》。如此,形成了都察院与行政审判院并存的格局。

1906 年清政府为适应官制改革的需要,起草了《行政审判院官制草案》。《行政审判院官制草案》主要是仿照日本 1890 年颁行的《行政裁判法》制定而成,该法共 21 条,规定行政审判以一审为限,内容涉及行政裁判的对象、行政裁判院的内部人事设置、行政裁判院的管辖事件、裁判方式、裁判程序、行政裁判人员的保障等方面。

1908 年,清政府拟定预备立宪清单,计划于 1913 年设立"行政审判院"。后来随着南方革命形势的发展和立宪派请愿要求缩短预备立宪时间,清政府改拟于 1911 年"颁布行政审判院法,设立行政审判院"。

---

① 张晋藩主编:《清朝法制史》,法律出版社 1994 年 4 月版,第 699 页。

至1911年10月辛亥革命爆发，《行政审判院官制草案》未及颁布，行政审判院也尚未成立，清王朝即已宣告灭亡。但法在权上、依法行政、官民平等等近代法治观念得到传播；清政府试图在普通法院之外建立行政法院的二元制审判制度的设想，对民国时期的行政诉讼立法和法院体系的建立，都产生了一定的影响。

1910年清政府颁布的《法院编制法》第2条规定："审判衙门掌审民事、刑事诉讼案件，但关于军法或行政诉讼等另有法令规定者，不在此限。"依据该法确立的二元司法体制，需另行制定行政审判机关的组织法。

清末起草《行政审判院官制草案》意义重大。该草案序言称，"今各国有行政裁判院，凡行政各官之办理违法，致民人身受损害者，该院得受其呈控，而裁判其曲折，英、美、比等国以司法裁判官兼行政裁判之事，其弊在于隔膜，义（即意大利）、法等国则以行政衙门自行裁判，其弊在于专断。惟德、奥、日本等国，特设行政裁判衙门，既无以司法权侵害行政权之虞，又免行政官独行独断之弊，最为良法美意。今采德、奥、日本之制，特设此院，明定权限，用以尊国法，防吏蠹，似于国家整饬纲纪，勤恤民隐之至意不无裨益。"①

行政诉讼法是一种完全近代意义上的法律制度。一般地说，行政诉讼是一国的民众认为行政机关违法行政行为侵害其合法利益，而向审判机关请求救济的制度。行政诉讼法律制度的理论基础是分权与制衡理论。行政诉讼制度最早产生于英、法等国。19世纪末大陆法系的行政诉讼制度传播至日本，1890年日本制定《行政裁判法》，奠定近代日本行政诉讼法律制度的基础。清政府所起草的行政诉讼法，即仿照

① 《大清光绪新法令》（第二十册），商务印书馆1900年版，第115页。该书点校本有商务印书馆2010年版。

该法。

在中国传统封建法制之中,等级特权和官尊民卑的观念根深蒂固,近代意义上以分权制衡和依法治国、保护民权为理论基础的行政诉讼制度不可能存在。清朝末年,随着宪政思潮的传播和新政的展开,依法行政、保护民权的观念得到承认并要求制度化。在此背景下,西方行政诉讼的理念和制度传入我国。

第三节 中华民国北京政府时期的行政立法

一、北京政府时期的行政法

北京政府时期行政法的发展成绩十分突出。仅从数量上看,由于清封建政权的解体,新的民主共和国政权建设,必须依赖相关法律以确立政府体制,包括其组织及职权等。根据前述《北洋政府时期的政治制度》一书的记录,这一时期政府所有制定颁布的法律、法规、规则、条例、章程、命令等,共约有 852 件。除去关于宪法、民法、刑法、民事诉讼法、刑事诉讼法等,其余绝大部分是行政法。另,根据《中华民国立法史》一书的记录,民国初期北京政府制定产生(有的没有真正颁布实施)的行政法也有约 153 件之多。[①] 其中比较重要的有:1912 年的《文官高等考试法》、《大学令》、《国籍法》、《印花税法》、1914 年公布的《文官惩戒委员会编制令》、《全国水利局官制》、《省官制》、《会计法》、《审计法》、《国币条例》、《森林法》、《矿业条例》、《商会法》、1915 年的《司法官惩戒法》、《著作权法》、1919 年的《中央防疫初暂行编制》、1921 年的《邮政条

① 详见谢振民编著:《中华民国立法史》,张知本校定,中国政法大学出版社 2000 年 1 月版,第二章行政法(上)及第三章行政法(下)。同一法律的修正案,作为一部新法计算。

例》、1923年的《商标法》等。"这一时期的立法活动,形成辛亥革命以后民国政府第一次大规模的立法高潮。法律、法规的制定、实施,为规范社会、发展经济提供了有利的条件,也为中国法律近代化创造了良好的基础。"①

北京政府时期,实际是我国新的政权确立和发展的重要阶段。因此,关于行政组织和官员管理方面的法律法规比较多。这是这一时期行政法制另一个显著的特点。

北京政府颁布的有关行政机关组织法规主要有:1912年6月26日公布的《国务院官制》,1913年1月8日公布的《划一现行各省地方行政官厅组织令》,1914年5月23日公布的《省官制》、《道官制》和《县官制》等。

职官管理法规。北京政府为稳定其统治,加强了对官吏的控制,制颁了一系列以文官立法为主的职官管理法规。其公布的关于职官考试的法规主要有:《文官高等考试法》、《文官普通考试法》、《文官高等考试典试令》、《文官普通考试典试令》等。关于文官任用与官等的法规。北京政府曾先后公布《中央行政官官等法》、《文职任用令》、《文官任用法》、《文官任免执行令》等法规,规定中央行政官的任用为特任、简任、荐任、委任四种。关于官吏惩戒纠弹的法规。1913年,北京政府公布了《文官惩戒法草案》,1914年初,北京政府又颁布《文官惩戒委员会编制令》。此外,北京政府存续期间颁布的有关对官吏惩戒纠弹的法规还有《官吏犯罪特别管辖令》、《官吏违法惩罚令》、《司法官惩戒法》、《审计官惩戒法》、《官吏犯赃治罪条例》等。特别值得注意的是,北京政府在1913年至1918年之间颁布的《司法官考试法》、《司法官官等条例》、

---

① 朱勇:"《中华民国立法史》序言",载谢振民编著:《中华民国立法史》,张知本校定,中国政法大学出版社2000年1月版,第3页。

《司法官惩戒法》等,对司法官从录用、任免、奖励等诸方面作出了较为系统的规定,也有利于司法官管理的专门化。

北京政府时期的行政管理方面的法律法规,有许多具有创新意义,直到今天,仍有借鉴的价值。

二、北京政府时期的行政诉讼法

中华民国初期,行政诉讼法得到了一定的发展。

1912 年 1 月,南京临时政府建立之初,由法制局长宋教仁负责起草了《中华民国临时政府组织法草案》。该草案第 14 条规定:人民得诉讼于司法,求其审判;其对于行政官署违法损害权利之行为,则诉讼于平政院。该草案在提交参议院审议过程中未被采纳,但草案中建立平政院的设想,为后来的立法所吸收。1912 年 3 月,参议院通过《中华民国临时约法》。其第 10 条规定:“人民对于官吏违法损害权利之行为,有陈诉于平政院之权。”第 49 条规定:“法院依法律审判民事诉讼及刑事诉讼,但关于行政诉讼及其他特别诉讼,别以法律定之。”该法以根本法的形式首次明确规定了民众的行政诉讼权利和法律体制。

北京政府成立之后,于 1914 年 3 月 31 日公布了《平政院编制令》,规定了平政院的组织与职权。该组织令是中国近代历史上第一部公布实施的行政审判机关组织法。《平政院编制令》共 29 条,具体规定了平政院内部设置方面的内容。第 1 条规定:“平政院直隶于大总统,察理行政官吏之违法不正行为,但以法令属特别机关管辖者,不在此限。平政院审理纠弹事件,不妨及司法官署之行使职权”。关于平政院的内部组织,该法规定平政院以平政院评事 5 人组织之庭行使审理权,每庭须有司法职出身者 1 人或 2 人(第 2 条);平政院置院长 1 人,指挥监督全院事务(第 3 条);平政院内分设为 3 个庭,每庭以平政院评事 1 人为庭长(第 4 条);平政院设肃政厅(第 6 条),肃政厅置肃政史(第 7 条);平政院肃政厅置都肃政史 1 人，指挥监督全庭事务（第 13 条）；平政院院长、肃政厅都肃政史由大总统任命（第 16 条）；平政院庭长由平政院院长从平政院评事中提名，呈请大总统任命（第 17 条），平政院评事及肃政史由大总统选择任命（第 18 条）；平政院评事定额为 15 人，平政院肃政史定额为 16 人（第 15 条）。关于评事及肃政史的任职资格、惩戒和保障，该法规定：担任平政院评事及肃政史者，须年满 30 岁，并且任荐任。以上行政职 3 年以上且著有成绩者或任司法职 2 年以上且著有成绩者（第 14 条）；平政院评事及肃政史在任职期间不得为下列事项：政治结社及政谈集会之社员或会员、国会及地方议会议员、律师、商业之执事人（第 19 条）；一般情况下，评事及肃政史非受刑法之宣告，及惩戒之处分，不得强令退职、转职及减俸（第 21 条）；平政院评事及肃政史之惩戒处分，以平政院惩戒委员会行之（第 22 条）。

1914 年 5 月 1 日北京政府公布《中华民国约法》，在政权组织方面对《中华民国临时约法》变动较大，但仍以根本法确认平政院制度。该法第 8 条规定："人民依法律所定，有请愿于行政官署及陈诉于平政院之权。"该法第 45 条规定："法院依法律单独审判民事诉讼、刑事诉讼，但关于行政诉讼及其他特别诉讼，各依其本法之规定行之。"1914 年 5 月以后，北京政府先后颁行《平政院裁决执行条例》、《诉愿法》、《纠弹法》、《行政诉讼法》等，创建了有关平政院组织与运作的一整套完备的法律制度。其中，比较重要的法律是《行政诉讼法》。

北京政府时期的《行政诉讼法》继承了清末《行政裁判院官制草案》精神，在具体制度的设计上，模仿德国、奥地利和日本的做法，综合了各国关于行政诉讼比较进步的内容，主要规定了行政诉讼受案范围、诉讼当事人、诉讼程序、审判组织、判决和执行等方面的事项。该法由《行政诉讼条例》（1914 年 5 月 17 日以大总统令公布）经参政院修改而来，于 1914 年 7 月 20 日公布实施。《行政诉讼法》由四章和附则组成，共 35

条。其第一章为行政诉讼之范围,第二章为行政诉讼之当事人,第三章为行政诉讼之程序,第四章为行政诉讼裁决之执行。其内容主要包括:平政院的行政审判权及于官署的各种违法处分,包括违法之命令、决定、行政契约等;人民因中央或地方官署之违法处分,致损害其权利者,均得提起行政诉讼;肃政史也可提起行政诉讼;平政院不得受理损害赔偿诉讼;行政诉讼当事人得委任诉讼代理人;平政院得命有利害关系者参加诉讼;法律所认之法人,得以其名提起诉讼;肃政史纠弹事件,经大总统特交平政院审理者,或由肃政史提起行政诉讼者,以肃政史执行原告职务;对于平政院之裁决,不得请求再审,也即实行一审终审制;提起行政诉讼有期限的限制;一般情况下,行政诉讼未经裁决以前行政官署之处分或决定不失其效力,但必要时可以停止其执行;诉讼当事人已提起之诉讼,不得请求撤销,但肃政史所提起之诉讼则不同;以评事5人组织之庭审理行政诉讼,合议庭中须有1至2人为司法职务出身,其裁决依出席评事过半数之议决,当可否同数时庭长有决定权;对于行政诉讼的受理,兼采直接诉讼主义和诉愿前置主义;审理一般实行公开原则,以采言辞辩论为原则,书面审理为例外;民事诉讼为行政诉讼之先决问题时,得等民事诉讼确定后再行审理。

另外,依据《诉愿法》、《纠弹法》、《行政诉讼法》等,平政院下设肃政厅,所属肃政史独立行使职务,其职务主要包括:第一,依《行政诉讼法》的规定以原告身份提起行政诉讼;第二,依《纠弹法》的规定纠举违法渎职官员,但纠弹处理权最终掌握在大总统手中;第三,监督执行平政院的裁判文书。

北京政府引进了西方大陆法系的司法制度,设立平政院作为行政诉讼机关,并颁布了行政诉讼法和《诉愿法》,作为对违法行政的救济。北京政府在中国历史上首次建立行政诉讼制度,对南京国民政府时期的行政诉讼制度产生了一定的影响。

第四节　中华民国南京国民政府时期的行政立法

南京国民政府时期，行政法的发展又出现一个活跃期，行政法规包括行政组织法、行政执行法、行政诉愿法、各行政职能部门管理法和地方行政法规等。

一、行政组织、行政执行和行政管理法

1.行政机关组织法

行政院及其各部、会为南京国民政府的中央行政机关。1928 年 12 月 20 日，国民政府颁布《行政院组织法》，此后又多次修正公布。《行政院组织法》规定了行政院的职权、内部组织及活动规程。行政院设内政、外交、军政、财政、教育、交通等部、会，具体设置因不同时期的《行政组织法》而有所不同。各部、会组织法由国民政府制定颁布。此外，南京国民政府时期还制定了一些地方行政机关组织法。

2.公务员法

南京政府自 1929 年起陆续颁布了有关公务员管理的系列法规。计有 1929 年 8 月的《考试法》，1933 年 3 月的《公务员任用法》，1931 年 6 月的《公务员惩戒法》和《公务员退休法》等等。此后，国民政府对这些法规又分别予以修正公布。上述法规规定了公务员的考试、任用、考绩、退休、抚恤、奖励、惩戒等规则，以及公务员的其他权利义务。

3.行政执行法

1932 年 12 月 28 日，国民政府公布《行政执行法》，1943 年 7 月和 1947 年 11 月先后两次修正公布。《行政执行法》规定，对依法负有行为义务而不为或依法负有不行为义务而为之者，行政官署于必要时，得

行间接或直接强制处分。间接强制处分措施有代执行和执行罚两种,直接强制处分措施有对人的管束,对物的扣留或限制使用,对家宅或其他处所之侵入等。

4.行政管理法

在内政方面,《著作权法》,1928 年公布;《国籍法》,1929 年 2 月公布;《工会法》,1929 年 10 月公布;《渔会法》,1929 年 10 月公布;《工厂法》1929 年 12 月公布;《劳资争议处理法》,1930 年 3 月公布施行;《诉愿法》,1930 年 3 月公布施行;《土地法》,1930 年 6 月公布;《团体协会法》,1930 年 10 月公布;《出版法》,1930 年 12 月公布施行;《农会法》,1930 年 12 月公布施行;《工厂检查法》,1931 年 2 月公布;《户籍法》,1931 年 12 月公布施行。

财政方面,制定了《银行法》,1931 年 3 月公布;《营业税法》,1931 年 6 月公布施行。

在经济管理方面,主要有:《渔业法》,1929 年 11 月公布;《商标法》,1930 年 5 月公布施行;《矿业法》,1930 年 5 月公布施行。①

其余法律法规有:《货物税条例》、《标准法》、《国家标准制定办法》、《电业法》、《专科学校法》、《戡乱时期邮政抽查条例》、《维持社会秩序暂行办法》等。②

南京国民政府时期,大量行政法的制定,为新政府的各种行政行为规范化提供了法律上的保障,同时也有助于加强政府对社会的控制和国家权力的集中。

二、行政法院和行政诉讼法

南京国民政府时期,行政组织和行政诉讼制度在继承北京政府时

① 朱勇主编:《中国法制通史》,法律出版社 1999 年 9 月版,第 566 页。
② 朱勇主编:《中国法制通史》,法律出版社 1999 年 9 月版,第 570 页。

期行政司法制度立法成果的基础上，均有一定发展。

从行政诉讼制度方面来说，1928 年 10 月颁布的《司法院组织法》第 1 条规定，“司法院由司法行政署、司法审判署、行政审判署及官吏惩戒委员会组成”；按其第 6 条规定，“行政审判署依法律掌理行政诉讼审判事宜”。同年 11 月，又将《司法院组织法》加以修改，经国民政府公布。《行政法院组织法》共 12 条，下不设章。此修正案即将组织司法院之“司法行政署”，改“司法行政部”，“司法审判署”改为“最高法院”，“行政审判署”改为“行政法院”，其余均照原案。

1931 年 4 月，司法院在北京政府《行政诉讼法》的基础上拟具《行政诉讼法草案》，并提交立法院审议。1931 年 6 月公布的《中华民国训政时期约法》第 22 条规定：“人民依法律有提起诉愿及行政诉讼之权”，但关于行政法院的内容并无涉及。1932 年 11 月 17 日，《行政诉讼法》经立法院三读通过，由国民政府公布，不设章，共 27 条。同日公布的还有《行政诉讼法》。《行政诉讼法》于 1942 年 7 月由国民政府予以修正公布。《行政法院组织法》与《行政诉讼法》构成了南京国民政府时期行政诉讼制度的基本依据和框架。

1930 年 3 月 24 日国民政府颁布《诉愿法》，1937 年 1 月 8 日修正公布。《诉愿法》是人民对行政官署的处分或决定不服而向上级行政官署提起申诉的程序法，以作为对不法行为的纠正和对人民合法权益的保障。此外，1933 年 5 月公布了《行政诉讼费条例》，1933 年 6 月由司法院公布了《行政法院处务规程》。

《行政组织法》和《行政诉讼法》是国民政府时期行政法律的基本框架，这两个法律所规定的行政法院的组织及诉讼程序，有延续原来平政院制度的内容，也有一些新变化的内容。归纳起来，其主要内容包括：行政诉讼由行政法院审理，对行政法院的判决与裁定，当事人不得上诉或抗告，但可请求再审，对判决之执行采用行政手续而非司法程序；行政法院设院长 1 人,综理全院行政事务;行政法院分设二庭或三庭;行政法院之审判,以评事 5 人之合议行之。此外,关于评事的任职资格、评事包括司法官与行政官吏两部分等规定也与以前的规定相同;行政诉讼采概括主义;对于行政法院判决,不得上诉或抗告;得命令利害关系人参加诉讼;行政诉讼一般无停止原处分或原决定执行的效力。此外,行政诉讼诉状及其他一些程序也与过去的相似。

新的行政法院和行政诉讼制度与原来的平政院制度相比,也有一些新变化。行政裁判机关的名称由原来的平政院改为行政法院;行政法院属于司法院;行政法院无肃政厅的设置,因而也无由肃政史提起行政诉讼的制度;无就地审判制度;无诉讼当事人不得撤回诉讼的规定;民事诉讼为行政诉讼的先决问题时,没有规定等到民事诉讼确定后而再行审理行政诉讼;完全采取诉愿前置原则;规定评事的保障,准用关于推事保障之规定;提起行政诉讼得附带请求损害赔偿;采取书面审理主义,但行政法院认为必要,或依当事人的申请,得为言辞辩论;得提起再审之诉,等等。

第八章 中国近代法律机构

第一节 中国近代的立法机构

一、晚清立法机构

在帝制时代的中国,立法权只属于皇帝。皇帝拥有最高立法权,事实上也是唯一的立法权,所有法律都需经皇帝批准,以皇帝名义颁布,且皇帝可随时以诏令谕旨更改或者废除法律。从事法律起草工作的人员,都是奉命行事,严格按照最高统治者的意志编纂法律草案。即使有所创新,往往只是技术方面的改造,难有大的突破。

晚清时期,由于内政外交的困难,特别是领事裁判权的压力,变革法律的呼声越来越高。随着政局的发展,清政府原来的最高权力机关——皇帝及其统领下的军机处,无论在实质上还是在形式上都无法承担立法功能。因此,政治上的变革推动着具有立法职能的机关不断出现。这是晚清政局的一个显著特点。

1.督办政务处

首先成立的具有立法功能的机关是督办政务处。1900 年八国联军入侵中国,清政府意识到局面的艰难,决意变革政治,实行变法。1901 年 4 月 21 日,清廷成立了以奕劻为首的督办政务处,作为主持变法的机构,筹办新政,命李鸿章(1823—1901)、荣禄(1836—1903)、王文韶(1830—1908)、鹿传霖(1836—1910)、瞿鸿禨(1850—1918)、昆冈(清宗室,同治年大学士)等为督办大臣,刘坤一(1830—1902)、张之洞为参与政务处大臣,总揽一切新政事宜,负责制订各项措施,掌管各地官吏奏章及办理全国官制、学校、科举、吏治、财政、军政、商务、邦交、刑律等事务。但政务处并无实权,只不过是军机处的附属机关,主要任务是参酌中外的政治民政部列成条文,汇编成"政典"供慈禧太后(1835—1908)[①]参考。而在举办"新政"过程中起实际作用的还是各省督抚,尤其是两江总督刘坤一、湖广总督张之洞和直隶总督袁世凯。1906年后督办政务处易名为会议政务处,属内阁。宣统三年(1911年)后撤销。并于1907年改为宪政编查馆。

2.宪政编查馆

1905年11月清政府决定在督办政务处下设立考察政治馆,1906年考察政治馆正式成立。光绪三十三年(1907年)八月改考察政治馆为宪政编查馆,直属军机处,作为预备立宪的办事机构。宪政编查馆下设编制、设计、官报三局,庶务、译书、图书三处。主要任务是办理奉旨交议的有关宪政折件及承拟军机大臣交付调查各件;翻译各国宪法、编订法规及考核各部院、各省政治情况等等。宣统三年(1911年)5月清政府裁撤军机处,改设内阁,此馆随之撤销。从技术方面讲,清末法制改革的核心机关是宪政编查馆中的编制局和修订法律馆,这两个机构的具体职责是编制法规。编制局共有职员29人。清末法律变革中出台的法律草案,都是由修订法律馆拟定提交。

清廷于光绪二十八年(1902年)四月六日即任命沈家本、伍廷芳二

① 慈禧太后(1835—1908),清穆宗的母亲。姓叶赫那拉,满洲镶黄旗人。1852年被咸丰皇帝选入宫,封兰贵人,1857年封为贵妃。同治帝时尊为圣母皇太后,尊号为慈禧。于同治、光绪两朝先后垂帘听政计47年。

人为修订法律大臣。但由于伍廷芳当时尚在驻美公使任上，回国后又在上海参与商约谈判，直到光绪二十九年（1903 年）七月才回京参与修律事宜。经过近两年的筹备，修订法律馆于光绪三十年（1904 年）四月一日成立，有关修律活动正式启动。据史籍记载，在清廷重新委派沈家本、俞廉三（1841—1912）、英瑞（生平不详，满族正白旗人，光绪年刑部官员）为修订法律大臣之后，"沈氏等即于光绪三十三年十月二十七日开馆办事，酌设二科，分任民律、商律、民事刑事诉讼律之调查起草。每科设总纂一人，纂修、协修各四人，调查一人或二人。又设咨议官，甄访通晓法政，品端学粹之员，分省延请，以备随时咨商。凡各省习惯及各国成例，得分别派员或咨请出使大臣调查。"①

3.资政院与咨议局

随着预备立宪的展开，清末还出现了两个近代宪法意义的立法机构——资政院与咨议局。这是我国立法史上的历史性变革。

资政院的设立是清政府"预备立宪"的一个重要改革，资政院是清政府模仿西方国家议会模式，却又经过清政府加以改塑而出现的中央议事部门，也是西方议会在中国最早的试验。资政院经历了筹建、成立、开院议事到结束的一个历史过程。它从光绪三十三年八月十三日（1907 年 9 月 20 日）由慈禧出面以"懿旨"的形式正式宣布筹建"资政院以立议院基础"开始，中间经过两次常年会，第二次常年会是在宣统三年九月一日（1911 年 10 月 20 日），即武昌暴动爆发后十天召开的，这次会议一直到选举出袁世凯为内阁总理大臣闭会，后来资政院被正式的国会代替。

① 谢振民编著：《中华民国立法史》，张知本校订，中国政法大学出版社 2000 年版，第 899 页。

1907 年 9 月,清政府下令设资政院。在慈禧的同意下,先建立了资政院筹备公所,资政院筹备公所建立后参与了咨议局章程的拟订工作,至 1908 年 7 月 8 日,始拟出并奏准资政院章程的十章目及前两章条文。1909 年 8 月 23 日,资政院会同军机大臣将《资政院院章》上奏,奉旨令中央地方各衙门一体遵行。《资政院院章》共 65 条,对原奏的两章也进行了修改,并仿照咨议局章程的体例,改第二章目次“选举”为“议员”,另订选举章程。院章的主要内容是:资政院以取公论,预立上下议院基础为宗旨。并规定了议员的任期三年,资政院的职权:国家财政预算和决算,税法及公债,新定法典及其修改,但宪法不在此限,奏特旨交议事件。并且规定了资政院与行衙门,各省咨议局和民众的关系。还对资政院的开会作了规定。另外还对资政院议员的选举,以选举权和被选举权也作了规定。

据 1909 年 8 月 23 日公布的《资政院院章》,资政院应行议决事件为:一、国家岁入预算事件;二、国家岁出决算事件;三、税法及公债事件;四、新定法典及嗣后修改事件;五、其余奉特旨交办事件。资政院拥有立法与财政等项大权,除选官用人操之君主外,它已经拥有了现代代议机关的基本权力。

清政府“宣布仿行宪政”和在对中央官制进行改革后,所进行的改革之一是在各省建立咨议局。考察政治大臣载泽(1876—1928)在英国考察英国后,认为英国立宪政治的特色就在于地方自治之完密,载泽是赞赏地方自治的,但是清朝应采取什么办法,他们未提出具体意见。端方(1861—1911)等考察回国后,端方等建议先立府州县议会,再立省议会。光绪三十三年五月二十七日(1907 年 7 月 7 日),厘订官制大臣载泽等拟出“各省官制通则”34 条,经奕劻等核定上奏,谕准东北三省先开办,直隶、江苏等择地先为试办。“通则”第三十三条提到:“各省应就地方情形,分期设立府州厅县议事会董事会,其细则由此民政部议订奏订后通行各省办理。”[①]而对省一级应如何办理，清廷认为“现国民资格尚有未及，地方自治一时难以遽行，究应如何酌核办理，先为预备，或增改佐治之员，并审定办事权限……候旨施行”[②]。

光绪三十三年九月十三日（1907年10月19日）清廷下谕命各省设立咨议局，在这上谕中清政府第一次明确要求各省督抚在省设立咨议局，并提出将来的资政院选举议员，可由该局公推递升。由于清廷要求各省督抚速设省咨议局的上谕中，未规定具体要求与做法，因此有的督抚在接奉上谕后，便自行拟定开办办法。光绪三十四年六月二十四日（1908年7月23日），清廷批准颁布了宪政编查馆同资政院拟制的《各省咨议局章程》及《咨议局议员选举章程》，并下谕要求各省督抚奉章后一年内一律办齐。宪政编查馆又向各省督抚发出咨文，各省督抚得到这个咨文后，纷纷设立了咨议局筹办处；在此之前已经设立了咨议局，咨议局创办所的山西、江苏、湖北等省，也按宪政编查馆咨文的规定改为咨议局筹办处。由于咨议局筹办处的章程，系“由各省自行拟定”，因此，当时各省设立的咨议局筹办处的人员设置、职责范围、存在的期限，仍很不一致。

后来，清廷对各省咨议局，不仅发出了要求一年内办齐的上谕，而且在《九年筹备清单》中，也列入第一、二年各省督抚应办事项之一。第一年（1908年）的第一项，就是要求各省督抚“筹办咨议局”；第二年（1909年）第一项规定“举行咨议局选举，各省一律开办。各省督抚办。”各省督抚先后建立本省的咨议局筹办处后，立即开展各项筹办工作，至宣统元年九月一日（1909年10月14日）“各省咨议局开会之期，

① 《各省官制通则》，载故宫博物院明清档案部编：《清末筹备立宪档案史料》（上册），中华书局1979年版，第510页。

② 《着奕劻等续订各省官制并会商督抚筹议预备地方自治》，载故宫博物院明清档案部编：《清末筹备立宪档案史料》（上册），中华书局1979年版，第472—473页。

除新疆奏明缓办之外,各省一律开办”。全国共设奉天、吉林、黑龙江、直隶、江苏、安徽、江西、浙江、福建、湖北、湖南、山东、河南、山西、陕西、甘肃、四川、广东、广西、云南、贵州二十一局。计选议员共1453人[①]。此数未包括部分咨议局选有的候补议员58人。

咨议局既是一个民意机构,代表民众对地方事务进行管理,更重要的是,它是一个专门的地方立法机关,行使地方自治权。尽管清政府的地方咨议局还没有西方议会那样完全的立法权,带有过渡临时性质,但毕竟是初级形态的代议机关,具有一定的独立性,不经其决议,中央和地方政府不能颁布法律;国家与地方的预算、决算、税法、借贷外债、民众的负担等等,都要经其通过认可;并有权纠举弹劾各级行政官员,府厅州县和城镇乡正在实行和建立地方自治制度等,这些都具有西方地方议会的一些初步特征,还在一些地方出现了中国最早的自由竞争的选举,进行咨议局议员选举,并在此基础上召开咨议局第一届会议,选举正副议长。

二、中华民国南京临时政府和北京政府时期的立法机构

北京政府的立法系统的建立、发展曲折而复杂。在17年中,出现过10多个代议、立法和拥有立法权的行政咨询机构。而被认为具有正统地位的,仅为1912年4月迁至北京的临时参议院和1913年4月8日经选举产生的第一届国会。

1912年1月28日南京临时政府参议院正式成立,可谓中国历史上第一个具有现代意义的立法机关。1912年4月南京临时参议院北迁后,进行了改组。由各省议会推举的126名参议员组成,行使中华民国立法权。同时享有对行政、外交重要决策的同意权;国家财政的议

① 张朋园:《立宪派与辛亥革命》,中央研究院近代史研究所1969年版,第13页。

决权；对临时大总统和国务员的弹劾权；对人民请愿的受理权；以及对政府的质问权和建议权。临时参议院设全院委员会和各常设委员会，分别审议各种议案。遇特别案件可设立特别委员会审议。议长、副议长则由参议员互选各1人担任。

1913年4月8日，第一届国会经选举在北京正式召开。国会实行两院制。参议员为地区性代表，按各行省、地区分配名额，共计247名，组成参议院；众议员按人口比例产生，规定每80万人口产生1名众议员，共计596名，组成众议院。两院各于本院议员中推选本院议长、副议长。参议员任期6年，每2年改选1/3；众议员任期3年，期满全部重选。国会的职权分为两类：两院可分别行使的和两院必须共同行使的。两院分别行使的职权有：对政府的建议、质问和对政府咨询的答复权；查办纳贿、违法的官吏权；对人民请愿的受理权；逮捕议员的权限；院内法规的制定权。两院必须共同行使的职权有：法律案的议决权；国家财政的议决权；对大总统及国务员的弹劾权；对重大行政、外交、人事任免的同意权。两院均设有全院委员会和各种常任委员会，分别审议各有关议案。同年9月27日，国会议决《议院法》，规定关于法律议案非经三读会，不得议决；议员提出法律案，须有20人以上之联署。国会正式成为北京政府的立法机构。1913年11月4日，袁世凯借口国民党发动二次革命，下令解散国民党，取消438名国民党籍议员的议员资格，使国会不足法定人数而陷于瘫痪。1914年1月，袁世凯又下令停止国会议员职务，实际上解散了第一届国会。同年3月，袁世凯控制的约法会议开幕。会议制定了《中华民国约法》。依据“新约法”，在国家立法机关产生前，由袁世凯控制的咨询机关——参政院代行立法机关的职权。此后民国政局风云突变，国会成为权力斗争的工具，时开时停。袁世凯帝制自为失败之后，执政的各派军阀为使其统治合法化，打出了恢复法统的旗帜，曾几度召开国会，修正宪法，但国会在部门法的制定上毫无作为。袁世凯死后，黎元洪继任大总统，并于 1916 年 6 月 29 日下令恢复第一届国会，称为第一届国会第二期常会。第二期常会的议员们形成以宪法研究会为核心的“研究系”和以宪政商榷会为核心的“商榷系”两大派别，并分别以总理段祺瑞和总统黎元洪为靠山，为军阀和自身的私利激烈争斗，甚至大打出手。1917 年 6 月 12 日，张勋借调停“府院之争”，逼迫黎元洪下令解散国会。随着南北对峙局面的出现，北方于 1918 年 8 月 12 日在皖系军阀操纵下组成新国会，并自称为第二届国会，史称“安福国会”。国会选举徐世昌为大总统，并于 1919 年 8 月议决了《中华民国宪法草案》。1920 年直皖之战，皖系大败，8 月新国会垮台。此后，徐世昌曾下令进行新的国会选举，但这届被称“新新国会”的国会还未正式成立，便告流产。1922 年 8 月在曹锟、吴佩孚的操纵下，再次恢复被解散的第一届国会，称为国会第三期常会，史称“猪仔国会”。1923 年 10 月，国会选举曹锟为大总统，公布《中华民国宪法》。1924 年 11 月曹锟宣告退位，段祺瑞就任临时执政，段祺瑞的执政府下令撤销了第三期常会。国会无形中消失。此后，北京政府未再设立国会，立法职权由军阀控制的“善后会议”，“临时参政院”等行使。南方在国会第二期常会被解散以后，部分议员于 1917 年 8 月 25 日在广州召集国会非常会议，拥护孙中山进行护法运动。1918 年 6 月 12 日宣告继续第二期常会，9 月宣告为正式国会。1920 年 7 月国会迁到云南昆明，9 月又迁到四川重庆、内江，1921 年重新聚集于广州，召开非常国会两院联合会。1922 年 6 月，陈炯明叛变，非常国会终止。

在第一届国会的第二期常会被解散以后，皖系军阀曾操纵安福系政客选举出所谓第二届国会，史称“安福国会”。除此之外，17 年间还产生过政治会议(1913 年 12 月 15 日—1914 年 3 月 8 日)；约法会议(1914 年 3 月 18 日—1914 年 6 月 5 日)；参政院(1914 年 5 月 26 日—1916 年 6 月 29 日)；临时参议院(1917 年 11 月 10 日—1918 年 8 月 12

日）；善后会议（1925 年 2 月 1 日—1926 年 4 月 20 日）；国宪起草委员会（1925 年 8 月 3 日—1925 年 12 月 12 日）等 6 个拥有立法权的机构。这些机构大都为行政首脑召集，其成员由行政或军事系统指派，有许多在名义上只是行政咨询性机构。

三、中华民国南京国民政府时期的立法机构

1925 年 7 月 1 日国民政府成立以后，根据孙中山“革命三阶段理论”和“党治”的主张，国家的立法权由国民党中央掌握。1925 年 6 月国民党中央决议，在中国国民党中央执行委员会中设立政治委员会，政治方针由政治委员会决定，以政府名义执行。1928 年 10 月，国民党中央常务会议通过的《训政纲领》规定，政治会议指导和监督国民政府的重大国务活动，并负有议决、修正与解释国民政府组织法的权力。同年 12 月成立立法院，名义上为国民政府最高立法机关，但不掌握立法全权，对行政制约力很小，实际上与其他 4 院同为 5 个分工不同的政府办事机构。1938 年 4 月国民政府还设立了国民参政会，作为国民政府咨询性的民意机构，参政员由国民党政府聘请。1946 年 11—12 月，国民党政府召开了制宪国民大会。12 月 25 日，大会通过了《中华民国宪法》。1948 年 3—5 月，国民党政府召开行宪国民大会。1948 年 3 月，国民参政会正式撤销。

1.国民党中央政治会议

中国国民党中央执行委员会政治会议（又称中央政治会议，以下简称为“中政会”）是国民党实施“党治”的权力中枢机构。在南京国民政府前期的立法体制中，中政会为实际的最高立法机关。胡汉民在《训政大纲提案说明书》中做了详细阐释：“政治会议为全国训政之发动与指导机关”，“政治会议对于党，为其隶属机关，但非处理党务之机关；对于政府，为其根本大计与政策方案所发源之机关，但非政府本身机关之

一。换言之,中央政治会议为党政间之联系机关,亦即中央党部与国民政府沟通之枢纽,本党一切政策胥有赖于中央政治会议之设计、决定、审核与传递。故其作用实为党治下全国政治之发动机,居于中央与国府之间,受党的指挥,以运用其权能者也。"①

1924年7月11日,中央政治委员会在广州设立。1928年3月1日,国民党中常会第119次会议议决通过了新的《中央执行委员会政治会议暂行条例》规定:政治会议为中央执行委员会特设之政治指导机关,凡一切法律问题,经由中央政治会议表决,由中央执行委员会交国民政府执行之,凡重要政务,须经中央政治会议表决,交国民政府执行。这是首次中政会被国民党中央明确规定其有议决法律、并交由国府执行的职权,其地位从单纯的政治指导机关上升为"党政最高机关"。同日公布的《立法程序法》第一条规定:中央政治会议得议决一切法律,由中央执行委员会交国民政府公布之。自此中政会成为法定最高立法机关。

1928 年 8 月,国民党二届五中全会,宣布"军政时期"结束,"训政时期"开始。9 月 3 日,国民党中常会通过了《训政纲领》,宣布五院制政府的成立。10 月 25 日的中常会第 179 次会议上通过了《中央政治会议暂行条例》,明确规定"政治会议为全国实行训政之最高指导机关,对于中央执行委员会负其全责",其下设财政和法制两组专审财政、法制案件,其他案件则临时指定委员限期审查。在相当时间内,国民政府主席、国府委员或五院院长等均是中政会的组成人员。

国民党《训政纲领》明确了中政会所掌握的最高立法权范围:第 5、6 条分别规定:"指导监督国民政府重大国务之施行,由中国国民党中央执行委员会政治会议行之";"中华民国国民政府组织法之修改及解

① 荣孟源主编:《中国国民党历次代表大会及中央全会资料》(下册),光明日报出版社 1985 年版,第 9 页。

释，由中国国民党中央执行委员会政治会议议决行之。”中政会最高立法权集中体现于：提案权、决定立法原则权、议决法案权、法案复决权等权力。1932年中央执行委员会通过的《立法程序纲领》明确了中政会为最高立法机关。以致当时学者评论道：“中政会地位之崇高，实为中国现在的最高政治指导机关，是政治发动的枢纽，是全国命脉之所寄。”[①]中政会的所有决议案均直接交国民政府执行，甚至被称为“太上政府”。而另一方面，中政会仍为国民党执行委员会的隶属机关，国民党正是通过这一制度化的党治输入管道，实现其对国家政治包括立法在内的全面垄断和绝对控制。

2.立法院

1928年10月，国民政府实行五院制，同年12月5日，立法院正式成立。对于立法院的性质，在制度设计的过程中，设计者们就有些困惑。“惟立法院之组织，最感困难。虽与各国国会性质略似，而其组织则决不相同。故连日讨论之焦点，几皆集中于此”。[②] 事实上，训政时期的立法院，既不同于民国初年的国会，也不同于西方的议会，可谓隶属于国民政府的最高立法机关。1936年5月《中华民国宪法草案》(《五五宪草》)公布，规定立法院为行使立法权之最高机关，对国民大会负责，立法委员由国民大会选举，使得立法院更接近于西方民主国家之立法机关，但当时没有召开国民大会，该草案未经国民大会决议通过。

立法院内所设的机构主要为负责立法工作的各种委员会，负责审议法案，分为两种：常设委员会为法制、外交、财政、经济、军事五个委员会，成立专门委员会意在让少数人对有关议案先行研究，使多个委员会可以同时开会、多个法案可以同时审查，为院会讨论节约时间和精力，

① 陈之迈：《国民党的政治委员会》，《社会科学》第1卷第1期，清华大学1937年，第610页。

② 《五院组织法审查结果》，《申报》，1928年9月24日。

并充分有效地利用立法委员的专业知识；而特设委员会，则为起草某一法律草案而特别设立，共设民法、刑法、商法、劳工法、自治法、土地法等委员会。1929 年 1 月 28 日，立法院召开第 10 次会议，议决起草各重要法典，指定立法委员傅秉常(1896—1965)等人起草民法，马寅初(1882—1982)等人起草商法，吴尚鹰(1892—1980)等人起草土地法，吕志伊(1881—1940)等 7 人起草自治法，邵元冲(1890—1936)等起草劳工法，分别组织各法起草委员会。[①] 这些委员会的职责在各法逐步起草完毕且公布施行后仍然存在，事实上同时也是审议议案的机关。

立法院的立法权限范围也是由宪法及有关法律予以规定的。《中华民国国民政府组织法》第 25 条规定："立法院为国民政府最高立法机关。立法院有议决法律案、预算案、大赦案、宣战案、媾和案、条约案及其他重要国家事项之职权"。嗣后，国民政府组织法虽经过多次修正，但立法院的议决法律案权始终未有变化。

立法院审议法案的活动依据《立法院议事规则》[②]的有关规定开展。与西方国家国会实行常年会议制不同，立法院会议经常召开，有时达到每周举行一次，日期由院长指定，以委员人数 1/3 为法定人数。立法院在议决通过法案时，立法委员根据具体委员会的审查报告，逐条讨论通过之后，再对整部法案是否通过进行表决，虽耗时颇长，但因逐条审查，较为细致，许多法案经二读之后，则省略三读通过。

3.司法院(暨司法行政部)

在五院制国民政府中，司法院的地位虽有所变化[③]，但司法院始终

---

① 谢振民编著:《中华民国立法史》，张知本校订，中国政法大学出版社 2000 年版，第 219 页。

② 蔡鸿源主编:《民国法规集成》，第 37 册，第 234 页。

③ 五院制实行初期，司法行政部是属于司法院的一个机关，此时"司法院为国民政府最高司法机关"。后来司法行政部改属行政院，司法院遂成"国民政府最高审判机关"；再后来司法行政部又改回司法院，该院又成"国民政府最高司法机关"。

负责统一解释法令及变更判例事项。法律解释权在立法权体系中是一种较为特殊的权力。按照立法学原理，“谁有权制定，谁有权解释”，解释权通常与制定权相伴而生，但现代国家，解释权又往往与制定权相分离，目的是为了分权，加强对立法权的控制。司法院成立后，根据《司法院组织法》第3条之规定，“司法院院长经最高法院院长及所属各厅厅长会议议决后行使统一解释法令及变更判例之权”。自此，无论是有关司法审判、司法行政等属于司法范围之法令，除另有规定外，“凡属解释均须经司法院之最后核定”。司法院还制定了统一解释规则。从司法院的实际工作来看，法令的解释活动非常频繁。根据1935年11月《司法院工作报告》，从1932年11月起至1935年9月止，核定解释案共计773件。[①] 由于南京国民政府政府前期大量新法规的诞生，法律内容“陈义过高”，加之立法机关制定法律过程中的问题，法律解释充当了消防员的角色。此外，司法院拥有提案权，得就主管事项提出议案于立法院。

司法行政部管理全国司法行政事务，部内设总务、民事、刑事、监狱四个司。南京国民政府时期，加强了行政对司法的控制，司法行政部成为了程序法的草拟机构，立法院审议的数部程序法均由其拟订草案，或由相关立法委员参照其送交草案拟定。

由此可见，训政时期立法院行使的立法权，始终被认为应是居于党权之下。“在训政时期，最高权力属于党”，“所以五院的院长(或主席)及委员等，应当一律由党的最高权力机关选举，并对党的最高权力机关负责”[②]。“训政时期是由党——中央执行委员会——代表人民的政权。而治权付之国民政府，立法院既为国民政府所属的机关同受党的

① 司法院:《司法院工作报告》,1935年11月,第17页。

② 杨灵锐:《训政时期设立五院的几个问题讨论》,载《中央日报》,1928年9月11日。

付托,而行使治权,一切当然要遵守党的意旨,服从党的命令”。[1] 尽管中政会掌握立法院的控制权,立法院的立法权并不具有独立地位。但中政会对于一般法律的立法原则通常将其转交给立法院审议,加之程序法制定过程中未经决定立法原则之环节,例如,中政会对于《民事诉讼法》的制定事实上没有发挥实际的作用。民事诉讼的有关法律一般由司法院(暨司法行政部)提出议案,经立法院审议通过后,由国民政府公布施行。

表 5　清末、中华民国时期的立法机构

时期	机构名称	存在时间	主要职能	备注
清末	督办政务处	1901 年 4 月—1911 年	主持变法,筹备新政	1906 年改名为会议政务处,属内阁
	宪政编查馆	1907 年—1911 年	预备立宪办事机构	由 1906 年考察政治馆改建,属于军机处
	资政院	1907 年 9 月—1911 年 10 月	中央议院之基础	
	咨议局	1907 年 10 月—1911 年 10 月	地方(省)议会之基础	
南京临时政府时期	临时参议院	1912 年 1 月—1912 年 4 月	行使中华民国立法权	
北京政府时期	第一届国会参议院	1913 年 4 月—1914 年 1 月	行使中华民国北京政府立法权	
	约法会议	1914 年 3 月—1914 年 6 月	制定《中华民国约法》	

---

[1] 胡汉民:《今后立法之方针——就立法院长时之演词》,载广州《民国日报》,1928 年 12 月 17 日。

续表

北京政府时期	参政院	1914年5月—1916年6月	代行中华民国北京政府立法权	
	第一届国会第二次常会临时参议院	1916年8月—1918年8月	行使中华民国北京政府立法权	1917年6月曾被解散
	第二届国会	1918年8月—1920年8月	行使中华民国北京政府立法权	皖系控制，亦称“安福国会”
	第一届国会第三次常会	1922年8月—1924年11月	行使中华民国北京政府立法权，制定《中华民国宪法》(1923年)	直系控制，亦称“猪仔国会”
	善后会议	1925年2月—1926年4月	行使中华民国北京政府(临时执政府)立法权	期间有“国宪起草委员会”
南京国民政府时期	国民党中央政治会议	1928年3月始	国民党中央执行委员会之政治指导机关，议决一切法律	初名为国民党中央政治委员会，成立于1924年7月
	立法院	1928年12月—1949年10月	国民政府最高立法机关	1928年12月正式成立，对国民大会负责
	司法院/司法行政部	1928年10月—1949年10月	司法院为国民政府最高司法机关，有提案权；司法行政部管理全国司法行政事务，有草案起草权	

第二节 中国近代的司法机构

一、中国传统司法机构

中国古代,行政与司法合一,可谓中国传统法律文化最突出的特点之一。在中央,司法权完全控制在皇帝手中,中央司法机关是为皇帝服务的几个国家管理部门之一。在地方,司法审判权由各级行政机关行使。行政长官受国家委派,作为中央政府的代表,主持所辖地区的行政事务,司法职能是其管理任务中的一个方面。在基层国家政权组织中,甚至于缺乏专门从事司法审判工作的正式国家工作人员。

从司法机构设置来看,夏商时期没有形成和设置专门的司法机构。夏王和商王拥有国家最高司法权、立法权和行政权。国王的裁断具有最高法律效力。西周时期周王及各诸侯国的内部开始设有专职的司法官员。中央为司寇,地方有乡士、遂士、县士等专职司法官员,但周王掌握国家最高司法权。秦统一以后,在中央政府中设立"廷尉",是中央政府九位重要官员之一。两汉三国两晋南北朝时期中央及地方司法机构的设置较为完备。中央司法机构形成由廷尉、尚书和御史大夫各司其职、分工合作及制约的设置格局。汉武帝时期,司法权逐渐掌握在三公曹尚书,隶属于由内朝职官尚书组成的尚书台,这一变化说明皇权的膨胀,使司法权进一步控制在皇帝的手中。南北朝时期,正式的中央司法机关是由廷尉发展而来的大理寺。但是,由吏部尚书领导的三公曹尚书仍然掌握一部分司法权,形成与大理寺共享中央司法权的局面。尚书、廷尉、御史大夫三大司法机构的出现,为后来的审判、复审、监察的"三权分立"格局建立了雏形;隋唐时期由刑部执掌司法事务,但是,对于死刑案件,这一机构须会同中央两个行政机关——中书省和门下省审理；大理寺管理囚禁，御史台掌握纠察诉讼事务的中央司法机构格局设置更为完善规范；宋代中央审判机关具有多样化的特征，除刑部、大理寺外，又曾设审刑院以加强封建皇权对司法事务的管控；元代撤销大理寺将其职权并入刑部，同时把管理贵族事务的宗正府当作重要的审判机构。此外还出现了宗教与世俗审判机构并存的现象；明代刑部，都察院和大理寺，号称“三法司”，其中刑部主管审判，大理寺成为复核机构，刑部的组织机构也相应扩大，明代宦官参与政事和司法，东厂、西厂和锦衣卫等特务机构的设立，表明朝封建中央集权专制统治制度得到了更进一步的强化；清代司法机构设置和明代相似，但刑部权力扩大，在京刑狱由刑部审理，外省刑狱也归刑部复核；为保障满清贵族的法律地位，三法司外又设宗人府，与刑部会审满清贵族犯罪的案件，皇帝派遣的王公大臣经常参与或者主持会审；中央还设有理藩院负责对少数民族犯罪案件的审判。

中国古代地方司法机构司法与行政不分，特别是在基层，行政机关兼管司法事务，没有专门的司法机构。汉至唐大体上分为三级审理，宋至清末大体上为四级审理。其中，秦汉地方司法机构为郡、县两级。郡守县令监理司法，基层设乡里组织，负责本地治安与调解工作；三国两晋南北朝为州、郡、县三级；隋为州、县二级；唐沿袭隋，唐代地方司法机关仍由行政长官兼理。同时州设法曹参军或司法参军，县设司法佐、史等。县以下乡官、里正对犯罪案件具有纠举责任，对轻微犯罪与民事案件具有调解处理的权力，结果须呈报上级；宋为知州、通判。宋在太宗时起在州县之上设立提点刑狱司；元为行省、路、府（州）、县四级；明为省、府（州）、县三级。明朝在省设提刑按察司，有权判处徒刑及以下案件，徒刑以上案件须报送中央刑部批准执行。明朝还在各州县及乡设立“申明亭”，张贴榜文，申明教化。

中国古代宋、元、明、清以来的司法机构设置呈现出的一个主要特点，是在普通司法机构之外另设特殊司法机构或者设立负责特殊事务的司法机构，以加强对封建中央集权统治的维护。如宋代设立了审刑院及登闻鼓院、登闻检院、理检院三个法定机关。元代设大宗正府审理蒙古贵族案件；设枢密院，兼掌军法审判；设宣政院，专理宗教审判；设道教所，主理道教案件；设中政院，兼理宫内案件。蒙古贵族统领司法体系等。这些反映出中国古代司法机构职能和权责的不统一以及法律适用的不平等性。明代出现了厂、卫等特务司法机关。

清代的司法机构是在继承我国封建司法组织的基础上确立的，并具有自己的特色。司法机构可以分为普通机构和特别机构。

清代承袭了我国古代司法与行政不分的传统，由行政官员负责听讼断狱，直到清朝末年，审判组织与行政组织都未能彻底分开。其行政结构大体上分为四级：中央行政机构、省行政机构、府行政机构和县行政机构。在中央以外的各级地方政府都不设专门的审判机构，地方长官的首要任务便是听讼断狱。中央行政机构虽设有刑部、大理寺和都察院，合称“三法司”，作为专门的司法机构，刑部审案、大理寺复核、都察院监督，但司法权却并非仅由它们所独享。

刑部是清朝最重要的一个司法机构，职责范围有：行使国家中央审判权，审理京师百官犯罪、京城地区大小刑案，核定全国的死刑案件，批结全国军、流案件，并负责办理每年的秋审和朝审大典，参与或主持国家的重要立法，负责全国的司法行政工作等。

大理寺是中央司法审判的复核机关，主要职掌是参加会勘重大案件，参与议办朝政大事，参加审议每年的“秋审”、“朝审”。大理寺对案件的审判，可以不同于刑部的意见，产生自己的判决意见。

都察院是国家的最高监察机关。负责对全国各级、各部门官员的监督和检查。都察院通过“会谳”及参与秋审、朝审等方式，直接介入司法事务。“会谳”，是对全国死刑案件的复核程序。凡各省死刑案件上报刑部以后，刑部奉旨核议，然后送都察院参核副署，再转交大理寺，大理寺复核并副署后退回刑部，由刑部办理提奏，报皇帝核准。

三法司会审分小三司会审和大三司会审。前者由大理寺丞、都察院御史和刑部清吏司会审；后者是指大理寺卿、都察院左都御史和刑部尚书会审。前者又称会小法，后者又称会大法。全国性大案由六部尚书、大理寺卿、都察院都御史、通政司通政使会同审理，称为“九卿会审”。在特殊情况下，一些案件会通过“九卿会审”的方式来审理，因而其他行政机构也部分地享有司法权。[①] 清代将明代朝审发展为秋审和朝审。秋审是每年秋天在紫禁城外金水桥西，由六部长官大理寺卿、都察院都御史、通政使与小三司等审理地方上报的斩、绞监候案件的制度。朝审在秋审之后，一般霜降后十日开始，冬至前结束。清代还继承了明代的热审制，目的是加快笞杖刑案的审理判决，疏通监狱，以消除暑热天气人满之患。

清代地方司法机构分为省、道、府、县四级。省级地方官员总督和巡抚实际上成为地方最高审判官员。在省级负责司法事务的提刑按察使，要受到同级行政长官的监督和节制，其权力也比前朝大为削减：仅有权处理徒刑以下的案件，徒刑以上的案件必须呈报中央司法机关——刑部。这也表明地方司法权在中央高度集中和行政机关侵夺的双重挤压下，已日渐萎缩。州县行政机构是最基本的法律实施机构，所有案件都要经过县令初审，这一制度自唐代以后便一直延续下来。在清代，州县一级的官员虽然可以审理所有的案件，但是其裁决却对处以徒刑以上的案件不发生效力，这一部分案件无论当事人是否上诉，都必须将全部案卷连同人犯一起送往上级官府复审，原则上要经过府级再

① 郑秦著：《清代司法审判制度研究》，湖南教育出版社1988年版，第25页。

送到省级,合计进行三次审问调查;省级行政机构审理后,涉及人命以及相当于流以上刑罚的案件,还要由巡抚上报到刑部;刑部审查后流刑案件可以定案,但死刑案件还要由刑部、都察院、大理寺三个机关来共同审查,审查的结果要上报皇帝,由皇帝作最后的裁决。这种层层上报的审判制度也构成了不同于现代的审级制度。清代的成文法正是通过这样一种审判制度而得以实施。

清代还形成一些特别司法机构,新设专门处理少数民族事务的司法机关理藩院。此外,为维护旗人利益,特设理事厅、理事通判、理事同知等特殊司法机构。京城步兵统领衙门也是京师地区满族司法机构。皇族内部的案件由宗人府和内务府中的慎刑司处理。

清朝司法体制上的一个特点是刑名幕吏对于实际司法的控制和操纵。所谓"刑名幕吏",是指在国家各政府部门、衙署中协助主管官员办理诉讼案件的书吏和幕友,利用司法上的方便来获取额外的经济利益,成了大部分刑名幕吏的追求。

鸦片战争后,中国的司法主权开始遭到破坏,在租界内出现的"会审公廨",名为会审,而实权则操于外国领事之手。在1906年官制改革前,清政府的司法机构并没有大的变化。到1906年时,清朝改刑部为法部,统一负责司法行政;改大理寺为大理院,成为全国最高审判机关。到1907年,在地方上设立了高等审判厅、地方审判厅和初级审判厅,在各级审判厅内,还设了各级检察厅。经过此次改革,各省刑名案件审判后,须上呈大理院复判。实行四级三审制,都察院不再参加会审,三法司制便被废止。传统的司法制度走上了变革之路。

二、司法独立思想在近代中国的传播与确立

司法独立,是近代法国启蒙思想家孟德斯鸠(1689—1755)提出的一个法治原则。他在《论法的精神》一书中提出,为了防止权力的集中

带来的腐败与专横，必须将权力分别控制在不同的部门手中。他说："一切有权力的人都容易滥用权力，这是万古不易的一条经验。有权力的人们使用权力一直到遇有界限的地方才休止。"[①]因此，"要防止滥用权力，就必须以权力约束权力。"[②]孟德斯鸠认为，从法律的产生到应用，有三个相关环节：立法、行政与司法，因此法律就应由三个部门来执掌这三种法律权力，即形成立法权、行政权与司法权的分别独立，其目的是实现三个部门之间的制约与平等。"当立法权和行政权集中在同一个人或同一个机关之手，自由便不复存在了；因为人们将要害怕这个国王或议会制定暴虐的法律，并暴虐地执行这些法律。"[③]同样，"如果司法权同立法权合而为一，则将对公民的生命和自由施行专断的权力，因为法官就是立法者。如果司法权同行政权合而为一，法官便将握有压迫者的力量。"[④]"如果同一个人或是由重要人物、贵族或平民组成的同一个机关行使这三种权力，即制定法律权、执行公共决议权和裁判私人犯罪或争讼权，则一切便都完了。"[⑤]这个思想就是作为近代西方宪政治之法理基础的三权分立与权力制衡的思想。根据这一思想，必须实行司法独立。

三权分立和司法独立的思想，对于近代中国人来说是一个完全陌生的事物。当他们接触这些新思想时，便为这些思想所包含的深刻法理吸引和感化，向往之意溢于言表。

1876 年，马建忠(1845—1900)[⑥]被派往欧洲学习，并任出使英法大

---

① 孟德斯鸠著:《论法的精神》，张雁深译，商务印书馆 1982 重印本，第 154 页。

② 同上书。

③ 同上，第 156 页。

④ 同上书。

⑤ 同上书。

⑥ 马建忠(1845—1900)，别名干，学名马斯才，字眉叔，江苏丹徒(今镇江)人，中国清末洋务派重要官员、维新思想家、外交家、语言学家。

臣郭嵩焘(1818—1891)[①]、曾纪泽(1839—1890)[②]的翻译官。他在1877年给李鸿章的信中说,“窃念忠来此次来欧一载有余……其定法、执法、审法之权,分而任之,不责一身,权不相侵,故其政事纲举目张,灿然可观”,由于这种三权分立的制度行之有效,以致“人人有自立之权,即人人有自爱之意”。[③] 马建忠是近代中国比较早的注意到西方国家三权分立和司法独立的制度优越性的思想家。而系统介绍这一思想的,则是将孟德斯鸠《论法的精神》翻译到中国的严复。

严复(1854—1921)于1877年到英国留学,1879年回国。在英国学习期间,他接触了英国的政治法律制度和法国启蒙思想家孟德斯鸠、卢梭等人的法律学说,逐步积累了对于西方国家政治和法律的知识。回国以后,目睹清政府的腐败,对照西方国家的富强,他认识到:“中国之弱,非弱于财匮兵窳也”,关键在于“坐不知平等自由之公理”。他指出,英国的政治制度能“久行不敝”、“上下相安”,其奥妙在于采用了洛克、孟德斯鸠的权力分立理论。他对权力分立的政体给予高度评价,认为,“所谓三权分立,而刑权之法庭无上者,法官裁判曲直时,非国中他权所得侵官而已。然刑权所有事者,论断曲直,其罪于国家法典,所当何科,如是而已。”而在专制政体之下,“一人而兼刑、宪、政三权”,极易产生弊端而导致冤假错案。

司法独立是三权分立制度体系的支柱之一。对此,梁启超也有清醒而深刻的认识。他在清末组织鼓吹立宪的政闻社,其政治纲领中说:“人民公权私权,有一见摧抑,则民日以瘁,而国亦随之。然欲保人民之

① 郭嵩焘(1818—1891),1847年进士,1853年,随曾国藩组建“湘勇”。1856年任南书房行走,1863年署理广东巡抚,1875年初任福建按察使。1877年起,任清政府驻英法公使。1878年8月被清政府召回,从此闲居。1891年病逝。他是中国第一位驻外公使。

② 曾纪泽(1839—1890),中国清代著名外交家,字劼刚,号梦瞻。是清朝中兴名臣,汉族官僚曾国藩的长子,袭侯爵。曾担任清政府驻英、法、俄国大使。

③ 马建忠:《适可斋记言记行》,《上李伯相言出洋工课书》。

权利罔被侵犯，则其一，须有完备之法律、规定焉，以为保障。其二，须有独立之裁判官厅，得守法而无所瞻循。今中国之法律，大率沿千年之旧，与现在社会情态，强半不相应，又规定简略，惟恃判例以为补助，多如牛毛，棼如乱丝，吏民莫知所适从。重以行政、司法两权，以一机关行之，从事折狱者，往往为安固其地位起见，而执法力乃不克强。坐是之故，人民生命财产，常厝于不安之地，举国傈然若不可终日，社会上种种现象，缘此而沮其发荣滋长之机。其影响所及，更使外人不措信于我国家，设领事裁判权于我领土，而内治之困难，益加甚焉。故吾党以厘定法律，巩固司法权之独立，为次于国会制度最重要之政纲也。"①

清末修律大臣沈家本在一份奏折中，列举了行政兼理司法的四大害处：首先是官吏的教育背景，使他们"律例成案，夙所未谙"，也就是说他们没有专门的法律知识。而且行政与司法事务无法兼顾，"学无专精，由于官无专职"造成的。其次，"行政官易，司法官难"。也就是说，行政事务相对司法事务而言，要简单得多，从事司法职业，必须由受到专门训练的人员来担任。其三，司法与行政不分，导致对于一些案件隐匿不报，或者"便宜处分"，从地方呈报至于中央的案件不及日本的1/20。其四，司法与行政不分，是丧失法权、主权的原因。②

不仅如此，沈家本还从正面详细论证了司法独立的积极意义。他说，"西国司法独立，无论何人皆不能干涉裁判之事，虽以君主之命，总统之权，但有赦免而无更正"，"东西各国宪政之萌芽，俱本于司法之独立。"③中国既然准备实行宪政，就必须首先建立独立的司法审判机构。为了增强说服力，沈家本采用"托古"的方法，将司法与行政分离的体制

---

① 梁启超：《政论》第1期，载《辛亥革命前十年间时论选》第2卷，下册。

② 王宝平主编：《晚清东游日记汇编》，载刘雨珍、孙雪梅编《日本政法考察记》，上海古籍出版社2002年3月版，第153—154页。

③ 《寄簃文存·裁判访问录序》。

说成是古已有之。他认为,早在周朝,政官与刑官的职守不同,各不相侵,"故能各尽所长,政平讼理,风俗沐美。"然而三代以后,世风日下,政刑之权合而为一,以致贻害无穷。"政刑从于一人之身,虽兼人之资,常有不及之势,况乎人有能有不能。长于政教者未必能深通法律,长于治狱者未必为政事之才,一心兼营,转致两无成就。"[①]只有政刑分离,才能使官各有职守,各展所长。他认为,"近日欧美制度,政刑分离颇与周官相合。"[②]这种认识尽管比较牵强,但是对于当时的人们,却更有助于说明问题。正是在司法独立思想的指导下,沈家本主持了一系列立法工作,使司法独立制度逐渐建立起来。光绪三十二年(1907 年)九月,沈家本任大理院正卿,他向清政府提交《审判权限厘定办法折》及《大理院审判编制法》。次年,他又提交《法院编制法》、《各级审判厅试办章程》等。自此,独立的法院体系在中国的大地上逐渐建立起来,从而为中国近代法律职业的发展奠定了法律基础。

中国政府的一些比较开明的官员,对上述思想也有一定的认识。他们结合当时中国所处的国际、国内的实际情况,也提出了在三权分立的框架下,实行司法独立的建议。

在近代中国法律"国际化生存"的背景下,以司法独立为中心的诉讼法制的变革,便拉开帷幕。清末,从封建衙门产生出的"审、检厅"——新式的司法审判机关,和从传统官僚制度中分化出的"推事、检察官"——新式的司法官,伴随着司法独立和审判独立制度的建立,在中国开始发展,它们事实上构成了新式国家一套新的权力组织体系。司法独立意味着法官的独立。中国传统政权结构的基本特征就是确立以君权至上的一元化权力体系,这种政权结构和传统文化有着密切联

---

① 故宫博物院明清档案部编:《清末筹备立宪档案史料》(下),中华书局 1979 年版,第 887 页。

② 沈家本:《历代刑法考·历代刑官考》,商务印书馆 2011 年点校版。

系，同时有着完善的权力载体——衙门和官吏。衙门构成了权力一元的连结点，而官吏则是确保权力正常运转的工具。这套权力运转机构在明清之际最为发达，并且在作为国家政治基石的州县一级最为突出。这种一元的权力体系，使中国传统的官僚政治在相当长的时间内实现一种高效运转，但是社会、人口、经济、文化的发展，又使这种一元的体制与社会实际需要相脱节，尤其是在州县一级，对官吏制度理想化的涉及，反而造成了腐败在基层政权的蔓延。当西方政治制度，特别是其三权分立的制度开始在中国传播后，对这种传统政权结构的改造的呼声便越来越高。

三、中国近代司法机构的产生和演变

1.清末官制改革与近代司法机构的产生

近代司法审判机构在中国的出现和司法职业的发展，应归功于晚清政府的官制改革。官制改革开始于1901年，一开始主要是对旧官制的修补。1905年，日俄战争结束，晚清政府决心仿效日本实现君主立宪政体，这就使官制改革具有了对传统权力体制重构的性质。作为仿效日本的一部分，以“日本明治二十三年实行宪法，而先于明治七年、十八年两次大改官制”[①]为根据，清政府定下了“廓清积弊，明定责成，必从官制入手”[②]的方针。为此，清政府从中央到地方逐步推行以“三权分立”为基本模式的近代权力构成体系。作为三权之一的司法权从传统一元化的权力结构中逐步摆脱出来，审判厅和检察厅应运而生，法官和检察官职业也随之而生。

官制改革最先在中央政府机构中进行，专司审判的大理院的成立，

---

① 故宫博物院明清档案部编：《清末筹备立宪档案史料》(上册)，中华书局1979年版，第367页。

② 同上，第43页。

是清末组建审检厅的最初成果。光绪三十二年(1906年)年七月,《出使各国考察政治大臣戴鸿慈等奏请改定全国官制以为立宪预备折》提出司法与行政分立,在中央设置最高审判机构,“中国今日实行变法,则行政与司法两权亟应分立,而一国之大审院必不可无。应于司法独立之后,改大理院为裁判厅,以当其职。”[①]同年九月,裁定颁布后的中央各衙门官制,将大理寺改为大理院,作为中央最高审判机构,专司审判,并负责解释法律,监督各级审判,为全国最高司法机构。刑部改为法部,作为最高司法行政机构。这样一来,初步确立了中央一级的司法行政分立后的审判机构。大理院的设立比较顺利,光绪三十二年(1906年)九月,沈家本被任命为大理院正卿,刘若曾(1862—1929)被任命为少卿,随后有了办公场所和经费。经此改革,清前期由都察院、大理寺、刑部共同处理刑事案件的“三法司”旧制最终被废止。此后规定全国法院分为四级,在州县设置初级审判厅,在府(直隶州)设立地方审判厅,在省设高等审判厅,最高一级是中央的大理院。检察机关则附设在各级审判厅内,名称为初级、地方、高等、总检察厅。检察官员负责对刑事案件实行调查,提起公诉,并监督审判和执行。在这种司法行政体制下,全国的法院和检察厅都受中央法部的行政监督。自此,法部不再兼理审判,而成为职掌司法行政监督大理院及京内外审判、检察机关的最高机构。

光绪三十四年(1908年)八月清政府颁布《钦定宪法大纲》,并开始“议院未开以前逐年筹备事宜”。由此清政府有了一个更为系统的司法规划。同日公布的《九年预备立宪逐年筹备事宜谕》中,规定包括司法审判机构在内的筹备事宜必须在九年内完成。由于形势的发展,这个

---

① 故宫博物院明清档案部编:《清末筹备立宪档案史料》(上册),中华书局1979年版,第379—380页。

规划并没有能够实现，后来的预备立宪期改为五年，关于司法审判机构的建设计划，同样没有落实。但是在京师、直隶、东北等省，地方法院开始筹备。清政府被推翻后，北京政府基本上继承了清政府关于建设独立审判机构的计划，从而最终建立了中国近代的审判机构。

2. 中华民国南京临时政府司法机构

中华民国南京临时政府成立以后，希图按照三权分立的原则组建政府机构，但是，鉴于当时的形势，司法机构并未完全建立起来。

根据《中华民国临时政府组织大纲》第六条规定："临时大总统得临时参议院同意，有设立临时中央审判所之权。"据此，临时大总统以国家行政首脑的地位，兼有设立司法机关的权力。最高司法审判机关为临时中央裁判所，但该机构始终没有设立。

临时政府曾提出在地方设立高等、地方审判厅与检察厅的初步方案，但没有完全建立。

临时政府最高司法行政机关为司法部。依据各省都督府代表会议重新修订的《组织大纲》和 1912 年 1 月 3 日通过的《中华民国临时政府中央行政各部及其权限》的规定，设立陆军、海军、外交、司法、财政、内务、教育、实业、交通等九个部。其中司法部的职能是：管理关于民事、刑事、诉讼事件、户籍、监狱、保护出狱人事务，并其他一切司法行政事务，监督法官。

《中华民国临时约法》增加了"法院"一章，并予之以独立的权力。这就使临时政府"三权分立"的建制更为完整了。这是《临时约法》对于《组织大纲》的重要发展和进步。它规定："法院以临时大总统及司法总长分别任命之法官组织之。法院之编制及法官之资格，以法律定之。""法院依法律审判民事诉讼及刑事诉讼"，"法院之审判，须公开之"。"法官独立审判，不受上级官厅之干涉。"它修改了前述《组织大纲》中大总统可以设立临时中央审判所的权力，完成了立法、行政、司法的三权分立。

3.中华民国北京政府时期的司法机构

北京政府时期的司法机关体系庞杂,法院有普通、兼理司法和特别法院之分。

(1)普通法院组织

北京政府建立后基本沿袭清末旧制,按照清末制定的《法院编制法》所确定的审判体制,实行四级三审终审制及审检合署的司法机关体系。即设立大理院、高等审判厅、地方审判厅、初级审判厅以及相应的四级检察厅。大理院系沿用清末旧制,为“四级三审”制的最高审判机关。设院长一人,总理全院事务,并监督行政事务。置民事、刑事庭若干,各庭设庭长一人,监督本庭事务。审判采用合议制。其职权为管辖不服高等审判厅二审判决而上告各案件的终审;不服高等审判厅决定(或命令)而抗告各案件的终审;属于大理院特别权限各案件的初审、终审。检察系统设总检察厅、高等检察厅、地方检察厅和初等检察厅。它们分别设置于各该级审判厅官署内,由检察长、检察官组成,对刑事案件负责行使侦察、提起公诉与监督判决执行等检察权。总检察厅也是沿用清末旧制,为最高检察机关。设检察长一人,监督总检察厅事务。设检察官二人以上,行使以下主要职权:遵照刑事诉讼律,实行搜查处分,提起公诉,实行公诉,并监察判决的执行;遵照民事诉讼律,为诉讼当事人或公益代表人,实行特定事项。

(2)兼理司法法院

北京政府时期在未设普通审判机关之县,其民、刑案件暂由县知事兼理,称兼理司法法院。1913 年始设地方审检所,县知事负责检察,帮审员负责审判。1914 年 4 月 5 日,袁世凯以大总统教令公布了《县知事兼理司法事务暂行条例》和《县知事审理诉讼暂行章程》,1917 年 5 月,北京政府再次以大总统教令公布《县司法公署组织章程》,规定凡未设法院各县皆应设立县司法公署，置审判官管辖该县一审民刑案件。

(3)平政院

平政院主管行政诉讼，成立于1914年3月31日。[①] 设院长一人，直属大总统，指挥、监督全院事务；评事十五人，分设三个行政审判庭，每庭五人，行使以下各项审理权：中央或地方最高行政官署的违法处分，致损害人民权利，经人民陈诉的。中央或地方行政官署的违法处分，致损害人民权利，经人民诉愿至最高行政官署，不服其决定而陈诉的。但不得受理要求赔偿损害的诉讼。《平政院编制令》规定：平政院察理行政官吏之违法不正行为，就行政诉讼及纠弹事件行使审判权。平政院还设肃政厅，纠弹行政官吏之违宪违纪事件，并得提起行政诉讼，监视平政院裁决之执行。肃政厅设都肃政史一人、肃政史十六人。平政院所有工作人员皆由大总统任命，向其负责。南京国民政府时期改平政院为行政法院。

(4)特别法院

北京政府特别法院分军事审判机关和地方特别审判机关两类。依照北京政府颁布的有关军事审判的法律规定，军事审判机关平时仅限于审理军人案件，但在战时或戒严时期便可对非军人进行军事审判。北京政府时期，军事审判的范围有所扩大。

4.中华民国南京政府时期的司法机构

按照五院制的宪法设计，司法院是国民政府的最高审判机关，其职能是法律的执行者和解释者。当司法行政部隶属于司法院时，称司法院为最高司法机关。

司法院的主要职权是：一、关于主管事项有向立法院提出议案之权，例如关于全国大赦之提案，经立法院议决后实行；二、关于特赦、减

---

① 1914年6月，平政院依照编制令创设于北京丰盛胡同。

刑及复权事项不须经立法院议决，而由司法院院长提请国民政府主席宣布实行；三、行使统一解释法令及变更判例之权，各院对于一切法令发生疑议或政府机构之间对法令的理解发生争执时，由司法院对法令作统一的最具权威性的解释；四、对政府机构的违法和官吏的渎职实行纠正(前者通过司法院所属的行政法院，后者由它的另一下属机构公务员惩戒委员会执行)。司法院在1943年9月《国民政府组织法》修改以前，根据规定，独立行使司法权，并独自对国民党中央执行委员会负责。其职权，除司法审判、公务员惩戒及行政审判分别由最高法院、公务员惩戒委员会及行政法院等机关执掌外，本身尚有如下几种：(1)司法院关于主管事项得提出议案于立法院；(2)统一解释法令及变更判例；(3)对私立法政学校的设立有特许权，对国立大学法律科有监督权。

司法院于1928年11月成立，设正副院长各一人，在国民政府组织法中，其产生方法与其他四院正副院长相同。院长职权如下：(1)综理全院事务；(2)主持全院会议；(3)提出特赦、减刑及复权事项；(4)必要时，出席、审理行政法院及公务员惩戒委员会之审判；(5)担任最高法院院长及所属各庭庭长会议之主席。院内办事机构为秘书、参事两处。司法院下属的主要机关有三：最高法院、行政法院与公务员惩戒委员会。

最高法院是全国终审机关。最高法院设院长1人，综理全院事务，但不得指挥审判。院内设民事、刑事两庭。还配置检察署，设检察长1人，检察官7至9人，负责检察事务。南京国民政府于1932年公布的《法院组织法》中改变原先的四级三审制，仿法国为三级三审制，规定从1935年7月1日起实行。三级三审即指法院的设立，分为最高法院、高等法院、地方法院三个层次，分别执行初审、再审、终审职权，以此标榜人民有三次上诉权，可杜绝错判的发生。高等法院分设于各省或特别区，地域辽阔者可设分院。地方法院则分设于各县、市，其区域小的，可以几个县市联合组成一地方法院。其实根据国民政府《民事诉讼法》与《刑事诉讼法》,三审常形同虚设,人民并不能人人获得三次上诉的权利,例如规定在民事诉讼中,如其诉讼利益不超过 500 元(有的地区规定不超过 300 元)时,二审即为终审。《刑事诉讼法》亦有相似限制,规定某些"科刑甚轻"的刑事案件,经二审判决后,当事人不得再向最高法院上诉。

国民党尽管多年标榜司法独立,但在很长时期内仍继续着中国古代"县太爷审案"的状况,由县长兼任法官。有资料表明,到 1945 年,抗战胜利后,在县设立法院的仅 600 余,尚有 1300 余县未设正式法院。在未设立地方法院的县,以县长兼理司法,另设置承审员协助县长审理案件。这一制度的弊端连国民党当局亦已发现,因而决定设立县司法处,置审判官独立行使审判权,检察事务由县长兼理。此决定于 1936 年公布后,即因抗日战争爆发,未能实行,仍以承审员制度维持,直到 1946 年,全国才基本结束承审员制度,实行半独立的司法处制度,而地方法院制度迄未曾普遍设立。行政权与司法权合二为一有极大弊端,它不但常因行政官员不精通法律而误审错判,而且当行政官员违法滥权侵犯人民权益时,亦可凭借自己手中的司法权而不被法律追究。司法独立,要求法官在审判中除服从法律外,不受任何其他方面影响,因此禁止法官兼任其他官职;但国民政府的县长兼理司法,则完全违反各国通行的司法独立制度。因此,司法独立原则在国民党统治时期,并未完全实行。

1927 年 4 月,南京国民政府成立,中央政府五院中的司法院为最高司法机关。1928 年 10 月,南京国民政府公布的《国民政府组织法》第 33 条规定:"司法院为国民政府最高司法机关,掌理司法审判、司法行政、官吏惩戒及行政审判之职权。"明确规定了在司法院中,普通诉讼与行政诉讼并立的二元司法体制。1931 年 5 月,南京国民政府公布的

《训政时期约法》第22条规定:“人民依法律有提起行政诉讼及诉愿之权。”从人民基本权利的角度,确认了诉愿权和行政诉讼权。及至1931年12月,修正公布的《国民政府组织法》第36条规定:“司法院设最高法院、行政法院及公务员惩戒委员会。”为中国立法史上第一次使用行政法院这一名称,同时表明行政法院应遵循司法独立原则,以摆脱行政机关的控制。1932年11月,南京国民政府颁布《行政法院组织法》和《行政诉讼法》,具体规定行政法院的组织和职权。1933年6月,行政法院正式开始受理行政诉讼。

行政法院掌理全国行政诉讼审判事务。从理论上说,行政诉讼是解决官署与人民冲突的方法。即人民认为由于官署违法而侵犯了自己利益时,可通过行政诉讼以求纠正并获得补偿。但实际上,国民政府对行政诉讼有严格限制,即人民必须先向上级官署提起“诉愿”,诉愿不但有规定的程序,而且有时间为限。上级官署对诉愿作出决定后,如诉愿人不服,可向更上级官署提出“再诉愿”。只有经“再诉愿”而仍不服者,才可以向行政法院提出行政诉讼。据1936年《申报年鉴》记载,行政法院成立7年来[①],共受理行政诉讼案404件,其中判决撤销被诉官署原先错误处分的只有43案,亦即平均每年只有6件“冤假错案”得到纠正。由此可见,行政诉讼在国民政府时期,并未得到充分发展和应用。行政法院设院长1人,综理全院行政事务,兼任评事并充任庭长。其地位与最高法院院长相仿。院内分设2至3庭,每庭设庭长1人,监督该庭事务,评事5人,掌理审判事务。

司法院所属另一重要机构是公务员惩戒委员会,它掌理公务员的惩戒事宜,分为中央公务员惩戒委员会与地方公务员惩戒委员会两个机构。前者掌管全国荐任以上公务员及中央政府各机构委任职公务员

---

① 从1933年正式受理行政诉讼案件起算,是3年时间。

的惩戒，后者分设在各省及行政院所辖各特别市，负责本省、市内委任职公务员的惩戒。中央公务员惩戒委员会，成立于1932年，设委员长1人，委员长由司法院长居正兼任，设委员9至11人。但其中应有3至5人曾在国民政府内充任简任法官。另外设书记官长1人，书记官若干人，办理会内事务。地方公务员惩戒委员会，在中央公务员惩戒委员会成立后陆续建立，其委员长，在各省由高等法院院长兼任，各市以高等法院分院或地方法院院长兼任，设委员7至9人，其人选由司法院遴派。中央、地方公务员惩戒委员会行使惩戒权时，对于荐任以上的公务员，须经监察院成立弹劾案后，方能移付惩戒。委任官，或经成立弹劾案，或由其主管长官交付惩戒。

中央公务员惩戒委员会有权对全国荐任以上公务员实施惩戒，这里所说的其实并非全体荐任以上官员。对于某些高级官员，中央公务员惩戒委员会是无权惩戒的。国民党政府将官吏分为政务官与事务官两类，属于公务员惩戒委员会职权范围的仅为事务官。政务官的惩戒机关则因级别不同分别为国民党中央监察委员会和直属于国民政府主席的政务官惩戒委员会。这些不属于公务员惩戒委员会受理的官员包括国民政府委员、五院正副院长、立法委员、监察委员、各部正副部长、各委员会正副委员长及委员、各省政府主席与委员、各厅厅长、各特别市市长、驻外国大使与公使，以及其他特任特派官，等等。从这一点看，司法院并非如《司法院组织法》所宣称的是“最高”司法机关或“最高”审判机关。

特种刑事法庭是审理“反革命”案件的机构。南京国民政府成立后，大肆搜捕共产党员和其他革命者，于1927年8月设立特种刑事临时法庭。特种刑事临时法庭分中央、地方两级。地方特种刑事临时法庭为“反革命”案件的初审机关，中央特种刑事临时法庭为终审机关，各设庭长一人和审判员若干人。各省、市国民党党部有权干预地方特种刑事临时法庭的审判,干预方法是向中央特种刑事临时法庭提出“非常上诉”。国民党中央党部与国民政府亦得干预中央特种刑事临时法庭的审判,其方法是令其复审。这种“特刑庭”制度激起社会舆论的攻击,国民党中央政治会议乃于 1928 年 11 月决定予以裁撤,分别由地方法院和省高等法院对“反革命”案件作初审与复审。以后随着国民党反共内战的加紧进行,国民党当局重又设立特种刑事案件,并订立了更严厉的审判制度,规定特种刑事案件被告人不得要求律师辩护。特种刑事法庭判决后即为终审,立即执行,不得要求上诉。

表 6　清末、中华民国时期主要中央国家司法机构

时期	主要中央国家司法机构名称	设立时间	主要职能	备注
清末	大理院	1906 年	最高审判机关	附设总检察厅
南京临时政府时期	临时中央裁判所	未设立	临时政府最高司法机关	《临时政府组织大纲》规定
	法院	未设立	临时政府最高司法机关	《临时约法》规定
中华民国北京政府时期	大理院	1912 年	最高审判机关	附设总检察厅
	平政院	1914 年	负责审理行政诉讼和纠弹事件	直属大总统,附设肃政厅
南京国民政府时期	司法院	1928 年	最高司法机关	下属最高法院、行政法院和公务员惩戒委员会,附设检察署

海上捕获法院是一种特殊的司法机关。适用于在与敌国作战期间,对于商船进行临时检查并对其中的违禁品、违禁人进行拿获和审讯。南京国民政府为此制定《海上捕获条例》,规定设立地方捕获法院与高等捕获法院,前者设于沿海口岸,后者设于中央。捕获法院的司法

程序是:由中国军舰的舰长将应予拿捕的船舶,引进至设有地方捕获法院的口岸。地方捕获法院院长指定主任推事对此进行调查,完毕后移送本法院中的检察官,由检察官提出应予释放或拿捕的意见。如应予拿捕,地方捕获法院即通知关系人在10天内提出申诉书,至期由地方捕获法院开庭审问。判决后,关系人得上诉于高等捕获法院,由高等捕获法院作终审判决。

第九章　中国近代法律文化

第一节　中国近代法律思潮

一、中国近代的法律变革思潮

中国法律近代化与西方先进的资本主义法律观念对中国的现实冲击息息相关，这使得中国法律近代化朝着向西方法律接近的方向发展。中国法律在模仿和学习中具有了国际化的趋向。另一方面，不可否认的是，中国法律近代化有其自身的原因。

首先，近代中国社会已经走到了"积贫积弱"的边缘，有所谓"鱼烂"之说。一位经济学家指出："戊戌变法前的中国，除了面临西方列强的侵之外，还有几个亟待解决的深层社会问题：社会的过度不平等（包括政治、经济）、农业内卷化、人口过多、教育水平底、政府的极端腐败。只是当时的思想家与政治家们没有适当的解释工具，将这些问题均概括为'积贫积弱'。由于对抗西方列强的侵略成为'保国保种'的头等大事，保国保种又须依赖'富国强兵'，这一切必须有一个强有力的政府才能予以实施，所以戊戌变法主要先解决政府改革这一问题。"[①]

---

① 吴敬琏：《一个经济学者眼中的戊戌百年》，载 1998 年 7 月《读者》，转载于 1998 年 4 月 17 日《南方周末》。

中国社会的上述问题，在鸦片战争之前，已经有一些敏锐的思想家注意到。比如龚自珍(1792—1841)。他指出："贫相轧，富相耀，贫者阽，富者安，贫者日愈倾，富者日愈壅。或以羡慕，或以愤怨，或以骄汰，或以啬吝，浇漓诡异之俗，百出不可止，至极不祥之气，幽于天地之间，幽之久乃必发为兵燧，为疫疠，生民噍类，靡有孑遗，人畜悲痛，贵神思变置。其始不过贫富不相齐之为之尔。小不相齐，渐至大不相齐，大不相齐，即至丧天下。"[①]这种严重的社会倾斜，引起他的极大忧虑。由此他提出了社会改革的思想："一祖之法无不敝，千夫之议无不靡，与其赠来者以改革，孰若自改革？"[②]

龚自珍是近代中国社会改良主义思想的先驱，他的经世致用的学术成就，大开近代思想界的风气。19 世纪 60 年代以后，近代改良主义启蒙思想家们便对传统封建法律做了逐步清算，指出它的不合理性。他们认为封建法律，锢人民之耳目，桎人民之手足，"压制其心思，绝其利源，窘其生计，塞蔽其智术"；"繁拜跪之仪以挫士大夫之气节，立著书之禁以缄民之口说"。封建法制以封建纲常名教为核心，"一切刑律制度皆以此为率"，致使"室家施申韩，闺闼为岸狱"[③]，既不保护人民的生命财产安全，也不维护人民的人身自由。他们崇尚西方资产阶级法治，认为在西方国家，"人无论尊卑，事无论大小，悉予之权以使之无抑，复立之限以使之无纵。胥全国上下同受治于法律之中，举所谓正名、定分息争弭患，一以法行之"[④]。基于这种认识，他们主张用西方法律改造中国的传统法律。"今宜采罗马及英、美、德、法、日本之律，重行施定。

---

① 龚自珍：《龚自珍全集·平均篇》，上海古籍出版社 1975 年版，第 78 页。

② 龚自珍：《龚自珍全集·乙丙之际箸议第七》，上海古籍出版社 1975 年版，第 78 页。

③ 谭嗣同：《仁学》。

④ 黄遵宪：《日本国志·刑法志一》。

不能骤行于内地,亦当先行于通商各口。"[①]旧律"民法与刑法不分,商律与海律未备,尤非所以与万国交通也"。基于这种认识,改良派请求当时的光绪皇帝,简派专官,考察中外古今法律,制定新法。

中国法律的近代化由于有了上述中国社会自身的原因和认识,就不能不表现出本土化的历史倾向。本土化是中国法律近代化的动力,也是其基本目标之一。本土化与国际化构成中国法律近代化的基本矛盾。一方面,法律的变革必须与中国自身的国情相适应,最大限度地保留传统的法律文化。另一方面,中国为了立足于新的世界、新的时代,不得不与世界接轨,最大限度地接受世界先进法律文化。中国法律近代化成功与否,也应当接受这两个基本目标的检验。

梁启超曾经把中国的历史分为三个时期:中国之中国,亚洲之中国,世界之中国。他认为,第一时期为上世史,自黄帝至秦统一中国。第二时期为中世史,从秦统一至清代乾隆末年。第三时期为近世史,从乾隆末年迄今。[②] 梁所谓"世界之中国",即是指近代中国所处的国际背景。这种对近代中国面对的国际环境的认识,有一定的代表性。

有学者研究,"自 1861—1900 年间,申述当前变局之意旨者不下 37 人",[③]"至于'变局'的意义,也就是中国政治环境、文化环境、经济环境的大变化,既不同于往古,而所遭遇又非已往经营所能知。"[④]这种变局的实质,就是中国过去不曾面对与自己文化不同而能够威胁中国存在的国家,知识分子只有"天下"观念,而没有"国际"的观念,但近代中西关系的客观存在,使中国人不自觉产生一种"国际"的观念。"中国看

---

① 康有为:《上皇帝第六书》。

② 梁启超:《中国史叙论》。转引自徐忠明:《中华法系研究的再思》,载《法理学、法史学》,中国人民大学书报资料中心,1999 年第 9 期。

③ 王尔敏著:《中国近代思想史论》,社会科学文献出版社 2003 年 8 月第 1 版,第 11 页。

④ 同上,第 12 页。

世界，看西方列国，自1860年以后，确曾逐渐改变固有观感，进而吸收西方国际观念。1861年，冯桂芬已自古代春秋列国的形式，清楚地比拟当时列强并立的世界。就此观点，他第一个提出加强外交的建议。在冯氏以后，直到1894年，用中国历史知识中春秋与战国的形式来解释当时国际现状者，不下十数人之多。这种由现时世界情势的认识，回溯上古，而比较公元前8至3世纪的历史，表面似乎浅薄，但在思想的转变言，却有其重大的意义。其一，将19世纪世界和春秋战国比较，以古史的镜子，重新思考中国所面对的新世界。"[①]这种时空观的改变，可以说是近代中国认识中国自身地位与命运的最重要的成果。近代中国对民族国家的追求，实际上也是基于这种新的世界局势的认识。法律近代化运动，同样反映了这一观念。"国际化生存"，就是这种观念在法律变革领域中的迫切要求。

"国际"一词，中国素无。自清朝立国以来，统治者以天朝大国自居，视外来者为蛮夷，不肯承认中国之外，别有他邦。到了近代，这种夜郎自大的愚腐观念，不仅使中国错失与世界上其他优秀民族和国家交流发展的机会，还给中国的政府与人民带来灾难性后果。"中西的关系是特别的。在鸦片战争以前，我们不肯给外国人平等待遇，在以后，他们不肯给我们平等待遇。"[②]

近代不平等条约的签订，使中国逐步有了国际的观念。近代历史学家蒋廷黻在谈到《南京条约》时指出，"不平等条约的根源，一部分由于我们的无知，一部分由于我们的法制未达到近代文明的水平"。[③] 这种无知，最主要的，就是不知近代西方的兴起，不知近代世界即将是东

---

① 王尔敏著：《中国近代思想史论》，社会科学文献出版社2003年8月第1版，第19—20页。

② 蒋廷黻：《中国近代史大纲》，东方出版社1996年版，第9页。

③ 同上，第20、21页。

西方逐步融为一体的世界。在清末法律改革全方位展开之前,国际化的问题已然摆在中国人民面前。中国要想生存下去,唯有“在国际生活中找出路”。法律的制定,也不例外。

1.“国际化生存”

“国际化生存”对中国法律近代化的影响,具体体现在两个方面:首先,法律改革的目的,必须达到“切实平允,中外通行”的效果;其次,法律变革的过程,必须采取“参酌古今,博辑中外”的方法。

1902年清廷下诏:“中国律例,自汉唐以来,代有增改。我朝《大清律例》一书,折衷至当,备极精详。惟是为治之道,尤贵因时制宜,今昔情势不同,非参酌适中,不能推行尽善。况近来地利日兴,商务日广,如矿律、路律、商律等类,皆应妥议专条。著各出使大臣,查取各国通行律例,咨送外务部……总期切实平允,中外通行,用示通变宜民之至意。”[①]清政府的这一指示,是清末法律改革的总体指导思想。

清政府指定的修律部门,也力图以此为指导方针。光绪三十三年(1907年)六月,法部尚书戴鸿慈在“修订法律办法折”中提出,“臣等考之东西各国,所以能臻于强盛者,莫不经历法典编纂时期,而其政策则各有不同……今我朝……讲求新政,以长驾远驭之资,任启后承先之重,允宜采取各国之法,编纂大清国法律全典,于守成、统一、更新三主义兼而有之。”[②]这里的“统一”意即指收回治外法权,而“更新”,就是要与国际接轨。“方今世界文明日进,法律之发达,已将造乎其极,有趋于世界一统之观。中国编纂法典最后,以理论言之,不难采取各国最新之法而集其大成,为世界最完备之法典。”[③]其对于法律改革的目标,是符

---

① 《清德宗实录》,卷495。

② 故宫博物院明清档案部编:《清末筹备立宪档案史料》(下册),中华书局1979年版,第840页。

③ 同上,第841页。

合清廷的指示的，其期望也是非常高的。

清末修律的实际承担者、我国法律近代化之父、法制改革之父沈家本，对于法律编纂，同样持国际化的态度。中体西用思想，在主持清末法律修改工作的主要人物沈家本身上，体现得最为充分。作为修律大臣、法部右侍郎，他认识到固守传统旧法已不为时代容许，因此主张大胆移植西方法律。他说，中国"介于列强之间，迫于交通之势，盖有万难守旧者"，[①]如果"一国（中国）而与环球之国抗，其伏绌之数不待智者而知之矣"。[②] 他提出当今世界有三种形势，迫使中国不得不修改法律："国家既有独立体统，即有独立法权，法权向随领地以为范围……独对于我国籍口司法制度未能完备，予领事裁判之权……主权日削，后患方长。此时局不能不改也。"其二，"方今各国政治日跻于大同，如平和会、赤十字会、监狱协会等，俱以万国之名组织成之。近年我国亦有遣使入会之举，传闻此次海牙之会，以我国法律不同之故，抑居三等，敦槃减色，大体攸关。此鉴于国际不能不改者也"。另外，"惩于教案而不能不改者也"。[③] 这三条原因，尤其是头两条，在一定程度上决定了我国法律的修改必须与国际接轨。

"与国际接轨"，通过制定与西方国家接近的法律，形成先进的法律体系，从而收回治外法权，这是当时修改法律、编纂法典的宗旨。在列国并立的晚清，也只有将法律尽可能地与西方国家的法律靠近，才可能免于授外人以口实，在法律层面受制于人。北京政府时期，中国收回法权的目标尚未实现，还必须继续为之努力。因此，北京政府继承了清末

① 故宫博物院明清档案部编：《清末筹备立宪档案史料》（下册），中华书局 1979 年版，第 845 页。

② 《寄簃文存》(6)：《重刻明律序》。

③ 故宫博物院明清档案部编：《清末筹备立宪档案史料》（下册），中华书局 1979 年版，第 846 页。

修律的伟大事业,其指导方针也不能不体现“国际化生存”。清末修律中,宪政编查馆大臣奕劻曾要求“以三年为限”编纂出中国的刑法、民法、商法、民事诉讼法、刑事诉讼法诸法典及其附属法规[①],而北京政府时期为了应付华盛顿会议议决的要对中国进行司法调查的任务,曾允诺在五年内制定所有必备法律。要完成这样的任务,只有尽可能地移植西方现行法律,才有希望。由此而来,中国近代法律体系,必然以“国际化生存”作为一个基本目标。

“切实平允,中外通行”目标,决定了在修律中必须采取切实可行的办法。为此,清政府有关法律改革的官方文件,明确规定了“参酌古今,博辑中外”的指导思想。1902 年,清廷下诏变革法律后不久,清政府“著派沈家本、伍廷芳,将一切现行律例,按照交涉情形,参酌各国法律,悉心考订,妥为拟议,务期中外通行,有裨治理。”[②]

沈家本也是按照这种要求去做的。在光绪三十三年(1907 年)五月的一份奏折中,他说:“臣前奉恩命,将一切现行律例,按照交涉情形,参酌各国法律,妥为拟议。”[③]沈家本认为,在“世界法典革新时代”,理应“取人之长以补吾之短”,“彼法之善者当取之,当取而不取是之为愚。”[④]沈家本还提出,修律“专以折冲樽俎、模范列强为宗旨”。[⑤] 为此他组织翻译了大量的外国法律法规,为制定新律提供了可资借鉴的范本。

---

① 故宫博物院明清档案部编:《清末筹备立宪档案史料》(下册),中华书局 1979 年版,第 850 页。

② 《清德宗实录》,卷 498。

③ 故宫博物院明清档案部编:《清末筹备立宪档案史料》(下册),中华书局 1979 年版,第 837 页。

④ 《寄簃文存》(6):《监狱访问录序》。

⑤ 《沈家本奏请谕订现行刑律以立推行新律基础折》:《光绪朝东华录》,光绪三十三年十月。

清末的民法的制定，明确规定是以国际化为基本指导思想之一。宣统三年(1911年)九月初五日修订法律大臣俞廉三的奏折中，说明了民法的制定共有“四项”原则，其一：“注重世界最普通之法则。”“瀛海交通于今为盛，凡都邑、巨埠，无一非商战之场，而华侨之流寓南洋者，生齿日益繁庶，按国际私法，向据其人之本国法办理。如一遇相互之诉讼，彼执大同之成规范，我守拘墟之旧习，利害相去，不可以道里计。是编为拯斯弊，凡能力之差异，买卖之规定，以及利率时效等项，悉采用普通之制，以均彼我而保公平。”[①]其第二项原则为：“原本后出最精之法理”。“学说之精进，由于学说者半，由于经验者半，推之法律亦何莫不然，以故各国法律愈后出者，最为世人注目，义取规随，自殊剽袭，良以学问乃世界所公，并非一国所独也。是编关于法人及土地债务诸规定，采用各国新制，既原于精确之法理，自无凿枘之虞。”[②]这两项原则正好占去四项原则之一半。而这两项原则，都特别明显地体现了“国际化”的特征。

此外，为了实现上述“国际化生存”的目标，在晚清修律中还聘请了一些外国法律人才，如日本法学家松冈义正、冈田朝太朗[③]、志田钾太朗等人。他们直接参与了刑法、民法、监狱法等法律的制定。中华民国成立以后，制定法律的人中，有相当一部分是从国外留学回来的。他们的国际知识背景，必然对法律体系的形成产生直接影响。另外，一些外国法学家也曾对中国法律进步做出了贡献。如法国法学家埃斯卡拉(1885—1995)[④]、美国法学家庞德(1870—1964)[⑤]等。

---

① 故宫博物院明清档案部编：《清末筹备立宪档案史料》(下册)，中华书局1979年版，第912页。

② 同上，第912—913页。

③ 冈田朝太朗，日本近代著名刑法学家，帝国大学教授。

④ 埃斯卡拉，Jean Escarra，法国比较法学家，格勒诺布尔大学法学院教授。

⑤ 庞德，RoscoePound，美国著名法学家，社会法学创始人。

需要指出的是,“国际化生存”固然有其进步、积极的一面。但是,过分强调与国际接轨,忽视中国的国情,也是有害于法律进步的。因此,法律体系形成中还存在另一种力量,就是坚持“本土化发展”的力量。

2.“本土化发展”

如果说中国近代法律体系的国际化目标,是中国要最大限度地吸收、引进西方国家先进的法律成果问题,那么,其本土化目标,就是如何最大限度地保留固有法律传统,并使新律与中国国情相适应、相协调的问题。

晚清法制改革虽有取悦于西方国家的一面,但其终极目的还是改革者为了摆脱自身的法律困境,能够为政权的继续存在与发展服务。因此,法律的社会适应性问题,是法律修改中无法回避的根本问题。这就意味着,本土化目标是决定改革的方向与进程的另一个基本方面。

在规定修律要与国际接轨的同时,清政府又强调,修律要“本礼教”、“重纲常”,“不戾乎我国世代相沿之礼教、民情”,“方能融会贯通,一无扞格。”[①]清政府的“宪政编查馆”[②]规定的立法原则也是“兼采列邦之良规,无违中国之礼数”。1909 年,关于新刑法的制定,清政府发布上谕指出:“惟是刑法之源、本乎礼教。中国素重纲常,故于干名犯义条,立法特为严重。良以三纲五常,阐自唐虞,圣帝明王兢兢保守,实为数千年相传之国粹,立国之大本……凡新旧律义关论常诸条,不可率行变革,庶以维天理民彝于不敝。”[③]另一方面,以对中国传统律学深有研

---

① 《沈家本奏议修订法律大概办法折》;《光绪朝东华录》,光绪三十三年十月。

② 该馆于 1907 年由考察政治馆更名而来,负责编订宪法草案,并考核修订法律馆所订法律草案及各部院、各省所订单行法及行政法规,提请资政院(1910 年成立)审议,奏准皇帝谕令颁行。修订法律馆于 1902 年专为修律而设立,设修订法律大臣职。

③ 《大清法规大全》法律部,卷首,第 1—2 页。

究而"鸣于时"的沈家本，对我国旧律也是情有独钟。他说："当此法治时代，若征之今而不考之古，但推崇西法而不讨论中法，则法学不全，又安能会而通之，以推行于世？"[①]在主张"模范列强"的同时，他也不忘"体查中国情形，斟酌编辑，方能融会贯通，一无扞格"。[②]

光绪三十三年(1907 年)五月，大理院正卿张仁黼的奏折中说，"方今东西各国法学昌明，莫不号称法治"，中国"法律的宗旨"必须按照中国人的"特性"："国之肆意立者，惟民，一国之民必各有其特性，立法者未有拂人之性者也。西国法学家，亦多主性法之说，故一国之法律，必合乎一国之民情风俗，"[③]为此，"凡民法商法修订之始，皆当广为调查各省民情风骚所习为故常，而于法律不相违悖，且为法律所许者，即前条所谓不成文法，用为根据，加以制裁，而后能便民此则编纂法典之要义也。"[④]

清末民法的制定，除了两个"国际化"的指导思想，与法律的"本土化"也有直接关系。其第三个原则是"求最适于中国民情之法则"。"立宪国政治几无不同，而民情风俗，一则由于种族之观念，一则由于宗教之支流，则不能强令一致，在泰西大陆尚如此区分，矧其为欧、亚礼教之殊，人事法缘于民情风度而生，自不能强行规，致贻削趾就履之诮。是编凡亲属、婚姻、继承等事，除与立宪相背酌量变通外，或取诸现行法制，或本诸经义，或参诸道德，务期整饬风纪，以维持数千年民彝于不敝。"[⑤]其第四项原则为"期于改进上最有利益之法则"，其中强调的是"匡时救弊，贵在转移"，"循序渐进冀收一道同风之益"。[⑥] 这两项原则

---

① 《寄簃文存》(6)：《薛大司寇遗稿序》。

② 《沈家本奏议修订法律大概办法折》：《光绪朝东华录》，光绪三十三年十月。

③ 故宫博物院明清档案部编：《清末筹备立宪档案史料》(下册)，中华书局 1979 年版，第 834 页。

④ 同上，第 836 页。

⑤ 同上，第 913 页。

⑥ 同上，第 913 页。

说明,民法的制定是遵从“本土化”精神的。

根据前述张仁黼的所谓“编纂法典之要义”,清末与民国时期都进行了大规模的民事习惯调查,并形成民事习惯调查报告。在清末修律中制定了《通行调查民事习惯章程文》,共有 10 条。其中讲到:“民事习惯视商事尤为复杂,且东西南北类皆自为风气”,因此要派员调查。规定,“各处乡族规、家规容有意美法良堪资采用者,调查员应采访搜集汇寄本馆以备参考”,“各处婚书、合同、租卷、借卷、遗嘱等项,或极详细,或极简单,调查员应搜集各抄一份汇寄本馆,以备观览。”据史料记载,清代至迟在光绪三十三年(1907 年)民事习惯调查已正式启动。① 民国时期的调查在 1918 年初。② 1930 年,南京国民政府民事立法活动进入高潮时期,也进行了民商事习惯的调查工作。③

法律体系形成的本土化目标,主要涉及两个方面的问题:一是如何最大限度地保留固有法律传统问题。旧的法制有完全适应社会需要的,应予以完全保留。有的制度虽然不完全适应社会形势,但是经过修改可以通行的,仍然可以用。这种努力,有利于最大限度降低法律移植与适用的成本,有利于社会的稳定,也有利于新法律的通行。二是修改后的新律如何与中国民情、社会基础相适应的问题。法律规则可以有超前性,对社会行为起到引导作用,为实现某种法律之外的目标服务。但是法律不可过于超前,以致与社会脱节。法律规范就是行为模式,是与普通民众的生活常识、道德意识、生活习性及法律意识息息相关的。如果法律强行改变,可能引起社会不安。因此,新法律的推行,不仅应

---

① 胡旭晟:《20 世纪前期中国之民商事习惯调查及其意义》,载故宫博物院明清档案部编:《民事习惯调查报告录》(上),前南京国民政府司法行政部编,中国政法大学出版社 2000 年 1 月版,第 2 页。

② 胡旭晟:《20 世纪前期中国之民商事习惯调查及其意义》,载前南京国民政府司法行政部编:《民事习惯调查报告录》(上),中国政法大学出版社 2000 年 1 月版,第 3 页。

③ 同上,第 10 页。

与我国固有法律传统相适应、相和谐，更应与当时的国情与民情相适应。

清代主要的法律就是《大清律例》一部。这种“诸法合体”的法典编纂体例，到了近代，已经不能满足社会发展的需要。光绪朝的法典编纂，只能按照当时中国的实际情况，朝着新的方向——部门法律体系的格局前进，将每一个法律部门分别独立，自成一体，从而加强法律对社会生活的调整职能。

清末修律的任务是极其艰巨的。不仅旧的法律（主要是刑法）要删改，而且还要制定出新的法律；既要制定出“改同一律”的法律，满足西方国家的“皆臻妥善”的需要，还必须与中国自身国情相适应，力求“中外通行，有裨治理”。加之中国是一个保守思想极为浓厚的国家——不变固然不行，变起来，必然招致保守势力之反对，困难重重，既任重且道远，前途几可想而知。

二、中国近代的宪政思潮

1.清末关于立宪的论争

1895年兴中会成立时，革命党人就规定了“驱除鞑虏，恢复中华，创立合众政府”的目标，对于推翻清政府的纲领，已经确定下来。但是他们对于立宪的问题，与康有为、梁启超的君主立宪主张，逐渐发生矛盾，出现了“革命”与“君宪”的论争。

1904年，孙中山为驳斥君主立宪主张，提出，“彼又曰：‘立宪者，过渡之时代也，共和者，最终之结果也’……今彼以君主立宪为过渡之时代，以民主立宪为最终之结果，是要行二次之破坏，而始得至于民主之域也。与其行二次，何如行一次之为便？夫破坏者，非得已之事也。一次已嫌其多矣，又何必故意行二次？夫今日专制时代也，必先破坏此专制，乃得行君主立宪或民主立宪也。既有力以破坏之，则君主民主随我所择。”[①]可见革命党人对于立宪只是觉得如何“方便”,且他们也深明革命是“破坏”的事件。他们对于实行宪政的主张,集中反映为“宪政三时期”的理论。1906 年,革命党的组织同盟会本部决定的“四大政纲”中第三项规定:

“建立民国:今者由平民革命以建国民政府。凡为国民皆平等以有参政权。大总统由国民共举,议会以国民党之议员构成之。制定中华民国宪法,人人共守,敢有帝制自为者,天下共击之……其措施之序则分三期。第一期为军法之治……第二期为约法之治……第三期为宪法之治……此三期,第一期为军政府督率国民扫除旧污之时代,第二期为军政府授地方自治权于人民,而自揽国事之时代,第三期为军政府解除权柄,宪法上国家机关分掌国事之时代,俾我国循序以进,养成自由平等之资格,中华民国之根本,胥于是存乎焉。”[②]这里,可以看出,革命党人的立宪观,同样是一种有条件的、渐进式的宪政观念。这种思想,与清政府后来规定的“预备立宪”的做法,实际并没有本质的不同。但是这种思想却对中国近代的宪政运动产生直接、深刻甚至于决定性的影响。

2.中华民国时期的宪政思潮

尽管国民党以“训政保姆”自任,但许多国人并不领情,几乎自“训政”伊始,“以党治国”、“一党专政”就成为异议人士批判的靶子,批判的武器则是宪政民主思想。宪政的要义之一是“民治”,与高高在上“以党治国”的“训政”根本不相容。尽管国民党有“训政保姆”的理论思想,甚至还有具体的法律条文,但仍无法令人信服地说明其“以党治国”、“一党专政”权力基础的合法性来源。此后国民党在大陆执政的二十余年

① 《总理全集》第 1 集,“驳保皇报”,转引自罗志渊编著,《近代中国法制演变研究》,正中书局 1966 年 6 月版,第 174 页。

② 罗志渊编著:《近代中国法制演变研究》,正中书局 1966 年 6 月版,第 175—176 页。

内，对其“一党专政”的批判从未停止过。这从另一角度反映，当时国民政府虽然明确规定训政时期不得自组政党以干涉国民党一党训政，但人民仍享有新闻、言论、出版、集会、结社、游行、示威等各方面的相当自由。更为重要的是，国民党虽以“训政”为名，实行“一党专政”，但它从未否定过宪政。在1928年《训政纲领》之后不久出台的《国民政府组织法》引言部分规定：“中国国民党本革命之三民主义、五权宪法，建设中华民国，既用兵力扫除障碍，由军政时期入训政时期，允宜建立五权之规模，训练人民行使政权之能力，以期促进宪政，奉政权于国民。”国民党当局曾声称，训政时期不长，将很快过渡到宪政时期。1929年宣布训政期限为6年，即到1935年。《训政时期约法》则开宗明义声称：“国民政府本革命之三民主义五权宪法以建设中华民国，既由军政时期入于训政时期，允宜公布约法共同遵守，以期促成宪政，授政于民选之政府。”说明国民党至少在理论上始终承认宪政是自己的政治目标，训政只不过是为达到宪政的一种过渡政治。这也是民国时期宪政民主运动能够连绵不断、波澜迭起的一个重要条件。

在当时争取宪政民主的斗争中，担当重任的不仅有在野党成员和自由派知识分子，甚至不乏国民党要员。《训政时期约法》颁发不久，“九·一八”事变爆发，日本大举侵华，民族危机加重，全国人民开展了声势浩大的抗日民主运动，要求“还政于民”。1931年10月，立法院长孙科(1891—1973)提出“速开党禁，实行民治”的主张。次年4月，他又在上海各报公开发表《目前抗日救国纲领》一文，提出尽快实施宪政的主张，遭到行政院长汪精卫(1883—1944)和监察院长于右任(1879—1964)的公开反对。面对如此强大的反对势力，孙科公开进行了辩驳。这场公开辩论不但引发一场全社会关于宪政与训政的大讨论，而且促使宪政主张在国民党内部升温，有力地推动了国民党的宪政步伐。1932年12月，国民党召开四届三中全会，孙科等提议依照孙中山《建国大纲》的规定，应从速起草宪法，召开国民大会，“结束党治，还政于民”。国民党四届三中全会作出决定定于1935年3月召开“国民大会”，“议决宪法”，并与1933年1月成立由孙科任委员长的“立法院宪法起草委员会”，开始宪法起草工作。“宪法起草委员会”对中央全体会议通过的25条原则经过研究，1933年6月完成宪草初稿后，按照蒋介石的旨意进行了修改，将其中的国家体制由内阁制改为总统制，由总统负实际责任；又将总统由选民直接选举改为由国民大会选举。在以后的审议中，又根据蒋介石的授意删去了“军人非解职不得当总统或副总统”的条文。

自从《训政时期约法》开始，中国的种种宪法便形成了一种坏传统，它们都以政党意识形态规定国体，将公民暗度陈仓地化为这种意识形态的信奉者。于是公民共和的政治共同体被偷换成党派意识形态群体，对政治共同体的忠诚被等同为对某党主义的忠诚，爱国则演化为爱某党。《训政时期约法》以弁言的形式将中国的“国体”规定为：“国民政府本革命之三民主义，五权宪法，以建设中华民国。”这个规定在1936年的《宪法草案》中变成第一章“总纲”的第一条“中华民国为三民主义共和国”。在《宪法草案》制定之时，就有舆论批评在共和国之上“冠以三民主义”为不妥之举。这种舆论认为，“主义”有时期性而国体则不容变，所以不宜将“主义”冠于国体之上。若三民主义确实可以成为建国之本，宪法条文尽可将三民主义的精神贯注其间，而不必拘为国体的限制。而且，基于民主政治的内涵，国民应有信仰自由，而三民主义只是国民党的主义，以之作为党员之基本信仰，固所必然，但不应强全体国民以必从，宪法若据此而制定，则不惟宪法成为国民党的宪法，即国家亦且成为国民党的国家，这自然与民主保障信仰自由之义不合。

三、中国近代的人权和法治思潮

1.人权思想

人权思想是民权思想的核心。人权保障之观念,是西方法律文化传统之一。这一思想发源于1215年英国的《自由大宪章》,以后,人权思想逐步渗透入司法制度之中。英国1628年颁布《权利请愿书》,1679年颁布《人身保护法》,1689年颁布《权利法案》,从而建立一整套人权保护的法律体系,奠定了英国近代资产阶级革命的思想基础。受其影响,美国在独立战争期间颁布《独立宣言》,又于1789年颁布《人权法案》,作为宪法修正案,与《美利坚合众国宪法》正文一样具有宪法的效力,成为保护美国人民自由和人权的法律武器。法国资产阶级革命过程中,也于1789年颁布《人权宣言》,对人权包括被告人的人权保障作出了详细的规定。

西学东渐促进了近代民权意识的觉醒,这是晚清法律变革意识中的一个重要因素。在中国传统的社会中,民众是没有多少权利意识的。封建主义牢笼之下,只有君主有权,人民无权;官吏有权,百姓无权;家长有权,家子无权。整个社会是以义务为纽带,是失衡的社会。但是,在传统儒家思想统治之下,中国人民并没有意识到自己所受的封建主义的毒害,也不会从争取民权的角度,反抗封建制度,呼唤法治。然而,在近代"西学东渐"的历史背景下,这种情况正在发生悄悄的变化。冯桂芬、王韬和郑观应等对议院制度的重视,就反映了民权意识的觉醒。甲午战争以后,天赋人权的学说在中国广泛传播。郑观应、何启、胡礼垣、康有为、严复、梁启超、黄遵宪等都曾经予以论述。① 对民权学说倡导最力的当数戊戌变法时期的康有为、梁启超、严复等人,特别是梁启

① 张晋藩著:《中国法律的传统与近代转型》,法律出版社1997年4月版,第418页。

超。他提出,“故民权兴则国权立,民权灭则国权亡。为君相者而务压民之权,是之谓自弃其国,为民者而不务各伸其权,是之谓自弃其身。故言爱国必自兴民权始。”[①]在清末修律的过程中,沈家本(1840—1913)指出,“买卖人口久为环球所指摘,而与立宪政体保护人民权利之旨尤相背驰。”因此要求将法律内有关买卖人口及奴仆、奴婢的条文一概删除。他还提出刑法应当改重为轻,废除凌迟、刺字等酷刑。到中华民国时期,《大总统令内务部禁止买卖人口文》同样指出:“自法兰西人权宣言书出后,自由博爱平等之义,昭若日星。各国法律,凡属人类一律平等。”由此禁止买卖人口,解除主奴关系。以后相继颁布一系列法律文件,解放“蛋户”、“惰民”,禁止买卖“猪仔”。近代司法制度的建立,为保护人权提供了更加可靠的制度保障。

在清末修律活动中,以沈家本为代表的体现社会普遍要求改革愿望的法理派同以劳乃宣为代表的顽固坚持封建立场的守旧势力之间展开了激烈的斗争。斗争的焦点是保护人权还是维护专制。守旧势力企图打着“仿行宪政”的旗号继续行封建专制主义之实;而革新力量则顺水推舟,认真推行宪政,主张“保护人权,乃立宪之始基”,“预备立宪,其要旨在保卫人权。”革新派非常明确地将保护人权反对专制作为推行宪政的宗旨。推行宪政与推行专政、保护人权与维护专制,两种思潮两种势力截然相反,互不相容,从而拉开了中国近代法制革命的帷幕。

光绪二十七年(1901年)开始的清末法制改革,从思想内容上看,实际上是戊戌变法运动在宪政范围内的继续。尽管这场法制改革的初衷含有皇权永固的期望,而且从宪法性文件上看也未动摇皇权至上的地位;然而,在沈家本等人的坚持和斗争下,那些充满近代人权主张和法律原则,具有资本主义性质的民法、刑法、商法、民事诉讼法、刑事诉

① 梁启超:《饮冰室合集·文集》(3),中华书局1989年版,第76页。

讼法、法院法、狱政法等部门法实质上是对封建专制主义的沉重打击。这些在外国法学家协助下起草的各部门法在一系列具体制度上打破了封建法系的体制，实现了划时代性的变化。沈家本等人进行的法制改革采取的近代符合人权要求的法律原则有：民法中的契约自由原则、私有财产所有权原则等；刑法中的反对封建重刑主义原则、罪刑法定原则、罪刑相应原则等；诉讼法中的公开审判原则、法庭辩论原则、证据原则等，以及其他民商法原则等。在清末的法律改革中，沈家本、伍廷芳等将人权概念引进司法制度之中。此外，还引进了近代法治国家的陪审员制度、破产法制度、审判机构独立行使职权制度、公司法制度、票据法制度等等。沈家本还提出了许多其他论及人权问题的法律见解和有利于维护人权的法律主张。他主张建立律师制度，发挥律师在维护人权方面的积极作用；他坚持依法保护犯人的权利，改善犯人待遇，加强狱政管理；他提倡官当重罪，对官吏违法，问罪加严，从重处罚；他强调立法应公平公允，执法要无党无偏，等等。

近代人权思想的一个发展里程碑是孙中山的人权观。人权思想是孙中山民主革命的思想基础。他从人权的伦理思想中演绎出民主的政治概念，进而又产生了民权和民生的政治主张。

孙中山先生的人权思想前后有所不同，早期接受天赋人权的思想，主张人权神圣。1897 年 7 月他在《东亚》杂志第 1 卷第 1 期上发表《中国的司法改革》一文，第一次运用资产阶级的人权观念，从保障人的基本生存出发，揭露封建司法的腐朽黑暗，鞭挞了清朝对人权的蹂躏，饥饿、水患、疫病、生命和财产毫无保障是中国人民长期忍受的苦难，他认为造成这种情形的根本原因，是满清的专制政体。他开始举起人权的旗帜，鼓舞民众为之奋斗，建立一个新世界，给人民以全新的生活，求得四万万人的最大幸福，而且是世世代代可以享受的幸福。此时争取人权成为革命的动力和革命的目标，这一目标在 1912 年孙中山任南京临时政府大总统时得到充分实现。他颁布一系列政策和法令,铲除封建帝制,保护人权。后来随着斗争的发展,孙中山的人权观也发生了变化,主张人权是有条件的,不是无限的,因为民国成立十年来,被官僚武人摧残,民国徒具一个外壳,人权又一次陷入低谷。孙中山出于革命的需要,认为凡有益于国家社会之事,即牺牲一己之利益,为之而不惜,然后国家社会乃能日臻于进步。此时他把国家权力放在首位,把发展和保障人权放在第二位。孙中山在《中国国民党第一次全国代表大会宣言》中开始批评"天赋人权"的观点,明确宣布:"国民党之民权主义,与所谓'天赋人权'者殊科,而唯求所以适合于现在中国革命之需要。"[①]逐渐形成了在国家和社会本位前提下追求人权的思想,有学者把他的人权思想称为集体主义的人权观。

根据人权的思想,孙中山孕育了他的民主观念。近代中国,孙中山是提出"民主"观念,真正承认、肯定人民是国家唯一主人的第一人。1894年,他在兴中会章程中提出"创立合众政府",所称"合众"之"众",指的就是人民。此后,1905年,他在同盟会誓词中进一步指出要"建立民国",这是对中国历史上长期存在、被视为天经地义的"帝国"体制的明确否定,也是对改良派设想的"君民共主"体制的明确否定,在中国历史上具有破天荒的意义。

孙中山根据其人权思想,进一步提出了民主政治的思想和更为具体的政治制度设计。他认为,中国自革命以后,成立民权政体,凡事都是应该由人民做主的,所以现在的政治又可以叫做民主政治,换句话说,就是人民来做皇帝。为了实现这一理想,他主张,人民应该拥有"四大民权",即选举权、罢免权、创制权、复决权。只有人民掌握了这四大权力,"民主"才能到位。他认为,人民有此四大权力,才能任用官吏、役

① 《孙中山全集》第9卷,中华书局1986年版,第120页。

使官吏、驾驭官吏、防范官吏,然后始得称为一国之主而无愧色。

民权思想是孙中山基于人权和民主思想提出的一个核心政治主张,是三民主义的基本内容。早年,孙中山认为推翻满清,建立民国,即是民权主义实现的标志,后来他又提出扶助农工的设想。他先是主张通过"仿效欧美"、"改良政治",达到"人民管理政事"的民权目标,此后在实践中,又逐渐认识到一味仿效西方国家的现成模式,难以取得较好的效果,只能出现变形和扭曲的结局,并且他也窥见到西方民主政治的局限:"近世各国所谓民权制度,往往为资产阶级所专有,适成为压迫平民之工具。"[①]"欧美既无从仿效,我们自己便应该想一种新方法来解决这个问题。"[②]这个新方法是什么呢? 1917 年俄国十月革命的成功给孙中山以巨大的鼓舞,他把苏维埃国家政治制度视为当代的一种先进政治方案。因为"法美共和国皆旧式的,今日唯俄国为新式的;吾人今日当造成一最新式的共和国"[③]。于是,他把实现民权主义的目标,由仿效欧美转到了倾慕苏俄。在"以俄为师"的思想指导下,提出扶助农工的政策。孙中山民权主义中蕴涵的权利意识与人权思想是近代法治精神形成的基础。

2.法治观念

中国传统上是一个人治的国家。"所谓人治,实质上是君治和君主操作下的吏治,这是专制制度所决定的。"[④]我国古代,依照儒家和法家的思想对社会进行管理,治理模式可以称为"儒外法内"的专制主义政治模式。1840 年鸦片战争,西方列强凭借船坚炮利,冲开了闭关自守的中国国门,中国社会逐步由封建社会沦为半殖民地半封建社会,中华

---

① 《孙中山全集》第 9 卷,中华书局 1986 年版,第 121 页。

② 同上,第 324 页。

③ 同上,第 56 页。

④ 张晋藩著:《中国法律的传统与近代转型》,法律出版社 1997 年 4 月版,第 410 页。

民族蒙受着深重的灾难和耻辱,这使一些有识之士不得不睁开眼睛看世界,力图理智地借鉴西方国家成功的经验,寻找一条济世救民、富国强兵的道路。于是,传统的君主专制国家治理模式受到严厉批判,西方资产阶级"法治"(Rule of law)理论被视作一副起死回生的灵丹妙药介绍给了生命垂危的中国,期望这能使它焕发新的生机和活力。随着西方法律文化的传入,法治思想也为中国社会广泛接受。其中梁启超对法治做了精辟的论述。"法治主义,既为今世所莫能易,虽有治人,固不可以忽于治法。即治人未具,而得良法以相维系,则污暴有所闻而不能自恣,贤良有所籍而徐展其长技。"①法治原则在近代中国法律体系的形成和法律文化的发展中表现十分明显。三大诉讼法的制定,是从诉讼权利保护方面贯彻法治的精神,要求实行辩护制度、回避制度等,在行政诉讼方面,确认人民对于政府侵犯民众权利的,可以提起行政诉讼。在刑法中确立了罪行法定的原则,终止了实行上千年的比附。凡此种种,皆为中国近代法治进步的标志。

在中国近代的进步思想家中,梁启超以热情地宣传和鼓吹西方的"法治主义"闻名天下。梁启超纵观世界近二三百年的急骤变化,认为中国贫穷、落后、软弱的根源是历代统治者长期推行封建专制主义的法制,他说:"自秦迄明,垂二千年,法禁则日密,政权则日夷,君权则日尊,国威则日损。"②借鉴西方成功的经验,中国要想由贫穷到富强,"法治主义,为今日救时唯一之主义。"③梁启超通过中西对比研究,进一步指出:西方国家之所以发达富强,中国之所以落后贫弱,一个十分重要的

---

① 《宪法之三大精神》,载《饮冰室文集》卷29,见梁启超著:《梁启超法学文集》,范忠信选编,中国政法大学出版社2000年1月版,第343页。

② 梁启超:《论中国积弱由于防弊》,《饮冰室合集》(1)文集1,中华书局1989年版,第96页。

③ 梁启超:《中国法理学发达史论》,《饮冰室合集》(2)文集15,中华书局1989年版,第43页。

原因就在于是否重视法制，是否真正做到依法治国。中国自秦汉以来，种族日繁，而法律日简，不足以资约束。事理日变，而法律一成不易，守之无可守，因相率视法律如无物，终于使法律“荡然”无存。此与相反，泰西自希腊罗马以来，治法家之学者，继轨并作，赓续不衰。特别是欧美各国近百年以来，法治精神日益发达，乃至平民百姓也可主持天下之是非，使数十百暴主接受法律之约束，不敢放纵所欲，而举国君民上下，权限划然，部寺省署，议事办事，章程日讲日密，使世界渐进于文明大国之域。梁启超得出的结论是，以一国处万国竞争之涡中，而长保其位置，毋俾陨越，必须依赖法治。同样，中国欲举富国强兵之实，惟法治为能致之。

为了迅速、广泛地传播西方的法治主义，梁启超别出心裁地采用了一种间接、复杂的方式，即用先秦法家的君主“法治”来推衍西方资产阶级的民主法治，让人们面对熟悉的概念符号品味西方的法律文化。梁启超将先秦法家的“法治”主张与西方的资产阶级法治理论融会贯通，创造出中国在近代意义上的法治学说，而这一学说的核心内容是君主立宪，“欲法治主义言之成理，最少亦须有如现代所谓立宪政体者以盾其后”，“君主立宪者，政体之最良者也。”[①]梁启超具体描绘了君主立宪国的蓝图：仿效西方政治体制，设议院，开国会，制定宪法，实行三权分立，建立“君民共主”的君主立宪体制。由此可见，梁启超为迎合救亡图存的时代要求而创造的法治学说，既不同于中国古代的“法治”，也有别于西方的法治，它用西方民权理论启迪中国人的民主意识，具有积极的进步意义。梁启超的法治思想，是近代中国改良主义法治观念的代表。

近代改良主义法治思想在政治上的尝试失败以后，以孙中山为代表的激进法治学说成为影响近代中国历史进程的重要推动力量。

---

① 梁启超：《立宪法议》，《饮冰室合集》(1)文集 5，中华书局 1989 年版，第 1 页。

孙中山以西方“天赋人权”、“自由、平等、博爱”，民主共和等先进思想为武器，对封建政治制度和传统的法律学说给予了彻底的清算。孙中山指出：“支那国制，自秦政灭六国，废封建而为郡县，焚书坑儒，务愚黔首，以行专制，历代因之，视国家为一人之产业，制度立法，多在防范人民，以保全此私产；而民生庶务，与一姓之存亡无关者，政府置而不问，人民亦无监督政府之措施者。”[①]孙中山用鲜明的民主观控诉了人民权利被剥夺的黑暗社会，揭露了专制政治是社会进步、科学技术和文化发展的障碍，是导致中国长期处于贫困落后境地的祸根。中国的出路在于刻不容缓地改变政治政制，推行民主法治，他大声疾呼：“国于天地，必有与立，民主政治赖以维系不敝者，其根本在于法律，而机枢在于国会。必全国有共同遵守之大法，斯政治之举措有常轨，必国会能自由行使其职权，斯法律之效力能永固。所谓民治，所谓法治，其大本要旨在此。”[②]孙中山法治学说最突出的特征，是中国既不可以轻视自己，也要承认欧美近一百年来的文化雄飞突进，一日千里，种种文明，都是比中国进步得多，应该取欧美之民主以为模范，同时仍取数千年旧有文化而融贯之。孙中山的法治思想远远超越了资产阶级改良派的变法主张和革新方式，他以积极进步的态度，要求充分吸收西方民主政治的丰富内涵，建立国民政府，用“五权宪法”保障人民的权利，他指出：“现在来讲民治，就是要把机器给予人民，让他们自己去驾驶，随心所欲，去驰骋翱翔。这种机器是什么呢？就是宪法。”[③]宪法是资产阶级法治的产物，孙中山在用它否定封建专制法治的同时，结合中国的优秀传统文化，为它增添了更丰富的内容。孙中山“五权宪法”思想的形成，标志着中国在借鉴西方法治的同时，不能亦步亦趋重复西方资产阶级走过的

---

① 梁启超：《立宪法议》，《饮冰室合集》(1)文集5，中华书局1989年版，第1页。

② 孙中山：《辞大元帅职临时通电》，《孙中山全集》第4卷，第480页。

③ 孙中山：《五权宪法》，载《孙中山选集》，人民出版社1981年版，第486页。

老路，而应该另辟蹊径，迎头赶上。在孙中山革命民主法治思想的引导下，全国出现了反清反封建的浪潮，辛亥革命的爆发，推翻了延续两千年之久的专制帝制，按照西方资产阶级民主政治模式建立的中华民国，终于将“人民主权”原则写在了国家根本大法之上。

中华民国北京政府时期，在知识分子中掀起一种批判传统儒家专制主义文化，主张新文化、新思想的启蒙主义的法治学说。作为中世纪意识形态的中国传统文化的核心，是专制主义的政治理念和相应的伦理规范。不冲破其束缚，以新的文化取而代之，自由、民主、法治的现代国家无从建立。以陈独秀(1879—1942)[①]、胡适(1861—1962)等人为代表的知识分子对此有所察觉。他们选择了推动思想变革，培育新国民和新的行为规范的道路。陈独秀是在帝制叫嚣十分猖獗的时候创办《青年杂志》(后改名《新青年》)的。他反复呼号的中心是培植独立自主、自由的国民，为民主、自由、法治的政治奠立牢固的基础。他说：“吾国欲图世界的生存，必弃数千年相传之官僚的专制的个人政治，而易以自由的自治的国民政治也。”但“以立宪政治而不出于多数国民之自觉，多数国民之自动，惟日仰望善良政府，贤人政治，其卑屈陋劣，与奴隶之希冀主恩，小民之希冀圣君贤相施行仁政，无以异也”。[②] 因此，必须毫不留情地抨击维护特权和尊卑贵贱的名教、礼教等传统意识形态，代之于自由、平等、独立、法治等现代观念。这就是他们孜孜以求的新文化运动，也是19、20世纪之交梁启超等人发动的启蒙运动的继续和深化。

---

① 陈独秀(1879—1942)，字仲甫，安徽怀宁(今属安庆市)人。新文化运动的倡导者之一，中国共产党早期的主要领导人。

② 陈独秀：《吾人最后之觉悟》、《陈独秀著作选》第1卷，上海人民出版社1993年版，第178页。

第二节 中国近代多元法制

一、传统法律文化与近代法律文化

近代中国法律文化，不同法律文化之间的对立、争斗和融合表现十分显著。不仅新旧不同的法律价值观念之间冲突异常严重，即使在同一法律阵营内部，也表现出不同派别之间的分歧和斗争。总的看来，近代中国是一个多元法律文化并存的特殊历史阶段。从晚清到新中国的成立，我国法律文化领域大致存在以下三种不同形式、不同内涵的法律文化之间的对立和融合。

首先，新旧法律文化之间始终存在变与不变，变多与变少的观念对立。

西方法律文化的传播，是近代中国法律文化发生变革的前奏和动因之一。但是，自 1793 年英国使臣马嘎尔尼(1733—1806)觐见中国皇帝乾隆帝，到八国联军入侵后，清政府自己决定开展新政和法律变革运动，其间过去了一个多世纪的时间。即使从鸦片战争算起，其间也有六十多年的时间。在这个过程中，了解西方先进法律文化的中国人不可谓不多，但他们的见解并不一定能够产生引领中国变革的力量，甚至于不能成为中国发展的方向。究其原因，乃是我国传统力量过于强大，因循守旧和反对变革，往往是包括最高统治者在内的大多数人最安全的选择。因此，变与不变，是近代中国法律文化史的一个基本问题。清朝晚期，法律变革已成为全体中国人的共识。但是，变多还是变少，依然是一个严肃的问题。变多者主张在法律和政治体制变革以外，必须进行社会体系和文化的改造。而少变者则倾向于局部和微观的调整。这一问题的存在，根本上在于我国近代没有形成对于法律文化发展方向和目标的清楚认识。所谓“中体西用”、所谓“礼法之争”，皆为变多与变少的问题。因此，即使主张变革的人之间，对于变革的方式和道路，也会产生不同的认识。

其次，主张变革的社会力量之间，往往对于法律文化的发展方向、目标定位及路径选择，存在不同的观点。

晚清经历了两次鸦片战争，特别是太平天国农民运动以后，清政府内部对于世界局势和自身力量的认识逐渐清晰。他们意识到必须开展自救运动以求生存——洋务运动自此展开。但是，经历了甲午战争的失败，特别是八国联军入侵中国，清政府进一步认识到政治体制的变革势在必行——于是，清末新政拉开帷幕。期间，法律的变革是一个重要内容。然而，对于政治体制和法律体制的变革方向、目标问题，在我国内部却发生了严重的分歧，出现了君主立宪和民主共和两种思路。对于变革道路，也有渐进改良和激烈革命两种选择。但是，由于缺乏社会启蒙，对于社会主体——民众来说，两者都不甚了了。中华民国成立后，类似的问题再次发生。唯一的不同是，民众对变革产生了兴趣。但他们依然经历着变革目标和道路问题的困扰。“三权分立”是清末到民国初年北京政府一直沿用的变革路线。但是，“三民主义”思想随着国民革命的进展，最终取代了前者。学者和政治精英可能了解两者的区别，但是谁都没有在理论上试图说服对方。抗日战争发生后，三民主义面临着新民主主义思想的对抗，这个问题被掩盖起来。抗战结束后，这个问题又被军事斗争取代了。从君主立宪到民主共和，再到三权分立与新民主主义，哪个政治力量都没很充分地论证他们的思想主张，哪一种思想都没有在民众之间扎根。近代中国的问题就出在这里。

最后，同一历史时期，往往存在主流法律文化与非主流法律文化的对立和斗争。

对近代中国法律史而言,变革是一个显著的标志。推动变革的原因,乃是在同一历史时期,往往存在主流和非主流两种不同的法律文化。在晚清时即是本土传统法律文化和西方法律文化。民国初年也是如此,既有帝制与民主的斗争,更有共和与革命的喧闹。南京国民政府时期,则是国民党和共产党的法律主张之间的对立。暗流涌动,思潮迭现,各种矛盾借助不同的力量,以不同的形式开展斗争,都力图战胜对方,直至矛盾一方被彻底压制下去。在近代中国这些不同的法律思想,共同推动了近代法律文化不断地变革。

二、主流法律文化与非主流法律文化

在清代,我国的法律文化基本上是一元的,由官方主导。但是,自清代统治结束,到中华人民共和国的成立,即通常所谓"中华民国"时期,我国法律文化则呈现出多元化的局面。从 1911 年 10 月辛亥革命后湖北军政府成立起,至 1949 年 10 月中华人民共和国成立,前后历时 38 年。其间曾先后出现过多个性质迥异、对峙并存的政权:有以孙中山领导创建的中华民国临时政府(南京)、中华民国军政府(广州)、中华民国陆海军大元帅府大本营(广州)和中华民国政府(广州和武汉);有北洋军阀统治的中华民国政府(北京);有国民党统治的南京政府;有日本帝国主义侵华期间扶持建立的"满洲国"、"华北政务委员会"和汪精卫的"国民政府"等伪政权;有中国共产党领导建立的中华苏维埃工农民主政府和各革命根据地政府。上述政府在其存在期间制定颁布了大量法律、法规和其他规范性文件。在各个不同阶段,情况又有所不同。在南京国民政府时期,国民党主导的中央政府积极进行《六法全书》体系的建设。几乎与此同时,在这个法律体系内部,存在另外一种法律制度。这就是在中国共产党的实际控制区域所实施的法律制度——人民民主政权的法制。[①] 这样看来，在国民政府时期内，曾经一度存在“一个体系，两种制度”。[②]

《六法全书》与人民民主政权的法制是两种不同的法律体系。首先，《六法全书》法律体系是在清末新政和法律变革的基础上，历经南京临时政府、北京政府和南京国民政府等几个阶段逐渐积累和发展起来的，具有历史连续性和渐进性的特征。而人民民主政权的法制则是根据各个历史时期的革命任务不断制定出来的，具有较大的创新性和跳跃性。其次，《六法全书》体系是按照资产阶级法治原则制定出来的，反映了近代中国资本主义发展的需要。而人民民主政权的法制，则体现了马克思主义的影响，是新民主主义的需要和产物。最后，《六法全书》

---

① 需要说明的是，自中国共产党成立以后，到1949年中华人民共和国的成立，共产党建立的政权，比较早的是1931年在江西瑞金成立的中华苏维埃共和国中央工农民主政府。这一政权是不隶属于国民政府的。1934年11月，刘志丹等领导的西北红军成立了陕甘边军事委员会和陕甘边苏维埃政府，1935年1月，改称陕北省苏维埃政府。1935年10月，中国共产党中央红军长征到达陕北后，成为共产党的根据地中心，中共中央所在地。1937年2月，中共中央致电国民党五届三中全会，提出如果国民党把共产党提出的“停止内战，集中国力，一致对外”等“五项要求”定为国策，苏维埃政府改名为中华民国特区政府。3月，中共中央和中华苏维埃共和国中央政府宣布：改苏维埃制度为民主共和制度，中华苏维埃共和国中央政府西北办事处改为中华民国陕甘宁特区（不久改为边区）政府。1937年9月，根据国共两党的协议，中共中央将陕甘宁革命根据地改建为陕甘宁边区政府。它是一个自治性地方政府，是国民政府行政院的一个直辖行政区域。南京国民政府行政院划定陕甘宁边区辖23县，面积约13万平方公里，人口150万。抗日战争时期，陕甘宁边区是中共中央和中央军委所在地，是敌后抗日战争的政治指导中心和敌后抗日根据地的总后方。1949年10月1日，中华人民共和国成立后，陕甘宁边区的建制撤销，政府解散。

关于新民主主义时期中国共产党领导的政权，并没有一个统一的称谓。本文借鉴怀效锋教授主编的《中国法制史》（参见该书第十章“人民民主政权的法律制度”，中国政法大学出版社2007年7月第3版，第378页）的说法，统称为“人民民主政权”。其中，第一次国内革命战争时期即土地革命时期的政权下的法制称为“革命根据地法制”，抗日战争时期人民民主政权的法制称为“抗日民主政权的法制”，解放战争时期人民民主政权的法制称为“解放区的法制”。

② 关于中国共产党政权所施行的法律制度，可以参考朱勇主编：《中国法制史》，法律出版社1999年9月版，第十九章“南京国民政府时期的法律”第五节“人民民主革命政权的法律”。

体系是由当时掌握国家政权的立法部门制定的,对当时的社会具有主导性,而人民民主政权的法律则只在较小的范围内发生法律效力,基本处于非主流地位。但是,随着历史的发展演变,人民民主力量不断发展壮大,原来处于非主流地位的法律逐渐取代旧的法律体系,成为主流法律。

1.革命根据地的法制

早在井冈山时期,中国共产党领导人毛泽东(1893—1976)[①]倡议由党中央制定“一个整个民权革命的政纲”,“使各地有所遵循”。1931年11月7日第一次全国工农兵代表大会在江西瑞金召开,通过了《中华苏维埃共和国宪法大纲》。1934年1月的第二次代表大会作了某些修改,最主要的是在第一条内增加“同中农巩固的联合”条文。

《中华苏维埃共和国宪法大纲》包括序言和17条正文,其主要内容包括:(1)规定了苏维埃国家性质“是工人和农民的民主专政国家”。所谓专政,一是将地主资产阶级(军阀、官僚、地主、资本家、豪绅、僧侣及一切剥削者)拒绝于政权之外,二是剥夺他们的言论、出版、集会、结社等自由,三是使用革命武力和法庭镇压一切反革命复辟活动。(2)规定了苏维埃国家政治制度是工农兵代表大会。它保证工农大众参加国家管理,便于工人阶级及其政党的领导,实行民主集中制和议行合一原则。它是根据革命实践及苏联经验建立的新式民主制度。(3)规定了苏维埃国家公民的权利和义务。包括政治、经济、文化等各方面。工农兵及一切劳苦民众享有广泛的民主权利。各级政府采取切实有效的措施,提供力所能及的物质保障条件。(4)规定了苏维埃国家的外交政策。宣布中华民族完全自由独立,不承认帝国主义在中国的特权及不

---

① 毛泽东(1893—1976),字润之,湖南湘乡人,中国近现代著名政治家、思想家、军事家,中国共产党的创建者、领导人和中华人民共和国的缔造者之一,现代世界历史上最有影响力的人物之一。

平等条约。与世界无产阶级和被压迫民族站在一起,苏联是巩固的同盟者。对受迫害的世界革命者给予保护。对居住在苏区从事劳动的外国人给予法定的政治权利。

《中华苏维埃共和国宪法大纲》是第一部由劳动人民制定、确保人民民主制度的根本大法,是反帝反封建的工农民主专政的伟大纲领。它肯定了革命胜利成果,提出了斗争的方向。尽管受到"左"的影响,仍是划时代的宪法性文件。它的颁行调动了苏区人民的积极性,为以后制定民主宪法提供了宝贵经验。

在部门立法方面,革命根据地法制主要有土地立法、民事经济立法和刑事立法等。

1928 年 12 月颁布的《井冈山土地法》是工农民主政权的第一部土地法。该土地法共 9 条,规定"没收一切土地归苏维埃政府所有",以人口或劳动力为标准,男女老幼平均分配。但是,由于缺乏经验,这个土地法有几个错误:(1)没收一切土地而不是只没收地主土地;(2)土地所有权属政府而不是属农民,农民只有使用权;(3)禁止土地买卖。这些都是原则错误。

工农民主政权土地立法中期,以 1929 年 4 月《兴国土地法》为代表。内容有一点重要的变更,就是把"没收一切土地"改为"没收一切公共土地及地主阶级的土地",这是一个原则的改正。但其余各点均未改变,这些是到了 1930 年才改变的。1930 年 9 月中共六届三中全会指出:目前革命阶段中,尚未到整个取消私有制度时,不禁止土地买卖和苏维埃法律内的佃租制度。

《中华苏维埃共和国土地法》于 1931 年 11 月由中华工农兵苏维埃第一次全国代表大会通过,1931 年 12 月 1 日公布实施。这是土地革命后期影响最大、实施地区最广、适用时间最长的土地法,其主要内容包括以下几个方面:(1)废除封建土地剥削制度,规定了没收土地财产的对象和范围,宣布废除一切高利贷债务。(2)规定了对于没收的土地财产的分配办法。即按照最有利于贫雇农、中农的原则进行分配,具体方法是,以乡为单位,贫雇农、中农按人口平均分配,或按人口与劳动力的混合标准平均分配。富农如果不参加反革命活动,并且能够自食其力,可以分得坏田。地主不分田。(3)规定了土地所有权问题。即现阶段不禁止土地出租与转让,但同时规定在条件具备的时候实行土地国有制。

革命根据地的民事经济立法主要有:1931 年 11 月中华工农兵苏维埃第一次全国代表大会通过的《中华苏维埃共和国劳动法》、中央工农民主政府于同年 12 月颁布的《中华苏维埃共和国暂行税则》、1932 年 1 月颁布的《中华苏维埃共和国工商业投资暂行条例》、同年 2 月颁布的《中华苏维埃共和国暂行财政条例》、《中华苏维埃共和国借贷暂行条例》,同年 4 月颁布的《合作社暂行组织条例》,1933 年 9 月颁布的《生产合作社标准章程》、1934 年 4 月颁布的《苏维埃国有工厂管理条例》,同年 8 月颁布的《中华苏维埃共和国婚姻法》等。

1934 年 4 月颁行的《中华苏维埃共和国惩治反革命条例》,是土地革命时期最具代表性的惩治反革命的刑事法律。该条例共 41 条,规定:“凡一切图谋推翻或破坏苏维埃政府及工农民主革命所得到的权利、意图保持或恢复豪绅地主资产阶级的统治者,不论用何种方法都是反革命行为。”并列举了组织反革命武装侵犯苏维埃领土、组织反苏维埃暴动等 28 种反革命罪行。该条例的主要原则是:分清首要和附和,区别对待;对自首、自新者实行减免刑罚;罪行法定主义与类推原则相结合;废止肉刑,实行革命的人道主义;实行按阶级成分及功绩定罪量刑。尽管《中华苏维埃共和国惩治反革命条例》存在着一些诸如死刑适用面过宽、定罪量刑上有唯成分论的倾向等缺陷,但是它在同反革命犯罪的斗争中起过重大作用,对于巩固红色政权,保护工农权利具有重要的意义。同时，该条例所规定的反革命罪的概念和犯罪构成，也为以后新民主主义刑事立法积累了丰富经验。

2.抗日民主政权的法制

民国抗战时期是中国历史上具有划时代意义的阶段。国共两党为了中华民族的根本利益摒弃前嫌，协手抗敌，实现了第二次国共合作。由于"国统区"所实施的法制是带有资本主义性质的法制，而中国共产党所领导的抗日根据地所实施的法制是新民主主义性质的法制，所以抗战时期又开创了资本主义法制与新民主主义法制"一国两制"的局面。在制定和不断完善施政纲领的同时，各地民主政权相应建立了司法组织和机构，如各边区政府都成立人民调解委员会、民事调解委员会、刑事审判委员会、刑事审判法庭、监管改造犯人的监狱等，并建立了人民陪审员制度，保证了法律的公正与审判、量刑的公平。在刑事审判中，不断总结、交流、推广先进的法制经验，完善法律程序，使法制与民主有机结合起来，如创立和推广陕甘宁边区陇东专署专员兼高等法院陇东分庭庭长马锡五(1899—1962)的"马锡五审判方式"。作为抗日民族统一战线的政治核心和中共中央所在地，陕甘宁边区政府从边区高等法院到各县、乡、镇，司法组织都比较健全，初步具备了国家政权完整的司法体系。

抗日战争时期的"一国两制"的法制模式，是建立在"国共合作"的政治基础之上的。中国共产党宣布拥护孙中山先生提出的三民主义，承认国民政府为抗战时期中国的唯一合法中央政府，承认蒋介石为领导全中国人民抗战的最高领导人，取消一切推翻国民党政权的暴动政策及赤化运动，取消当时的苏维埃政府，按照国民政府颁布的宪法性法律制定边区政府组织法和选举法，并建立边区政府，报国民政府批准。国民政府承认(实际上是默认)共产党领导的各根据地边区政府为在全国政权统一的基础上建立的特殊的边区政权，是事实上的地方合法政府,不再进行所谓“剿匪”行动。在坚持中国国民党为法定执政党的条件下,实行多党政治。中国共产党接受中国国民党为抗战时期中华民国的执政党;作为执政党的中国国民党承认中国共产党为中华民国合法政党,实现了国共合作。在此基础上,国民政府改组,吸收共产党进入中央政府。在保障人权的共识和基本原则指导下,分别在国统区和边区通过法律或法令予以落实。国民政府承认并允诺在国统区保障人民和不同政党及民主人士的言论自由、结社自由等基本人权;边区政府保障一切抗日人民(包括地主、资本家、农民、工人等)的人权、政权、财权及言论、出版、集会、结社、信仰、居住迁徙的自由。

基于“国共合作”的政治大局,对国民政府和抗日民主政权的法制进行协调。针对国共合作的新形势,抗日民主政权确立了“适合抗战团结的需要;适合民主政策;适合边区历史环境;适合广大人民的利益”四项法制协调原则。① 根据上述原则,抗日边区及时纠正了拒绝援用国民政府适用于边区的法律以及不顾实际照搬照抄国民党《六法全书》的教条主义错误。为了确保国共合作的顺利实现,抗日边区采取了有原则、有选择地援用国民政府法律的政策。即在国民政府法律不损及抗日民主政权的稳定和根据地人民根本利益以及边区客观情况允许的前提下,以明令适用民国法律某部分或某条例的方式,允许边区各级法院适用民国法律。

这样一来,在全国法制统一的基础上实行“两法并存”。中国共产党及各根据地政权承认国民政府颁布的宪法性法律的法律效力,根据地的法令以上述宪法性法律的基本原则为依据,并根据各根据地的特殊情形予以制定。例如,1937 年 5 月 12 日通过的《陕甘宁边区选举条例》第一条即规定,“本条例系遵照国民政府国民代表大会选举法民主

① 张希坡著:《革命根据地法制史》,法律出版社 1994 年版,第 319 页。

的原则，并依据陕甘宁边区的特殊情形而制定，于边区域内适用之”。1939年2月通过的《陕甘宁边区各级参议会组织条例》系根据国民政府颁布的省参议会组织法制定[①]。《陕甘宁边区高等法院组织条例》系根据国民政府公布的法院组织法制定。国民政府则承认各根据地地方立法机构所制定的法令的合法性及其在各边区的法律效力。

但是，就抗日民主政权来看，适用民国法律是特例，主要的法制还是根据“国共合作”精神修改后的边区法律加以落实。同时，边区的法院组织条例明确规定，边区高等法院受中央最高法院的管辖，高等法院院长由边区参议会选举，边区政府呈请国民政府任命[②]。个别边区的法院组织条例还规定，在与最高法院不能联系时，人民不服高等法院所为的判决，得申诉于边区行政委员会，以此作为不能上诉到最高法院的补充救济措施[③]。与之相配合，国民政府采取了在名义上以中央最高法院为全国最高审判机关，拥有终审权；而在实际上默认边区高等法院为根据地终审法院的政策。并且，国民政府也允许边区不适用或有选择地适用民国法律。这样，国共双方就在法制协调方面实现了默契，使合作能够顺利进行。当然，由于“敌后的抗日民主政府还没有为中央政府正式承认”[④]，敌后根据地建立的边区与国民政府之间的合法关系问题尚未真正解决，边区处在日寇的包围中，与国民政府的交通和联系十分困难，且最高法院又未在各边区设立分院，更重要的是边区司法机关与国民党政府的司法机关在性质上存在明显的差异，不可能在案件的裁判上保持一致，所以各边区司法机关有着较大的独立性，各边区在事

---

① 《陕甘宁边区各级参议会组织条例》第1条、第4条。

② 《陕甘宁边区高等法院组织条例》第2条，《晋察冀边区法院组织条例》第12条。

③ 《晋察冀边区法院组织条例》第4条。

④ 刘少奇著：《论抗日民主主权》，《刘少奇选集》上卷，人民出版社1981年第1版，第154页。

实上拥有相对独立于国民政府的司法权和终审权。为了落实“国共合作”,边区政府还大幅度修改了土地革命时期的法律和政策。其中包括承认地主的土地所有权,不再执行土地革命时期没收地主土地的政策;实行地主减租减息、农民交租交息;承诺维护法币,巩固边币,允许边币和法币在货币交换所自由兑换,皖南事变前还允许在边区使用法币;[①]制定人权保障条例,切实保护抗日的地主、资本家的合法权益;改组边区政府,实行“三三制”,为不同阶级的代表参与政治活动提供合法条件;允许边区和国统区进行调剂贸易等。陕甘宁边区还突出强调保护地主、富农、资本家的人权,明确规定凡因反对边区逃亡在外者,返回边区自愿遵守法令,一律既往不咎,并受法律保护。[②] 同样,国民政府也修正了抗战前的法律和政策。其中包括不再公开实施《暂行反革命治罪法》、《危害民国紧急治罪法》、《剿匪手册》等专门针对共产党和根据地人民的法律、法令;允许边区和国统区进行经贸活动;制定严惩汉奸及通敌分子的法令;有条件地开放言论、出版自由,允许共产党创办的报纸《新华日报》在国统区公开发行;释放被捕政治犯等。

抗日民主政权的法律制度包括以《陕甘宁边区施政纲领》为代表性的宪法文件和一系列民事经济法律及富有特色的司法制度等。[③]

1941 年 11 月颁布的《陕甘宁边区施政纲领》是抗日民主政权制定的最具代表性的宪法性文件。其主要内容包括:(1)明确阐述制定施政纲领的依据以及抗日民主政权的主要任务。制定该纲领既要以中国共产党的抗日民族统一战线原则为依据,又要遵从国民政府的民主纲领。抗日民主政权的主要任务,是《抗日救国十大纲领》中“抗日”、“团结”、

---

① 张希坡著:《革命根据地法制史》,法律出版社 1994 年版,第 463—464 页。

② 同上,第 331 页。

③ 关于陕甘宁边区司法制度,可参考汪世荣等著:《新中国司法制度的基石——陕甘宁边区高等法院 1937—1949》,商务印书馆 2011 年 4 月版。

“民主”三大任务的法律化，即：发扬民主，团结边区内各阶级、党派，发动一切人力、物力、财力、智力，为保卫边区、保卫中国、驱逐日本帝国主义而战。(2)加强政权民主建设，保障人民民主权利。规定边区实行“三三制”政权组织原则，实行普遍、直接、平等、无记名投票的选举制度，保障一切抗日人民的选举权、被选举权及其他人权、财权及各项自由。(3)改进司法制度，厉行廉洁政治。如坚决废除肉刑，重证据不重口供；明确公务人员是人民公仆，严惩贪污和假公济私行为，实行以俸养廉等。(4)规定边区的基本文化经济政策。从“发展经济，保障供给”的总方针出发，发展农、林、牧业、手工业和工业，奖励扶助私人企业，保障经营自由；贯彻统筹统支的财政制度，征收统一累进税，维护法币，巩固边币；举办各类学校，普及免费义务教育；尊重知识分子，提高边区人民政治文化水平。

《陕甘宁边区施政纲领》以反对日本帝国主义，保护抗日人民，调节各抗日阶级利益，改善工农生活，镇压汉奸反动派为基本出发点，全面系统地反映了抗日民族统一战线的要求和抗战时期的宪政主张，是实践经验的科学概括与总结。

抗日民主政权的民事经济法律主要有：陕甘宁边区于1939年4月颁布的《陕甘宁边区婚姻条例》，1941年1月颁布的《商业税暂行条例》，晋西北边区于1941年4月颁布的《工厂劳动暂行条例》、《晋西北婚姻暂行条例》，同年8月颁布的《矿厂劳动暂行条例》，陕甘宁边区同年10月颁布的《货物税修正暂行条例》、《营业税修正暂行条例》，晋冀鲁豫边区于同年11月颁布的《劳工保护暂行条例》，陕甘宁边区同年12月颁布的《巩固金融法》，1942年1月中共中央发出的《关于法币贬值各根据地应采取的对策的指示》，1942年1月晋冀鲁豫边区颁布的《晋冀鲁豫边区婚姻暂行条例》，同年陕甘宁边区颁布的《劳动保护条例(草案)》，晋冀鲁豫边区颁布的《合作社条例》，晋察冀边区1943年2月颁布的《晋察冀边区婚姻条例》,晋冀鲁豫边区1943年5月颁布的《统一累进税暂行税则》,陕甘宁边区1944年3月颁布的《奖励实业投资暂行条例》,1945年3月施行的《山东省婚姻暂行条例》等。[①]

抗日战争时期,边区形成了适合抗战需要的司法体制;司法工作也呈现别开生面的特点,对新中国成立以后的司法活动产生了深远的影响。

由于抗战时期国共合作的历史背景,边区的最高司法机关名义上也是南京国民政府中央最高法院辖下的省级司法机构,因此名称上也像其他省一样,称为"高等法院"。各边区高等法院一般内设刑事法庭和民事法庭,分别负责具体案件的审理,两庭各设庭长一人,推事若干人;边区高等法院往往设分庭,是高等法院在各专区的代表,其管辖区域与各该专员公署所辖之行政区域相同,主要受理不服所辖地方法院或司法处第一审判决之民、刑案件,但分庭本身不是独立的审级法院,它仅代表高等法院受理上诉案件,目的也是为了方便当事人的上诉。当事人不服分庭的判决,尽管可以上告到高等法院,但后者对分庭的判决只是复核,所作决定或指示属第二审内部的程序,而不是第三审。

边区基层司法机关是县、市的司法处,负责审理本行政区域内的第一审民、刑事案件。根据《陕甘宁边区司法处组织条例草案》,县司法处处长由县长兼任,审判员协助处长办理审判事务。陕甘宁边区还曾于1941年至1942年间在一些中心县市(一般为专区所在地),如绥德、延安、新正、庆阳等地设地方法院,以推动司法组织的正规化。尽管地方法院的设置有助于提高办案质量和正确执法,但由于增加了人民的讼累,不久即被撤销。其他边区的基层司法机关与陕甘宁边区相似,不同的是,在晋冀鲁豫、晋绥边区和山东省以及华中根据地的苏中区,司法

① 怀效锋主编:《中国法制史》,中国政法大学出版社2007年7月第3版,第390页。

机关实行三级结构制，即在县市和边区（省级）之间的专署一级设有司法科（或称专署第三科），负责复审转呈县级司法机关判决而未经上诉的重要刑事案件，受理重大刑事第一审案件以及不服县级司法机关判决（裁定）而上诉（控告）的民事、刑事案件，是县市司法处之上的第二审级机关。此外，在晋冀鲁豫边区，区公所受县政府的委托或命令，虽不是独立的司法审级，但也有一定的司法职权，这也是为了适应战争形势的需要。

由于国民政府最高法院在根据地一直没有实际行使司法管辖权，抗日战争后期各边区一般都改为自行终审的三级三审制。在陕甘宁边区，不服高等法院判决之案件，可继续上告至边区政府，由边区政府委员会审查并可发回高等法院再审，但边区政府并不是法律上的第三审级。为建立事实上的三级三审制，以进一步推进司法的民主化，陕甘宁边区政府于 1942 年 8 月 22 日颁布《边区政府审判委员会组织条例》，设立边区政府审判委员会作为第三审机关。该委员会由五人组成，边区政府正、副主席分别担任其正、副委员长，其余三人由政务会议在政府委员中聘任，任期三年。委员会的职权包括：受理不服高等法院第一审及第二审判决之刑事上诉案件及不服高等法院第一审之民事上诉案件；受理行政诉讼案件；婚姻案件；死刑复核；法令解释。边区审判委员会纠正了一些一、二审中的错误或不恰当判决，但也增加了诉讼的不便，于 1944 年 2 月 16 日被撤销，原以高等法院为终审机关的体制恢复。

各边区实行审、检合一制，检察机关设于审判机关内。高等法院设检察处，检察长和检察员独立行使检察权。检察官的主要职权是负责案件的侦查、提起公诉、协助担当自诉、代表当事人或公益以及监督判决的执行等。检察工作直接对边区参议会负责，并受边区政府领导，其行政事务由高等法院管理。但 1942 年 1 月实施简政以后，检察处被撤销,由公安及其他司法机关代行其职权。

抗日民主政权的司法体现出两大特点,一是马锡五创立了独特的审判方式,二是人民调解制度。

马锡五[①]在担任陕甘宁边区陇东专署专员兼边区高等法院陇东分庭庭长期间,在巡回审判中贯彻群众路线,深入农村,调查研究,实事求是地了解案情;依靠群众,教育群众,尊重群众意见;方便群众诉讼,手续简便,不拘形式。他依靠群众纠正错案,解决疑难案件,被人民群众誉为"马青天"。他的审判工作经验被总结为"马锡五审判方式"。马锡五审判方式是把中国共产党群众路线的工作方针创造性地运用到审判工作中去的司法民主的崭新形式。党的整风运动为其产生奠定了思想基础,群众智慧是其产生的力量源泉。这一方式是在巡回审判基础上成长起来的,是司法工作的一面旗帜。它的出现和推广,培养了大批优秀司法干部,解决了积年疑难案件,减少争讼促进团结,利于生产保证抗日,使新民主主义司法制度落到实处。

抗日民主政权司法工作的另一个突出特点是,以人民调解制度作为司法审判工作的重要补充。各抗日根据地分别颁行了有关人民调解制度的法规,如 1941 年《山东省调解委员会暂行组织条例》,1942 年《晋察冀边区行政村调解工作条例》、《晋西北乡村调解暂行办法》,1943 年《陕甘宁边区民刑事案件调解条例》等。这些法规规定的调解方式有民间调解、群众团体调解、政府调解、司法调解。调解的原则主要有:双

---

① 马锡五(1898—1962),陕西省志丹县人。1930 年参加革命,历任陕甘边区苏维埃政府粮食部长、陕甘省苏维埃政府国民经济部长等职。1936 年 5 月后,任陕甘宁省苏维埃政府主席、中共陕甘宁省委常委。抗日战争时期,先后担任陕甘宁边区庆环分区、陇东分区专员。1943 年 4 月,兼任陕甘宁边区高等法院陇东分庭庭长。1946 年,任陕甘宁边区高等法院院长。建国后,先后任最高人民法院西北分院院长,兼任西北军政委员会政法委员会副主任,最高人民法院副院长。1954 年 8 月,当选为第一届全国人民代表大会代表,1962 年在北京病逝。

方自愿;以法律为准绳,照顾善良风俗;调解不是诉讼必经程序。调解的范围主要是民事纠纷和轻微刑事案件。调解处理方式一般有赔礼道歉、认错、赔偿损失或抚慰金以及其他善良习惯。调解一般须制作和解书,通常包括双方争执简要事由、调解成立方式、和解的原则及调解人姓名、签字、盖章等。调解过程中调解人须奉公守法,不受贿舞弊,尊重当事人人权,不乱打乱罚等,以保证公正,取得民众信赖,维护调解声誉。人民调解是人民司法的一大特色和补充,它促进了人民司法工作公正与利于效率的结合,对新民主主义司法工作的发展产生了重大影响。

3.解放区的法制

抗日战争胜利后,国共两党陷入内战状态。原由共产党控制的区域称为解放区。解放区的政策、法律法规与国民政府不同,有自己的宪法性文件、土地立法和民事经济立法,展示了共产党领导下的人民民主政权的创造能力。

解放区的宪法性文件以《陕甘宁边区宪法原则》和《华北人民政府施政方针》为代表。

1946 年 4 月陕甘宁边区第三届参议会通过了《陕甘宁边区宪法原则》。该宪法原则分为“政权组织”、“人民权利”、“司法”、“经济”、“文化”五部分,共 24 条。其主要内容是:(1)采取人民代表会议制的政权组织形式,以保证人民管理政权机关。规定边区、县、乡人民代表会议为管理政权机关,各级权力机关开始由抗日时的参议会过渡为人民代表会议制度,为新中国基本政治制度奠定了初步基础。(2)保障人民享有广泛的民主权利,少数民族聚居区享有民族区域自治的权利。边区人民不分民族一律平等。(3)确立边区的人民司法原则。规定各级司法机关独立行使职权,不受任何干涉。除司法机关、公安机关依法执行职务外,任何机关、团体不得有逮捕审讯行为。人民有权以任何方式控告失职的任何公务员。(4)确立边区的经济文化政策。经济上采取公营、合作、私营三种方式,组织一切人力、财力促进经济繁荣,为消灭贫穷而斗争。保障耕者有其田,劳动者有职业,企业者有发展机会。普及提高人民文化水平。

1948年8月华北临时人民代表大会通过《华北人民政府施政方针》,规定了人民政府基本任务及有关各项政策,这是解放战争后期人民民主政权具有宪法性质的施政纲领的典型代表。其主要内容有:(1)确定华北人民政府的基本任务。即继续以人力、物力、财力支援前线,争取人民解放战争在全国的胜利;有计划、有步骤地进行建设和恢复发展生产,建设民主政治,培养干部,吸收人才,奠定新中国的基础。(2)规定了实现基本任务的方针政策。政治方面要健全人民代表大会制度,保障人民民主权利及自由与安全,破除迷信,保护守法的外国人及合法的文化宗教活动。经济方面要发展农业,颁发土地证确认地权,建立农民生产合作互助组织;促进城乡经济交流;发展工商业,贯彻公私兼顾、劳资两利方针。文化教育方面建立正规教育制度,提高大众文化水平;建立广泛的文化统一战线,团结知识分子为建设事业服务。对新解放区和新解放城市采取保护和建设的方针。

与抗日战争时期的土地政策不同,解放区制定了新的土地立法。其代表一是"五四指示",二是《中国土地法大纲》。

为了充分发动人民群众,在解放战争中战胜国民党反动派,满足农民对土地所有权的要求,中国共产党中央于1946年5月4日发布《关于土地问题的指示》,又叫"五四指示"。该指示决定改抗战时期减租减息为没收地主土地分配给农民、实行土地改革的土地政策,从而揭开了解放区轰轰烈烈的土地改革运动的序幕。

1947年10月10日,中国共产党中央召开全国土地会议,制定公布了《中国土地法大纲》,共16条。其主要内容是:(1)宣布废除封建、半封建性剥削的土地制度,实行耕者有其田制度。(2)规定土地改革须遵守的原则是依靠贫雇农，团结中农，保护工商者，正确对待地主富农。(3)确定以乡村为单位、按人口平均分配一切土地的土地分配办法。地主及其家属、国民党官兵家属也可分得与农民同样的土地和财产。(4)确认人民对所分得土地的所有权。(5)确定土地改革的合法执行机关为乡村农民大会、贫农团大会、区县省级农民代表大会。规定对一切对抗或破坏土地改革的罪犯，组织人民法庭予以审判。(6)确认保护工商业原则。《中国土地法大纲》总结了中国共产党二十多年土地革命基本经验教训，是一个正确的土地纲领，它体现了土地改革的总路线，调动了农民革命与生产的积极性，对保证战争胜利起了决定性的作用。

解放区的民事经济立法内容也很丰富。主要包括：陕甘宁边区政府于 1946 年 4 月通过的《陕甘宁边区婚姻条例》，晋冀鲁豫边区政府于 1947 年 7 月制定的《军政联合财经办事处关于公营工业中的几个问题决定》，1948 年初中共中央发布的《关于目前党的政策中的几个重要问题》、《关于工商业政策》的指示，同年 6 月发布的《关于工资问题的指示》、《关于货币发行问题的指示》，同年 8 月发布的《关于蒋匪货币改革的指示》，华北人民政府颁行的《华北区对外贸易管理暂行办法》，同年 12 月华北人民政府颁布的《农业税暂行规则》，1949 年 2 月中共中央发布的《关于对外贸易的决定》、《关于对外贸易方针的指示》，同年 7 月发布的《关于私营企业中劳资纠纷问题的指示》，同年 7 月山东省人民政府颁布的《修正山东省婚姻条例》，全国总工会制定的《关于私营工商业劳资双方订立集体合同的暂行办法》，同年上海军管会颁布的《关于私营企业劳资争议调处暂行办法(草案)》和《关于复工复业纠纷处理暂行办法(草案)》等。①

---

①　怀效锋主编：《中国法制史》，中国政法大学出版社 2007 年 7 月第 3 版，第 390—391 页。

4.《六法全书》的废除

为了统一认识,消除国民党政府资产阶级法统的影响,确立新民主主义法律原则,中国共产党中央于 1949 年 2 月发布了《关于废除国民党的〈六法全书〉与确定解放区的司法原则的指示》。[①] 该指示宣布废除国民党的全部法律制度,即废除国民党政府法统和《六法全书》。因为其本质是基本上不符合人民利益的法律;确立解放区司法原则;确定教育、改造司法干部的指导思想,即要以批判蔑视旧法律,学习掌握新法律的运动,来提高司法干部的理论、政策、法律水平。中共中央《关于废除国民党的〈六法全书〉与确定解放区的司法原则的指示》,消除了旧法律对人民司法的影响,全面确立了新民主主义的人民司法原则。

《关于废除国民党的〈六法全书〉与确定解放区的司法原则的指示》指出:"在无产阶级领导的工农联盟为主体的人民民主专政政权下,国民党的《六法全书》应该废除。人民的司法工作,不能再以国民党《六法全书》为依据,而应该以人民的新法律作依据。在人民新的法律还没有系统地发布以前,应该以共产党政策以及人民政府与人民解放军所已发布的各种纲领、法律、条例、决议作依据。目前,在人民的法律还不完备的情况下,司法机关的办事原则,应该是:有纲领、法律、命令、条例、决议规定者,从纲领、法律、命令、条例、决议之规定;无纲领、法律、命令、条例、决议规定者,从新民主主义的政策。同时,司法机关应该经常以蔑视和批判《六法全书》及国民党其他一切反动的法律法令的精神,以蔑视和批判欧美日本资本主义国家一切反人民法律、法令的精神、以学习和掌握马列主义毛泽东思想的国家观、法律观及新民主主义的政策、纲领、法律、命令、条例、决议的办法,来教育和改造司法干部。"

南京国民政府时期的法律近代化运动,是中国法律近代化的第三

---

① 张晋藩主编:《中国百年法制大事纵览》,法律出版社 2001 年 1 月版,第 158 页。

个发展阶段。回顾此前法律近代化事业的发展,可谓波澜壮阔,跌宕起伏,成绩卓著,但也来之不易。回首历史,清朝末年,中国政府在新政过程中,全面启动修改法律的事业,中国传统法律体系——中华法系趋于瓦解,中国法律近代化开始,中国近代法律体系进入探索、形成时期。经过短暂的中华民国临时政府,北洋军阀控制中国中央政府,继续了对法律近代化的追求,近代法律体系继续发展。但是由于政权频繁更迭,局势不稳定,法律近代化运动十分不顺利,其中取得的一些重要成果没有能够保持。南京国民政府成立以后,立足本国国情,在吸收西方先进法律成果,并保留中国固有法律传统的基础上,加快了法律近代化的历程,中国法律近代化事业进入一个新的时期。从 1902 年清政府下诏变法,次年成立修订法律馆,到 1947《中华民国宪法》生效,经过近代半个世纪的艰辛努力,一个由宪法、民法、刑法、民事诉讼法、刑事诉讼法和行政法等六个部门法组成的,具有近代特征的比较完整的法律体系——《六法全书》体系,基本上建立起来。

《关于废除国民党的〈六法全书〉与确定解放区的司法原则的指示》废除了国民政府的整个法律体系,重新建设新民主主义的法律体系——历时近半个世纪建立起来的《六法全书》,就这样轻而易举地被废除了。

《六法全书》体系的废除,中国法律近代化暂告一段落,中国法律的发展进入一个新的历史时期。

第十章 中国近代法律教育和法律职业

第一节 中国近代法律教育

一、中国古代的法律教育

中国的法学教育源远流长。远在公元前2世纪时，中国就产生了法律教育的萌芽。据古籍记载，秦朝已有“刑名法术之学”或“刑名之学”，而若欲学法令者，“以法为教”或“以吏为师”。即是说学习法令的人要以谙熟“律学”的幕僚或者官吏为师接受法律教育。公元227年，魏明帝时大臣卫觊上奏，“置律博士，转相教授”。① 魏明帝采纳了卫觊的建言，于是曹魏在魏明帝太和元年(公元229年)颁布《新律》的同时，在廷尉之下，置律博士一人，位第六品，负责对地方行政官吏和狱吏教授国家的法律、法令。一般认为，律博士，或律学博士就是我国古代教授法律和保管法令的官员。此后西晋及南北朝时期的政权也大都设有律博士或类似职位。魏晋南北朝的律(学)博士，是在司法机构廷尉或大理寺之下的属官。这样，法学教育附属于司法行政之下，律博士们既

---

① 公元227年，卫觊上奏魏明帝：“九章之律，自古所传，断定刑罪，其意微妙。百里长吏，皆宜知律。刑法者，国家之所贵重，而私议之所轻贱。狱吏者，百姓之所悬命，而选用者之所卑下。王政之弊，未必不由此也。请置律博士，转相教授”。(《三国志》卷21《魏书·卫觊传》)

研究、教授法律，也参与立法与执法活动。又据史书载，后秦姚兴当政时期(394—416)于长安设立律学，“召郡县散吏以授之。其通明者还之郡县，论决刑狱。”[①]唐朝律学属国子监六学之一。《新唐书·百官志三》载：“(律学)律令为专业，兼习格式法例。隋，律学隶大理寺，博士八人。武德初，隶国子监”[②]；“国子监律学博士一人，从八品下。助教一人，从九品上。律学博士掌教文武官八品以下及庶人子之为生者。以律令为专业，格式法例亦兼习之。助教，掌佐博士之职。”[③]律学生年龄限 18 岁以上，25 岁以下(国子监其他诸馆学生年龄限 14 岁以上，19 岁以下，在学 9 年)。律学学制为 6 年。宋代因袭唐制。《宋史·选举志三》：“律学。国初置博士，掌授法律。熙宁六年，始即国子监设学，置教授四员。凡命官、举人皆得入学，各处一斋”；“国子监律学博士二人，掌传授法律，及校试之事。”此外，宋代还较唐代进一步发展了法律考试制度。唐代明法科举考试，“试律令，每部试十帖，策试十条(律七条，令三条)，全通者为甲，通八以上为乙，七下为不第。”[④]宋代则规定，应先在州里初试，合格者才能参加明法科举考试。考试的场次也比较多，如淳化三年(公元 992 年)以后，考生要考七场，考试的内容有：第一、二场试律，第三场试令，第四、五场试小经，第六场试令，第七场试律，另外在试律之日还策试杂问疏议六条、经注四条。唐代明法科每年录取的人数仅为二、三名或三、五名，有时甚至是空额。唐宋两代的国子监律学，类似我们今天的专门法律教育机构。它的出现，是中国古代法律教育走向鼎盛的一个重要标志。自元废除律博士以后，洎乎明清，废弃此官，国无专科，古代传统律学和法律教育渐趋衰落。元代以后，中国古代法

① 《晋书》卷 117《姚兴载记上》。

② 《新唐书》卷 48。

③ 《唐六典》卷 21《国子监》。

④ 《通典》卷 15《选举三》。

学因“国无专科，人多蔑视”。[①] 以至于晚清末造，几成绝学。“讲求法律之学者，海内牢落”。[②] 晚清洋务派在与外国人打交道过程中逐步认识到法律人才培养的重要性，清政府批准成立了我国近代第一所开设法律专业的大学——北洋大学堂，近代法律教育开始发展。清末法制改革提出了司法独立的要求，培养法律人才的专门法律学校开始出现。中华民国时期，法律教育得到快速发展。中国近代的法律教育，为我国培养了大量法律专业人才，促进了法律职业的发展，也传播了民主、法制的观念，为我国近代法律制度的适用提供了人才保障和智力支持。

二、清末法制改革与中国近代法律教育的开端

清末新式法学教育最早可追溯到 19 世纪 60 年代清政府设立的京师同文馆时期。以奕䜣(1833—1898)、曾国藩(1811—1872)、李鸿章(1823—1901)[③]等为代表的洋务派在外交过程中深感培养新型人才已成为当务之急。清政府于 1862 年在北京开办了同文馆，该馆开设法学科目但仅限于国际法，并且为便于学生将来工作中的掌握，国际法课程也只开设于学生毕业的前夕。当时的教习是美国传教士丁韪良(William Alexander Parsons Martin，1827—1916)，选用的教材为美国国际法学者亨利·惠顿(Henry Wheaton，1785—1848)的专著——《国际法大纲》，中文名称为《万国公法》。在以后的十余年，陆续办起了上海广州方言馆、广州同文馆、福州船政学堂、天津水师学堂、天津武备学堂等，这些洋学堂多是语文翻译和技艺传授，而不是兼重理论与实践、

---

① 沈家本著:《寄簃文存·法学名著序》。

② 沈家本著:《寄簃文存·广汇全书跋》。

③ 李鸿章(1823—1901)，安徽合肥人，本名章桐，字渐甫或子黻，号少荃(泉)，晚年自号仪叟，别号省心，谥文忠。中国近代著名政治家、外交家。淮军创始人和统帅，洋务运动的主要倡导者之一、晚清重臣，官至直隶总督兼北洋通商大臣，授文华殿大学士。著有《李文忠公全集》。

能够培养造就高级专业人才的学校。1894 年，盛宣怀(1844—1916)在给朝廷的奏折中说："自强首在储才，储才必先兴学"、"西国人才之盛皆出于学堂"。光绪二十一年(1895 年)，他向李鸿章禀请具奏。由于李鸿章调入内阁办事，盛宣怀又于光绪二十一年八月一日(1895 年 9 月 19 日)通过新任直隶总督兼北洋大臣王文韶(1830—1908)上奏光绪皇帝，设立一所新式学堂。光绪二十一年八月十四日(1895 年 10 月 2 日)光绪皇帝批准成立北洋西学学堂，1902 年更名为北洋大学堂。北洋大学堂创建后，针对当时清王朝在处理内政外交上急需熟悉法律的人才，开设了法律专业。

由于以盛宣怀为代表的洋务派意识到："外洋所学，以律例为主，次及天文、兵法以及制造、驾驭并矿学、化学、汽学、重学之类，中国学西洋之学，似更以律例为先。"所以，北洋西学学堂律例学门在创建之初课程设置上，突破"万国公法"的范围，扩大到"大清律例"、"法律通论"、"罗马律例"、"英国合同法"、"英国犯罪律"、"商务律例"等法学科目。根据 1907 年北洋大学堂教科表，法律科设置的课程主要有：国文国史、英文西史、生理、天文、大清律例要义、中国近世外交史、宪法史、宪法、法律总义、法律原理学、罗马法律史、合同律例、刑法、交涉法、罗马法、商法、损害赔偿法、田产法、成案比较、船法、诉讼法则、约章及交涉法参考、理财学、兵学、兵操。后依据 1913 年颁布的《大学规程》，对各学门的课程进行了调整，法律学门设有必修课和选修课，必修课有：宪法、行政法、刑法、民法、商法、破产法、刑事诉讼法、民事诉讼法、国际公法、罗马法、法制史、法理法、经济学、任选一门英国法或德意志法或法兰西法。选修课有：比较法制史、刑事政策、国法学、财政学等。北洋大学法科自设置起至此已经基本具有现代大学法学专业具有的课程体系。

20 世纪初，清政府被迫推行"新政"，在法制方面进行了一系列的变革，法律近代化也拉开序幕。在修律过程中，沈家本、伍廷芳等人认为:“法律成而无讲求法律之人,施行必多阻隔,非专设学堂培养人才不可。”[①]随着科举制度的废除和我国近代第一个正规学制——“癸卯学制”的颁行,近代法学教育进入了蓬勃发展阶段。仅1901年至1902年间,各省就筹办了山东大学堂等18所省级大学堂。很多学堂都开设有法律方面的课程。在实行专门化法学教育的学堂方面,除沈家本等创立的京师法律学堂外,清政府又模仿日本,设司法速成学校,在京师和各地举办了大批的法政学堂,从而使法学教育呈现出空前繁荣的景象,法学教育的内容在科目的安排上也表现得更为细致与专业化。

清末法制改革对大量新型法律人才的需求,是新式法律学校快速发展的内在原因。清末决定实行“新政”后,新式学堂毕业生开始成为晋身仕途的另一来源。隋唐以来,科举选官制度是中国封建社会主要的官员产生方式。1905年,随着科举制度的废除,学堂选官成为清末主要的选官途径。虽然法官选任方式在宣统元年至二年(1909—1910)间确立了考试选任的办法,但是因为学堂选官刺激而产生的法政学堂,则成为考选生员的一大来源。

光绪二十七年(1901年)《学堂选举鼓励章程》是清末最早确定学堂选官的规范文件。这一文件规定,只要在学堂考试毕业的人员,即可获得贡生、举人、进士的出身。成绩优秀的举人和进士参加殿试后可以给予相应的官阶。随着留学热潮的出现,光绪二十九年(1903年),张之洞草拟了《奖励游学毕业生章程》。对于留学日本的学生给予与科举同样的选官资格。同年制定的《奏定各学堂奖励章程》则对国内各级学堂毕业生的出身予以详细规定。在确定的三类高等教育机构即:通儒院、大学分科和高等学堂中,后两者与以后的法政教育关系密切。于1904年颁布,并于1906年和1909年两次修订的《奏定考验出洋毕业

① 沈家本著:《寄簃文存·法学通论讲义序》。

生章程》中，进一步完善了学堂选官的制度体系。

学堂选官制度具体实施前后方式不尽相同，主要内容就是进行毕业考试，考试合格的毕业生才可以被奏请奖励，并根据登记给予相应的出身，进而晋身仕途。学堂毕业分国内、国外两种。所以，选官考试也内外有别。相比之下，国外留学回来的学生的考试相对规范。“新政”政策出台后，国内人员出外留学的规模逐渐扩大，其中，日本是主要的目的地。随着人员逐渐增多，留学秩序开始混乱，为此，1905 年日本制定了限制清国留学生的章程，清政府也开始对留学毕业生归国任用方式采取考试的形式。同年，包括法政毕业生在内，共 14 人通过第一次留学毕业生考试。来自日本早稻田大学法科、政科的学生唐宝锷(1878—1953)、金邦平(1881—?)等人给予进士出身，赏翰林院检讨，东京法学院政法自费留学生曹汝霖(1877—1966)、日本法科大学毕业生钱承志(1886—?)、早稻田大学政科的毕业生戢翼翚(1878—1908)给予进士出身，分发各部以主事学习行走。早稻田大学法科的毕业生陆宗舆(1876—1941)、政治经济科毕业生林棨(1885—?)给予举人出身，分别以内阁中书和分省补用知县任用。[①] 此后，直到清政府被瓦解以前，一直进行留学生考试，出身法政人员分别给予进士和法科举人出身。从 1908 年开始还进行廷试录用考试，总计录用留学毕业生达 1000 余人。其中，仅 1908 年录用的法政科毕业生就有 14 人，次年为 63 人，1910 年为 153 人，1911 年为 255 人。[②] 录用人数逐年增加。

国内新式学堂产生较晚，但发展快。1905 年 4 月，清末修律的主持人伍廷芳和沈家本奏请在京师设立法律学堂，专门培养法律人才，这是

---

① 《东方杂志》第 2 年第 8 期“谕旨”。

② 参阅杨学为、朱仇美、张海鹏主编：《中国考试制度资料选编》，黄山书社 1992 年 8 月版，《东方杂志》第六年第七期“谕旨”，第七年第六期，以及程燎原著：《清末法政人的世界》，法律出版社 2003 年 9 月版，第 141—149 页。

全国开办法政学堂的先声。在他们看来,伴随着修律形式的发展,及早准备懂得新律的法律人才,已经是一个刻不容缓的事情。一方面,新律一经颁布实施,各省如无通晓新法律的人才,必然造成“徒法不足以自行”的困难局面;另一方面,留学毕业的法科学生虽然有一定数量,但他们对中国情形未必了解。从外国的经验来看,日本变法之初,也开设司法学校,官员每日入学校学习欧美司法行政知识,颇有成效。“在今日为内政外交之枢纽,将欲强国利民,推行毋阻,非专设学堂,多储备人才不可”;“造就已仕人才,俾办地方庶政。当务之急,莫过于此。”[①]1905 年直隶法政学堂成立,1907 年成立京师法政学堂。1910 年,清政府决定加速法政教育发展,要求各省法政学堂一律扩充,以适应当年颁布的《法院编制法》对新的审判和检察人员的迫切需要。为此,清政府还提出筹划奖励研究法学的方案,使法律知识逐渐普及,以配合司法改革进程。

至 1909 年,全国学堂总数为 52348 所,高等学堂人数为 20648 人。[②] 法政专门学校在其中一枝独秀,甚至有“泛滥”之势。全国法政学校数量在 1907 年为 24 所,1908 年为 37 所,1909 年为 47 所,学生人数依此为 5766 人、9756 人、12282 人,学校在全国高等学堂中的比例从 30.7%上升到 42.7%,学生人数则从 43.9%上升到 59.5%。[③] 法科毕业生数量高居各科榜首。学堂选官不可能将国内毕业生全部纳入官僚体系,但为近代法律职业,特别是法官职业的兴起提供了一定的后备力量。学堂选官制度是中国近代文官制度发展过程中的一个过渡,衔接

---

① 《奏请专设法律学堂折》、《奏请各省专设仕学速成科法》,载《伍廷芳集》上册(1905 年)第 271—274 页。转引自王健著:《中国近代的法律教育》,中国政法大学出版社 2001 年 10 月版,第 191 页。

② 李兴华著:《民国教育史》,上海教育出版社 1997 年 8 月版,第 96 页,以及潘懋元、刘海峰主编:《高等教育》(资料汇编),上海教育出版社 1993 年 12 月版,第 347—349 页。

③ 潘懋元、刘海峰主编:《高等教育》(资料汇编),上海教育出版社 1993 年 12 月版,第 347—349 页,第 351—356 页,第 358—362 页,第 654—655 页,第 807 页、810 页、812 页。

了传统的科举取士和近代文官考试两种不同的官员选任制度。学堂选官立足于近代高等教育体制,不仅打破了传统的知识结构,而且将官员素质教育同学堂专业培养联系在一起,后者对近代中国法学教育、法官选任制度的发展产生了深远的影响。由于开办、毕业时间比较晚,在晚清开始筹设近代司法审判体系时,专业法律人才尚不具规模。即使到各省开始建立地方三级法院机构时,能够具有专业法律知识的人员也不是很多。所以学堂选官制度就清末的法律改良活动的影响来说,主要是刺激近代法学教育的兴起。

三、中华民国时期的法律教育

中华民国初期,中国在政治制度上实现了由封建帝制到民主共和的历史转变。民国建立伊始,孙中山就明确指出:"现值政体改更,过渡时代,须国民群策群力,以图振兴。振兴之基础,全在于国民知识之发达。"[①]在辛亥革命民主主义精神的指导和鼓舞下,民国初年的壬子癸丑学制既继承和发展了清末学制的合理部分,又批判和改进了它的不合理部分。经过此后逐步深化的教育改革,1922 年诞生的新学制—壬戌学制,"奠定了我国现代教育制度的基础"。[②] 在北京政府期间,法学一直是最热门的专业。法政学校以突飞猛进的速度继续得以发展;在法政学校之外,综合性大学的法科也是最热门的专业;此外,自 1910 年清政府垄断法律教育的局面改变之后,民间法政学校和教会大学等私人法律教育机构也得到了迅速的扩展,如 1913 年,仅江苏一省就兴办了 15 所法政学校。据统计,1916 年 8 月至 1917 年 7 月,全国共有专门学校 65 所,其中法政科就高达 32 所,占 49.2%。[③] 与此同时,为适

① 《孙中山全集》第 2 卷,中华书局 1981 年版,第 424 页。

② 高奇:《中国近代学制》,《百科知识》1980 年第 9 期。

③ 参见《1916 年 8 月—1917 年 7 月全国专门学校统计表》,《新教育》第 4 卷第 5 期。

应民初社会发展和经济文化建设的需要，法学高等教育体制也进行了重大改革。针对民初法学教育貌似繁荣实则混乱的办学局面，1913 年 10 月，教育部下令法政专门学校应注重本科及预科，不得再招别科新生，该年 11 月，又通知各省请各省长官将办理不良的私立法校裁汰。1914 年 9 月，教育部又责令各省将严格考核公立、私立法政学校。在政府的严令限制下，民初法政教育“遂若怒潮之骤落。其他专门教育机关，亦多由凌杂而纳于正规”。[①] 尽管如此，法政学校的数量仍高居各种专门教育之首。民初法政专门学校的普遍设立虽有急于求成的功利色彩，但在一定程度上促进了当时社会的法制化进程，对中国社会法律知识的普及产生了积极的影响。

民国时期的法学教育由公立和私立两种形式组成。其中公立分为国立与地方公立两类，国立由中央政府直接设立，地方公立则依据相关法令，由中央批准设立，隶属各地方政府。自清政府允许私立法政学校设立以后，政府的更迭并未影响该制度，民国期间的法学教育一直是公立和私立并存的局面，据统计，在 1915 年全国共 42 所法政专门学校中，公立与私立各占 21 所，形成平分秋色的景象。民国政府对两类学校的态度并不一致，对公立学校着意强化，对私立学校则多加限制，但由于中央政府的软弱，国立学校发展远不如私立学校，这使得一种更加自主而又多样化的教育制度的发展成为可能。然而，即便如此，民国政府对法学教育的控制仍相当严密，据 1930 年 4 月 7 日民国政府修正公布的《司法院监督国立大学法律科规程》之规定，国立大学法律科之课程编制及其研究指导由司法院直接监督之(第 1 条)；国立大学法律科应按规定设立必修课程，课程设置应呈送司法院审核，司法院有权对之加以修改并有权监督大学是否照表授课，必要时甚至可以调阅讲义；国

① 黄炎培:《读中华民国最近教育统计》,《新教育》1919 第 1 卷第 1 期。

立大学法律科举行学年考试时，应呈请司法院派员监试，不仅如此，政府同时规定：属私立学校之大学内法学院、独立法学院以及设有法律或政治科之独立学院须经司法院之特许方可设立。在如此具体而严密的政府管制下，学术机构官僚化和法学教育演变为“官学”乃势所难免，这仍然反映了民国时期法学意识形态化的倾向。

值得注意的是，中国近代法学教育史中，私立学校的贡献极为引人瞩目。当时具有代表性的私立法学教育机构主要有 1911 年创立的朝阳大学[①]及 1915 年创立的东吴大学比较法律学院[②]，并称“北朝阳、南东吴”。这两所私立大学的教学风格与特点不完全一样，其中东吴大学比较法律学院主要采取的是美国式的法律教育方式，而朝阳大学主要

---

① 朝阳大学创办于 1912 年(民国元年)。由法学界著名人士汪子建、江翎云、黄群、蹇念益等先生创办。是一所以法律、政治、经济等系为主的著名的法科大学。1928 年国民政府定都南京后，教育部依照大学组织法对全国公私立大学进行整理，朝阳大学因仅有法律和经济学科而改称学院。自民国元年起到改组成朝阳学院，15 年内朝阳大学大学部法律系专门部法律别科有 3 个班毕业，专门部法律本科有 13 个班毕业。当时的毕业生在历届的高等文官考试暨司法官考试中成绩名列前茅，被录取比例很高，学校多次受到教育部和司法部的褒奖。1929 年，在世界法学会海牙会议上，朝阳大学被肯定为“中国最优秀之法律学校”。“南东吴，北朝阳”、“法学摇篮”等说法逐渐流传开来。东吴大学是民国时期法学教育另一璀璨的明珠，与朝阳大学不同的是，它是国内惟一系统讲授英美法系的法律科院校，而朝阳大学以日、德大陆法系为基本教学纲目。1930 年 12 月在高等学校体制改革中，朝阳大学因只有一个法科而改称朝阳学院。但一直沿用朝阳大学印信，而人们也一直称其为朝阳大学。抗日战争时期，先后迁至湖北省沙市、四川省成都和重庆。抗战胜利后，迁回北平。1949 年由人民政府接管，在原址建立了中国政法大学。次年 2 月，中国政法大学与华北大学、华北人民革命大学合并成立中国人民大学。朝阳大学虽是一所私立的法科大学，但享有盛誉，世称“南有东吴，北有朝阳”、“无朝(阳)不成(法)院”。该院传播近现代法学、经济学、政治学和司法制度，是我国的法学摇篮之一。

② 该学院是在上海中西书院的教职员迁至苏州、并入东吴大学之后，由美国基督教监理会在中西书院的旧址上创办的，开始名称叫“东吴法科”，后称“东吴大学法律学院”(The Comparative Law School of China)，成为中国教会大学所办的规模最大的法律人才培养基地。1930 年，在苏州的东吴大学招收学生才 450 名，而在上海的法律学院，招收人数却达 594 人。而且，在东吴大学中，也有 186 名是法律预科学生，两年后转入法律学院学习。东吴大学法律学院对中国近代法律人才的培养贡献巨大，至 1946 年，它的毕业生超过 1200 人。

采取的是欧洲大陆的法律教育方式,注重法典的学习。它们分别培养了大量法治社会中不可或缺的两类人才,即法官和律师,以致有"朝阳出法官、东吴出律师"的说法。在中国近代法制史上占有极重要地位的一群法学家,如王宠惠、吴经熊(1899—1986)等,他们为中国法制建设做出了不可磨灭的贡献。

第二节 中国近代法律职业

中国法律文化历史悠久,源远流长。在华夏文明的孕育发展过程中,中国人民曾经创造了世界五大法律体系之一的中华法系。然而,在近代西方法律文化传入中国之前,作为法律文化的基本象征及其重要表现形式之一的法律职业共同体却并未在中国产生。近代以来,随着西方国家的入侵,资本主义经济在中国缓慢发展,在政治体制上封建专制政治逐步受到冲击,在思想上民众的权利意识渐渐树立。在这种社会背景和思想文化背景下,中国传统的司法行政合一的权力格局最终被打破,"息讼"、"耻讼"的传统法律观念得到更新。与此同时,源之于西方,在当时处于世界领先地位的三权分立、司法独立的原则,以及审判制度、检察制度和律师制度等,伴随着"西法东渐"的历史潮流,逐步在中国落地生根,并由此形成了一个由法官、检察官、律师、法学家和法律教师等组成的,中国历史上前所未有且数量庞大的社会群体——法律职业共同体。

法律是社会的产物,法律来源于社会,又回归于社会。同样,法律职业的产生,也是社会需要推动的结果。法律职业共同体在近代中国的兴起,有着深厚的社会原因。大体上来说,主要有以下原因:一是清朝末年,司法腐败日益加剧,中国半殖民地化的社会背景,华洋诉讼的增多,激起国人对传统司法制度的批判性反思,仿照西方国家实行三权分立，建立新式司法制度，成为国人共识；西法东渐为中国近代法律职业发展提供了法律文化资源；二是清末新政和法律改革，推动了新型司法制度和独立的司法机关的产生，为近代法律职业的兴起提供了难得的政治契机；三是清末学堂选官制度促进了法政学堂的兴起，为法律职业化提供了知识上的准备。此外，国际法律背景环境对我国近代法律职业的发展也有一定的促进作用。

一、中国传统司法制度、西法东渐与近代法律职业

1.领事裁判权挑战中国传统司法制度

一个社会的腐败，最明显的征兆就是司法制度的腐败。社会司法审判系统的紊乱和黑暗，直接导致人们对这个社会法律秩序的怀疑和仇恨，并触发有社会责任心的思想家去思索对之进行改革的途径。在晚清政府的种种黑暗与腐朽中，司法领域内的腐败，尤其突出，引起了知识分子的警觉和批判。

龚自珍(1792—1841)是晚清一位著名的思想家。他经历比较丰富，对社会下层接触比较多，对人民的疾苦了解也比较透彻。他十分痛恨司法官员任意出入人罪的行径，对当时“官司之命，且倒悬于吏胥之手”的现象极端不满。他指出：“古之书狱也以狱，今之书狱也不以狱。”①他揭露了司法官员在审批过程中的腐败行为，他们不认真投入审判，主观臆断，任意比附，视人命如儿戏。

中国传统诉讼制度，由于缺乏与法官对抗的制约机制——既没有律师为当事人的权利辩护，也没有检察官监督法官的专擅行为，从而无法从根本上避免司法腐败和专横。对此，对英国律师制度比较了解的近代改良主义思想家何启(1859—1914)和胡礼垣(1847—1916)提出了

① 《龚自珍全集》第1辑，《乙丙之际塾议三》。

仿效西方国家,在诉讼中引进律师制度的主张。他们认为:"若夫人非险健,则于公堂对质,每多嗫嚅。人若奸顽,则虽三尺当前,犹能诡辩,使无律师以代伸委曲,则审司每为所愚。中国之问官司审,既于律法非所素娴,而所用之刑名幕客又于律学不轻传授,生死系其只字,枉直视其片词,稍有依违,则官司之前程难保。若无贿赂,则在讼之受屈必多。则何如明张其词,按律辩论之为得也。新政立,宜以状师辩案。"[①]何启和胡礼垣对于中国宜实行律师辩护的主张,是我国近代历史上明确提出在诉讼法律制度中引进辩护原则的第一次。然而,在实际上,律师制度在中国的领土上早已经被采用了。

19世纪后半期,中国社会进入剧烈动荡的时期。西方国家的入侵,在损害中国主权、掠夺中国财富的同时,将资本主义制度引入中国。为富国强兵,民族资本主义在中国社会艰难、缓慢发展。商品经济的发展,社会交往的扩大,再加上通过领事裁判权而进入中国社会的西方国家律师制度,都进一步刺激了中国社会对于民众提供法律帮助的专门法律人士——律师的需求。基于这种广泛而实际存在的社会需要,当时社会各界人士对于在中国实行律师制度,在一定范围内达成共识。当时的两广总督袁树勋(1847—1915)就是一个代表。他认为,"律师则据法律以为辩护,不独保卫人民正当之利益,且足以防法官之专横而济其平,用能民无隐情,案成信谳,法至美也。"[②]为此他本人开设律师研究班,并给朝廷上奏折,希望政府仿照日本《辩护士法》,制定法律法,并要求地方各级审判法庭准予律师参与诉讼活动。

李鸿章是晚清政府中洋务派的首领之一,对中西法律优劣有较深刻的见识。他认为,"洋人刑罚从轻,每怪中国拷讯、斩、绞之属太苛",

---

① 《新政真诠·新政论议》。

② 《政治官报·奏折类》,宣统二年三月,第八八一号。

认为日本为了收回治外法权，在修改刑法时，“先将向用刑章改就西洋，犹虑西人不能尽从”，所以如果中国“不改而强西人归我管辖，虽巴西、秘鲁小邦亦不愿也”。[①]

对于这种情况，西方人士的认识更加清楚。19 世纪晚期一位美国人的论著中说道：“中国现在刑法，须渐更改，俾与中国通商各国所用之刑大略相同而后可。当今天下各国，除土耳其一国不论外，惟中国之刑最苛，与各国大相迥异，故各国在华之民，均归本国领事管辖。日本自改用西国刑法，一切苛刑，悉除不用。中国刑曹，只守旧章，势必愈趋愈下。翻新革旧虽不可过于急骤，而刑讯时所用各种残酷之刑，必须速为扫除，并简派刑官，将《大清律例》详为考究，择其妥善，与西例相似者，悉为汇集，使通商各国，咸许可行，庶彼此均能遵从。”[②]

由此，又回到“治外法权”的问题上来。不可否认，“治外法权”的存在，严重破坏了中国的司法主权，危害极大。然而客观地说，外国人此项主张，的确与中国法律的落后有一定关系。“西方人对中国刑法事实上允许随意逮捕和折磨被告也感到不满。盎格鲁撒克逊的法律传统和中国法律传统的背后实际上隐含着对个人权利和义务的两种截然相反的看法，因此 1784 年以后在广州的英国人便拒绝将杀人案提交中国司法机构审理，1821 年以后美国也这样做了。实际上这已经发展成某种程度的治外法权(由外国司法机构审理外国国民)，但并未得到中国方面的明确认可。”[③]但是，通过鸦片战争，西方人终于如愿以偿地实现了。这种情况，不能不引起中国人的反思。

1840 年，中英鸦片战争的爆发及其后《中英南京条约》的签订及以

---

① 《李文忠公全集·朋僚函稿》。

② 福士达著：《整顿中国条陈》，载《时务报》29 册，光绪二十三年五月十一日。

③ [美]费正清、赖肖尔著：《中国：传统与变革》，陈仲丹、潘兴明、庞朝阳译，江苏人民出版社 1992 年 5 月第 1 版，第 279 页。

后的粘附条约中,英国、法国、美国等西方资本主义国家取得了领事裁判权。这些不平等条款破坏了中国的独立,损害了中国主权,使中国处于十分不利的国际地位。领事裁判权是对一个主权国家司法主权的严重侵犯,中国社会各阶层人士无不引以为耻,纷纷要求清政府收回治外法权。然而西方列强攫取领事裁判权的借口就是清政府法律的野蛮与不完备,这不得不教国人认真审视自己的法律。结果人们发现,中国当时的法律远远落后于世界潮流,不仅与先进国家无法相比,就是比一般小国,也有一定的距离。这种难言之隐,标志着中国传统法律的危机真正开始。

以律师制度和律师职业的发展为例。领事裁判权的存在,导致西方各国律师制度的引入,从而在客观上对于中国社会认识律师制度并刺激律师职业的发展,产生了推动作用。

在领事裁判权制度下,租界司法管辖实行属人主义。在率先对在华的本国公民进行司法管辖的英国租界内的司法机关中,英国人最早进行了律师辩护制度。换言之,中国最早的律师辩护,是由外国律师进行的。鸦片战争后,英国首先在中国的租界内设立司法机构,对在中国境内的英国人作为被告的诉讼案件行使司法管辖权。英国法庭审理案件适用的是英国本国的法律。按照英国的法律,诉讼当事人均得聘请律师作为自己的诉讼代理人或出庭辩护。根据 1869 年 4 月生效的《洋泾浜设官会审章程》而确立的中外会审公廨中,对于会审案件的审理,也逐步引进律师辩护制度。会审公廨审理的案件多涉及外国国民,其适用的法律则是中国法律,但是外国的司法习惯多被采纳,其中之一就是律师制度。至 19 世纪 70 年代,会审公廨在审理中外国民混合案件时,已明确涉讼当事人,无论其为中国国民,或者外国国民,无论其为原告被告,都可以聘请律师,作为诉讼代理人,或者出庭辩护。

随后,律师从租界的领事法庭走进会审公廨,参与审理纯粹属于中国公民之间的案件。由于律师的出庭，使得当事人的权益在一定程度上得到较好的保护，尤其是对于那些不了解中国法律的当事人更是如此。而当时在中国的法律中是不允许律师出庭作为辩护人或者代理人的。久而久之，中国的诉讼当事人便产生一种认识：诉讼当事人的权利没有得到法律应有的保护。因此，在属于会审公廨管辖的纯粹中国国民之间的案件中，虽然双方都是中国人，而当事人也总是想方设法将案件当作中外国民混合的案件来审理，以获得聘请律师的机会。为方便审理，同时也为案件当事人有同等的权利，经过中外双方的交涉，同意在会审公廨审理纯粹中国国民之间的案件时，也可聘请律师。

按照当时的法律规定，会审公廨属于中国的司法机构，其管辖范围包括租界内的中国国民案件和涉及中国国民与外国国民的混合案件。在审理案件过程中，由清政府上海道委派廨员主持审判。如果案件涉及有约国（即与中国签订领事裁判权协约的国家）国民，由该国领事参与会审。如果案件涉及无约国国民，由廨员自行审理。然而，由于中国半殖民地的国际地位，这种审理要邀请一名外国官员"陪审"。在审判活动中，适用中国法律。律师出现在会审公堂，参与会审公廨的司法审判活动，这一社会现象具有重要的历史意义。律师作为一种合法的职业人员，出现在法庭之上，成为中国传统司法活动中唱独角戏的法官的对立面。这种诉讼结构的重大改变，一方面约束了主审法官的任意专断，另一方面在中国培植了律师辩护的新观念，使人们认识到了律师的价值。

上述律师制度和律师职业在中国产生与发展的历史过程，我们可知，中国人是通过西方国家相对而言比较进步的法律制度与中国固有法律制度的比较，而认识到本国相关制度与传统的弊端，从而产生变革的愿望和要求的。律师制度和律师职业的发展是如此，法官制度和法官职业乃至检察官制度和职业的发展，亦是如此。

2.西法东渐传播的人权和司法独立思想促进了中国法律职业发展

鸦片战争以后,西方法学知识开始传入中国,西方的司法文明也逐步为国人所了解和认识。随着治外法权的丧失,一系列根深蒂固的观念也开始发生动摇,人们逐步地、不断深刻地对清朝的司法制度的各个方面的合理性和合法性产生了怀疑。尤其是当那些目睹过西方司法制度实情的出国人员不断对西方的司法制度称赞不已,对中国的司法黑暗大加抨击以后,一种厌弃清政府司法制度的情绪在整个社会蔓延,最后形成一种共识——引进西方先进法律制度,改造本国法律制度。

伴随着司法独立和近代司法制度的发展,律师职业作为一个代表着民权、自由和民主的新兴社会团体和法律职业,也应运而生。

在中国古代,虽然也有帮助诉讼当事人打官司的讼师,但其与近代律师完全不同。近代律师制度包括律师辩护的概念,都是西方资产阶级革命以后,在保护诉讼当事人的权益的运动中形成,并在鸦片战争以后传入中国。

中国近代的律师辩护,最早产生于鸦片战争之后中国沿海各通商口岸城市的外国租界之中。律师辩护,作为近代西方司法制度的有机组成部分,进入中国以后,对中国人的冲击主要不是在制度方面,而是在观念方面。因为,在中国封建社会,在专制政权确保社会秩序稳定的宗旨之下,历代法典以及司法实践都是以严酷的刑罚禁止以助人诉讼为业的"讼师"。而近代律师则以正当的职业、正当的程序、专业化的知识,发挥着维护当事人合法权益的重要社会作用,其社会地位也迅速得以上升。

戊戌变法以后,清政府内部也逐渐出现了改革传统诉讼体制的言论。1899年,官员上书条陈仿效西方法律的十大有利之处,其中有两条设计采用西方的律师制度:"原被告各延律师及公证人,彼此当场辩白,不能任官袒断,官不致误,其利五……官设律师,则向日为害之讼师，托足有所，自然转而讲义理之言，取无愧之费，立可化莠为良，其利八。"①

当时的社会舆论也极力鼓吹律师制度。当时一家有影响的报纸发表社评《论中国亟宜教育律师》一文，从华洋诉讼中华人与外国教民不平等的诉讼地位的角度出发，提出了中国设置律师制度的六大好处：一、教、民无从表异也。今之讼，民跪，教民不跪，民押，教民不押。此增长教民之气焰，而为集民人冤愤之极端也。一用律师，则教、民遂无分别。髯士无从敢于也。因为西方教士常借口中国法制不完备，而设律师之后，此借口就无从成立也。三、领事之不能越俎也。四、讼棍之自然消除也。五、律法明而民智大开也。六、渐可使外人收回治外法权也。②

在清末法制改革中，沈家本、伍廷芳极力建议实施律师制度，他们把引进律师制度，作为改革中国传统司法体制、建立新型司法制度的最重要任务之一。

1911 年辛亥革命发生以后，以孙中山为代表的资产阶级革命派仿效西方资本主义国家，建立了民主共和政体——中华民国。在一系列宪法性文件中，都规定国家必须实行法治原则，其中包括建立司法独立制度，实行律师辩护制度等内容。1912 年制定颁布了《律师暂行章程》，仿照日本和欧洲国家有关律师制度，初步建立了律师制度。为近代律师职业共同体的发展创造了良好的条件。在中国，传统的鄙视法律、鄙视诉讼的观念的流行，使律师制度的建立举步维艰。民国初年律师制度的正式建立，允许律师以合法身份出现在法庭上，为保护当事人的合法权益而与代表国家的检察官、法官进行对抗，这在中国法律发展

① 《皇朝蓄艾文编》卷(4)，转引自马作武著:《清末法制变革思潮》，兰州大学出版社 1997 年 5 月版，第 134—135 页。

② 《东方杂志》第 1 年(1904 年)第 6 期。

史和社会发展史上都是一个跨时代的创举。但是律师职业在近代中国的发展,并不是一帆风顺的。辛亥革命后,窃取革命果实的袁世凯为了实现称帝的政治野心,公然废弃民主共和的政治体制,律师制度和律师职业共同体的发展也受到冲击。1915 年北京政府通过《律师应守义务》,将律师与封建社会中的“讼师”相提并论,并规定其不得“帮扛诉讼,教唆供述”。这一文件使刚刚草创的律师职业受到了一定的摧残,并进而影响到以后律师制度和律师业的发展。南京国民政府建立后,对律师制度同样采取歧视性的态度,南京政府司法部于 1934 年颁布了《整饬律师风纪通令》,列举了种种所谓律师“漠视职责与德义”的行为,甚至在《刑法》中规定“挑唆诉讼”、“包揽诉讼”是妨害秩序的犯罪行为。直到 1941 年《律师法》的颁布实施,才建立了比较健全的律师制度,律师职业也得到了全面发展。

二、清末新政、法律改革与近代法律职业

1.清末新政对近代法律职业的推动

清朝末年,为了挽救风雨飘摇的政权,不得已,清政府开展了“新政”。所谓新政,实际上就是仿照西方资本主义国家,建立新式的政治法律制度——以君主立宪的宪法为基础,实行三权分立、议会政治、司法独立等,以新的国家管理方式治理国家,稳定社会秩序,平息革命风潮,继续维持摇摇欲坠的政权。新政,是清政府对内外交困艰难局面的回应。然而,种种原因,新政并没有挽救清政府的命运。

清末新政,政治上的变动,推动了法律制度和司法制度的变革,也为近代法律职业的发展注入新的活力。

清政府考察政治使团对西方先进国家三权分立和司法独立制度的赏识,导致了对中国传统法律文化的核心制度行政兼理司法制度的否定。例如,考察团成员载泽(1876—1928)认为,行政与司法不分,是一

种落后文明的表现:“司法之权寄之行政官,徒以行政官之威福,贾人民之怨望。盖官之于民,惟听讼最足以施恩威,民之于官,亦惟讼狱足觇于向背。官而贤固不至滥用职权,不贤则擅作威福,民受其累始而积忿于官长,终而迁怨于朝廷。弱者饮恨,强者激变矣。各国革命风潮莫不源于狱讼之失平。故立宪国莫不以修明法律,保障人权为先务之急。而籍法律以保人权之机关,莫不另立法衙使人民共信。惟法衙始能遵法律,惟法律始能保人权。非不知行政官亦有足以奉法律以卫民者,而要不专立法衙之尤足以固人民之信用。此立宪各国之所以专立审判衙门而不使行政官兼管之大原因也。”①

这是中国历史上第一次专门考察政治制度而由官方派遣大规模使团,对清末乃至民国初年的政治和社会风气,影响极大。其于近代法律职业的养成,同样关系重大。

受政治上的影响,清政府还专门派人考察东西方各国法律。1906年,修订法律馆派董康等四人,赴日本考察司法。董康等人不辱使命,他们访问了当时日本著名的法学家小河滋次郎、松冈义正等人,并对日本诉讼程序进行了专门的考察。考察结束后,董康主持编译了《调查日本裁判监狱报告书》、《日本裁判所构成法》、《监狱访问录》、《日本裁判沿革大要》等重要资料。考察团访问的日本法学家,后来到中国,参与了中国相关法律的制定。这次考察,使清政府内部的法律改革力量,比较系统地了解了日本这个后起之秀的司法制度,形成关于司法制度的比较深入的认识,对于中国的司法改革,产生了积极的影响。

1910年,清政府再次派遣京师高等检察厅检察长徐谦(1872—1940)、奉天高等审判厅厅丞许世英(1873—1964)等出使欧洲各国,专门

① 《东方杂志》第四年第八期“内务”:“附编赚官制大臣泽公等原拟行政司法分立办法说帖”,第418页。

考察司法。考察团回国后,撰写《考察司法报告书》,向朝廷陈述西方国家司法审判的优点以及中国目前可效仿的具体制度。该报告书共有五部分组成,其中“法部制度”一章,重点提及律师制度。“一律师制度也。欧美虽法派不同,要使两造各有律师。无力用律师者,法庭得助以国家之律师。盖世界法理日精,诉讼法之手续尤繁,断非常人所能周知。故以律师辩护,而后司法官不能以法律欺两造之无知。或谓我国讼师刁健,法律所禁。不知律师受教育与司法官同一毕业于法律。其申辩时,凡业经证明事实,即不准妄为狡辩。是有律师,则一切狡供及妇女、废疾之紊乱法庭秩序在我国视为难处者,彼皆无之。因律师之辩护而司法官非有学术及行公平之裁判,不足以资折服,是固有利无弊者也。”①

2.清末修律的制度推进

1902 年 9 月 5 日,根据中英续订《通商行船条约》第十二款的规定:“中国深欲整顿本国律例,以期与各国律例改同一律,英国允愿尽力协助,以成此举。一俟查悉中国律例情形及其审断办法及一切相关事宜,皆臻妥善,英国即允弃其治外法权。”②以后,1903 年 10 月 18 日的《中美通商行船条约》、《中日通商行船续约》,1904 年 11 月 11 日的《续订中葡商约》,都有类似规定。在这种情况下,清政府深受鼓舞,决心以此为契机,修改中国法律,形成完备法律体系,以期收回丧失的治外法权,实现国家独立与尊严。

实际上,在此之前,中国政府早有修改法律的意见。光绪二十八年二月初二日(1902 年 3 月 11 日),政务处奏请“改定律例,设译书局”,③

---

① 《两广官报·辛亥闰六月第八期》,宣统三年六月。转引自徐家力著:《中华民国律师制度史》,中国政法大学出版社 1998 年版,第 17 页。

② 《光绪朝东华录》(5),总 4919 页。

③ 《壬寅二月初四日上海盛大臣来电》,《张之洞存各处来电》第 51 函,所藏档甲 182—153。转引自李细珠著:《张之洞与清末新政研究》,上海书店出版社 2003 年 10 月版,第 261 页。

清政府发布修订法律的谕旨：

“中国律例自汉唐以来，代有增改。我朝《大清律例》一书，折衷至当，备极精详。惟是为治之道，尤贵因时制宜，今昔情势不同，非参酌适中，不能推行尽善。况近来地利日兴，商务日广，如矿律、路律、商律等类，皆应妥议专条。著各出使大臣查取各国通行律例，咨送外务部，并著责成袁世凯、刘坤一、张之洞慎选熟悉中西律例者，保送数员来京，听候简派，开馆编纂，请旨审定颁发。总期切实平允，中外通行，用示通变宜民之至意。”[①]清政府与西方四国达成的关于收回治外法权的协议，对于修律的展开有直接推动作用。根据沈家本的记述可知，修订法律馆于光绪三十年四月初一日（1904 年 5 月 15 日）正式开馆。[②]

清末修律过程中，官方派遣的主持人沈家本和伍廷芳两人，对我国近代法律职业化，做出了重要贡献。在他们的推动下，西方司法制度基本被引进中国，从而在制度上为我国法律职业的兴起，提供基本条件。而他们之所以能够做到这一点，主要在于他们对司法独立和律师制度的认识，较之一般官员士绅，更为清醒和深刻。

在清末法制改革中，沈家本、伍廷芳极力建议实施律师制度，他们把引进律师制度，作为改革中国传统司法体制，建立新型司法制度的最重要任务之一。沈家本指出，“……律师，一名代言人。日本谓之辩护士。盖人因讼对簿公庭，惶悚之下，言辞每多失措，故用律师代理一切质问、对诘、复问各事宜。各国俱以法律学堂毕业者给予文凭充补是

① 《光绪宣统两朝上谕档》第 28 册，第 36—37 页。

② 其主要工作是从事删削旧律和翻译外国法律两项。1907 年 12 月重新改组并制定办事章程，规定其主要工作为：(1)拟定奉旨交议的各项法律；(2)拟定民商诉讼各项法典草案和附属法，并奏定刑律草案之附属法；(3)删定旧有律例及编纂各项章程。见张晋藩主编：《中国百年法制大事记》，法律出版社 2001 年 1 月版，第 5 页。

职。若遇重大案件,则由国家发予律师,贫民或由救助会派律师代申权利,不取报酬,补助于公私之交,实非浅鲜。中国近来通商各埠,已准外国律师辩案,甚至公署间亦引诸顾问之列。夫华人讼案,籍外人辩护,已觉扞格不通。即使遇有交涉事件,请其申诉,亦断无助他人而抑同类之理。且领事治外之权,因之更形滋漫,后患何堪设想? 拟请嗣后,凡各省法律学堂,俱培养律师人才,择其节操端严,法学渊深,额定律师若干员,卒业后考验合格,给予文凭,然后分拨各省,以备辩案之用。如各学堂,骤难造就,即遴选各该省刑幕之合格者,拔入学堂,专精斯业,俟考取后,酌量录用,并给予官阶,以资鼓励。总之,国家多一公正之律师,即异日多一习练之承审官也。"[①]清末改革中发生了著名的"礼法之争",保守的人物认为在中国引入律师制度是为讼师这类人群大开方便之门,但是沈家本等人坚持认为引进西方先进的律师制度对于改变传统审判官员司法专横、维护当事人的合法利益、建立健全的司法独立制度有积极意义。

三、学堂选官制度、法政教育与近代法律职业

清末官员的选任逐渐过渡到通过对学堂毕业生的考试录用方面来,说明清政府对法官法学专业知识以及法学教育背景开始逐渐重视。1909 年清政府的法部制定了《补订高等以下各级审判廷试办章程》,其中第三条"用人"一项,对法官任用方式和标准作出统一规定,"内外审判检查各厅,属于本部直辖所有。一切官员请、简、奏补委用之权均应归宿本部,以与各行政官区别。京师即已实行,各省自应一律照办。高等审判厅厅丞、高等检察厅检察长由本部择员预保,临时请简,各督抚亦得就近遴选或指调部员先行咨部派署,不得径行请简,推事、检察官

① 沈家本:《修订大臣奏呈刑事民事诉讼法折》,载《东方杂志》第 3 年(1906 年)第 9 期。

各员由督抚督同按察使或提法使认真遴选品质相当之员或专门法政毕业者或旧系法曹出身或曾任正印各官者或曾历充刑幕者抑或指派部员，俱咨部先行派署。典簿、主簿、所官、录事各员由督抚饬按察使或提法使认真考试，现任候补各员及刑幕人等拔取资格程度分别咨部派署委用。”[①]由此可以看出，法官是由地方长官对法政学堂毕业的学生以及具有相关法律职业经历的人员，经过相当复杂的程序，选拔、任用最终予以录用的。

四、国际法律环境与近代法律职业

近代中国的法律制度多来源于日本，而日本则取自德国。在形式法治国家学说的影响下，统一后的德国将注意力放在法律形式有效性、行政合法性、司法及法官的独立性上，对于司法及法院，1877年《法院组织法》、《刑事诉讼法》均明确地规定：审判权由法院行使，审判只服从法律，法官终身任职。早在17世纪德国就开始了法官考试。为了打破中世纪的教会体制，积极地在大学和国家机关中鼓励务实精神，并用法律知识来代替宗教信条。1693年德国高等法院的法官就首次采取考试制，至19世纪末，司法职务的国家考试体系基本定型。1878年，为消除历史上存在的律师阶层内部和法官阶层之间在学识上的差别，德国开始实行统一的国家司法考试制度，并由法律规定在德国从事法官、检察官、律师、公证职业者，必须通过考试取得从业资格。此外，德国和其他大陆国家将检察机关设在法院内部，实行审检合署制度，检察官虽然属于行政系统，但具有类似法官的身份。清末考政治大臣对于这些制度怀着强烈的兴趣和认同感，他们认为，“是以日本维新以来，事事取

---

① 《大清法规大全·法律部》卷7，“审判”，“法部奏筹办外省省城商埠各级审判厅补订章程办法折并清单”。

资于德,行之三十载,遂至勃兴。中国近多歆慕日本之强,而不知溯始强源,正当以德为借镜。”①

① 《出使各国考察政治大臣戴鸿慈等奏到德后考察大概情形暨赴丹日期折》,载故宫博物院明清档案部编:《清末筹备立宪档案史料》(上册),中华书局 1979 年版,第 10 页。

附录一　清末、中华民国时期各部门法主要法律（草案）一览表

门类	法律文件名称	制定机构	制定、公布或生效时间	备注
宪法	钦定宪法大纲	清政府	1908 年 8 月公布	
	重大信条十九条	清政府	1911 年 11 月公布	
	中华民国临时约法	中华民国南京临时政府	1912 年 3 月公布	
	中华民国宪法（草案，1913）	中华民国第一届国会	1913 年 4 月制定	
	中华民国约法	中华民国北京政府	1914 年 5 月公布	
	中华民国宪法（1923）	中华民国北京政府	1923 年 10 月公布	
	中华民国训政时期约法	中华民国国民政府	1931 年 6 月颁布	
	中华民国宪法（草案，1936）	中华民国国民政府	1936 年 5 月公布	
	中华民国宪法（1947）	中华民国“国民大会”	1947 年 1 月公布	
民法	大清民律草案	清政府	1911 年 8 月制定	
	中华民国民律（第二次草案）	中华民国北京政府	1925 年制定	
	中华民国民律（第三次草案）	中华民国国民政府	1931 年 5 月实施	
刑法	大清现行刑律	清政府	1910 年 5 月颁布	
	大清新刑律	清政府	1911 年 1 月颁布	
	中华民国刑法（1928）	中华民国国民政府	1928 年 7 月实施	
	中华民国刑法（1935）	中华民国国民政府	1935 年 7 月实施	

续表

民事诉讼法	大清刑事民事诉讼法(草案)	清政府	1906年制定	
	大清民事诉讼律(草案)	清政府	1910年12月制定	
	民事诉讼条例	中华民国北京政府	1922年7月实施	
	民事诉讼法	中华民国国民政府	1932年5月实施	
刑事诉讼法	大清刑事诉讼律(草案)	清政府	1911年1月制定	
	法院编制法	清政府	1911年2月实施	
	刑事诉讼条例	中华民国北京政府	1922年7月实施	
	刑事诉讼法	中华民国国民政府	1935年7月实施	
	法院组织法	中华民国国民政府	1932年10月实施	
行政法	钦定行政纲目	清政府	1910年4月制定	
	平政院编制令	中华民国北京政府	1914年3月公布	
	行政诉讼法	中华民国北京政府	1914年7月公布	
	行政诉讼法	中华民国国民政府	1932年11月公布	
	行政法院组织法	中华民国国民政府	1932年11月公布	

附录二　清末、中华民国时期主要宪法（草案）文本

要　　目

一、钦定宪法大纲光绪三十四年(1908年)八月初一日

君上大权

一、大清皇帝统治大清帝国,万世一系,永永尊戴。

二、君上神圣尊严,不可侵犯。

三、钦定颁行法律及发交议案之权。凡法律虽经议院议决,而未奉诏命批准颁布者,不能见诸施行。

四、召集、开闭、停展及解散议院之权。解散之时,即令国民重行选举新议员,其被解散之旧员,即与齐民无异,倘有抗违,量其情节以相当之法律处治。

五、设官制禄及黜陟百司之权。用人之权,操之君上,而大臣辅弼之,议院不得干预。

六、统率陆海军及编定军制之权。君上调遣全国军队,制定常备兵额,得以全权执行。凡一切军事,皆非议院所得干预。

七、宣战、讲和、订立条约及派遣使臣与认受使臣之权。国交之事,由君上亲裁,不付议院议决。

八、宣告戒严之权。当紧急时,得以诏令限制臣民之自由。

九、爵赏及恩赦之权。恩出自君上,非臣下所得擅专。

十、总揽司法权。委任审判衙门,遵钦定法律行之,不以诏令随时更改。司法之权,操诸君上,审判官本由君上委任,代行司法,不以诏令随时更改者,案件关系至重,故必以已经钦定为准,免涉分歧。

十一、发命令及使发命令之权。惟已定之法律,非交议院协赞奏经钦定时,不以命令更改废止。法律为君上实行司法权之用,命令为君上实行行政权之用,两权分立,故不以命令改废法律。

十二、在议院闭会时,遇有紧急之事,得发代法律之诏令,并得以诏

令筹措必需之财用。惟至次年会期,须交议院协议。

十三、皇室经费,应由君上制定常额,自国库提支,议院不得置议。

十四、皇室大典,应由君上督率皇族及特派大臣议定,议院不得干预。

附:臣民权利义务(其细目当于宪法起草时酌定)

一、臣民中有合于法律命令所定资格者,得为文武官吏及议员。

二、臣民于法律范围以内,所有言论、著作、出版及集会、结社等事,均准其自由。

三、臣民非按照法律所定,不加以逮捕、监禁、处罚。

四、臣民可以请法官审判其呈诉之案件。

五、臣民应专受法律所定审判衙门之审判。

六、臣民之财产及居住,无故不加侵扰。

七、臣民按照法律所定,有纳税、当兵之义务。

八、臣民现完之赋税,非经新定法律更改,悉仍照旧输纳。

九、臣民有遵守国家法律之义务。

二、资政院院章宣统元年(1909年)七月初八日

第一章 总纲

第一条 资政院钦遵谕旨,以取决公论,预立上下议院基础为宗旨。

第二条 资政院总裁二人,总理全院事务,以王公大臣著有勋劳、通达治体者,由特旨简充。

第三条 资政院副总裁二人,佐理全院事务,以三品以上大员著有才望学识者,由特旨简充。

第四条 资政院议员以钦选及互选之法定之。

第五条 资政院议员于院中应有之权一律同等,无所轩轾。

第六条 资政院会议分为两种:

一、常年会;

二、临时会。

常年会每年一次,会期以三个月为率;临时会无定次,会期以一个月为率。

第七条 资政院开会、闭会,均明降谕旨刊布官报。

第八条 资政院开会之日,恭请圣驾临幸,或由特旨派遣亲贵大臣恭代行开会礼,宣布本期应议事件。

第二章 议员

第九条 资政院议员由下列各项人员、年满三十以上者选充:

一、宗室王公世爵;

二、满汉世爵;

三、外藩(蒙藏回)王公世爵;

四、宗室觉罗；

五、各部、院衙门四品以下、七品以上者，但审判官、检察官及巡警官不在其列；

六、硕学通儒；

七、纳税多额者；

八、各省咨议局议员。

第十条 资政院议员定额如下：

一、由宗室王公世爵充者，以十六人为定额；

二、由满汉世爵充者，以十二人为定额；

三、由外藩王公世爵充者，以十四人为定额；

四、由宗室觉罗充者，以六人为定额；

五、由各部、衙门官充者，以三十二人为定额；

六、由硕学通儒充者，以十人为定额；

七、由纳税多额充者，以十人为定额；

八、由各省咨议局议员充者，以一百人为定额。

第十一条 资政院议员钦选、互选之别如下：

一、宗室王公世爵、满汉世爵、外藩王公世爵、宗室觉罗、各部院衙门官、硕学通儒及纳税多额者钦选；

二、各省咨议局议员互选。互选后由该省督抚复加选定，咨送资政院。

第十二条 资政院议员钦选及互选详细办法，照另定选举章程办理。

第十三条 资政院议员以三年为任期，任满一律改选。

第三章 职掌

第十四条 资政院应行议决事件如下：

一、国家岁出入预算事件；

二、国家岁出入决算事件;

三、税法及公债事件;

四、新定法典及嗣后修改事件,但宪法不在此限;

五、其余奉特旨交议事件。

第十五条 前条所列第一至第四各款议案,应由军机大臣或各部行政大臣先期拟定,具奏请旨,于开会时交议。但第三款所列税法及公债事件,第四款所列修改法典事件,资政院亦得自行草具议案。

第十六条 资政院于第十四条所列事件议决后,由总裁、副总裁分别会同军机大臣或各部行政大臣具奏,请旨裁夺。

第四章 资政院与行政衙门之关系

第十七条 资政院议决事件,若军机大臣各部行政大臣不以为然,得申叙原委事由,咨送资政院复议。

第十八条 资政院于军机大臣或各部行政大臣咨送复议事件,若仍执前议,应由资政院总裁、副总裁及军机大臣或各部大臣分别具奏,各陈所见恭候圣裁。

第十九条 资政院会议时,军机大臣及各部行政大臣得亲临会所,或派员到会陈述所见,但不列决议之数。

第二十条 资政院于各衙门行政事件及内阁会议、政务处议决事件,如有疑问,得由总裁、副总裁咨请答复。若军机大臣各部行政大臣认为应当秘密者,应将大致缘由声明。

第二十一条 军机大臣或各部行政大臣,如有侵夺资政院权限或违背法律等事,得由总裁、副总裁据实奏陈,请旨裁夺。

前项奏陈事件,非有到会议员三分之二以上同意,不得议决。

第五章　资政院与各省咨议局之关系

第二十二条　资政院于各省政治得失、人民利病有所咨询，得由总裁、副总裁札行该省咨议局申复。

第二十三条　各省咨议局与督抚异议事件，或此省与彼省之咨议局互相争议事件，均由资政院核议。议决后由总裁、副总裁具奏，请旨裁夺。

前项核议事件，关涉某省者，该省咨议局选出之议员，不得与议。

第二十四条　各省咨议局如因本省督抚有侵夺权限或违背法律等事，得呈由资政院核办。

前项核办事件，若审查属实，照第二十一条办理。

第六章　资政院与人民之关系

第二十五条　各省人民于关系全国利害事件有所陈请，得拟具说帖，并取得同乡议员保结，呈送资政院核办。

第二十六条　前条陈请事件，应先由议长交该管各股议员审查，如无违例不敬之语，方准收受。

其经审查后批驳者，在本会期内不得再行投递另向他处投递。

第二十七条　资政院于人民陈请事件，若该管各股议员多数认为合例可采者，得将该件提议作为议案。其关于行政事宜者，应咨送各衙门办理。

第二十八条　资政院不得向人民发帖告示或传唤人民。

第二十九条　资政院于民、刑诉讼事件，概不受理。

第七章　会议

第三十条　资政院会议时，由总裁为议长，副总裁为副议长。议长有事故时,由副议长代理。

第三十一条 资政院常年会自九月初一日至十二月初一日止。其有必须接续会议之事,得延期会期一个月以内。

第三十二条 资政院临时会,于常年会期以外,遇有紧要事件,由行政各衙门或总裁、副总裁之协议,或议员过半数之陈请,均得奏明,恭候特旨召集遵行。

第三十三条 资政院议员于召集后,应以抽签法分为若干股,每股由议员互推一人为股长。

第三十四条 资政院会议非有三分之二以上到会,不得开议。

第三十五条 资政院会议以到会议员过半数所决为准。若可否同数,则取决于议长。

第三十六条 资政院自行提议事件,非有议员三十人以上之同意,不得作为议案。

第三十七条 资政院于预算、法典及其余重要议案,应先由议长交该管各股议员调查明确,方得开议。

第三十八条 资政院会议应由总裁、副总裁先期将议事日表通知各议员,并咨送行政衙门查照。

第三十九条 资政院议员于议案有关系本身或其亲属及一切职官理应回避者,该员不得与议。

第四十条 资政院议员如原有专折奏事之权者,于本院现行开议之事,不得陈奏。

第四十一条 资政院议员除现行犯罪外,于会期内非得本院承诺,不得逮捕。

第四十二条 资政院议员于本院议事范围内所发言论,不受院外之诘责。

其以所发言论在外自行刊布者,如有违反,仍照各本律办理。

第四十三条　资政院会议不禁旁听。其有下列事由，经议员公认者，不在此限：

一、行政衙门咨请禁止者；

二、总裁、副总裁同意禁止者；

三、议员三十人以上提议禁止者。

第四十四条　资政院议事细则、分股办事细则及旁听规则，另行厘定。

第四十五条　资政院议场内应分设守卫、警官及巡官、巡警。听候议长指挥。其员额及守卫章程，另行厘定。

第四十六条　资政院议员于时，有违背院章及议事规则者，议长得止其发议；违者得令退出。

旁听人有不守规则者，议长得令退出。其因而紊乱议场秩序致不能会议者，议长得令暂时停议。

第四十七条　资政院议员有屡违院章或语言行止谬妄者，停止到会；其情节重者，除名。

第四十八条　资政院议员无故不应召集，或赴召集后无故不到会，延至十日以上者，均除名。

第四十九条　资政院议员以本院之名义干预他事者，停止到会；其情节重者，除名。

第五十条　资政院议员停止到会，以十日为限，由总裁、副总裁同意行之。除名以到会议员三分之二以上决议行之。

第五十一条　资政院议员有应行除名者，如系钦选人员，应由总裁、副总裁奏明请旨办理。

第五十二条　资政院有下列情事，得由特旨谕令停会：

一、议事逾越权限者；

二、所决事件违背法律者；

三、所议事件与行政衙门意见不合尚待协商者；

四、议员在议场有狂暴举动,议长不能处理者。停会之期以十五日为限。

第五十三条 资政院有下列情事,得由特旨谕令解散,重行选举,于五个月以内召集开会:

一、所决事件有轻蔑朝廷情形者;

二、所决事件妨害国家治安者;

三、不尊停会之命令,或屡经停会仍不悛改者;

四、议员多数不应召集,屡经督促仍不到会者。

第八章 秘书厅官制

第五十四条 资政院设秘书厅,掌本院文牍、会计、记载议事录及一切庶务。

第五十五条 资政院秘书厅设秘书长一人,秩正四品,由总裁、副总裁遴保相当人员,请旨简放。

第五十六条 资政院秘书厅设一、二、三等秘书官各四人。一等秩正五品,二等秩正六品,三等秩正七品,由总裁、副总裁遴员奏补。

第五十七条 资政院秘书厅附设图书室一所,掌收藏一切书籍之事。

图书室设管理员一人,即以秘书官兼充。

第五十八条 秘书厅秘书长承总裁、副总裁之命,监督本厅一切事宜。

第五十九条 秘书官承秘书之命,分掌各科事务。

第六十条 秘书厅分为四科如下:

一、机要科;

二、议事科;

三、速记科;

四、庶务科。

第六十一条 秘书厅应设书记及速记生等员额,由秘书长酌量事务繁简,秉承总裁、副总裁酌定。

第六十二条　秘书厅办事细则,由秘书长拟定,呈候总裁、副总裁核定施行。

第九章　经费

第六十三条　资政院经费其款目如下:

一、总裁、副总裁公费;

二、议员公费及旅费;

三、秘书厅经费及守卫经费;

四、杂费及预备费。

第六十四条　前条所列各款经费数目,另行奏定。

第六十五条　资政院经费由度支部每年归入预算,按数支拨。

附　　条

第一条　本章程奏准奉旨后,以宣统元年九月初一日起为施行之期。

第二条　本章程未尽事宜,由总裁、副总裁会同军机大臣奏明办理。

三、各省咨议局章程光绪三十四年(1908年)六月二十四日

第一章 总纲

第一条 咨议局钦遵谕旨为各省采取舆论之地,以指陈通省利病、筹计地方治安为宗旨。各省咨议局设于督抚所驻之地。

瑾案:咨议局系钦奉谕旨设立,凡诸大纲见于光绪三十三年九月十三日上谕。本条特称钦遵谕旨者,所以示咨议局之缘起,且以见本章程所订各条,皆根本圣谟,敷鬯厥旨,非出于拟议者之臆见也。

第二章 议员

第二条 各省咨议局议员,以下列数目为定额,用复选举法选任之:奉天五十名;吉林三十名;黑龙江三十名;顺直一百四十名;汉宁五十五名;江苏六十六名;安徽八十三名;江西九十七名;浙江一百十四名;福建七十二名;湖北八十名;湖南八十二名;山东一百名;河南九十六名;山西八十六名;陕西六十三名;甘肃四十三名;新疆三十名;四川一百零五名;广东九十一名;广西五十七名;云南六十八名;贵州三十九名。

京旗及各省驻防,均以所驻地方为本籍。

但旗制未改以前,京旗得于顺直议员定额外,暂设专额十名;各省驻防得于该省议员定额外,每省暂设专额一名至三名,其名数由各督抚会同将军都统定之。

第三条 凡属本省籍贯之男子,年满二十五岁以上,具有下列资格之一者,有选举咨议局议员之权:

一、曾在本省地方办理学务及其他公益事务满三年以上,著有成

绩者；

二、曾在本国或外国中学堂及与中学同等或中等以上之学堂毕业得有文凭者。

三、有举贡生员以上之出身者；

四、曾任实缺职官文七品、武五品以上未被参革者；

五、在本省地方有五千元以上之营业资本或不定动产者。

第四条　凡非本省籍贯之男子，年满二十五岁，寄居本省满十年以上，在寄居地方有一万元以上之营业资本或不动产者，亦得有选举咨议局议员之权。

第五条　凡属本省籍贯或寄居本省满十年以上之男子，年满三十年以上者，得被选举为咨议局议员。

第六条　凡有下列情事之一者，不得有选举权及被选举权：

一、品行悖谬，营私武断者；

二、曾处监禁以上之刑者；

三、营业不正者；

四、失财产上之信用，被人控实，尚未清结者；

五、吸食鸦片者；

六、有心疾者；

七、身家不清白者；

八、不识文义者。

第七条　下列人等停止其选举权及被选举权：

一、本省官吏或幕友；

二、常备军人及征调期间之续备、后备军人；

三、巡警官吏；

四、僧道及其他宗教师；

五、各学堂肄业生。

第八条　现充小学堂教员者,停止其被选举权。

第九条　咨议局选举事宜,照另定选举章程行之。

第三章　议长副议长及常驻议员

第十条　咨议局设议长一人、副议长二人、常驻议员若干人,均由议员中互选。

常驻议员,以该省议员额数十分之二为额。议长、副议长用单记投票法分次互选,常驻议员用连记投票法一次互选,均以得过半数者为当选。其细则由咨议局自定。

第十一条　议长总理全局事务,副议长协理全局事务。议长有事故时,由副议长中一人代理。议长及副议长俱有事故时,由议员中公举临时议长代理。

第十二条　常驻议员于第二十一条第九至第十二各款所列事件,若不在开会期中,得由议长委任协议办理,惟须于次期开会时报告全体议员。常驻议员若督抚有时召集,亦可至会议厅,以备询考。

第十三条　议长、副议长、常驻议员,均常川到局办事。

第十四条　议长、副议长、常驻议员,除特定职权外,其余权利义务均与议员同。

第四章　任期及补缺

第十五条　凡议员之任期以三年为限。议长、副议长之任期亦同。但常驻议员之任期以一年为限。任期以每届选举后第一次开会之日起算。

第十六条　议长因事出缺时,以副议长递补之。副议长因事出缺时,由议员互选补之。若不在开会期中,得由常驻议员中互选补之。常驻议员因事出缺时,以候补常驻议员名次表之列前者递补之。

议员因事出缺时,以复选候补当选人名次表之列前者递补之。

第十七条 凡补缺之议长、副议长、议员、常驻议员,其任期以补足前任未满之期为限。

第五章 改选及辞职

第十八条 凡议员任满后,均分别改选;再被选者,得行连任,但连任以一次为限。

第十九条 凡议员非因下列事由不得辞职:

一、确有疾病不能担任职务者;

二、确有职业不能常驻本省境内者;

三、其余事由特经咨议局允许者。

第二十条 凡议员于任满后,再被选而欲辞职者停听之。

第六章 任职权限

第二十一条 咨议局应办事件如下:

一、议决本省应兴革事件;

二、议决本省岁出入预算事件;

三、议决本省支出入决算事件;

四、议决本省税法及公债事件;

五、议决本省担任义务之增加事件;

六、议决本省单行章程规则之增删修改事件;

七、议决本省权力之存废事件;

八、选举资政院议员事件;

九、申复资政院咨询事件;

十、申复督抚咨询事件;

十一、公断和解本省自治会之争议事件;

十二、收受本省自治会或人民陈请建议事件。

第二十二条 咨议局议定可行事件,呈候督抚公布施行。前项呈候施行事件,若督抚不以为然,应说明原委事由,令咨议局复议。

第二十三条 咨议局议定不可行事件,得呈请督抚更正施行。若督抚不以为然,照前条第二项办理。

第二十四条 咨议局于督抚交令复议事件,若仍执前议,督抚得将全案咨送资政院核议。

第二十五条 第二十一条所开第一至第七各款议案,应由督抚先期起草于开会时提议,但除第二、三款外,咨议局亦得自行草具议案。

第二十六条 咨议局于本省行政事件及会议厅议决事件,如有疑问,得呈请督抚批答。

若督抚认为必当秘密者,应将大致缘由声明。

第二十七条 本省督抚如有侵夺咨议局权限或违背法律等事,咨议局得呈请资政院核办。

第二十八条 本省官绅如有纳贿及违法者等事,咨议局得指明确据,呈候督抚查办。

第二十九条 凡他省与本省争论事件,咨议局得呈请督抚,咨送资政院核决。

第三十条 凡第二十四、二十七、二十九各条所列各事项,经资政院议定后,均宜分别照行。

第七章 会议

第三十一条 咨议局会议期分常年会和临时会两种,均由督抚召集。

开会之第一日,督抚应亲自莅局开会议事。

第三十二条 常年会每年一次,会期以四十日为率,自九月初一日起至十月十一日止;其有必须接续会议之事,得延长会期十日以内。

第三十三条　临时会于常年会期以外遇有紧急事件，经督抚之命令或议员三分之一以上之陈请，或议长、副议长及常驻议员之联名陈请，均得召集，其会期以二十日为率。

第三十四条　凡召集开会，应于三十日以前由议长将本届开会应议事件，预行通知各议员。

第三十五条　凡会议，非有议员半数以上到会不得开议。

第三十六条　凡议案之可行与否，以到会议员过半数之所决为准。若可否同数，则取决于议长。

第三十七条　凡会议时，督抚得亲临会所或派员到会陈述意见，不列议决之数。

第三十八条　凡议案有关系议员本身、亲属及职官例应回避者，该议员不得与议。

第三十九条　凡议员于咨议局议事范围内所发言论，不受局外之诘责。其以所发言论在外自行刊布者，如有违犯，仍照各本律办理。

第四十条　凡议员除现行犯罪外，于会期内非咨议局承诺，不得逮捕。

第四十一条　凡会议不禁旁听，其有下列事由，经议员公认者，不在此限：

一、督抚特令禁止者；

二、议长、副议长同意禁止者；

三、议员十人以上提议禁止者。

第四十二条　凡议决事件，除议长，副议长同意认为应行秘密者外，均公布之，并随时报告督抚及资政院。

第四十三条　议员会议时，有违背局章及议事规则者，议长得止其发议，违者得令退出；其因而紊乱议场秩序致不能会议者，议长得令暂时停议。

第四十四条　旁听人有不守规则或紊乱议场秩序者，议长得令其退出。

第四十五条　凡议事细则及旁听规则,由咨议局议定呈请督抚批准后公布之。

第八章　监督

第四十六条　各省督抚有监督咨议局选举及会议之权,并于咨议局之议案有裁夺施行之权。

第四十七条　咨议局有下列情事,督抚得令其停会:

一、议事逾越权限者;

二、所决事件违背法律者;

三、议员在议场有狂暴举动,议长不能处理者。

停会之期以七日为限。

第四十八条　咨议局有下列情事,督抚得奏请解散,并将事由咨明资政院:

一、所决事件有轻蔑朝廷情形者;

二、所决事件有妨害国家治安者;

三、不遵停会之命令,或屡经停会仍不悛改者;

四、议员多数不赴召集,屡经督促仍不到会者。

第四十九条　咨议局议员解散后,督抚应同时通饬重行选举,于两个月以内召集开会。

第九章　办事处

第五十条　咨议局设办事处,经理局中文牍、会计及一切庶务,由议长、副议长监理。

第五十一条　办事处设书记长一人,书记四人,由议长选请督抚委派。

第五十二条　办事处办事细则,由咨议局自定。

第十章　经费

第五十三条　咨议局经费由督抚筹措专款拨用，其款目分列如下：

一、议员旅费；

二、议长、副议长及常驻议员公费；

三、书记长以下薪金；

四、杂费；

五、预备费。

第五十四条　前条公费及薪金数目由督抚定之，其旅费杂费及预备费由咨议员会议预算数目，呈请督抚核定。

第五十五条　咨议局经费由议长、副议长按月清查一次，于常年会开会时，造册清报，由议员审查之。

第十一章　罚则

第五十六条　咨议局罚则分为二种如下：

一、停止到会，但以十日为限；

二、除名。

第五十七条　停止到会以议长、副议长同意行之。除名则以到会议员全体决议行之。

第五十八条　凡议员屡违局章或语言行止谬妄者，停止到会。其情节重者，除名。

第五十九条　凡议员无故不赴常年会之召集，或赴召集后无故不到会延至十日以上者，均除名。

第六十条　凡议员以本局之名义干预局外之事者，停止到会。其情节重者，除名。

第十二章 附条

第六十一条 本章程自奏准奉旨文到之日起为施行之期。

第六十二条 本章程未尽事宜,得由各省咨议局拟具草案,议定后,呈由督抚咨送宪政编查馆同资政院核议办理。

四、重大信条十九条宣统三年(1911年)九月十三日

一、大清帝国之皇统,万世不易。

二、皇帝神圣,不可侵犯。

三、皇帝权以宪法规定为限。

四、皇帝继承之顺序,于宪法规定之。

五、宪法由资政院起草议决,皇帝颁布之。

六、宪政改正提案权,属于国会。

七、上院议员,由国民于法定特别资格公选之。

八、总理大臣由国会公选,皇帝任命。其他国务大臣,由总理推举,皇帝任命。皇族不得为总理及其他国务大臣,并各省行政官。

九、总理大臣受国会弹劾,非解散国会,即总理大臣辞职,但一次内阁,不得解散两次国会。

十、皇帝直接统率海陆军,但对内使用时,须依国会议决之特别条件。

十一、不得以命令代法律。但除紧急命令外,以执行法律,及法律委任者为限。

十二、国际条约,非经国会议决,不得缔结。但宣战媾和,不在国会会期内,得由国会追认之。

十三、官制官规,定自宪法。

十四、每年出入预算,必经国会议决,不得自由处分。

十五、皇室经费之制定及增减,概依国会议决。

十六、皇室大典,不得与宪法相抵触。

十七、国务员裁判机关,由两院组织之。

十八、国会议决事项,由皇帝宣布之。

十九、第八条至第十六各条,国会未开以前,资政院适用之。

五、中华民国临时约法民国元年(1912年)三月十一日公布

第一章　总纲

第一条　中华民国由中华人民组织之。

第二条　中华民国之主权,属于国民全体。

第三条　中华民国领土,为二十二行省,内外蒙古,西藏,青海。

第四条　中华民国以参议院,临时大总统,国务员,法院,行使其统治权。

第二章　人民

第五条　中华民国人民,一律平等,无种族、阶级、宗教之区别。

第六条　人民得享有下列之自由权:

一、人民之身体,非依法律,不得逮捕、拘禁、审问、处罚;

二、人民之家宅,非依法律,不得侵入或搜索;

三、人民有保有财产及营业之自由;

四、人民有言论、著作、刊行及集会、结社之自由;

五、人民有书信秘密之自由;

六、人民有居住迁徙之自由;

七、人民有信教之自由。

第七条　人民有请愿于议会之权。

第八条　人民有陈诉于行政官署之权。

第九条　人民有诉讼于法院,受其审判之权。

第十条　人民对于官吏违法损害权利之行为,有陈诉于平政院之权。

第十一条　人民有应任官考试之权。

第十二条　人民有选举及被选举之权。

第十三条　人民依法律有纳税之义务。

第十四条　人民依法律有服兵役之义务。

第十五条　本章所载人民之权利,有认为增进公益、维持治安或非常紧急必要时,得依法律限制之。

第三章　参议院

第十六条　中华民国之立法权,以参议院行之。

第十七条　参议院以第十八条所定各地方所选派之参议员组织之。

第十八条　参议员,每行省、内蒙古、外蒙古、西藏,各选派五人,青海选派一人,其选举方法,由各地方自定之。参议院会议时,每参议员有一表决权。

第十九条　参议院之职权如下:

一、议决一切法律案;

二、议决临时政府之预算、决算;

三、议决全国之税法、币制及度量衡之准则;

四、议决公债之募集及国库有负担之契约;

五、承诺第三十四条、第三十五条、第四十条事件;

六、答复临时政府咨询事件;

七、受理人民之请愿;

八、得以关于法律及其他事件之意见建议于政府;

九、得提出质问书于国务院,并要求其出席答复;

十、得咨请临时政府查办官吏纳贿违法事件;

十一、参议院对于临时大总统认为有谋叛行为时,得以总员五分之四以上之出席,出席员四分之三以上之可决,弹劾之:

十二、参议院对于国务员认为失职或违法时,得以总员四分之三以上之出席,出席员三分之二以上之可决,弹劾之。

第二十条 参议院得自行集会、开会、闭会。

第二十一条 参议院之会议,须公开之,但有国务员之要求,或出席参议员过半数之可决者,得秘密之。

第二十二条 参议院议决事件,咨由临时大总统公布施行。

第二十三条 临时大总统对于参议院议决事件,如否认时,得于咨达后十日内,声明理由,咨院复议。但参议院对于复议事件,如有到会参议员三分之二以上仍执前议时,仍照第二十二条办理。

第二十四条 参议院议长,由参议员用记名投票法互选之,以得票满投票总数之半者为当选。

第二十五条 参议院议员于院内之言论及表决,对于院外不负责任。

第二十六条 参议院议员,除现行犯及关于内乱外患之犯罪外,会期中非得本院许可,不得逮捕。

第二十七条 参议院法,由参议院自定之。

第二十八条 参议院以国会成立之日解散,其职权由国会行之。

第四章 临时大总统副总统

第二十九条 临时大总统,副总统,由参议院选举之,以总员四分之三以上之出席,得票满投票总数三分之二以上者为当选。

第三十条 临时大总统代表临时政府,总揽政务,公布法律。

第三十一条 临时大总统,为执行法律,或基于法律之委任,得发布命令,并得使发布之。

第三十二条 临时大总统统率全国海陆军队。

第三十三条 临时大总统得制定官制,官规;但须提交参议院议决。

第三十四条 临时大总统任免文武职员;但任命国务员及外交大使公使,须得参议院之同意。

第三十五条　临时大总统经参议院之同意,得宣战、媾和及缔结条约。

第三十六条　临时大总统得依法律宣告戒严。

第三十七条　临时大总统代表全国,接受外国之大使公使。

第三十八条　临时大总统得提出法律案于参议院。

第三十九条　临时大总统得颁给勋章并其他荣典。

第四十条　临时大总统得宣告大赦,特赦,减刑,复权;但大赦须经参议院之同意。

第四十一条　临时大总统受参议院弹劾后,由最高法院全院审判官互选九人,组织特别法庭审判之。

第四十二条　临时副总统于临时大总统因故去职,或不能视事时,得代行其职权。

第五章　国务员

第四十三条　国务总理及各总长,均称为国务员。

第四十四条　国务员辅佐临时大总统负其责任。

第四十五条　国务员于临时大总统提出法律案、公布法律及发布命令时,须副署之。

第四十六条　国务员及其委员得于参议院出席及发言。

第四十七条　国务员受参议院弹劾后,临时大总统应免其职;但得交参议院复议一次。

第六章　法院

第四十八条　法院以临时大总统及司法总长分别任命之法官组织之。

法院之编制及法官之资格,以法律定之。

第四十九条　法院,依法律审判民事诉讼及刑事诉讼;但关于行政诉讼及其他特别诉讼,别以法律定之。

第五十条　法院之审判，须公开之；但有认为妨害安宁秩序者，得秘密之。

第五十一条　法官独立审判，不受上级官厅之干涉。

第五十二条　法官在任中不得减俸或转职，非依法律受刑罚宣告，或应免职之惩戒处分，不得解职。惩戒条规，以法律定之。

第七章　附则

第五十三条　本约法施行后，限十个月内由临时大总统召集国会。其国会之组织及选举法，由参议院定之。

第五十四条　中华民国之宪法，由国会制定；宪法未施行以前，本约法之效力与宪法等。

第五十五条　本约法由参议院议员三分之二以上或临时大总统之提议，经参议员五分之四以上之出席，出席员四分之三之可决，得增修之。

第五十六条　本约法自公布之日施行；临时政府组织大纲，于本约法施行之日废止。

六、中华民国宪法草案 中华民国二年(1913年)十月三十一日 国会宪法起草委员会拟定

中华民国宪法会议,为发扬国光,巩固国圉,增进社会之福利,拥护人道之尊严,制兹宪法,宣布全国,永矢咸遵,垂之无极。

第一章 国体

第一条 中华民国永远为统一民主国。

第二章 国土

第二条 中华民国国土依其固有之疆域。

国土及其区划,非以法律不得更变之。

第三章 国民

第三条 凡依法律所定属中华民国国籍者,为中华民国人民。

第四条 中华民国人民,于法律上无种族、阶级、宗教之别,均为平等。

第五条 中华民国人民,非依法律不受逮捕、监禁、审问或处罚。

人民被羁押时,得依法律以保护状请求法院,提至法庭审查其理由。

第六条 中华民国人民之住居,非依法律不受侵入或搜索。

第七条 中华民国人民通信之秘密,非依法律不受侵犯。

第八条 中华民国人民有选择住居及职业之自由,非依法律不受限制。

第九条 中华民国人民有集会、结社之自由,非依法律不受限制。

第十条 中华民国人民有言论、著作及刊行之自由,非依法律不受限制。

第十一条　中华民国人民有信仰宗教之自由,非依法律不受限制。

第十二条　中华民国人民之财产所有权不受侵犯,但公益上必要之处分,依法律之所定。

第十三条　中华民国人民依法律有诉讼于法院之权。

第十四条　中华民国人民依法律有请愿及陈诉之权。

第十五条　中华民国人民依法律有选举及被选举之权。

第十六条　中华民国人民依法律有从事公职之权。

第十七条　中华民国人民依法律有纳租税之义务。

第十八条　中华民国人民依法律有服兵役之义务。

第十九条　中华民国人民依法律有受初等教育之义务。

国民教育,以孔子之道为修身大本。

第四章　国会

第二十条　中华民国之立法权,由国会行之。

第二十一条　国会以参议院、众议院构成之。

第二十二条　参议院以法定最高级地方议会及其他选举团体选出之议员组织之。

第二十三条　众议院以各选举区比例人口选出之议员组织之。

第二十四条　两院议员之选举,以法律定之。

第二十五条　无论何人,不得同时为两院议员。

第二十六条　两院议员不得兼任文武官吏,但国务员不在此限。

第二十七条　两院议员之资格,各院得自行审定之。

第二十八条　参议院议员任期六年,每二年改选三分之一。

第二十九条　众议院议员任期三年。

第三十条　两院各设议长、副议长一人,由两院议员互选之。

第三十一条　国会自行集会、开会及闭会,但临时会由大总统牒集之。

第三十二条 国会开会期为四个月,但得延长之。

第三十三条 国会常会于每年三月一日开会。

第三十四条 国会临时会之牒集,于有左列情事之一时行之:

一、两院议员各有三分之一以上之请求;

二、国会委员会之请求;

三、政府认为必要。

第三十五条 国会之开会及闭会,两院同时行之。

一院停会时,两院同时休会。

众议院解散时,参议院同时行之。

第三十六条 国会之议事,两院各别行之。同一议案,不得同时提出于两院。

第三十七条 两院非各有议员总额过半数之列席,不得开议。

第三十八条 两院之议事,以列席议员过半数之同意决之。可否同数取决于议长。

第三十九条 国会之议定,以两院一致成之。一院否决之议案,同一会期内不得再行提出。

第四十条 两院之议事,公开之;但得依政府之请求或院议,秘密之。

第四十一条 众议院认为大总统、副总统有谋叛行为时,得以议员总额三分之二以上之列席,列席员三分之二以上之同意弹劾之。

第四十二条 众议院认国务员有违法行为时,得以列席员三分之二以上之同意弹劾之。

第四十三条 众议院对于国务员,得为不信任之决议。

前项决议用投票法,以列席员过半数之同意成之。

第四十四条 参议院审判被弹劾之大总统、副总统及国务员。

前项审判,非以列席员三分之二以上之同意,不得判决为有罪或违法。

判决大总统、副总统有罪时，应黜其职，其罪之处刑，由最高法院定之。

判决国务员违法时，应黜其职，并夺其公权，如有余罪时，付法院审判之。

第四十五条　两院各得建议于政府。

第四十六条　两院各受理国民之请愿。

第四十七条　两院议员得提出质问书于国务员，或请求其到院质问之。

第四十八条　两院议员于院内之言论及表决，对于院外不负责任。

第四十九条　两院议员除现行犯外，非得各本院或国会委员会之许可，不得逮捕或监视。

两院议员因现行犯被逮捕时，政府应即将理由报告于各本院或国会委员会。

第五十条　两院议员之岁费及其他公费，以法律定之。

第五章　国会委员会

第五十一条　国会委员会，于每年国会常会闭会前，由两院各于议员中选出二十名之委员组织之。

第五十二条　国会委员会之议事，以委员总额三分之二以上之列席，列席员三分之二以上之同意决之。

第五十三条　国会委员会于国会闭会期内除行使各本条所定职权外，得受理请愿并建议及质问。

第五十四条　国会委员会须将经过事由，于国会开会之始报告之。

第六章　大总统

第五十五条　中华民国之行政权，由大总统以国务员之赞襄行之。

第五十六条　中华民国人民，完全享有公权，年满四十岁以上，并住居国内满十年以上者,得被选举为大总统。

第五十七条 大总统由国会议员组织总统选举会选举之。

前项选举,以选举人总数三分之二以上之列席,用无记名投票行之,得票满投票人数四分之三者为当选,但两次投票无人当选时,就第二次得票较多者二名决选之,以得票过投票人数之半者为当选。

第五十八条 大总统任期五年,如再被选,得连任一次。大总统任满前三个月,国会议员须自行集会,组织总统选举会,行次任大总统之选举。

第五十九条 大总统就职时,须为左列之宣誓:"余誓以至诚,遵守宪法,执行大总统之职务,谨誓。"

第六十条 大总统缺位时,由副总统继任,至本任大总统期满之日止。

大总统因故不能执行职务时,以副总统代理之。

副总统同时缺位,由国务院摄行其职务。同时国会议员于三个月内自行集会,组织总统选举会,行次任大总统之选举。

第六十一条 大总统应于任满之日解职,如届期次任大总统尚未选出,或选出后尚未就职,次任副总统亦不能代理时,由国务院摄行其职务。

第六十二条 副总统之选举,依选举大总统之规定,与大总统之选举同时行之。但副总统缺位时,应补选之。

第六十三条 大总统公布法律,并监督确保其执行。

第六十四条 大总统为执行法律或依法律之委任,得发布命令。

第六十五条 大总统为维持公共治安,或防御非常灾患,时机紧急,不能召集国会时,经国会委员会之议决,得以国务员连带责任,发布与法律有同等效力之教令。

前项教令,须以次期国会开会后七日内请求追认,国会否认时,即失其效力。

第六十六条　大总统任免文武官吏，但宪法及法律有特别规定者，依其规定。

第六十七条　大总统为民国陆海军大元帅，统率陆海军。陆海军队之编制，以法律定之。

第六十八条　大总统对于外国为民国之代表。

第六十九条　大总统经国会之同意，得宣战，但防御外国攻击时，得于宣战后请求国会追认。

第七十条　大总统缔结条约，但媾和条约及关系立法事项之条约，非经国会同意，不生效力。

第七十一条　大总统依法律得宣告戒严，但国会委员会认为无戒严之必要时，应即为解严之宣告。

第七十二条　大总统颁予荣典。

第七十三条　大总统经最高法院之同意，得宣告免刑、减刑及复权，但对于弹劾事件之判决，非经国会同意，不得为复权之宣告。

第七十四条　大总统得停止众议院或参议院之会议，但每一会期，停会不得逾二次；每次期间，不得逾十日。

第七十五条　大总统经参议院列席议员三分之二以上之同意，得解散众议院，但同一会期不得为第二次之解散。大总统解散众议院时，应即另行选举，于五个月内定期继续开会。

第七十六条　大总统除叛逆罪外，非解职后不受刑事上之诉究。

第七十七条　大总统、副总统之岁俸，以法律定之。

第七章　国务院

第七十八条　国务院以国务员组织之。

第七十九条　国务总理及各部总长均为国务员。

第八十条　国务总理之任命，须经众议院之同意。

国务总理于国会闭会期内出缺时,大总统经国会委员会之同意,得为署理之任命。

第八十一条 国务员赞襄大总统,对于众议院负责任。

大总统所发命令及其他关系国务之文书,非经国务员之副署,不生效力。

第八十二条 国务员受不信任之决议时,大总统非依第七十五条之规定解散众议院,应即免国务员之职。

第八十三条 国务员得于两院列席及发言,但为说明政府提案时,得以委员代理。

前项委员由大总统任命之。

第八章 法院

第八十四条 中华民国之司法权,由法院行之。

第八十五条 法院之编制及法官之资格,以法律定之。

第八十六条 法院依法律受理民事、刑事、行政及其他一切诉讼,但宪法及法律有特别规定者,不在此限。

第八十七条 法院之审判公开之,但认为妨害公安或有关风化者,得秘密之。

第八十八条 法官独立审判,无论何人,不得干涉之。

第八十九条 法官在任中,非依法律不得减俸、停职或转职。

法官在任中,非受刑罚宣告或惩戒处分,不得免职,但改定法院编制及法官资格时,不在此限。

法官之惩戒处分以法律定之。

第九章 法律

第九十条 两院议员及政府各得提出法律案,但经一院否决者,于同一会期内不得再行提出。

第九十一条　国会议定之法律案,大总统须于送达后十五日内公布之。

第九十二条　国会议定之法律案,大总统如否认时,得于公布期内声明理由,请求复议,如两院各有议员三分之二以上仍执前议时,应即公布之。

未经请求复议之法律案,逾公布期限,即成为法律,但公布期满在国会闭会或众议院解散后者,不在此限。

第九十三条　法律非以法律不得变更或废止之。

第九十四条　法律与宪法抵触者无效。

第十章　会计

第九十五条　新课租税及变更税率,以法律定之。

第九十六条　现行租税未经法律变更者,仍旧征收。

第九十七条　募集国债及缔结增加国库负担之契约,须经国会议定。

第九十八条　国家岁出岁入,每年由政府编成预算案,于国会开会后十五日内,先提出于众议院。

参议院对于众议院议决之预算案修正或否决时,须求众议院之同意,如不得同意,原议决案即成为预算。

第九十九条　政府因特别事业,得于预算内,预定年限,设继续费。

第一〇〇条　政府为备预算不足或预算所未及,得于预算案内设预备费。预备费之支出,须于次会期请求众议院追认。

第一〇一条　左列各款支出,非经政府同意,国会不得废除或削减之:

一、法律上属于国家之义务者;

二、履行条约所必需者;

三、法律之规定所必需者;

四、继续费。

第一〇二条　国会对于预算案,不得为岁出之增加。

第一〇三条　会计年度开始,预算未成立时,政府每月依前年度预算十二分之一施行。

第一〇四条　为对外战争,或戡定内乱不能召集国会时,政府经国会委员会之议决,得为财政紧急处分。

但须于国会开会后七日内,请求众议院追认。

第一〇五条　国家岁出之支付命令,须先经审计院之核准。

第一〇六条　国家岁出岁入之决算案,每年经审计院审定,由政府报告于国会。

众议院对于决算否认时,国务员应负其责。

第一〇七条　审计院以参议院选举之审计员组织之。

审计员任期九年,每届三年改选二分之一。审计员之选举及职任,以法律定之。

第一〇八条　审计院设院长一人,由审计员互选之。审计院院长关于决算报告,得于两院列席及发言。

第十一章　宪法修正及解释

第一〇九条　国会得为修正宪法之发议。

前项发议,非两院各有列席员三分之二以上之同意,不得成立。

两院议员,非有各本院议员总额四分之一以上之联署,不得为修正宪法之提议。

第一一〇条　宪法之修正,由宪法会议行之。

第一一一条　国体不得为修正之议题。

第一一二条　宪法有疑义时,由宪法会议解释之。

第一一三条　宪法会议由国会议员组织之。

前项会议,非总员三分之二以上之列席,不得开议;非列席员四分之三以上之同意,不得议决。

七、中华民国约法 中华民国三年(1914年)五月一日公布

第一章　国家

第一条　中华民国,由中华人民组织之。

第二条　中华民国之主权,本于国民之全体。

第三条　中华民国之领土,依从前帝国所有之疆域。

第二章　人民

第四条　中华民国人民,无种族、阶级、宗教之区别,法律上均为平等。

第五条　人民享有下列各款之自由权:

一、人民之身体,非依法律,不得逮捕、拘禁、审问、处罚;

二、人民之家宅,非依法律,不得侵入或搜索;

三、人民于法律范围内,有保有财产及营业之自由;

四、人民于法律范围内,有言论、著作、刊行,及集会、结社之自由;

五、人民于法律范围内,有书信秘密之自由;

六、人民于法律范围内,有居住迁徙之自由;

七、人民于法律范围内,有信教之自由。

第六条　人民依法律所定,有请愿于立法院之权。

第七条　人民依法律所定,有诉讼于法院之权。

第八条　人民依法律所定,有请愿于行政官署及陈诉于平政院之权。

第九条　人民依法律所定,有应任官考试及从事公务之权。

第十条　人民依法律所定,有选举及被选举之权。

第十一条　人民依法律所定,有纳税之义务。

第十二条　人民依法律所定,有服兵役之义务。

第十三条　本章之规定,与陆海军法令及纪律不相抵触者,军人适用之。

第三章　大总统

第十四条　大总统为国之元首,总揽统治权。

第十五条　大总统代表中华民国。

第十六条　大总统对于人民之全体负责任。

第十七条　大总统召集立法院,宣告开会、停会、闭会。大总统经参议院之同意,解散立法院;但须自解散之日起,六个月以内,选举新议员,并召集之。

第十八条　大总统提出法律案及预算案于立法院。

第十九条　大总统为增进公益,或执行法律,或基于法律之委任,发布命令,并得使发布之;但不得以命令变更法律。

第二十条　大总统为维持公安,或防御非常灾害,事机紧急,不能召集立法院时,经参议院之同意,得发布与法律有同等效力之教令;但须于次期立法院开会之始,请求追认。

前项教令,立法院否认时,嗣后即失其效力。

第二十一条　大总统制定官制官规。大总统任免文武职官。

第二十二条　大总统宣告开战、媾和。

第二十三条　大总统为海陆军大元帅,统率全国海陆军。

大总统定海陆军之编制及兵额。

第二十四条　大总统接受外国大使、公使。

第二十五条　大总统缔结条约。但变更领土,或增加人民负担之条款,须经立法院之同意。

第二十六条　大总统依法律宣告戒严。

第二十七条　大总统颁给爵位、勋章,并其他荣典。

第二十八条 大总统宣告大赦、特赦、减刑、复权;但大赦须经立法院之同意。

第二十九条 大总统因故去职或不能视事时,副总统代行其职权。

第四章 立法

第三十条 立法以人民选举之议员,组织立法院行之。

立法院之组织及议员选举方法,由约法会议议决之。

第三十一条 立法院之职权如下:

一、议决法律;

二、议决预算;

三、议决或承诺关于公债募集及国库负担之条件;

四、答复大总统咨询事件;

五、收受人民请愿事件;

六、提出法律案;

七、提出关于法律及其他事件之意见,建议于大总统;

八、提出关于政治上疑义,要求大总统答复;但大总统认为须秘密者,得不答复之;

九、对于大总统有谋叛行为时,以总议员五分四以上之出席,出席议员四分三以上之可决,提起弹劾之诉讼于大理院。

前项第一款至第八款,及第二十条、第二十五条、第二十八条、第五十五条、第五十七条事件,其表决以出席议员过半数之同意行之。

第三十二条 立法院每年召集之会期,以四个月为限;但大总统认为必要时,得延长其会期,并得于闭会期内召集临时会。

第三十三条 立法院之会议,须公开之;但经大总统之要求或出席议员过半数之可决时,得秘密之。

第三十四条 立法院议决之法律案,由大总统公布施行。

立法院议决之法律案,大总统否认时,得声明理由,交院复议;如立法院出席议员三分二以上仍执前议,而大总统认为于内治外交有重大危害,或执行有重大障碍时,经参议院之同意,得不公布之。

第三十五条 立法院议长、副议长,由议员互选之,以得票过投票总数之半者为当选。

第三十六条 立法院议员于院内之言论及表决,对于院外不负责任。

第三十七条 立法院议员,除现行犯及关于内乱外患之犯罪外,会期中非经立法院许可,不得逮捕。

第三十八条 立法院法,由立法院自定之。

第五章 行政

第三十九条 政行政以大总统为首长,置国务卿一人赞襄之。

第四十条 行政事务置外交、内务、财政、陆军、海军、司法、教育、农商、交通各部分掌之。

第四十一条 各部总长依法律、命令,执行主管行政事务。

第四十二条 国务卿、各部总长及特派员,代表大总统出席立法院发言。

第四十三条 国务卿、各部总长有违法行为时,受肃政厅之纠弹及平政院之审理。

第六章 司法

第四十四条 司法以大总统任命之法官组织法院行之。

法院编制及法官之资格,以法律定之。

第四十五条 法院依法律独立审判民事诉讼、刑事诉讼;但关于行政诉讼及其他特别诉讼,各依其本法之规定行之。

第四十六条 大理院对于第三十一条第九款之弹劾事件,其审判程序,别以法律定之。

第四十七条　法院之审判，须公开之；但认为有妨害安宁秩序，或善良风俗者，得秘密之。

第四十八条　法官在任中不得减俸或转职；非依法律受刑罚之宣告或应免职之惩戒处分，不得解职。

惩戒条规，以法律定之。

第七章　参政院

第四十九条　参政院应大总统之咨询，审议重要政务。参政院组织，由约法会议议决之。

第八章　会计

第五十条　新课租税及变更税率，以法律定之。现行租税，未经法律变更者，仍旧征收。

第五十一条　国家岁出岁入，每年度依立法院所议决之预算行之。

第五十二条　因特别事件，得于预算内预定年限，设继续费。

第五十三条　为备预算不足或于预算以外之支出，须于预算内设预备费。

第五十四条　下列各项支出，非经大总统之同意，不得废除或裁减之：

一、法律上属于国家之义务者；

二、法律上之规定所必需者；

三、履行条约所必需者；

四、陆海军编制所必需者。

第五十五条　为国际战争或战定内乱及其他非常事变，不能召集立法院时，大总统经参政院之同意，得为财政紧急处分；但须于次期立法院开会之始，请求追认。

第五十六条　预算不成立时，执行前年度预算；会计年度既开始，预算尚未议定时亦同。

第五十七条 国家岁出岁入之决算,每年经审计院审定后,由大总统提出报告书于立法院,请求承诺。

第五十八条 审计院之编制,有约法会议决之。

第九章 制定宪法程序

第五十九条 中华民国宪法案,由宪法委员会起草。

宪法起草委员会,以参政院所推举之委员组织之。其人数以十名为限。

第六十条 中华民国宪法案,经参政院审定之。

第六十一条 中华民国宪法案,经参政院审定后,由大总统提出于国民会议决定之。

国民会议之组织,由约法会议议决之。

第六十二条 国民会议,由大总统召集并解散之。

第十章 附则

第六十三条 中华民国宪法未施行以前,本约法之效力与宪法等。

约法施行前之现行法令,与本约法不相抵触者,保有其效力。

第六十四条 中华民国元年二月十二日所宣布之大清皇帝辞位后优待条件、清皇族待遇条件、满蒙回藏各族待遇条件,永不变更其效力。

其与待遇条件有关系之蒙古待遇条件,仍继续保有其效力;非依法律,不得变更之。

第六十五条 本约法由立法院议员三分二以上或大总统提议增修,经立法院议员五分四以上之出席,出席议员四分三以上之可决时,由大总统召集约法会议增修之。

第六十六条 立法院未成立以前,以参政院代行其职权。

第六十七条　本约法自公布之日施行。民国元年三月十一日公布之临时约法,于本约法施行之日废止。

八、中华民国宪法 1923年

中华民国议会为发扬国光,巩固国圉,增进社会福利,拥护人道尊严,制兹宪法,宣布全国,永矢咸遵,垂之无极。

第一章 国体

第一条 中华民国永远为统一民主国。

第二章 主权

第二条 中华民国主权,属于全体国民。

第三章 国土

第三条 中华民国国土,依其固有之疆域。

国土及其区划,非以法律,不得变更之。

第四章 国民

第四条 凡依法律所定,属中华民国国籍者,为中华民国人民。

第五条 中华民国人民于法律上无种族、阶级、宗教之别,均为平等。

第六条 中华民国人民,非依法律,不受逮捕、监禁、审问或处罚。

人民被羁押时,得依法律,以保护状请求法院提至法庭审查其理由。

第七条 中华民国人民之住居,非依法律,不受侵入或搜索。

第八条 中华民国通信之秘密,非依法律,不受侵犯。

第九条 中华民国人民有选择住居及职业之自由,非依法律,不受限制。

第十条　中华民国人民有集会、结社之自由，非依法律，不受限制。

第十一条　中华民国人民有言论、著作及刊行之自由，非依法律，不受限制。

第十二条　中华民国人民，有尊崇孔子及信仰宗教之自由，非依法律，不受限制。

第十三条　中华民国人民之财政所有权，不受侵犯；但公益上必要之处分，依法律之所定。

第十四条　中华民国人民之自由权，除本章规定外，凡无背于宪政原则者，皆承认之。

第十五条　中华民国人民依法律有诉讼于法院之权。

第十六条　中华民国人民依法律有请愿及陈诉之权。

第十七条　中华民国人民依法律有选举权及被选举权。

第十八条　中华民国人民依法律有从事公职之权。

第十九条　中华民国人民依法律有纳租税之义务。

第二十条　中华民国人民依法律有服兵役之义务。

第二十一条　中华民国人民依法律有初等教育之义务。

第五章　国权

第二十二条　中华民国之国权，属于国家事项，依本宪法之规定行使之；属地方事项，依本宪法及各省自治法之规定行使之；属于地方事项，依本宪法及各省自治法之规定行使之。

第二十三条　下列事项，由国家立法并执行之：

一、外交；

二、国防；

三、国籍法；

四、刑事、民事及商事之法律；

五、监狱制度；

六、度量衡；

七、币制及国立银行；

八、关税、盐税、印花税、烟酒税、其他消费税，及全国税率应行划一之租税；

九、邮政、电报及航空；

十、国有铁道及国道；

十一、国有财产；

十二、国债；

十三、专卖及特许；

十四、国家文武官吏之铨试、任用、纠察及保障；

十五、其他依本宪法所定属于国家之事项。

第二十四条 下列事项，由国家立法并执行，或令地方执行之；

一、农、工、矿业及森林；

二、学制；

三、银行及交易所制度；

四、航政及沿海渔业；

五、两省以上之水利及河道；

六、市制通则；

七、公用征收；

八、全国户口调查及统计；

九、移民及垦殖；

十、警察制度；

十一、公共卫生；

十二、救恤及游民管理；

十三、有关文化之古籍、古物，及古迹之保存。

以上各款,省不抵触国家法律范围内,得制定单行法。

本条所列第一、第四、第十一、第十二、第十三各款,在国家未立法之前,省得行使其立法权。

第二十五条 下列事项,由省立法并执行,或令县执行之:

一、省教育、实业及交通;

二、省财产之经营处分;

三、省市政;

四、省水利及工程;

五、田赋、契税及其他省税;

六、省债;

七、省银行;

八、省警察及保安事项;

九、省慈善及公益事项;

十、下级自治;

十一、其他依国家法律赋予事项。

前项所定各款,有涉及二省以上者,除法律别有规定外,得共同办理。其经费不足时,经国会议决,由国库补助之。

第二十六条 除第二十三条、第二十四条、第二十五条列举事项外,如有未列举事项发生时,其性质关系国家者,属之国家,关系各省者,属之各省;遇有争议,得依法律限制之。

第二十七条 国家对于各省课税之种类及其征收方法,为免下列诸弊,或因维持公共利益之必要时,得依法律限制之:

一、妨害国家收入或通商;

二、二重课税;

三、对于公共道路或其他交通设施之利用,课以过重或妨碍交通之规费;

四、各省及各地方间,因保护其产物,对于输入商品,为不利益之课税;

五、各省及各地方间,物品通过之课税。

第二十八条　省法律与国家法律抵触者无效。

省法律与国家法律发生抵触之疑义时,由最高法院解释之。

前项解释之规定,于省自治法抵触国家法律时,得适用之。

第二十九条　国家预算不敷,或因财政紧急处分,经国会议决,得比较各省岁收额数,用累进法分配其负担。

第三十条　财力不足或遇非常事变之地方,经国会议决,得由国库补助之。

第三十一条　省与省争议事件,由参议院裁决之。

第三十二条　国军之组织,以义务民兵制为基础。

各省除执行兵役法所规定之事项外,平时不负其他军事上之义务。

义务民兵依全国征募区,分期召集训练之;但常备军之驻在地,以国防地带为限。

国家军备费,不得逾岁入四分之一;但对外战争时,不在此限。

国军之解散,由国会议定之。

第三十三条　省不得缔结有关政治之盟约。

省不得有妨害他省或其他地方利益之行为。

第三十四条　省不得自置常备军,并不得设立军官学校及军械制造厂。

第三十五条　省因不履行国法上之义务,经政府告诫,仍不服从者,得以国家权力强制之。

前项之处置,经国会否认时,应中止之。

第三十六条　省有以武力相侵犯者,政府得依前条规定制止之。

第三十七条　国体发生变动,或宪法上根本组织被破坏时,省应联合维持宪法上规定之组织,至原状回复为止。

第三十八条 本章关于省之规定,未设省已设县之地方,均适用之。

第六章 国会

第三十九条 中华民国之立法权,由国会行之。

第四十条 国会以参议院、众议院构成之。

第四十一条 参议院以法定最高级地方议会及其他选举团体选出之议员组织之。

第四十二条 众议院以各选举区比例人口选出之选员组织之。

第四十三条 两院议员之选举,以法律定之。

第四十四条 无论何人,不得同时为两院议员。

第四十五条 两院议员不得兼任文武官吏。

第四十六条 两院议员之资格,各院得自行审定之。

第四十七条 参议院议员任期六年,每二年改选三分之一。

第四十八条 众议院议员任期三年。

第四十九条 第四十七条、第四十八条议员之职务,应俟次届选举完成,依法开会之前一日解除之。

第五十条 两院各设议长、副议长一人,由两院议员互选之。

第五十一条 国会自行集会、开会、闭会;但临时会于有下列情事之一时行之;

一、两院议员各有三分之一以上之联名通告;

二、大总统之牒集。

第五十二条 国会常会于每年八月一日开会。

第五十三条 国会常会,会期为四个月;得延长之,但不得逾常会会期。

第五十四条 国会之开会、闭会,两院同时行之。一院停会时,它院同时休会。

众议院解散时,参议院同时休会。

第五十五条　国会之议事,两院分别行之。

第五十六条　两院非各有议员总数过半数之列席,不得开议。

第五十七条　两院之议事,以列席议员过半数之同意决之;可否同数,取决于议长。

第五十八条　国会之议定,以两院之一致成之。

第五十九条　两院之议事,公开之;但依政府之请求或院议,秘密之。

第六十条　众议院认大总统、副总统有谋叛行为时,得以议员三分二以上之列席,列席员三分之二以上之同意弹劾之。

第六十一条　众议院认国务员有违法行为时,得以列席员三分二以上同意弹劾之。

第六十二条　众议院对于国务员得为不信任之议决。

第六十三条　参议院审判被弹劾之大总统、副总统及国务员。

前项审判,非以列席员三分二以上之同意,不得判决为有罪或违法。

判决大总统、副总统有罪时,应黜其职,其罪之处刑,由最高法院定之。

判决国务员违法时,应黜其职,并得夺其公权;如有余罪,付法院审判之。

第六十四条　两院对于官吏违法或失职行为,各得咨请政府查办之。

第六十五条　两院各得建议于政府。

第六十六条　两院得各受理国民之请愿。

第六十七条　两院议员得提出质问书于国务员,或请求其到院质问之。

第六十八条　两院议员对于院内之言论及表决,对于院外不负责任。

第六十九条　两院议员在会期中,除现行犯外,非得各本院许可,不得逮捕或监视。

两院议员因现行犯被逮捕时,政府应即将理由报告于各本院。但各本院得以院议,要求会期内暂行停止诉讼之进行,将被捕议员交回各本院。

第七十条　两院议员之岁费及其他公费,以法律定之。

第七章　大总统

第七十一条　中华民国之行政权,由大总统以国务员之襄赞行之。

第七十二条　中华民国人民,完全享有公权,年满四十岁以上,并居住国内满十年以上者,得被选举为大总统。

第七十三条　大总统由国会议员组织总统选举会选举之。

前项选举,以选举人总数三分二以上之列席,用无记名投票行之。得票满投票人数四分三者为当选。但两次投票无人当选时,就第二次得票较多吋,就第二次得票较多者二名决选之,以得票过投票人数之半者为当选。

第七十四条　大总统任期五年。如再被选,得连任一次。

大总统任满前三个月,国会议员须自行集会,组织总统选举会,举行次任大总统之选举。

第七十五条　大总统就职时,须为下列之宣誓:

"余誓以至诚遵守宪法,执行大总统之职务,谨誓!"

第七十六条　大总统缺位时,由副总统继任,至本大总统期满之日止。

大总统因故不能执行职务时,以副总统代理之。副总统同时缺位,由国务院摄行其职务。同时,国会议员于三个月内自行集会,组织总统选举会,行次任大总统之选举。

第七十七条　大总统应于任满之日解职。如届期次任大总统尚未选出,或选出后尚未就职,次任副总统亦不能代理时,由国务院摄行其职务。

第七十八条　副总统之选举,依选举大总统之规定,对大总统之选举同时行之。但副总统缺位时,应补选之。

第七十九条 大总统公布法律,并监督确保其执行。

第八十条 大总统为执行法律或依法律之委任,得发布命令。

第八十一条 大总统任命文武官吏。但宪法及法律有特别规定者,依其规定。

第八十二条 大总统为民国海陆军大元帅,统帅海陆军。

海陆军之编制,以法律定之。

第八十三条 大总统对于外国为民国之代表。

第八十四条 大总统经国会之同意,得宣战;但防御外国攻击时,得于宣战后请求国会追认。

第八十五条 大总统缔结条约;但媾和及关系立法事项之条约,非经国会同意,不生效力。

第八十六条 大总统依法律得宣告戒严;但国会认为无戒严之必要时,应即为解严之宣告。

第八十七条 大总统经最高法院之同意,得宣告免刑、减刑及复权;但对于弹劾事件之判决,非经参议院同意,不得为复权之宣告。

第八十八条 大总统得停止众议院或参议院之会议。但每一会期,停会不得逾二次;每次期间,不得逾十日。

第八十九条 大总统于国务员受不信任之决议时,非免国务院之职,即解散众议院;但解散众议院,须经参议院之同意。

原国务员在职中或同一会期,不得为第二次之解散。

大总统解散众议院时,应即令行选举,于五个月内定期继续开会。

第九十条 大总统除叛逆罪外,非解职后,不受刑事上之诉究。

第九十一条 大总统、副总统之岁俸,以法律定之。

第八章　国务院

第九十二条　国务院以国务员组织之。

第九十三条　国务总理及各部总长，均为国务员。

第九十四条　国务总理之任命，须经众议院之同意。

国务总理于国会闭会期内出缺时，大总统得为署理之任命；但继任之国务总理，须于次期国会开会后七日内，提出众议院同意。

第九十五条　国务员襄赞大总统，对于众议院负责任。

大总统所发命令及其他关系国务之文书，非经国务员之副署，不生效力；但任免国务总理，不在此限。

第九十六条　国务员得于两院列席及发言；但为说明政府提案时，得以委员代理。

第九章　法院

第九十七条　中华民国之司法权，由法院行之。

第九十八条　法院之编制及法官之资格，以法律定之。

最高法院院长之任命，须经参议院之同意。

第九十九条　法院以法律受理民事、刑事、行政及其他一切诉讼；但宪法及法律有特别规定者，不在此限。

第一〇〇条　法庭之审判，公开之。但认为妨害公安或有关风化者，得秘密之。

第一〇一条　法官独立审判，无论何人，不得干涉之。

第一〇二条　法官在任中，非依法律，不得减俸、停职或转职。法官在任中，非受刑法宣告或惩戒处分，不得免职。但改定法院编制及法官资格时，不在此限。

法官之惩戒处分，以法律定之。

第十章 法律

第一〇三条 两院议员及政府,各得提出法律案。但经一院否决者,于同一会期,不得再行提出。

第一〇四条 国会议定之法律案,大总统须于送达后十五日内公布之。

第一〇五条 国会议定之法律案,大总统如有异议时,得于公布期内,声明理由,请求国会复议。如两院仍执前议时,应即公布之。

第一〇六条 法律非以法律,不得变更或废止之。

第一〇七条 国会议定之决议案,交复议时,适用法律案之规定。

第一〇八条 法律与宪法抵触者无效。

第十一章 会计

第一〇九条 新课租税及变更税率,以法律定之。

第一一〇条 募集国债及缔结增加国库负担之契约,须经国会议定。

第一一一条 凡直接有关国民负担之财政案,众议院有先议权。

第一一二条 国家岁出岁入,每年由政府编成预算案,于国会开会后十五日内,先提出于众议院。

第一一三条 政府因特别事业,得于预算案内预定年限,设预备费。

第一一四条 政府为备预算不足或预算所未及,得于预算案内设预备费。

预备费之支出,须于次会期请求众议院追认。

第一一五条 下列各款支出,非经政府同意,国会不得废除或削减之。

一、法律上属于国家之义务者;

二、履行条约所必需者;

三、法律之规定所必需者;

四、继续费。

第一一六条　国会对于预算案,不得为岁出之增加。

第一一七条　会计年度开始,预算未成立时,政府每月依前年度预算十二分之一施行。

第一一八条　对外防御战争或戡定内乱,救济非常灾变,时机紧急,不得牒集国会时,政府得为财政紧急处分;但须于次期国会开会后七日内,请求众议院追认。

第一一九条　国家岁出岁入之决算案,每年经审计院审计,由政府报告于国会。

第一二〇条　国家岁出岁入之决算案,每年经审计院审定,由政府报告于国会。

众议院对于决算案追认案否认时,国务员应负其责。

第一二一条　审计院之组织及审计员之资格,以法律定之。

审计员在任中,非依法律,不得减俸、停职或转职。

审计员之惩戒处分,以法律定之。

第一二二条　审计院之院长,由参议院选举之。

审计院院长关于决算报告,得于两院列席及发言。

第一二三条　国会决定之预算及追认案,大总统应于送达后公布之。

第十二章　地方制度

第一二四条　地方划分为省县两级。

第一二五条　省依本宪法第五章第二十二条之规定,得自制定省自治法,但不得与本宪法及国家法律相抵触。

第一二六条　省自治法,由省议会、县议会及各省各法定之职业团体选出之代表,组织省自治法会议制定之。

前项代表除由县议会各选出一人外,由省议会选出者不得逾由县议会所选出代表总额之半数;其由各法定职业团体选出者亦同。但由省议会、县议会选出之代表,不以各该议会之议员为限。其选举法由省法律定之。

第一二七条 下列各规定,各省俱适用之:

一、省设省议会,为单一制之代议机关;其议员依直接选举方法选出之。

二、省设省务院,执行省自治行政,以省民直接选举之省务员五人至九人组织之,任期四年。在未能直接选举以前,得适用前条之规定,组织选举会选举之。但现役军人,非解职一年后,不得被选。

三、省务院设院长一人,由省务员互选之。

四、住居省内一年以上之中华民国人民,于省之法律上一律平等,完全享有公民权利。

第一二八条 下列各项规定,各县俱适用之:

一、县设县议会,于县以内之自治事项,有立法权。

二、县设县长,由县民直接选举之;依县参事会之赞襄,执行县自治行政。但司法尚未独立,及下级自治尚未完成以前,不适用之。

三、县于负担省税总额内,有保留权;但不得逾总额十分之四。

四、县有财产及自治经费,省政府不得处分之。

五、县因天灾事变或经费不足时,得请求省务院,经省议会议决,由省库补助之。

六、县有奉行国家法令及省法令之义务。

第一二九条 省税与县税之划分,由省议会议决之。

第一三〇条 省不得对于一县或数县施行特别法律;但关系一省共同利害者,不在此限。

第一三一条 县之自治事项,有完全执行权;除省法律规定惩戒处分外,省不得干涉之。

第一三二条 省及县以内之国家行政,除由国家分置官吏执行外,得委任省、县自治行政机关执行之。

第一三三条　省、县自治行政机关，执行国家行政有违背法令时，国家得依法律之规定惩戒之。

第一三四条　未设省已设县之地方，适用本章之规定。

第一三五条　内外蒙古、西藏、青海，因地方人民之公意，得划分为省、县两级，适用本章各规定。但未设省、县以前，其行政制度，以法律定之。

第十三章　宪法之修正解释及其效力

第一三六条　国会得为修正宪法之发议。

前项发议，非两院各有列席员三分二以上之同意，不得成立。

两院议员非有本院议员总额四分一以上之联署，不得为修正宪法之提议。

第一三七条　宪法之修正，由宪法会议行之。

第一三八条　国体不得为修正之议题。

第一三九条　宪法有疑义时，由宪法会议解释之。

第一四〇条　宪法会议，由国会议员组织之。

前项会议，非总员三分二以上之列席，不得开议；非列席员四分三以上之同意，不得议决。但关于疑义之解释，得以列席员三分二以上之同意决之。

第一四一条　宪法非依本章所规定之修正程序，无论经何种事变，永不失其效力。

九、中华民国训政时期约法 1931年6月

中华民国二十年五月十二日国民会议通过,同年六月一日国民政府公布

国民政府本革命之三民主义,五权宪法,以建设中华民国。既由军政时期入于训政时期,允宜公布约法,共同遵守,以期促成宪政,授政于民选之政府。兹谨遵创立中华民国之中国国民党总理遗嘱,召集国民会议于首都,由国民会议制定中华民国训政时期约法如下:

第一章 总纲

第一条 中华民国领土为各省及蒙古,西藏。

第二条 中华民国之主权属于国民全体。凡依法律享有中华民国国籍者为中华民国国民。

第三条 中华民国永为统一共和国。

第四条 中华民国国旗定为红地左角上青天白日。

第五条 中华民国国都定于南京。

第二章 人民之权利义务

第六条 中华民国国民,无男女,种族,宗教,阶级之区别,在法律上一律平等。

第七条 中华民国国民,依建国大纲第八条之规定,在完全自治之县,享有建国大纲第九条所定选举,罢免,创制,复决之权。

第八条 人民非依法律不得逮捕,拘禁,审问,处罚。人民因犯罪嫌疑被逮捕拘禁者,其执行逮捕或拘禁之机关至迟应于二十四小时内,移送审判机关审问,本人或他人并得依法请求于二十四小时内提审。

第九条　人民除现役军人外非法律不受军事审判。

第十条　人民之住所非依法律不得侵入搜索或封锢。

第十一条　人民有信仰宗教之自由。

第十二条　人民有迁徙之自由,非依法律不得停止或限制之。

第十三条　人民有通信,通电秘密之自由,非依法律不得停止或限制之。

第十四条　人民有结社集会之自由,非依法律不得停止或限制之。

第十五条　人民有发表言论及刊行著作之自由,非依法律不得停止或限制之。

第十六条　人民之财产非依法律不得查封或没收。

第十七条　人民财产所有权之行使,在不妨害公共利益之范围内,受法律之保障。

第十八条　人民财产因公共利益之必要,得依法律征用或征收之。

第十九条　人民依法律,得享有财产继承权。

第二十条　人民有请愿之权。

第二十一条　人民依法律有诉愿于法院之权。

第二十二条　人民依法律有提起诉愿及行政诉讼之权。

第二十三条　人民依法律有应考试之权。

第二十四条　人民依法律有服公务之权。

第二十五条　人民依法律有纳税之义务。

第二十六条　人民依法律有服兵役及工役之义务。

第二十七条　人民对于公署依法执行职权之行为,有服从之义务。

第三章　训政纲要

第二十八条　训政时期之政治纲领及其设施,依建国大纲之规定。

第二十九条　地方自治,依建国大纲及地方自治开始实行法之规定推行之。

第三十条　训政时期由中国国民党全国代表大会代表国民大会行使中央统治权。

中国国民党全国代表大会闭会时,其职权由中国国民党中央执行委员会行使之。

第三十一条　选举,罢免,创制,复决,四种政权之行使由国民政府训导之。

第三十二条　行政,立法,司法,考试,监察,五种治权由国民政府行使之。

第四章　国民生计

第三十三条　为发展国民生计,国家对于人民生产事业,应予以奖励及保护。

第三十四条　为发展农村经济,改善农民生活,增进佃农福利,国家应积极实施下列事项:

一、垦殖全国荒地,开发农田水利;

二、设立农业金融机关,奖励农村合作事业;

三、实施仓储制度,预防灾荒,充裕民食;

四、发展农业教育,注重科学实验,厉行农业推广,增加农业生产;

五、奖励地方兴筑农村道路,便利物产运输。

第三十五条　国家应兴办油,煤,金,铁矿业,并对于民营矿业,予以奖励及保护。

第三十六条　国家应创办国营航业,并对于民营航业,予以奖励及保护。

第三十七条　人民得自由选择职业及营业,但有妨害公共利益者,国家得以法律限制或禁止之。

第三十八条　人民有缔结契约之自由,在不妨害公共利益及善良风化范围内,受法律之保障。

第三十九条　人民为改良经济生活及促进劳资互助,得依法组织职业团体。

第四十条　劳资双方应本协调互利原则发展生产事业。

第四十一条　为改良劳工生活状况,国家应实施保护劳工法规。妇女儿童从事劳动者,应按其年龄及身体状态,施以特别之保护。

第四十二条　为预防及救济因伤病废老而不能劳动之农民工人等,国家应施行劳动保险制度。

第四十三条　为谋国民经济之发展,国家应提倡各种合作事业。

第四十四条　人民生活必需品之产销及价格,国家应调整或限制之。

第四十五条　借贷之重利及不动产使用之重租应以法律禁止之。

第四十六条　现役军人因服务而致残废者,国家应施以相当之救济。

第五章　国民教育

第四十七条　三民主义为中华民国教育之根本原则。

第四十八条　男女教育之机会一律平等。

第四十九条　全国公私立之教育机关一律受国家之监督,并负责推行国家所定教育政策之义务。

第五十条　已达学龄之儿童应一律受义务教育,其详以法律定之。

第五十一条　未受义务教育之人民,应一律受成年补习教育,其详以法律定之。

第五十二条　中央及地方应宽筹教育上必需之经费,其依法独立之经费并予以保障。

第五十三条　私立学校成绩优良者,国家应予以奖励及补助。

第五十四条　华侨教育国家应予以奖励及补助。

第五十五条　学校教职员成绩优良久于其职者，国家应予以奖励及保障。

第五十六条　全国公私立学校应设置免费及奖金学额，以奖励品学俱优无力开学之学生。

第五十七条　学术及技术之研宪与发明，国家应予以奖励及保护。

第五十八条　有关历史文化及艺术之古迹古物，国家应予以保护或保存。

第六章　中央与地方之权限

第五十九条　中央与地方之权限，依建国大纲第十七条之规定，采均权制度。

第六十条　各地方于其事权范围内，得制定地方法规，但与中央法规抵触者无效。

第六十一条　中央与地方课税之划分以法律定之。

第六十二条　中央对于各地方课税，为免除下列各款之弊害，以法律限制之：

一、妨害社会公共利益；

二、妨害中央收入之来源；

三、复税；

四、妨害交通；

五、为一地方之利益对于他地方货物之输入力为不公平之棵税；

六、各地方之物品通过税。

第六十三条　工商业之专利，专卖特许权属于中央。

第六十四条　凡一省到宪政开始时期，中央及地方权限应依建国大纲以法律详细定之。

第七章　政府之组织

第一节　中央制度

第六十五条　国民政府总揽中华民国之治权。

第六十六条　国民政府统率陆海空军。

第六十七条　国民政府行使宣战,媾和及缔结条约之权。

第六十八条　国民政府行使大赦,特赦及减刑,复权。

第六十九条　国民政府授予荣典。

第七十条　国家之岁入,岁出,由国民政府编定预算,决算公布之。

第七十一条　国民政府设行政院,立法院,司法院,考试院,监察院,及各部会。

第七十二条　国民政府设主席一人,委员若干人,由中国国民党中央执行委员会选任,委员名额以法律定之。

第七十三条　国民政府主席对内对外代表国民政府。

第七十四条　各院院长及各部会长以国民政府主席之提请,由国民政府依法任免之。

第七十五条　公布法律,发布命令,由国民政府主席依法署名行之。

第七十六条　各院部会得依法发布命令。

第七十七条　国民政府及各院部会之组织以法律定之。

第二节　地方制度

第七十八条　省置省政府,受中央之指挥,综理全省政务,其组织以法律定之。

第七十九条　凡一省依建国大纲第十六条之规定达到宪政开始时期,国民代表会得选举省长。

第八十条　蒙古,西藏之地方制度,得就地方情形,另以法律定之。

第八十一条　县置县政府,受省政府之指挥,综理全县政务,其组织以法律定之。

第八十二条　各县组织自治筹备会,执行建国大纲第八条所规定之筹备事项。县自治筹备会之组织以法律定之。

第八十三条　工商繁盛,人口集中或有其他特殊情形之地方,得设各种市区,其组织以法律定之。

第八章　附则

第八十四条　凡法律与本约法抵触者无效。

第八十五条　本约法之解释权由中国国民党中央执行委员会行使之。

第八十六条　宪法草案当本于建国大纲及训政与宪政两时期之成绩,由立法院议订,随时宣传于民众,以备到时采择施行。

第八十七条　全国有过半数省份达到宪政开始时期,即全省之地方自治完全成立时期,国民政府应即开国民大金,决定宪法而颁布之。

第八十八条　本约法由国民会议制定,交由国民政府公布之。

第八十九条　本约法自公布之日施行。

十、中华民国宪法草案 1936年

中华民国二十五年五月五日宣布，中华民国二十六年五月十八日修正

中华民国国民大会，受全体国民付托，遵照创立中华民国之孙先生之遗教，制兹宪法，颁行全国，永矢咸遵。

第一章 总纲

第一条 中华民国为三民主义共和国。

第二条 中华民国之主权属于国民全体。

第三条 具有中华民国之国籍者为中华民国国民。

第四条 中华民国领土为江苏，浙江，安徽，江西，湖北，湖南，四川，西康，河北，山东，山西，河南，陕西，甘肃，青海，福建，广东，广西，云南，贵州，辽宁，吉林，黑尤江，热河，察哈尔，绥远，宁夏，新疆，蒙古，西藏等固有之疆域。

中华民国领土非经国民大会议决，不得变更。

第五条 中华民国各民族均为中华民族之构成分子，一律平等。

第六条 中华民国国旗定为红地，左上角青天白日。

第七条 中华民国国都定于南京。

第二章 人民之权利义务

第八条 中华民国人民在法律上一律平等。

第九条 人民有身体之自由，非依法律，不得逮捕、拘禁、审问或处罚。

人民因犯罪嫌疑被逮捕拘禁者，其执行机关应即将逮捕拘禁原因，告知本人及其亲属，并至迟于二十四小时内移送于该管法院审问；本

人或他人亦得声请该管法院于二十四小时内向执行机关提审。

法院对于前项声请,不得拒绝,执行机关对于法院之提审,亦不得拒绝。

第十条 人民除现役军人外,不受军事裁判。

第十一条 人民有居住之自由,其居住处所,非依法律,不得侵入、搜索或封锢。

第十二条 人民有迁徙之自由,非依法律,不得限制之。

第十三条 人民有言论、著作及出版之自由,非依法律,不得限制之。

第十四条 人民有秘密通讯之自由,非依法律,不得限制之。

第十五条 人民有信仰宗教之自由,非依法律,不得限制之。

第十六条 人民有集会结社之自由,非依法律,不得限制之。

第十七条 人民之财产,非依法律,不得征用、征收、查封,或没收。

第十八条 人民有依法律请愿、诉愿及诉讼之权。

第十九条 人民有依法律选举、罢免、创制、复决之权。

第二十条 人民有依法律应考试之权。

第二十一条 人民有依法律纳税之义务。

第二十二条 人民有依法律服兵役及工役之义务。

第二十三条 人民有依法律服公务之义务。

第二十四条 凡人民之其他自由及权利不妨害社会秩序公共利益者,均受宪法之保障,非依法律,不得限制之。

第二十五条 凡限制人民自由或权利之法律,以保障国家安全,避免紧急危难,维持社会秩序,或增进公共利益所必要者为限。

第二十六条 凡公务员违法侵害人民之自由或权利者,除依法律惩戒外,应负刑事及民事责任;被害人民,就其所受损害,并得依法律向国家请求赔偿。

第三章　国民大会

第二十七条　国民大会以下列国民代表组织之：

一、每县市及其同等区域各选出代表一人，但其人口逾三十万者，每增加五十万人，增选代表一人，县市同等区域以法律定之；

二、蒙古、西藏选出代表，其名额以法律定之；

三、侨居国外之国民选出代表，其名额以法律定之。

第二十八条　国民代表之选举，以普遍、平等、直接、无记名投票之方法行之。

第二十九条　中华民国国民年满二十岁者，有依法律选举代表权，年满二十五岁者，有依法律被选举代表权。

第三十条　国民代表任期六年。

国民代表违法或失职时，原选举区依法律罢免之。

第三十一条　国民大会每三年由总统召集一次，会期一月，必要时得延长一月。

国民大会经五分二以上代表之同意，得自行召集临时国民大会。

总统得召集临时国民大会。

国民大会之开会地点在中央政府所在地。

第三十二条　国民大会之职权如下：

一、选举总统、副总统，立法院院长、副院长，监察院院长、副院长，立法委员，监察委员；

二、罢免总统、副总统，立法、司法、考试、监察各院院长、副院长，立法委员，监察委员；

三、创制法律；

四、复决法律；

五、修改宪法；

六、宪法赋予之其他职权。

第三十三条 国民代表在会议时所为之言论及表决,对外不负责任。

第三十四条 国民代表,除现行犯外,在会期中非经国民大会许可,不得逮捕或拘禁。

第三十五条 国民大会之组织,国民代表之选举、罢免及国民大会行使职权之程序,以法律定之。

第四章 中央政府

第一节 总统

第三十六条 总统为国家元首,对外代表中华民国。

第三十七条 总统统率全国陆海空军。

第三十八条 总统依法公布法律,发布命令,并须经关系院院长之副署。

第三十九条 总统依法行使宣战、媾和及缔结条约之权。

第四十条 总统依法宣布戒严解严。

第四十一条 总统依法行使大赦、特赦、减刑、复权之权。

第四十二条 总统依法任免文武官员。

第四十三条 总统依法授予荣典。

第四十四条 国家遇有紧急事变,或国家经济上有重大变故,须为急速处分时,总统得经行政会议之议决,发布紧急命令,为必要之处置;但应于发布命令后三个月内,提交立法院追认。

第四十五条 总统得召集五院院长会商关于二院以上事项,及总统咨询事项。

第四十六条 总统对国民大会负其责任。

第四十七条 中华民国国民年满四十岁者,得被选为总统副总统。

第四十八条 总统副总统之选举以法律定之。

第四十九条　总统副总统之任期均为六年,连选得连任一次。

第五十条　总统应于就职日宣誓之词如下:

“余正心诚意,向国民宣誓:余必遵守宪法,尽忠职务,增进人民福利,保卫国家,无负国民付托;如违誓言,愿受国法严厉之制裁。谨誓。”

第五十一条　总统缺位时,由副总统继其任。

总统因故不能视事时,由副总统代行其职权;总统副总统均不能视事时,由行政院院长代行其职权。

第五十二条　总统于任满之日解职,如届期次任总统尚未选出,或选出后总统副总统均未就职时,由行政院院长代行总统职权。

第五十三条　行政院院长代行总统职权时,其期限不得逾六个月。

第五十四条　总统除犯内乱或外患罪外,非经罢免或解职,不受刑事上之诉究。

第二节　行政院

第五十五条　政行政院为中央政府行使行政权之最高机关。

第五十六条　行政院设院长副院长各一人,政务委员若干人,由总统任免之。

前项政务委员不管部会者,其人数不得超过第五十八条第一项所定管部会者之半数。

第五十七条　行政院设各部各委员会,分掌行政职权。

第五十八条　行政院各部部长各委员会委员长,由总统于政务委员中任命之。

行政院院长副院长得兼任前项部长或委员长。

第五十九条　行政院院长、副院长、政务委员、各部部长、各委员会委员长,各对总统负其责任。

第六十条　行政院设行政会议,由行政院院长、副院长及政务委员组织之,以行政院院长为主席。

第六十一条 下列事项应经行政会议议决:

一、提出于立法院之法律案、预算案;

二、提出于立法院之戒严案、大赦案;

三、提出于立法院之宣战案、媾和案、条约案及其他关于重要国际事项之议案;

四、各部各委员会间共同关系之事项;

五、总统或行政院院长交议之事项;

六、行政院副院长、各政务委员、各部、各委员会提议之事项。

第六十二条 行政院之组织,以法律定之。

第三节 立法院

第六十三条 立法院为中央政府行使立法权之最高机关,对国民大会负其责任。

第六十四条 立法院有议决法律案、预算案、戒严案、大赦案、宣战案、媾和案、条约案及其他关于重要国际事项之权。

第六十五条 关于立法事项,立法院得向各院、各部、各委员会提出质询。

第六十六条 立法院设院长副院长各一人,任期三年,连选得连任。

第六十七条 立法委员由各省、蒙古、西藏及侨居国外国民所选出之国民代表举行预选,依下列名额,各提出候选人名单于国民大会选举之,其人选不以国民代表为限:

一、各省人口未满五百万者,每省四人;五百万以上,未满一千万者,每省六人;一千万以上,未满一千五百万者,每省八人;一千五百万以上,未满二千万者,每省十人;二千万以上,未满二千五百万者,每省十二人;二千五百万以上,未满三千万者,每省十四人;三千万以上者,每省十六人;

二、蒙古、西藏各八人；

三、侨居国外国民八人。

第六十八条　立法委员任期三年，连选得连任。

第六十九条　行政、司法、考试、监察各院，关于其主管事项，得向立法院提出议案。

第七十条　总统对于立法院之议决案，得于公布或执行前，提交复议。

立法院对于前项提交复议之案，经出席委员三分二以上之决议，维持原案时，总统应即公布或执行之，但对于法律案、条约案，得提请国民大会复决之。

第七十一条　立法院送请公布之议决案，总统应于该案到达后三十日内公布之。

第七十二条　立法委员于院内之言论及表决，对外不负责任。

第七十三条　立法委员，除现行犯外，非经立法院许可，不得逮捕或拘禁。

第七十四条　立法委员不得兼任其他公职，或执行业务。

第七十五条　立法委员之选举，及立法院之组织，以法律定之。

第四节　司法院

第七十六条　司法院为中央政府行使司法权之最高机关，掌理民事、刑事、行政诉讼之审判及司法行政。

第七十七条　司法院设院长、副院长各一人，任期三年，由总统任命之。

司法院院长对国民大会负其责任。

第七十八条　关于特赦、减刑、复权事项，由司法院院长依法律提请总统行之。

第七十九条　司法院有统一解释法律命令之权。

第八十条　法官依法律独立审判。

第八十一条　法官非受刑罚或惩戒处分或禁治产之宣告，不得免职；

非依法律,不得停职、转任或减俸。

第八十二条 司法院之组织,及各级法院之组织,以法律定之。

第五节 考试院

第八十三条 考试院为中央政府行使考试权之最高机关,掌理考选、铨叙。

第八十四条 考试院设院长、副院长各一人,任期三年,由总统任命之。

考试院院长对国民大会负其责任。

第八十五条 下列资格应经考试院依法考选、铨定之:

一、公务人员任用资格;

二、公职候选人资格;

三、专门职业及技术人员执业资格。

第八十六条 考试院之组织,以法律定之。

第六节 监察院

第八十七条 监察院为中央政府行使监察权之国最高机关,掌理弹劾、惩戒、审计,对国民大会负其责任。

第八十八条 监察院为行使监察权,得依法向各院、各部、各委员会,提出质询。

第八十九条 监察院设院长、副院长各一人,任期三年,连选得连任。

第九十条 监察委员由各省、蒙古、西藏及侨居国外国民所选出之国民代表各预选二人,提请国民大会选举之,其人选不以国民代表为限。

第九十一条 监察委员任期三年,连选得连任。

第九十二条 监察院对于中央及地方公务员,违法或失职时,经监察委员一人以上之提议,五人以上之审查,决定提出弹劾案;但对于总统、副总统及行政、立法、司法、考试、监察各院院长、副院长之弹劾案,须有监察委员十人以上之提议,全体监察委员二分一以上之审查决定,始得提出。

第九十三条 对于总统、副总统,立法、司法、考试、监察各院院长、副院长之弹劾案,依前条规定成立后,应向国民大会提出之;在国民大会闭会期间,应请国民代表依法召集临时国民大会,为罢免与否之决议。

第九十四条 监察委员于院内之言论及表决,对外不负责任。

第九十五条 监察委员,除现行犯外,非经监察院许可,不得逮捕或拘禁。

第九十六条 监察委员不得兼任其他公职,或执行业务。

第九十七条 监察委员之选举及监察院之组织,以法律定之。

第五章 地方制度

第一节 省

第九十八条 省设省政府,执行中央法令,及监督地方自治。

第九十九条 省政府设省长一人,任期三年,由中央政府任免之。

第一〇〇条 省设省参议会,参议员名额,每县市一人,由各县市议会选举之,任期三年,连选得连任。

第一〇一条 省政府之组织,省参议会之组织、职权及省参议员之选举、罢免,以法律定之。

第一〇二条 未经设省之区域,其政治制度以法律定之。

第二节 县

第一〇三条 县为地方自治单位。

第一〇四条 凡事务有因地制宜之性质者,划为地方自治事项。地方自治事项,以法律定之。

第一〇五条 县民关于县自治事项,依法律行使创制复决之权,对于县长及其他县自治人员,依法律行使选举罢免之权。

第一〇六条 县设县议会;议员由县民大会选举之,任期三年,连选得连任。

第一〇七条　县单行规章与中央法律或省规章抵触者,无效。

第一〇八条　县设县政府;置县长一人,由县民大会选举之,任期三年,连选得连任。

县长候选人以经中央考试或铨定合格者为限。

第一〇九条　县长办理县自治,并受省长之指挥,执行中央及省委办事项。

第一一〇条　县议会之组织、职权,县议员之选举、罢免,县政府之组织及县长之选举、罢免,以法律定之。

第三节　市

第一一一条　市之自治,除本节规定外,准用关于县之规定。

第一一二条　市设市议会;议员由市民大会选举之,每年改选三分之一。

第一一三条　市设市政府;置市长一人,由市民大会选举之,任期三年,连选得连任。

市长候选人以经中央考试或铨定合格者为限。

第一一四条　市长办理市自治,并受监督机关之指挥,执行中央或省委办事项。

第一一五条　市议会之组织、职权,市议员之选举、罢免,市政府之组织及市长之选举、罢免,以法律定之。

第六章　国民经济

第一一六条　中华民国之经济制度,应以民生主义为基础,以谋国民生计之均足。

第一一七条　中华民国领域内之土地,属于国民全体;其经人民依法律取得所有权者,其所有权受法律之保障及限制。

国家对于人民取得所有权之土地,得按照土地所有权人申报,或政府估定之地价,依法律征税或征收之。

土地所有权人,对于其所有土地负充分使用之义务。

第一一八条 附着于土地之矿及经济上可供公众利用之天然力,属于国家所有,不因人民取得土地所有权而受影响。

第一一九条 土地价值非因施以劳力资本而增加者,应以征收土地增值税方法收归人民公共享受。

第一二〇条 国家对于土地之分配整理,以扶植自耕农及自行使用土地人为原则。

第一二一条 国家对于私人之财富及私营企业,认为有妨害国民生计之均衡发展时,得依法律节制之。

第一二二条 国家对于国民生产事业及对外贸易,应奖励、指导及保护之。

第一二三条 公用事业及其他有独占性之企业,以国家公营为原则,但因必要得特许国民私营之。

国家对于前项特许之私营事业,因国防上之紧急需要,得临时管理之,并得依法律收归公营,但应予以适当之补偿。

第一二四条 国家为改度劳工生活,增进其生产技能及救济劳工失业,应实施保护劳工政策。

妇女儿童从事劳动者,应按其年龄及身体状态,施以特别之保护。

第一二五条 劳资双方应本协调互助原则,发展生产事业。

第一二六条 国家为谋农业之发展及农民之福利,应充裕农村经济,改善农村生活,并以科学方法,提高农民耕作效能。

国家对于农产品之种类、数量及分配,得调节之。

第一二七条 人民因服兵役、工役或公务,而致残废或死亡者,国家应予以适当之救济或抚恤。

第一二八条　老弱残废无力生活者,国家应予以适当之救济。

第一二九条　下列各款事项,在中央应经立法院之议决,其依法律得以省区或县市单行规章为之者,应经各该法定机关之议决:

一、税赋、捐费、罚金、罚锾或其他有强制性收入之设定及其征收率之变更;

二、募集公债、处分公有财产或缔结增加公库负担之契约;

三、公营、专卖、独占或其他有营利性事业之设定或取消;

四、专卖、独占或其他特权之授予或取消。

省区及县市政府,非经法律特许,不得募集外债,或直接利用外资。

第一三〇条　中华民国领域内,一切货物应许自由流通,非依法律不得禁阻。

关税为中央税收,应于货物出入国境时征收之,以一次为限。

各级政府不得于国内征收货物通过税。

对于货物之一切税捐,其征收权属于中央政府,非依法律不得为之。

第七章　教育

第一三一条　中华民国之教育宗旨,在发扬民族精神,培养国民道德,训练自治能力,增进生活智能,以造成健全国民。

第一三二条　中华民国人民受教育之机会,一律平等。

第一三三条　全国公私立之教育机关,一律受国家之监督,并负推行国家所定教育政策之义务。

第一三四条　六岁至十二岁之学龄儿童,一律受基本教育,免纳学费。

第一三五条　已逾学龄未受基本教育之人民,一律受补习教育,免纳学费。

第一三六条　国立大学及国立专科学校之设立,应注重地区之需要,以维持各地区人民享受高等教育之机会均等,而促进全国文化之平衡发展。

第一三七条 教育经费之最低限度,在中央为其预算总额百分之十五,在省区及县市为其预算总额百分之三十,其依法律独立之教育基金,并予以保障。

贫僻省区之教育经费,由国库补助之。

第一三八条 国家对于下列事业及人民,予以奖励或补助:

一、国内私人经营之教育事业成绩优良者;

二、侨居国外国民之教育事业;

三、于学术技术有发明者;

四、从事教育,成绩优良,久于其职者;

五、学生学行俱优,无力升学者。

第八章 宪法之施行及修正

第一三九条 宪法所称之法律,谓经立法院通过,总统公布之法律。

第一四〇条 法律与宪法抵触者无效。法律与宪法有无抵触,由监察院于该法律施行后六个月内,提请司法院解释;其详以法律定之。

第一四一条 命令与宪法或法律抵触者无效。

第一四二条 宪法之解释由司法院为之。

第一四三条 在全国完成地方自治之省区未达半数以上时,立法委员及监察委员依下列规定选举任命之:

一、立法委员由各省、蒙古、西藏及侨居国外国民所选出之国民代表,依照第六十七条所定名额,各预选半数,提请国民大会选举之;其余半数由立法院院长提请总统任命之。

二、监察委员由各省、蒙古、西藏及侨居国外国民所选出之国民代表,依照第九十条所定名额,各预选半数,提请国民大会选举之,其余半数由监察院院长提请总统任命之。

第一四四条 在地方自治未完成之县,其县长由中央政府任免之。

前项规定,于自治未完成之市,准用之。

第一四五条 促成地方自治之程序,以法律定之。

第一四六条 第一届国民大会之职权,由制定宪法的国民大会行使之。

第一四七条 宪法非由国民大会全体代表四分一以上之提议,四分三以上之出席,及出席代表三分二以上之决议,不得修改之。

修改宪法之提议,应由提议人于国民大会开会前一年,公告之。

第一四八条 宪法规定事项,有另定实施程序之必要者,以法律定之。

十一、中华民国宪法 1947年

中华民国三十五年十二月二十五日国民大会通过

中华民国三十六年元旦国民政府公布

中华民国三十六年十二月二十五日施行

中华民国国民大会受全体国民之付托,依据孙中山先生创立中华民国之遗教,为巩固国权、保障民权、奠定社会安宁、增进人民福利,制定本宪法,颁行全国,永矢咸遵。

第一章　总纲

第一条　中华民国基于三民主义,为民有民治民享之民主共和国。

第二条　中华民国之主权属于国民全体。

第三条　具有中华民国国籍者为中华民国国民。

第四条　中华民国领土,依其固有之疆域,非经国民大会之决议,不得变更之。

第五条　中华民国各民族一律平等。

第六条　中华民国国旗定为红地,左上角青天白日。

第二章　人民权利义务

第七条　中华民国人民,无分男女,宗教,种族,阶级,党派,在法律上一律平等。

第八条　人民身体之自由应予保障。除现行犯之逮捕由法律另定外,非经司法或警察机关依法定程序,不得逮捕拘禁。非由法院依法定程序,不得审问处罚。非依法定程序之逮捕,拘禁,审问,处罚,得拒绝之。人民因犯罪嫌疑被逮捕拘禁时,其逮捕拘禁机关应将逮捕拘禁原因,以书面告知本人及其本人指定之亲友,并至迟于二十四小时内移送该管法院审问。本人或他人亦得声请该管法院,于二十四小时内向逮捕之机关提审。

法院对于前项声请,不得拒绝,并不得先令逮捕拘禁之机关查覆。逮捕拘禁之机关,对于法院之提审,不得拒绝或迟延。人民遭受任何机关非法逮捕拘禁时,其本人或他人得向法院声请追究,法院不得拒绝,并应于二十四小时内向逮捕拘禁之机关追究,依法处理。

第九条 人民除现役军人外,不受军事审判。

第十条 人民有居住及迁徙之自由。

第十一条 人民有言论,讲学,著作及出版之自由。

第十二条 人民有秘密通讯之自由。

第十三条 人民有信仰宗教之自由。

第十四条 人民有集会及结社之自由。

第十五条 人民之生存权,工作权及财产权,应予保障。

第十六条 人民有请愿,诉愿及诉讼之权。

第十七条 人民有选举,罢免,创制及复决之权。

第十八条 人民有应考试服公职之权。

第十九条 人民有依法律纳税之义务。

第二十条 人民有依法律服兵役之义务。

第二十一条 人民有受国民教育之权利与义务。

第二十二条 凡人民之其他自由及权利,不妨害社会秩序公共利益者,均受宪法之保障。

第二十三条 以上各条列举之自由权利,除为防止妨碍他人自由,避免紧急危难,维持社会秩序,或增进公共利益所必要者外,不得以法律限制之。

第二十四条 凡公务员违法侵害人民之自由或权利者,除依法律受惩戒外，应负刑事及民事责任。害人民就其所受损害，并得依法律向国家请求赔偿。

第三章　国民大会

第二十五条　国民大会依本宪法之规定，代表全国国民行使政权。

第二十六条　国民大会以下列代表组织之：

一、每县市及其同等区域各选出代表一人，但其人口逾五十万人者，每增加五十万人，增选代表一人。县市同等区域以法律定之。

二、蒙古选出代表，每盟四人，每特别旗一人。

三、西藏选出代表，其名额以法律定之。

四、各民族在边疆地区选出代表，其名额以法律定之。

五、侨居国外之国民选出代表，其名额以法律定之。

六、职业团体选出代表，其名额以法律定之。

七、妇女团体选出代表，其名额以法律定之。

第二十七条　国民大会之职权如下：

一、选举总统副总统。

二、罢免总统副总统。

三、修改宪法。

四、复决立法院所提之宪法修正案。

关于创制复决两权，除前项第三第四两款规定外，俟全国有半数之县市曾经行使创制复决两项政权时，由国民大会制定办法并行使之。

第二十八条　国民大会代表每六年改选一次。

每届国民大会代表之任期至次届国民大会开会之日为止。

现任官吏不得于其任所所在地之选举区当选为国民大会代表。

第二十九条　国民大会于每届总统任满前九十日集会，由总统召集之。

第三十条　国民大会遇有下列情形之一时，召集临时会：

一、依本宪法第四十九条之规定,应补选总统副总统时。

二、依监察院之决议,对于总统副总统提出弹劾案时。

三、依立法院之决议,提出宪法修正案时。

四、国民大会代表五分之二以上请求召集时。

国民大会临时会,如依前项第一款或第二款应召集时,由立法院院长通告集会。依第三款或第四款应召集时,由总统召集之。

第三十一条 国民大会之开会地点在中央政府所在地。

第三十二条 国民大会代表在会议时所为之言论及表决,对会外不负责任。

第三十三条 国民大会代表,除现行犯外,在会期中,非经国民大会许可,不得逮捕或拘禁。

第三十四条 国民大会之组织,国民大会代表之选举罢免,及国民大会行使职权之程序,以法律定之。

第四章 总统

第三十五条 总统为国家元首,对外代表中华民国。

第三十六条 总统统率全国陆海空军。

第三十七条 总统依法公布法律,发布命令,须经行政院院长之副署,或行政院院长及有关部会首长之副署。

第三十八条 总统依本宪法之规定,行使缔结条约及宣战媾和之权。

第三十九条 总统依法宣布戒严,但须经立法院之通过或追认。立法院认为必要时,得决议移请总统解严。

第四十条 总统依法行使大赦,特赦,减刑及复核之权。

第四十一条 总统依法任免文武官员。

第四十二条 总统依法授予荣典。

第四十三条 国家遇有天然灾害,疠疫,或国家财政经济上有重大变故,须为急速处分时,总统于立法院休会期间,得经行政院会议之决议,依紧急命令法,发布紧急命令,为必要之处置,但须于发布命令后一个月内提交立法院追认。如立法院不同意时,该紧急命令立即失效。

第四十四条 总统对于院与院间之争执,除本宪法有规定者外,得召集有关各院院长会商解决之。

第四十五条 中华民国国民年满四十岁者得被选为总统副总统。

第四十六条 总统副总统之选举,以法律定之。

第四十七条 总统副总统之任期为六年,连选得连任一次。

第四十八条 总统应于就职时宣誓,誓词如下:

“余谨以至诚,向全国人民宣誓,余必遵守宪法,尽忠职务,增进人民福利,保卫国家,无负国民付托。如违誓言,愿受国家严厉之制裁。谨誓。”

第四十九条 总统缺位时,由副总统继任,至总统任期届满为止。总统副总统均缺位时,由行政院院长代行其职权,并依本宪法第三十条之规定,召集国民大会临时会,补选总统、副总统,其任期以补足原任总统未满之任期为止。

总统因故不能视事时,由副总统代行其职权。总统副总统均不能视事时,由行政院院长代行其职权。

第五十条 总统于任满之日解职。如届期次任总统尚未选出,或选出后总统副总统均未就职时,由行政院院长代行总统职权。

第五十一条 行政院院长代行总统职权时,其期限不得逾三个月。

第五十二条 总统除犯内乱或外患罪外,非经罢免或解职,不受刑事上之诉究。

第五章　行政

第五十三条　行政院为国家最高行政机关。

第五十四条　行政院设院长副院长各一人,各部会首长若干人,及不管部会之政务委员若干人。

第五十五条　行政院院长由总统提名,经立法院同意任命之。立法院休会期间,行政院院长辞职或出缺时,由行政院副院长代理其职务,但总统须于四十日内咨请立法院召集会议,提出行政院院长人选征求同意。行政院院长职务,在总统所提行政院院长人选未经立法院同意前,由行政院副院长暂行代理。

第五十六条　行政院副院长,各部会首长及不管部会之政务委员,由行政院院长提请总统任命之。

第五十七条　行政院依下列规定,对立法院负责:

一、行政院有向立法院提出施政方针及施政报告之责。立法委员在开会时,有向行政院院长及行政院各部会首长质询之权。

二、立法院对于行政院之重要政策不赞同时,得以决议移请行政院变更之。行政院对于立法院之决议,得经总统之核可,移请立法院复议。复议时,如经出席立法委员三分之二维持原决议,行政院院长应即接受该决议或辞职。

三、行政院对于立法院决议之法律案,预算案,条约案,如认为有窒碍难行时,得经总统之核可,于该决议案送达行政院十日内,移请立法院复议。复议时,如经出席立法委员三分之二维持原案,行政院院长应即接受该决议或辞职。

第五十八条　行政院设行政院会议,由行政院院长,副院长,各部会首长及不管部会之政务委员组织之,以院长为主席。

行政院院长,各部会首长,须将应行提出于立法院之法律案,预算案,戒严案,大赦案,宣战案,媾和案,条约案及其他重要事项,或涉及各部会共同关系之事项,提出于行政院会议议决之。

第五十九条 行政院于会计年度开始三个月前,应将下年度预算案提出于立法院。

第六十条 行政院于会计年度结束后四个月内,应提出决算于监察院。

第六十一条 行政院之组织,以法律定之。

第六章 立法

第六十二条 立法院为国家最高立法机关,由人民选举之立法委员组织之,代表人民行使立法权。

第六十三条 立法院有议决法律案,预算案,戒严案,大赦案,宣战案,媾和案,条约案及国家其他重要事项之权。

第六十四条 立法院立法委员依下列规定选出之:

一、各省,各直辖市选出者,其人口在三百万以下者五人,其人口超过三百万者,每满一百万人增选一人。

二、蒙古各盟旗选出者。

三、西藏选出者。

四、各民族在边疆地区选出者。

五、侨居国外之国民选出者。

六、职业团体选出者。

立法委员之选举及前项第二款至第六款立法委员名额之分配,以法律定之。妇女在第一项各款之名额,以法律定之。

第六十五条 立法委员之任期为三年,连选得连任,其选举于每届任满前三个月内完成之。

第六十六条 立法院设院长副院长各一人,由立法委员互选之。

第六十七条 立法院得设各种委员会。

各种委员会得邀请政府人员及社会上有关系人员到会备询。

第六十八条　立法院会期,每年两次,自行集会,第一次自二月至五月底,第二次自九月至十二月底,必要时得延长之。

第六十九条　立法院遇有下列情事之一时,得开临时会:

一、总统之咨请。

二、立法委员四分之一以上之请求。

第七十条　立法院对于行政院所提预算案,不得为增加支出之提议。

第七十一条　立法院开会时,关系院院长及各部会首长得列席陈述意见。

第七十二条　立法院法律案通过后,移送总统及行政院,总统应于收到后十日内公布之,但总统得依照本宪法第五十七条之规定办理。

第七十三条　立法委员在院内所为之言论及表决,对院外不负责任。

第七十四条　立法委员,除现行犯外,非经立法院许可,不得逮捕或拘禁。

第七十五条　立法委员不得兼任官吏。

第七十六条　立法院之组织,以法律定之。

第七章　司法

第七十七条　司法院为国家最高司法机关,掌理民事、刑事、行政诉讼之审判,及公务员之惩戒。

第七十八条　司法院解释宪法,并有统一解释法律及命令之权。

第七十九条　司法院设院长副院长各一人,由总统提名,经监察院同意任命之。

司法院设大法官若干人,掌理本宪法第七十八条规定事项,由总统提名,经监察院同意任命之。

第八十条　法官须超出党派以外,依据法律独立审判,不受任何干涉。

第八十一条　法官为终身职，非受刑事或惩戒处分，或禁治产之宣告，不得免职。非依法律，不得停职，转任或减俸。

第八十二条　司法院及各级法院之组织，以法律定之。

第八章　考试

第八十三条　考试院为国家最高考试机关，掌理考试，任用，铨叙，考绩，级俸，升迁，保障，褒奖，抚恤，退休，养老等事项。

第八十四条　考试院设院长副院长各一人，考试委员若干人，由总统提名，经监察院同意任命之。

第八十五条　公务人员之选拔，应实行公开竞争之考试制度，并应按省区分别规定名额，分区举行考试，非经考试及格者，不得任用。

第八十六条　下列资格，应经考试院依法考选铨定之：

一、公务人员任用资格。

二、专门职业及技术人员执业资格。

第八十七条　考试院关于所掌事项，得向立法院提出法律案。

第八十八条　考试委员须超出党派以外，依据法律独立行使职权。

第八十九条　考试院之组织，以法律定之。

第九章　监察

第九十条　监察院为国家最高监察机关，行使同意，弹劾，纠举及审计权。

第九十一条　监察院设监察委员，由各省市议会，蒙古西藏地方议会，及华侨团体选举之。其名额分配依下列之规定：

一、每省五人。

二、每直辖市二人。

三、蒙古各盟旗共八人。

四、西藏八人。

五、侨居国外之国民八人。

第九十二条 监察院设院长副院长各一人,由监察委员互选之。

第九十三条 监察委员之任期为六年,连选得连任。

第九十四条 监察院依本宪法行使同意权时,由出席委员过半数之议决行之。

第九十五条 监察院为行使监察权,得向行政院及其各部会调阅其所发布之命令及各种有关文件。

第九十六条 监察院得按行政院及其各部会之工作,分设若干委员会,调查一切设施,注意其是否违法或失职。

第九十七条 监察院经各该委员会之审查及决议,得提出纠正案,移送行政人员,认为有失职或违法情事,得提出纠举案或弹劾案,如涉及刑事,应移送法院办理。

第九十八条 监察院对于中央及地方公务人员之弹劾案,须经监察委员一人以上之提议,九人以上之审查及决定,始得提出。

第九十九条 监察院对于司法院或考试院人员失职或违法之弹劾,适用本宪法第九十五条,第九十七条,及第九十八条之规定。

第一〇〇条 监察院对于总统副总统之弹劾案,须有全体监察委员四分之一以上之提议,全体监察委员过半数之审查及决议,向国民大会提出之。

第一〇一条 监察委员在院内所为之言论及表决,对院外不负责任。

第一〇二条 监察委员,除现行犯外,非经监察院许可,不得逮捕或拘禁。

第一〇三条 监察委员不得兼任其他公职或执行业务。

第一〇四条 监察院设审计长,由总统提名,经立法院同意任命之。

第一〇五条 审计长应于行政院提出决算后三个月内,依法完成其审核,并提出审核报告于立法院。

第一〇六条　监察院之组织,以法律定之。

第十章　中央与地方之权限

第一〇七条　下列事项,由中央立法并执行之:

一、外交。

二、国防与国防军事。

三、国籍法,及刑事民事商事之法律。

四、司法制度。

五、航空,国道,国有铁路,航政,邮政及电政。

六、中央财政与国税。

七、国税与省税县税之划分。

八、国营经济事业。

九、币制及国家银行。

十、度量衡。

十一、国际贸易政策。

十二、涉外之财政经济事项。

十三、其他依本宪法所定关于中央之事项。

第一〇八条　下列事项,由中央立法并执行之或交由省县执行之:

一、省县自治通则。

二、行政区划。

三、森林,工矿及商业。

四、教育制度。

五、银行及交易所制度。

六、航业及海洋渔业。

七、公用事业。

八、合作事业。

九、二省以上之水陆交通运输。

十、二省以上之水利,河道及农牧事业。

十一、中央及地方官吏之铨叙,任用,纠察及保障。

十二、土地法。

十三、劳动法及其他社会立法。

十四、公用征收。

十五、全国户口调查及统计。

十六、移民及垦殖。

十七、警察制度。

十八、公共卫生。

十九、赈济,抚恤及失业救济。

二十、有关文化之古籍,古物及古迹之保存。

前项各款,省于不抵触国家法律内,得制定单行法规。

第一〇九条 下列事项,由省立法并执行之,或交由县执行之:

一、省教育,卫生,实业及交通。

二、省财产之经营及处分。

三、省市政。

四、省公营事业。

五、省合作事业。

六、省农林,水利,渔牧及工程。

七、省财政及省税。

八、省债。

九、省银行。

十、省警政之实施。

十一、省慈善及公益事项。

十二、其他依国家法律赋予之事项。

前项各款,有涉及二省以上者,除法律别有规定外,得由有关各省共同办理。各省办理第一项各款事务,其经费不足时,经立法院议决,由国库补助之。

第一一〇条　下列事项,由县立法并执行之:

一、县教育,卫生,实业及交通。

二、县财产之经营及处分。

三、县公营事业。

四、县合作事业。

五、县农林,水利,渔牧及工程。

六、县财政及县税。

七、县债。

八、县银行。

九、县警卫之实施。

十、县慈善及公益事项。

十一、其他依国家法律及省自治法赋予之事项。

前项各款,有涉及二县以上者,除法律别有规定外,得由有关各县共同办理。

第一一一条　除第一百零七条,第一百零八条,第一百零九条及第一百十条列举事项外,如有未列举事项发生时,其事务有全国一致之性质者属于中央,有全省一致之性质者属于省,有一县之性质者属于县。遇有争议时,由立法院解决之。

第十一章　地方制度

第一节　省

第一一二条　省得召集省民代表大会,依据省县自治通则,制定省自治法,但不得与宪法抵触。

省民代表大会之组织及选举,以法律定之。

第一一三条 省自治法应包含下列各款:

一、省设省议会,省议会议员由省民选举之。

二、省设省政府,置省长一人。省长由省民选举之。

三、省与县之关系。

属于省之立法权,由省议会行之。

第一一四条 省自治法制定后,须即送司法院。司法院如认为有违宪之处,应将违宪条文宣布无效。

第一一五条 省自治法施行中,如因其中某条发生重大障碍,经司法院召集有关方面陈述意见后,由行政院院长,立法院院长,司法院院长,考试院院长与监察院院长组织委员会,以司法院院长为主席,提出方案解决之。

第一一六条 省法规与国家法律抵触者无效。

第一一七条 省法规与国家法律有无抵触发生疑义时,由司法院解释之。

第一一八条 直辖市之自治,以法律定之。

第一一九条 蒙古各盟旗地方自治制度,以法律定之。

第一二〇条 西藏自治制度,应予以保障。

第二节 县

第一二一条 县实行县自治。

第一二二条 县得召集县民代表大会,依据省县自治通则,制定县自治法,但不得与宪法及省自治法抵触。

第一二三条 县民关于县自治事项,依法律行使创制复决之权,对于县长及其他县自治人员,依法律行使选举罢免之权。

第一二四条 县设县议会。县议会议员由县民选举之。属于县之立法权，由县议会行之。

第一二五条　县单行规章，与国家法律或省法规抵触者无效。

第一二六条　县设县政府，置县长一人。县长由县民选举之。

第一二七条　县长办理县自治，并执行中央及省委办事项。

第一二八条　市准用县之规定。

第十二章　选举　罢免　创制　复决

第一二九条　本宪法所规定之各种选举，除本宪法别有规定外，以普通，平等，直接及无记名投票之方法行之。

第一三〇条　中华民国国民年满二十岁者，有依法选举之权。除本宪法及法律别有规定者外，年满二十三岁者，有依法被选举之权。

第一三一条　本宪法所规定各种选举之候选人，一律公开竞选。

第一三二条　选举应严禁威胁利诱。选举诉讼，由法院审判之。

第一三三条　被选举人得由原选举区依法罢免之。

第一三四条　各种选举，应规定妇女当选名额，其办法以法律定之。

第一三五条　内地生活习惯特殊之国民代表名额及选举，其办法以法律定之。

第一三六条　创制复决两权之行使，以法律定之。

第十三章　基本国策

第一节　国防

第一三七条　中华民国之国防，以保卫国家安全，维护世界和平为目的。国防之组织，以法律定之。

第一三八条　全国陆海空军，须超出个人，地域及党派关系以外，效忠国家，爱护人民。

第一三九条　任何党派及个人不得以武装力量为政争之工具。

第一四〇条　现役军人不得兼任文官。

第二节　外交

第一四一条　中华民国之外交，应本独立自主之精神，平等互惠之原则，敦睦邦交，尊重条约及联合国宪章，以保护侨民权益，促进国际合作，提倡国际正义，确保世界和平。

第三节　国民经济

第一四二条　国民经济应以民生主义为基本原则，实施平均地权，节制资本，以谋国计民生之均足。

第一四三条　中华民国领土内之土地属于国民全体。人民依法取得之土地所有权，应受法律之保障与限制。私有土地应照价纳税，政府并得照价收买。

附着于土地之矿，及经济上可供公众利用之天然力，属于国家所有，不因人民取得土地所有权而受影响。

土地价值非因施以劳力资本而增加者，应由国家征收土地增值税，归人民共享之。

国家对于土地之分配与整理，应以扶植自耕农及自行使用土地人为原则，并规定其适当经营之面积。

第一四四条　公用事业及其他有独占性之企业，以公营为原则，其经法律许可者，得由国民经营之。

第一四五条　国家对于私人财富及私营事业，认为有妨害国计民生之平衡发展者，应以法律限制之。

合作事业应受国家之奖励与扶助。

国民生产事业及对外贸易，应受国家之奖励，指导及保护。

第一四六条　国家应运用科学技术，以兴修水利，增进地力，改善农业环境，规划土地利用，开发农业资源，促成农业之工业化。

第一四七条　中央为谋省与省间之经济平衡发展，对于贫瘠之省，应酌予补助。

省为谋县与县间之经济平衡发展，对于贫瘠之县，应酌予补助。

第一四八条　中华民国领域内，一切货物应许自由流通。

第一四九条　金融机构，应依法受国家之管理。

第一五〇条　国家应普设平民金融机构，以救济失业。

第一五一条　国家对于侨居国外之国民，应扶助并保护其经济事业之发展。

第四节　社会安全

第一五二条　人民具有工作能力者，国家应予以适当之工作机会。

第一五三条　国家为改良劳工及农民之生活，增进其生产技能，应制定保护劳工及农民之法律，实施保护劳工及农民之政策。

妇女儿童从事劳动者，应按其年龄及身体状态，予以特别之保护。

第一五四条　劳资双方应本协调合作原则，发展生产事业。劳资纠纷之调解与仲裁，以法律定之。

第一五五条　国家为谋社会福利，应实施社会保险制度。人民之老弱残废，无力生活，及受非常灾害者，国家应予以适当之扶助与救济。

第一五六条　国家为奠定民族生存发展之基础，应保护母性，并实施妇女儿童福利政策。

第一五七条　国家为增进民族健康，应普遍推行卫生保健事业及公医制度。

第五节　教育文化

第一五八条　教育文化，应发展国民之民族精神，自治精神，国民道德，健全体格，科学及生活智能。

第一五九条　国民受教育之机会一律平等。

第一六〇条　六岁至十二岁之学龄儿童，一律受基本教育，免纳学费。其贫苦者，由政府供给书籍。

已逾学龄未受基本教育之国民,一律受补习教育,免纳学费,其书籍亦由政府供给。

第一六一条 各级政府应广设奖学金名额,以扶助学行俱优无力升学之学生。

第一六二条 全国公私立之教育文化机关,依法律受国家之监督。

第一六三条 国家应注重各地区教育之均衡发展,并推行社会教育,以提高一般国民之文化水准,边远及贫瘠地区之教育文化经费,由国库补助之。其重要之教育文化事业,得由中央办理或补助之。

第一六四条 教育,科学,文化之经费,在中央不得少于其预算总额百分之十五,在省不得少于其预算总额百分之二十五,在市县不得少于其预算总额百分之三十五。其依法设置之教育文化基金及产业,应予以保障。

第一六五条 国家应保障教育,科学,艺术工作者之生活,并依国民经济之进展,随时提高其待遇。

第一六六条 国家应奖励科学之发明与创造,并保护有关历史文化艺术之古迹古物。

第一六七条 国家对于下列事业或个人,予以奖励或补助:

一、国内私人经营之教育事业成绩优良者。

二、侨居国外国民之教育事业成绩优良者。

三、于学术或技术有发明者。

四、从事教育久于其职而成绩优良者。

第六节 边疆地区

第一六八条 国家对于边疆地区各民族之地位,应予以合法之保障,并于其地方自治事业,特别予以扶植。

第一六九条 国家对于边疆地区各民族之教育,文化,交通,水利,卫生,及其他经济,社会事业,应积极举办,并扶助其发展,对于土地使用,应依其气候,土壤性质,及人民生活习惯之所宜,予以保障及发展。

第十四章 宪法之施行及修改

第一七〇条 本宪法所称之法律,谓经立法院通过,总统公布之法律。

第一七一条 法律与宪法抵触者无效。法律与宪法有无抵触发生疑义时,由司法院解释之。

第一七二条 命令与宪法或法律抵触者无效。

第一七三条 宪法之解释,由司法院为之。

第一七四条 宪法之修改,应依下列程序之一为之:

一、由国民大会代表总额五分之一提议,三分之二之出席,及出席代表四分之三之决议,得修改之。

二、由立法院立法委员四分之一之提议,四分之三之出席,及出席委员四分之三之决议,拟定宪法修正案,提请国民大会复决。此项宪法修正案应于国民大会开会前半年公告之。

第一七五条 本宪法规定事项,有另定实施程序之必要者,以法律定之。

本宪法施行之准备程序由制定宪法之国民大会议定之。

附录三 征引文献和参考书目

一、文献史料

陈独秀著:《陈独秀著作选》(第1卷),上海人民出版社1993年版。

郑秦、田涛点校:《大清律例》,法律出版社1999年版。

《大理院判例解释·新六法大全·民法汇览》,世界书局1924年版。

王启富、陶髦主编:《法律辞海》,吉林人民出版社1998年12月版。

潘懋元、刘海峰主编:《高等教育》(资料汇编),上海教育出版社1993年12月版。

黄兴涛等译:《辜鸿铭文集》(上、下册),海南出版社1996年8月版。

冯桂芬著:《校邠庐抗议》,上海书店出版社2002年1月第1版。

郭廷以著:《近代中国史纲》(上、下),中国社会科学出版社1999年5月第1版。

夏新华、胡旭晟、刘鄂、甘正气、万利容、刘姗姗整理:《近代中国宪政历程:史料汇萃》,中国政法大学出版社2004年12月版。

[美]费正清、刘广京著:《剑桥中国晚清史》(上、下),中国社会科学院历史研究所编译室译,中国社会科学出版社1993年版。

[美]费正清编:《剑桥中华民国史》(上、下),杨品泉、张言、孙开远、黄沫、王浩、项钟圃、张小颐、范磊、谢亮生译,中国社会科学出版社1993年版。

康有为撰:《康有为全集》(第1集),姜义华、吴根毛编校,上海古籍出版社1987年版。

汤志钧编:《康有为政论集》(上、下册),中华书局1981年版。

[法]孟德斯鸠著:《论法的精神》,张雁深译,商务印书馆1982重印本。

[德]马克斯·韦伯著:《论经济与社会中的法律》,中国大百科全书出版社1988年版。

范忠信选编:《梁启超法学文集》,中国政法大学出版社2000年1月版。

梁启超撰:《梁启超论清学史二种》,朱维铮校注,复旦大学出版社 1985 年版。

梁启超著,李华兴、吴嘉勋编:《梁启超选集》,上海人民出版社 1984 年版。

《刘少奇选集》(上卷),人民出版社 1981 年第 1 版。

段彩华著:《民国第一位法学家——王宠惠》,近代中国出版社(台北)1982 年版。

何勤华、李秀清编:《民国法学论文精萃》(第 1 卷),法律出版社 2003 年 8 月版。

李兴华著:《民国教育史》,上海教育出版社 1997 年 8 月版。

《马克思恩格斯全集》(第 1 卷)。

《马克思恩格斯选集》(第 1 卷、第 4 卷),人民出版社 1972 年版。

前南京国民政府司法行政部编:《民事习惯调查报告录》(上、下),胡旭晟、夏新华、李交发点校,中国政法大学出版社 2000 年 1 月版。

[美]托玛斯・潘恩著:《潘恩选集》,马清槐译,商务印书馆 1981 年版。

张晋藩著:《清朝法制史》,法律出版社 1994 年 4 月第 1 版。

故宫博物院明清档案部编:《清末筹备立宪档案史料》(上、下),中华书局 1979 年版。

张之洞著:《劝学篇》,上海书店出版社 2002 年版。

瞿同祖著:《清代地方政府》,范忠信、晏锋译,法律出版社 2003 年 6 月第 1 版。

梁启超著:《清代学术概论》,东方出版社 1996 年版。

《清史稿》,中华书局 1977 年版。

刘雨珍、孙雪梅编:《日本政法考察记》,上海古籍出版社 2002 年 3 月版。

李贵连编著:《沈家本年谱长编》,台湾成文出版社 1992 年版。

张国华、李贵连编:《沈家本年谱初编》,北京大学出版社 1989 年版。

李贵连著:《沈家本传》,法律出版社 2000 年 4 月版。

马建忠著:《适可斋记言》,中华书局 1960 年版。

孙中山著:《三民主义》,岳麓书社 2000 年 9 月版。

孙中山著:《孙中山全集》,中华书局 1981—1986 年版。

[日]仁井田陞撰:《唐令拾遗》,长春出版社 1989 年版。

[美]马文・佩里主编:《西方文明史》(上、下),商务印书馆 1993 年第 1 版。

张枏、王忍之编:《辛亥革命前十年间时论选集》(第 2 卷),生活・读书・新知三联书店 1977 年 12 月版。

梁启超著:《饮冰室合集》,中华书局 1989 年版。

[美]马士、宓行利著:《远东国际关系史》,上海书店出版社 1998 年 12 月第

1版。

杨度著:《杨度集》,湖南人民出版社1986年版。

严复著:《严复集》,中华书局1986年版。

杨兆龙著:《杨兆龙法学文选》,郝铁川、陆锦碧编,中国政法大学出版社2000年版。

杨深编:《走出东方——陈序经文化论著辑要》,中国广播电视出版社1995年7月版。

谢振民编著:《中华民国立法史》(上、下),张知本校,中国政法大学出版社2000年1月版。

郑观应著:《郑观应集》(上册),上海人民出版社1982年版。

张晋藩主编:《中国百年法制大事纵览》,法律出版社2001年1月版。

朱勇主编:《中国法制通史》(第9卷),法律出版社1999年版。

韩秀桃、张德美、李靓编著:《中国法制史》(教学参考资料),法律出版社2001年11月版。

杨鸿烈著:《中国法律发达史》(上、下),上海书店1990年10月版。

张国华著:《中国法律思想史新编》,北京大学出版社1998年3月版。

杨鸿烈著:《中国法律思想史》(上、下),商务印书馆1998年4月影印第1版。

荣孟源主编:《中国国民党历次代表大会及中央全会资料》,光明日报出版社1985年版。

展恒举著:《中国近代法制史》,台湾商务印书馆1973年7月版。

潘念之主编:《中国近代法律思想史》(上、下),上海社会科学院出版社1993年12月版。

蒋廷黻著:《中国近代史大纲》,东方出版社1996年3月第1版。

高潮、马建石主编:《中国历代刑法志注译》,吉林人民出版社1994年版。

二、论著

徐忠明著:《案例故事与明清时期的司法文化》,法律出版社2006年7月版。

王世杰、钱端升著:《比较宪法》,中国政法大学出版社1997年12月版。

[法]勒内·达维德著:《当代世界主要法律体系》,漆竹生译,上海译文出版社1984年版。

田涛著:《第二法门》,法律出版社2004年4月版。

张晋藩主编:《二十世纪中国法治回眸》,法律出版社1998年版。

黄宗智著:《法典、习俗与司法实践:清代与民国的比较》,上海书店出版社

2003 年 2 月第 1 版。

韩彦龙主编:《法律史论集》(第 3 卷),法律出版社 2001 年 1 月版。

季卫东著:《法治秩序的建构》,中国政法大学出版社 1999 年版。

张希坡著:《革命根据地法制史》,法律出版社 1994 年版。

杨泽伟著:《宏观国际法史》,武汉大学出版社 2001 年 6 月版。

罗志渊编著:《近代中国法制演变研究》,正中书局 1966 年 6 月版。

陈旭麓著:《近代中国社会之新陈代谢》,上海人民出版社 1992 年 7 月版。

俞江著:《近代中国的法律与学术》,北京大学出版社 2008 年 1 月版。

汤志钧著:《近代经学与政治》,中华书局 2000 年 8 月版。

汪汉卿、王源扩、王继忠主编:《继承与创新——中国法律史学的世纪回顾与展望》,法律出版社 2001 年 9 月版。

[英]李约瑟著:《李约瑟文集》,辽宁科学技术出版社 1986 年版。

张朋园著:《立宪派与辛亥革命》,中央研究院近代史研究所 1969 年版。

高道蕴等编:《美国学者论中国法律传统》,中国政法大学出版社 1994 年版。

苏亦工著:《明清律典与条例》,中国政法大学出版社 2000 年 1 月版。

滋贺秀三等著:《明清时期的民事审判与民间契约》,王亚新、梁治平编,法律出版社 1998 年版。

黄宗智著:《民事审判与民间调解:清代的表达与实践》,中国社会科学出版社 1998 年版。

[英]S.斯普林克尔著:《清代法制导论》,张守东译,中国政法大学出版社 2000 年版。

张晋藩著:《清代民法综论》,中国政法大学出版社 1998 年 2 月版。

郑秦著:《清代司法审判制度研究》,湖南教育出版社 1988 年版。

高浣月著:《清代刑名幕友研究》,中国政法大学出版社 1999 年版。

[日]织田万著:《清国行政法》,中国政法大学出版社 2003 年 5 月版。

马作武著:《清末法制变革思潮》,兰州大学出版社 1997 年 5 月版。

瞿同祖著:《瞿同祖法学论著集》,中国政法大学出版社 1998 年版。

何勤华著:《外国法与中国法——20 世纪中国移植外国法反思》,中国政法大学出版社 2003 年 5 月版。

梁治平著:《寻求自然秩序中的和谐》,中国政法大学出版社 1997 年版。

汪世荣等著:《新中国司法制度的基石》,商务印书馆 2011 年 4 月版。

夏东元著:《洋务运动研究》,四川人民出版社 1985 年 3 月版。

[美]吉尔伯特·罗兹曼主编:《中国的现代化》,国家社会科学基金“比较现代

化”课题组译,江苏人民出版社 1998 年版。

瞿同祖著:《中国法律与中国社会》,中华书局 1981 年 12 月版。

张晋藩著:《中国法律的传统与近代转型》,法律出版社 1997 年 4 月第 1 版。

朱勇著:《中国法律的艰辛历程》,黑龙江人民出版社 2002 年版。

[美]费正清、赖肖尔著:《中国:传统与变革》,陈仲丹、潘兴明、庞朝阳译,江苏人民出版社 1992 年 5 月第 1 版。

刘泽华著:《中国传统政治思想反思》,生活·读书·新知三联书店 1987 年 10 月版。

张晋藩著:《中国法律史论》,法律出版社 1982 年 10 月版。

侯欣一主编:《中国法律思想史》,中国政法大学出版社 1999 年 5 月版。

蔡枢衡著:《中国法理自觉的发展》,清华大学出版社 2005 年 5 月版。

戴炎辉著:《中国法制史》,台湾三民书局 1966 年版。

怀效锋主编:《中国法制史》,中国政法大学出版社 2007 年 7 月第 3 版。

张晋藩主编:《中国古代民事诉讼制度史》,巴蜀书社 1999 年版。

王健著:《中国近代的法律教育》,中国政法大学出版社 2001 年 10 月版。

潘念之主编:《中国近代法律思想史》(上、下),上海社会科学院出版社 1992 年 4 月版。

王尔敏著:《中国近代思想史论》,社会科学文献出版社 2003 年 8 月第 1 版。

张晋藩主编:《中国民法通史》,福建人民出版社 2003 年 1 月版。

叶孝信主编:《中国民法史》,上海人民出版社 1993 年版。

张玉法主编:《中国现代历史论集》(第 1 辑),联经出版事业公司 1980 年 7 月版。

胡长清著:《中国民法总论》,中国政法大学出版社 1997 年版。

程维荣著:《中国审判制度史》,上海教育出版社 2001 年 8 月版。

[法]弗朗斯瓦·魁奈著:《中华帝国的专制制度》,谈敏译,商务印书馆 1992 年版。

徐家力著:《中华民国律师制度史》,中国政法大学出版社 1998 年版。

徐矛著:《中华民国政治制度史》:上海人民出版社 1992 年 7 月版。

钟叔河著:《走向世界——近代中国知识分子考察西方的历史》,中华书局 2000 年 7 月第 1 版。

李细珠著:《张之洞与清末新政研究》,世纪出版集团上海书店出版社 2003 年 10 月版。

[古希腊]亚里士多德著:《政治学》,吴寿彭译,商务印书馆 1965 年 8 月第 1 版。

后　记

中国古代有所谓"隔代修史"的说法。一个朝代的历史，为何要"隔代"而不能由其继任者来修？说到底，无非是为了客观。一个政权被新的政权取代，自然有其内在原因。但是，我国历史上一个常见的现象，是新政权的建立者为了政治瓦解和社会动员的需要，往往把它所要推翻的旧政权说得一无是处。如果由这个新政权对前代历史进行回顾和编纂，偏见和成见就在所难免。于是，在中国古代的传统下，"隔代修史"就有其合理性，似乎成了一个治史的"法则"。

目前，大陆在近代法制史研究领域取得的成绩，部分是学者的自觉——突破了惯常治史的"法则"；部分则由于当前我国法治建设的形势所需。实事求是地说，建国以来，我国在国家治理方面，特别是在依法治国的问题上，曾发生严重的认识偏差和实践失误，教训是十分深刻的。究其原因，与新中国成立之初对于旧中国的法制建设成就，没有形成全面和客观的评价，从而轻易全盘否定其法律文化的历史贡献，是有直接联系的。现在稍有法律文化常识的人都知道，旧中国的《六法全书》，就其法律文化品格来看，应当说是一个好东西；轻易否定掉它，首先是隔断历史；其次，如果不能以一个更好的法律体系取而代之，则整个国家将面临法律失控的巨大危险——新中国成立以来，特别是十年"文革"的历史已经充分表明，《六法全书》的废除，的的确确让当时拥有几亿人口的新中国付出了沉重代价。

今天，我们回过头去研究晚清和中华民国时期的法制史，许多问题已经能够形成比较成熟和一致的看法。比如,清末新政中启动的法制改革,深刻影响了后来的法制建设,是清政府对我国法律近代化做出的重要贡献;中华民国北京政府时期,《六法全书》体系已基本形成,法律的国际化和本土化方向十分明确,成绩也值得肯定;特别是十年制宪取得了历史性成就——1923 年《中华民国宪法》的制定颁布,在旧中国的宪法史上是一个伟大的里程碑;国民政府时期,一个既符合世界法律文化发展的基本潮流,同时又基本适应本国国情,门类齐全,体系严整的全新法律体系——《六法全书》体系最终确立。这个法律体系是几代中国人民努力的结果,包含着极为丰富的法律文化内涵,堪称我国法律文化史上的一座历史丰碑。再如,近代法制史上的教训,同样比比皆是:清末法制改革缺乏社会层面的宣传和动员,仅作"纸上文章"——法律文本建设,显然是与社会脱节的,也无法满足社会的需要;南京临时政府制定的《临时约法》,明显犯下"因人立法"的致命错误,错失宪政奠基的历史机遇,也延误了法治建设的宝贵时间;北京政府时期,"洪宪帝制"和武人干政严重地破坏了民主共和的势头,并引发深层政治危机和社会危机,造成后来借助于武力争斗决定政治体制和法律体制的恶例;南京国民政府时期,激进的指导思想导致政治体制的偏误,国家机器运转时常偏离常规;法律体系发达而司法混乱,成为国共党争的把柄,最后竟然被视为弃物!当然,关于近代法制史,依然有许多问题尚未形成定论,值得探究和思考:比如,近代法制史的起始阶段,应当定在何时,尚有争议;对于一些重要制度和关键历史人物的评价和定位,仍然莫衷一是;等等。

总之,中国近代法制史是一段曲折跌宕、波澜起伏的历史,是中西法律文化严重对立和激烈碰撞的历史,是中华法系发生本质变化和历史转型的历史,是十分值得当代中国人深入研究和了解的悲壮历史。

然而,或许是由于受"隔代修史"之"法则"的影响,关于鸦片战争以后,直到新中国成立以前的历史——即目前学界所谓中国近代史,当代的学者往往视之为“禁区”，故而治之者甚少。特别是对于近代法制史，则更是由于法律与政治的敏感性，非有冒险精神者绝不轻易涉足；至于潜心研究者，则更不多见。改革开放以来，特别是近十余年来，随着大陆与海外学术上的交流越来越频繁，学术信息越来越通畅，研究方法越来越新颖，更重要的是，思想越来越解放，大陆学者在近代法制史的研究领域已经取得突破性进展。学术论文数量可观，著作出版也不在少数，一些科研院所甚至专门培养近代法制史专业的博士研究生。笔者以为，按照目前学术推进的速度，对于近代中国法制史的研究，在不久的将来，即可呈现一个新的繁荣局面。

本书是笔者在研究和思考上述问题的过程中，逐渐积累的一个学术成果。在创作过程中，笔者大体上遵循比较法律制度史的研究理路，揭示和描述了近代以来中国法律领域内发生的深刻变化。笔者以为，中国法律近代化问题，本质上是近代中国在面临民族危机、政治危机和法律危机等内忧外患的艰难局面下，为了应对“合法性危机”挑战，在中国政府领导下开展的法律领域的变革运动。在这个过程中，历届政府都付出了极大努力，并在立法、司法、法律职业培育、法律文化发展等领域，均取得了伟大的历史成就。在法律变革的各个方面，大体上沿着“国际化生存”和“本土化发展”两个基本方向进行。《六法全书》是中华法系在近代转型过程中形成的中西法律文化的混合体，是中国法律近代化的基本历史成就。本书的主体内容，就是沿着上述立场、思路和方法，回顾了《六法全书》所包含的六个主要法律部门，在清末、中华民国南京临时政府时期、北京政府时期和南京国民政府时期等不同历史阶段的进展、取得的成就及其不足等。本书的最后介绍了近代中国法律文化的发展概况，包括法律思潮、法律教育、法律职业和多元法律文化等问题。笔者以为，这些问题实际与法律制度的变革是密不可分的——它们是法律制度发展变化的“土壤”和“酵母”。

本书也存在许多不足之处。首先,最大的问题是原始资料的不足,而必须借助于其他资料以资补充。但是,无论如何,原始资料的价值是无法取代的;借助于二手资料往往只能隔靴搔痒,许多问题的深入研究,还必须回到原始资料那里去。其次,受到篇幅的局限和某种体系化思路的约束,一些有价值的问题未能展开论述,只能一笔带过。最后,一些问题的认识仍停留在较为肤浅的阶段,有待于深入研究。其中的错误也难以避免,相信读者能够发觉。

最后,笔者要特别感谢商务印书馆的高级编辑王兰萍女士,本书的完成和出版,完全归功于王女士。2008 年 11 月,在全国西方法律思想史研究会的年会上王女士首先提出了出版专著型中国近代法制史教材的计划,并嘱笔者成稿。按照与王女士商定的写作提纲,完成了全书的创作。在写作的过程中,王兰萍女士提出很多中肯的建议,提供了许多有益的帮助。回想本书的缘起和创作,从首次与王兰萍女士会面约谈到目前成书,已经过去了三个多年头,王女士从未催促交稿,本人在感受到一个资深编辑的殷殷期待之外,也为自己的拖沓偷懒深感歉疚。商务印书馆是我国学界敬仰的学术摇篮,能够得到王女士的协助在商务出版本书,是本人毕生的荣幸。

长期以来,我的家人一直支持着我从事学术研究事业,为此默默承受着生活的重担。我深感他们的支持和承受对我是多么的重要。我的博士生导师朱勇教授多年来关注和关心我的专业研究,时常给以鼓励,并亲自为本书作序,为本书增辉。

是以记之。

作　者

2012 年 4 月 9 日